처음 읽는 여성 세계사

Weltgeschichte für junge Leserinnen

그 많던 역사 속 여성들은
다 어디로 사라졌을까

처음 읽는
여성 세계사

케르스틴 뤼커·우테 댄셀 지음
장혜경 옮김

어크로스

"가끔 역사책을 읽어요. 읽어야 하니까요.

하지만 거기 적힌 내용은 하나같이 짜증스럽거나 지루해요.

어떤 페이지를 펼쳐도 교황이나 왕들이 싸우고

그것도 모자라 전쟁이나 역병이 넘쳐나거든요.

남자들은 아무런 이유도 없이 그냥 옳고 착한 반면

여자들은 전혀 그렇지 않죠.

그래서 역사책은 너무 지루해요."

— 제인 오스틴, 《노생거 수도원》

• 차례 •

시작 : 빠진 퍼즐 채우기 • 10

1 ____ **태초에 차별이 있었다**

　　남자는 사냥, 여자는 수다? • 17
　　베일이 알려주는 것 • 25
　　여왕의 이름을 칼로 도려내다 • 32
　　차별의 탄생 • 42
　　딸은 길하지 않다 • 48
　　유일신은 어떻게 남자가 되었나 • 53
　　붓다가 깨닫는 동안 그의 아내는 • 60
　　그리스는 남자만 사랑해 • 64

2 ____ **여성은 언제나 거기에 있었다**

　　최초의 세계 정복자 • 81
　　로마다운 여자가 돼라 • 87
　　열녀전의 시대 • 102
　　예수에겐 여제자가 없었을까 • 116
　　기독교 왕국의 숨은 공로자들 • 127
　　비잔틴제국의 찬란한 황후 • 153
　　아시아의 여제들 • 162
　　왜곡된 선지자의 뜻 • 173

3 ___ 여자라서 못할 일은 없다

성상을 지켜낸 두 명의 황후 · 191
키예프 공국의 여대공 · 199
결혼으로 이룬 왕국 · 204
여왕께 많은 날을 허락하소서 · 207
궁정 여인, 소설을 발명하다 · 214
도시의 삶 · 216
안나 콤네나가 기록한 십자군 전쟁 · 228
중세 궁정의 여인들 · 233
돈이 모이면 분열이 시작된다 · 242
몽골제국의 여전사 · 247
그녀들은 왜 화형을 당했나 · 255

4 ___ 남자도 여자도, 다만 인간일 뿐이다

나, 크리스틴은 · 267
오스만제국의 등장 · 272
인간의 존재를 묻다 · 275
그리고 새로운 대륙을 유린하다 · 282
문을 걸어 잠근 제국의 상징 · 294
교회에 예속되지 않는 삶 · 297

5 ___ 자유와 권리를 찾아서

여왕의 시대 • 315
바다를 타고 온 변화 • 324
하렘의 벽을 넘어서 • 329
나는 여성이다, 고로 존재한다 • 336
왕과 권리를 나누다 • 344
이성의 빛은 여자를 비추지 않는다 • 348
계몽 군주들 • 358
차를 버리고 독립을 얻다 • 364
올랭프 드 구주의 여성 권리 선언 • 368
후퇴한 시간 • 377

6 ___ 누구도 누구를 억압할 수 없다

기계의 발전과 출산의 문제 • 387
다윈도 마르크스도 깨닫지 못한 것 • 390
기회를 놓치다 • 398
노예에게 해방을, 여성에게 해방을 • 404

7 ___ 정해진 길을 가지 않을 권리

제국주의가 시작되다 • 419

넬리 블라이의 세계일주 • 427

저항의 몸짓 • 429

멈추지 않는 약탈과 경쟁 • 434

여성에게 참정권을! • 439

8 ___ 평화와 평등을 꿈꾸다

등불을 든 여인 • 447

세계대전의 소용돌이 • 450

갈등을 불러온 국경선 • 462

하나의 세계, 두 개의 이념 • 465

야만의 시대 • 467

냉전 • 478

9 ___ 그렇게 우리는 역사가 된다

앞으로 가야 할 길 • 491

인명 찾아보기 • 506

빠진 퍼즐 채우기

세계사는 '어쩌면'으로 시작해야 한다.

어쩌면 지구의 모든 생명은 폭발로 시작되었을지도 모른다. 빅뱅이라는 이름의 대폭발로. 어쩌면 처음엔 모든 것이 황량했고 텅 비어 있었을지도 모른다. 그러다 작디작은 단세포들이 거대한 공룡으로 진화했다. 어디선가 원숭이가 두 발로 일어서 도구를 이용하기 시작했다. 어디선가 최초의 인간이 탄생했다. 어쩌면.

어쩌면 이 모든 일들은 전혀 다르게 흘러갔을지도 모른다. 혹은 비슷하지만 우리가 아는 것과 똑같지는 않았을 것이다. 역사에 대해, 지나간 것에 대해 이야기할 때는 자주 '어쩌면'이라고 말해야 한다. 우리가 모르는 것이 너무 많기 때문이다. 우리가 진실이라고 믿는 대부분은, 심지어 교과서에 적힌 내용도 알고 보면 그저 추측에 불과하다.

물론 우리가 내린 대부분의 결론은 다 그럴 만한 이유가 있다. 과거는 흔적을 남기고 우리는 어디서나 그 흔적을 발견하기 때문이다. 그중에는 눈에 잘 띄지 않는 흐릿한 흔적도 많다. 가령 모서리가 칼처럼 날카로운 돌이 있다. 누군가 의도적으로 돌을 저렇게 깎은 것일까? 아니면 큰 바위에서 부서져 떨어진 것일까?

쉽게 이해할 수 있을 것 같지만 알고 보면 그렇지 않은 신호들도 많다. 무슨 일이 일어났는지를 누군가가 한 해 한 해 기록한 책, 신문이나 편지가 바로 그런 것들이다. 그 사건의 기록에는 특정한 이해관계와 의도가 숨어 있는 건 아닐까? 그 기록을 남긴 사람이 역사에 영웅으로 남고 싶었던 누군가에게서 뇌물을 받았을까? 애당초 실제 사건을 기록할 목적이 아니라 교훈 넘치는 이야기를 들려주기 위해 쓴 걸까? 편지를 쓴 사람이 누군가를 싫어해서 그를 모함했을까? 갑자기 많은 것들이 예전처럼 명확하지가 않다.

역사가들은 많은 증거와 개별 자료들을 수집해 정성껏 조사한다. 그런 다음 결론을 내리고 이론을 정립한다. 그러나 그 후에도 이론은 수정을 거듭한다. 그래서 완벽한 설득력을 갖춘 듯 보이는 이론이 도로 전부 폐기되는 일도 다반사다.

역사를 기록하는 사학자들은 이런 뒤엉킨 기록의 그물망을 헤쳐 진실을 찾기 위해 싸워야 한다. 어떤 증거를 신뢰할지, 어떤 증거를 신빙성 있다고 여길지를 결정해야 한다. 그로부터 판단이 탄생한다. 그들의 고단한 퍼즐 작업은 '어쩌면'을 '다분히'로 만든다.

퍼즐 조각을 전부 다 손에 넣지 못한다는 것을 알면서도 역사가들은 쉬지 않고 퍼즐을 맞춘다. 그러한 현실이 실망스러울 수도 있지만 한편으로는 매력적이기도 하다. 과거를 상상할 수 있을 만큼 많은 조각을 손에 넣을 수 있으리라는 희망이 늘 따라다니기 때문이다. 안타깝게도 세계사의 퍼즐은 하필 여성과 관련된 조각들이 많이 빠져 달아나고 없다. 이유는 여러 가지다.

세계사를 이야기할 때 우리는 특이한 일, 세상을 바꾼 사건에 집중한다. 전쟁과 건국, 새로운 종교의 탄생, 기술의 발명에 눈을 돌린다. 그런데 그런 일은 주로 남자들의 몫이었고, 그 순간 여자들은 가사와 요리와 육아에 힘을 쏟았다. 세계 어디서나 오랜 시간에 걸쳐 사정이 그렇다 보니 남자들이 유명인이 되어 역사책에 이름을 올릴 가능성이 훨씬 높았다.

하지만 전부 그렇지는 않다. 인류 역사를 살펴보면 자신을 가둔 울타리를 부수고 밖으로 나온 여성들이 늘 있었다. 그들은 자신이 옳다고 생각한 것, 자신이 잘할 수 있는 것을 행동으로 옮겼다. 그들은 나라를 다스렸고 전쟁터에 나가 싸웠으며 철학자, 작가, 작곡가, 의사가 되어 기회가 주어질 때마다 능력을 입증했다. 유명한 여성들은 우리가 생각하는 이상으로 많았다. 다만 그들에 대한 정보가 부족할 뿐이다. 그 이유는 여성이 비범한 일을 하면 올바르지 않다고 생각했기 때문이다. 그것이 사람들이 생각하는 세계 질서를 거슬렀기 때문이다. 비범한 일은 남자들이 할 테니 여자는 살림이나 해라! 사람들은 그렇게 생각했다. 그래서 시대의 사건을 기록한 남성들이 여성의 업적을 무시해버리는 일이 자꾸만 일어났다.

이미 고대 이집트에서도 이런 일이 있었다. 여성 파라오 하트셉수트가 세상을 뜬 후 사람들은 건축물에 새겨진 그녀의 이름을 도로 파내버렸다. 몽골에서도 여성의 역사가 기록된 부분을 모조리 잘라낸 13세기의 양피지가 발견되었다. 로마인들도 다르지 않았다.

로마의 역사는 1000년에 가깝지만 등장하는 여성의 숫자는 적어도 너무 적다. 훗날 여성들의 이름이 기록에서 삭제되었을 수도 있지만, 전사들의 사회였던 로마가 애당초 여성에게는 두드러진 업적을 쌓을 기회를 주지 않았을 가능성이 더 높다. 어쨌든 우리는 로마 여성들에 대해 아는 것이 너무 없고, 어쩌다 알고 있는 것도 별로 흥미롭지 못한 내용들뿐이다.

그럼에도 어떤 여성이 용감하게 역사에 끼어들고자 했다면, 그녀는 모략을 일삼고 잔인하며 거짓말을 입에 달고 사는 매우 나쁜 여자로 기록되었다. 전 세계의 역사가들이 비슷한 목적을 위해 그런 짓을 저질렀다. 여자가 역사에 끼어들면 나쁜 일이 생긴다는 사실을 수단과 방법을 가리지 않고 입증하려 한 것이다.

안타깝게도 여성에 관한 기억을 지우려 한 남성들의 전략은 잘 먹혔다. 유명한 여성 작가들에 대해 우리가 아는 것은 그녀들이 유명했다는 사실뿐, 정작 그들의 글은 사라지고 없다. 남성 작가들의 작품은 필사를 거치면서 고이 보관되어 전해졌다. 남성과 여성이 편지를 주고받았을 경우에도 남성이 쓴 편지들은 지금껏 남아 있지만 여성이 쓴 편지들은 고의적으로 폐기했거나 부주의로 잃어버린 경우가 많다. 그 결과 기나긴 역사의 흐름을 거치는 동안 망각이 베일처럼 여성의 삶과 활동을 덮어버렸다. 하지만 최근 들어 역사학자들이 아직까지 남은 흔적들을 찾기 시작했고, 그 덕분에 우리는 50년 전이나 100년 전에 비해 훨씬 많은 것을 알게 되었다. 역사 속 여성을 가려놓은 베일이 조금씩 걷히고 있는 것이다.

이 책에서 우리는 다시금 세계사의 퍼즐을 맞출 것이다. 그렇다고 해서 역사에 중요한 업적을 남긴 수많은 남성들을 골라내지는 않을 것이다. 그것 역시 편파적인 이미지가 될 것이기 때문이다. 우리는 과거에 일어난 일을 지울 수는 없다. 따라서 전혀 다른 새 퍼즐을 맞추려는 것이 아니다. 이미 알고 있는 퍼즐에 몇 개의 빠진 조각을 채워 넣으려는 것이다.

우리는 여성들만의 이야기를 하려는 것이 아니다. 또 역경을 딛고 위대한 사상가, 예술가, 정치가가 된 강인하고 총명하고 용감한 모든 여성의 이야기를 들려줄 수도 없다. 물론 그렇게 된다면 그야말로 진짜 '여성 세계사'가 탄생할 것이고, 그것 역시 분명 흥미로운 일이다. 그러나 그런 역사는 다시금 특수한 부분을 다룬 분야별 역사로 그칠 것이고, 그렇게 되면 여성이 모두의 역사로 존재하는 일은 또 다시 요원해질 것이다.

1

태초에 차별이 있었다

320만 년 전쯤 원인 '루시'가 지구에서 살다.

20만 년 전쯤 호모 사피엔스가 등장하다.

2만 9500년 전쯤 구석기시대의 여성조각상 '빌렌도르프의 비너스'가 탄생하다.

BC 3100년쯤 수메르인들이 최초의 도시국가를 세우다.

BC 2400~1500년 아리아인들이 인더스 계곡으로 이주하다.

BC 2270년쯤 수메르의 대제사장 엔헤두안나가 종교 기록을 남기다.

BC 1850년쯤 《길가메시 서사시》가 탄생하다.

BC 1500년쯤 인도에서 가장 오래된 경전 《베다》가 탄생하다.

BC 1470년쯤 하트셉수트가 이집트의 파라오가 되다.

BC 1351년 이집트 왕 이크나톤과 왕비 네페르티티가 새 종교를 창시하다.

BC 13세기 상 왕조가 중국을 다스리다.

BC 1250년쯤 가장 오래된 중국 문자가 동물 뼈에 새겨지다.

BC 1200년쯤 이스라엘에서 유대 종교가 탄생하다. 원죄 이야기는 가장 오래된 유대교 기록 중 하나이다. 그때부터 여성이 나약하다는 생각이 퍼져나갔다.

3000여 년 전 아시리아 법전이 정숙한 여성에게 베일을 쓰도록 정하다. 여성과 남성이 다른 대접을 받았다는 가장 오래된 증거이다.

BC 1000년쯤 페르시아에서 차라투스트라가 만물을 창조한 유일신의 교리를 퍼뜨리다. 마기라 불린 사제는 남자만 될 수 있었다.

BC 800년쯤 음유시인 호메로스가 그리스 신화를 들려주다.

BC 7세기 여신 아세라가 유대 사원에서 추방되다.

BC 7~6세기 레스보스섬에서 사포가 사랑의 시를 짓다.

BC 500년쯤 불교가 탄생하다. 그리스인들이 민주주의를 처음으로 선보이다.

BC 480년 그리스군이 살라미스 해협에서 페르시아군을 무찌르다.

BC 5세기 그리스 역사학자 헤로도토스가 이집트를 여행하며 감탄하다.

남자는 사냥, 여자는 수다?

● 루시와 외치 ●

인류의 나이에 대해선 정말로 의견이 다양하다. 한쪽에선 직립을 하고 동물을 사냥하며 불을 피울 줄 아는 이 생명체가 약 2~300만 년 전에 생겼다고 주장한다. 또 다른 쪽에선 오늘날과 상당히 유사한 인간인 호모 사피엔스는 약 20만 년 전에야 출현했다고 말한다. 양쪽 숫자의 차이는 실로 엄청나다. 그리고 둘 다 쉽게 셈이 안 되는 까마득한 숫자들이다. 게다가 우리가 조금이나마 실제로 아는 역사는 상대적으로 매우 적다. 약 5000년 전부터이니까 말이다. 지구의 일생과 비교하면 정말로 눈 한 번 깜짝할 시간밖에 안 된다.

어느 날 학자들이 아프리카에서 50여 개의 뼈를 발견했다. 누가 봐도 한 몸에서 나온 유골이었다. 대부분의 사람들은 그 유골이 여자의 뼈라고 주장하지만 확실하지는 않다. 나이는 대략 320만 살로 추정된다. 학자들이 유골을 발굴하면서 비틀스의 노래 〈Lucy in the

Sky with Diamonds〉를 들었기 때문에 그녀의 이름은 '루시'가 되었다. 허벅지 뼈의 관절이 마모된 것으로 미루어 루시는 두 다리로 직립할 수 있었던 것 같다. 그런데 300만 년 전에는 그것이 결코 당연한 일이 아니었다. 루시가 살던 시절엔 호모 사피엔스의 등장이 머나먼 미래의 일이었기 때문이다.

현생인류 호모 사피엔스가 지금의 우리가 지닌 우수한 능력들을 모두 갖추기까지는 오랜 세월이 걸렸다. 호모 사피엔스는 불을 피워 체온을 유지하고 고기를 구웠고, 돌로 최초의 도구를 제작했다. 덕분에 사냥이 수월해졌고 음식을 조리하기도 한결 쉬워졌다. 시간이 조금 더 흐르자 호모 사피엔스는 나무로 집을 지었고 뒤이어 마침내 거대한 발걸음을 내디뎠다. 구리를 발견해 그것으로 금속 도구를 제작한 것이다. 금속 도구는 석기보다 훨씬 뛰어난 성능을 자랑했다. 구리에 이어 청동과 철도 발견되었다. 이 금속 도구의 이름을 따서 그 시대를 각각 청동기시대와 철기시대라고 부른다.

구리는 도구 제작에만 이용된 것이 아니었다. 1990년대 초 한 부부가 알프스 외츠 계곡을 등반하다가 시신 한 구를 발견했다. 시신은 냉동건조 상태였는데, 연락을 받고 달려온 경찰들이 무거운 도구로 시신을 떼어내다가 실수로 시신의 허리를 부러뜨리고 말았다. 인스부르크 법의학연구소에서 조사한 결과, 시신은 살해당했고 살해 시점은 최소 100년 전으로 밝혀졌다. 그렇게 오랜 시간이 지났으니 살인자가 아직 살아 있을 리 만무했으므로 사람들은 장례를 치러주기 위해 시신을 자루에 담았다. 그러나 장례를 치르기 직전에 불려온 전문가는 시신이 정말 오래된 것으로 보다 정밀한 조사가 필요하다고 주장했다. 조사 결과 법의학이 시신의 나이를 크게 오판했음이 드러났다. 이 알프스의 남자는 5000년도 더 전에 숨을 거두었던 것이다.

시신은 발견된 장소의 지명을 따 '외치'라는 이름을 얻었다. 외치는 신석기시대의 가장 유명한 유물 중 하나이다. 빙하의 얼음이 그를 냉동 건조시켜 미라 상태로 보존한 것이다. 5000년이 지나서도 보존 상태가 그처럼 좋은 시신이 많지 않기 때문에 외치는 매우 정밀한 조사를 받았다. 그의 어깨에서 화살촉이 발견되었다. 사망 원인이 그 어깨 부상인지 아니면 그로 인해 넘어지면서 뒷머리를 부딪혔거나 누군가 그의 뒷머리를 가격했기 때문인지는 확실치 않지만, 적어도 그 화살이 뒤에서 날아와 그를 맞힌 것만은 분명했다. 게다가 시신에서는 동으로 만든 도끼와 단도도 발견되었다. 당시 사람들도 금속으로 우수한 무기를 제작할 수 있었던 것이다.

● 남자는 사냥을 하고 여자는 수다를 떤다? ●

오랫동안 사람들은 석기시대 사람들이 50년 혹은 100년 전의 우리와 비슷하게 살았을 것이라고 믿었다. 물론 선사시대에는 아직 주택이나 도로, 도시는 없었겠지만 얼마 전의 우리처럼 노동 분업을 했을 것이라고 믿었다는 뜻이다. 남자는 먹을 것을 구해오고 여자는 집을 지키며 아이를 키우고 요리를 했을 것이라고 말이다. 그래서 박물관에 가거나 교과서를 펴보면 풀숲에 숨어 크고 작은 짐승을 노리다가 그것들을 잡아서 집으로 가져오는 남자들이나, 동굴이나 움막에 불을 피워놓고 둘러앉아 자잘한 물건을 만들거나 불에 올린 냄비를 휘젓는 여자들의 그림을 볼 수 있다.

많은 이들이 여자들은 그렇게 옹기종기 모여 지내는 시간이 많았으므로 수다쟁이가 되었지만 남자들은 사냥을 할 때 사냥감에만 집중했다는 논리를 펼친다. 그리고 그때부터 지금껏 여자의 수다와 남자의 집중력은 변함이 없다고 주장한다. 지난 수천 년 동안 인류가 이룩한 엄청난 진보가 무색할 정도로 우리의 행동은 여전히 원시인과 다를 바가 없다고 말이다. 그러나 이런 설명이 그리 지혜로워 보이지는 않는다. 그 누구도 5만 년 전 혹은 10만 년 전의 생활이 지금과 같았다고 입증할 수 없기 때문이다. 실제로 발굴된 유물들이 알려주는 사실은 그리 많지 않다.

한번은 긴 옷을 입은 사람들이 그려진 화병이 발견되었다. 옷이 삼각형 모양이었는데 치마처럼 보였다. 사람들은 당연히 여자를 그린 것이라 생각했다. 하지만 누가 봐도 수염을 기른 인물이 같은 옷을 입고 있는 그림이 발견되었다. 치마 입은 남자들이었다. 고고학자들이 정밀 조사에 착수했고, '남자는 사냥을 하고 여자는 수다를 떤다'는 식의 노동 분업에 어울리지 않는 물건들이 점점 더 많이 발견되었다. 예를 들면 도구나 무기와 함께 묻힌 여자, 진주구슬과 실패와 함께 매장된 남자가 발견된 것이다. 그러니까 그 여성들은 생전에 그 무기를 들고 다니며 사용했던 것이 아닐까? 우리는 실잣기와 천짜기가 전형적인 여성의 일이라고 알고 있지만 직물 생산을 담당했던 남자들이 있었던 것은 아닐까?

● 비너스 상에 담긴 진실 ●

석기시대의 모습을 그려볼 수 있는 유물 중에는 동굴벽화와 작은 조각상도 포함된다. 조각상의 주재료는 석회암과 매머드 상아이며, 진흙과 점토도 사용되었다. 그 시대 사람들도 도자기 굽는 법을 알았던 것이다. 이런 조각상 중 하나가 '빌렌도르프의 비너스'이다. 오스트리아의 작은 마을 빌렌도르프에서 발굴되었으므로 마을 이름을 붙였다. 길이가 11센티미터밖에 안 되는 이 석회암 조각상은 뚱뚱한 여자를 모델로 삼았다. 처음 이런 종류의 조각상들이 발견되었을 땐 로마 신화에 등장하는 사랑의 여신의 이름을 따서 비너스라고 불렀지만, 요즘엔 여성 조각상이라는 말을 더 많이 쓴다. 로마의 여신과 이 작은 조각상들 사이에 공통점이 별로 없으므로 비너스라는 이름이 오히려 혼란을 불러올 수 있기 때문이다.

그런데 빌렌도르프의 비너스와 놀랄 정도로 닮은 조각상들이 전 유럽에서, 프랑스와 러시아는 물론이고 시베리아에서도 발견되었다는 사실에는 학자들도 무척 당황했다. 그래서 그들은 서둘러 이 조각상들이 여신들을 모델로 삼았으며, 프랑스에서 시베리아에 이르는 그 넓은 지역의 사람들이 모두 같은 종교를 믿었다는 결론을 내렸다. 또 조각상들의 불룩한 배가 쉽사리 임신을 연상시킨다는 점을 근거로 들어 온전히 자연에 의지해 살던 사람들은 여신을 숭배하는 것이 당연하다는 설명도 곁들였다. 모든 생명을 잉태해 인간에게 양식을 제공하는 대지처럼 여성 역시 자기 몸에서 생명을 탄생시키기 때문이다.

이처럼 학자들은 여성과 대지 또는 자연을 밀접하게 연관시켰다. '어머니 대지', '어머니 자연' 같은 말은 그런 맥락에서 나온 표현이다. 그리고 여신상들은 당연히 풍요의 여신을 모델로 삼은 것이라고 생각했다. 빌렌도르프의 비너스와 그녀의 친구들은 지금으로부터 3만 년 전쯤에 만들어진 작품들이다. 하지만 이 시기에 나온 여성상들은 다른 해석의 여지를 남긴다. 예를 들어 체코의 돌니 베스토니체에서 발굴된 비너스 상은 바로 옆에 매장된 여성 시신의 인상과 놀랄 정도로 닮았다. 과연 이 사실은 어떻게 설명할 수 있겠는가? 당시 사람들이 여신은 물론이고 살아 있는 사람도 모델로 삼았던 것이라고 해석할 수 있을까? 따라서 여성상을 무조건 풍요의 여신으로 보는 해석은 대단히 위험하다.

사냥하는 남자이든, 수다 떠는 여자이든, 생명을 선사하는 여신이든 다 똑같다. 초기 형태의 사회에 대해 우리는 아무것도 모른다. 명백한 증거도 없다. 선사시대 사회에서 남녀노소가 어떻게 살았는지 너무나 알고 싶지만 우리는 그럴 수 없다. 스위스 한 박물관의 안내도에는 토끼를 사냥하는 선사시대의 젊은 여성이 그려져 있다. 안 될 것 없지 않은가? 어쩌면 5000년 전, 혹은 1만 년 전에는 여자들이 도끼를 들고 사냥을 했을지도 모를 일이다.

• 역사를 기록하다 •

인류가 사냥과 채집을 중단하고 한 곳에 정착해 집을 짓고 경작을 하고 도시를 건설하기까지는 몇천 년이 걸렸다. 그래서 신석기 혁명이라 부르는 이 과정이 인류 역사에서 가장 큰 변화였다고 주장하는 사람들이 많다. 신석기 혁명을 거치면서 인류는 작은 집단을 이루어 살면서 사냥과 채집 대신 밀과 쌀과 기장을 심고 한 곳에 정착하기 시작했다. 그러자 곧 저장을 할 수 있을 만큼 충분한 곡식을 거두어들였고 그 곡식으로 겨울이나 흉년도 무사히 넘길 수 있었다. 더 이상 날씨와 자연의 변덕에 휘둘리지 않게 된 것이다. 또 인간은 집을 지었고 큰 궁전도 지었으며 온갖 재료를 이용해 물건을 만들고 이 물건들을 서로 거래했다.

지금으로부터 5000년 전쯤에는 세계 몇몇 지역에서 공동생활을 상당히 잘 조직한 최초의 도시들이 탄생했다. 이 도시들이 고도로 발달한 사회였으므로 우리는 이들을 '고도 문화'라 부른다. 이 최초의 고도 문화가 인도나 이집트 같은 특정 지역에서만 등장한 이유는 알 길이 없다. 이집트에서 거대한 피라미드가 건설되는 동안 북부 유럽에서는 아직도 외치가 원시 수준의 무기를 들고 알프스를 방랑했다. 북아메리카와 남아메리카 사람들의 경우는 격차가 더 심해서 거의 2000년이 더 지난 후에야 겨우 동굴 밖으로 나왔다.

도시의 복잡한 조직은 또 하나의 발명품을 낳았다. 바로 문자였다. 아마 맨 처음 문자를 사용했던 사람들은 그것이 자신들의 생활을 얼마나 바꾸어놓을지 짐작조차 못했을 것이다. 문자는 매우 실용적이어서 곡식의 분배 같은 일상적인 일처리는 물론이고 먼 곳에 있는 사람과의 소통에도 큰 도움이 되었기 때문이다. "돈 부칠 때 양털도 같이 보내줘요. 여기는 양털이 비싸요." 아시리아 상인의 아내가 물건을 팔러 길을 나선 남편에게 이런 편지를 보냈다. 지금 으로부터 4000년 전쯤에 말이다.

문자는 공간적 거리뿐 아니라 시간적 거리도 극복할 수 있기 때문에 우리는 지금 그 아시리아 상인 아내의 편지를 읽을 수 있다. 글로 적은 것은 세월이 한참 흐른 후에도 남아 있기에 언젠가부터 역사가가 등장했다. 경험한 것을 후세를 위해 의도적으로 기록하는 사람들 말이다. 그들이 쓴 글이 도자기 조각이나 성벽의 자투리보다 훨씬 더 선명한 이미지를 전달했으므로 바로 이 지점에서 선사시대라 부르는 시대는 막을 내린다. 문자와 더불어 세계사가 시작된 것이다.

베일이 알려주는 것

● 맨 처음의 의미 ●

최초로 달에 간 사람과 두 번째, 세 번째로 간 사람은 천지차이다. 최초로 간 사람은 역사책에 기록되고, 우리는 그의 이름을 기억한다. 그의 이름은 닐 암스트롱이고 미국인이었다. 우주 공간에 처음으로 발을 내디딘 사람은 러시아인 유리 가가린이다. 최초로 우주선에 오른 강아지는 러시아의 암캐 라이카이다. 최초로 우주로 날아간 사람들 중에는 러시아인이 많다. 최초의 여성 우주 비행사도 러시아인 발렌티나 테레시코바였다. 그녀의 우주여행이 특별한 이유는 오랜 세월 그런 일을 한 여자가 극히 드물었기 때문이다. 전쟁도, 정치도, 축구도 남자들이 했다. 우주로 날아가는 것 역시 남자들의 일이었다. 하지만 대체 그 이유가 무엇일까? 언제부터 시작된 일일까?

역사를 이야기할 때 우리는 대부분 어떤 일이 언제 어디서 처음

일어났는지에 관심을 갖는다. 그리고 세계사를 이야기할 때는 지금의 세계를 있게 한 사건들을 특히 중요하게 여긴다. 우리가 로마인들에게 관심을 기울이는 이유는 지금 우리가 쓰는 법을 그들이 만들었기 때문이다. 중국인들을 향한 관심은 그들이 종이와 화약을 발명했고 그 발명품들이 세상을 엄청나게 변화시켰기 때문이다.

인간의 삶이 근본적으로 바뀐 곳에는 거의 빠짐없이 새 발명품이 있었다. 우주 비행사들 역시 우주로 날아가기 위해서는 천문학적인 가격의 복잡한 기계가 필요했다. 오랜 세월 달나라 여행은 상상으로나 가능한 일이었다. 인류가 이 말도 안 되는 생각을 실천에 옮길수 있게 되기까지는 어림잡아도 5000년쯤의 시간이 걸렸다. 테레시코바, 암스트롱, 가가린은 우리가 사는 행성을 멀찍이 떨어져 바라본 최초의 인간들이었다. 그들은 달에서 지구를 보았다. 오늘날의 우리는 위성을 궤도로 쏘아 올려 도로와 집 같은 작은 것도 사진을 찍을 수 있다. 바깥에서 지구를 바라보는 일이 너무나 당연한 세상이 된 것이다.

● 신들의 탄생 ●

지금으로부터 5000년 전쯤에는 이와 정반대의 일이 일어나고 있었다. 사람들이 하늘을 쳐다보며 별을 관찰했던 것이다. 그러다가 별들이 규칙적으로 항상 같은 대형을 이루어 하늘에 뜬다는 사실을 발견하고 무척 놀랐다. 지상에서 그러하듯 하늘에도 정해진 질서가 있다는 뜻일 테니까 말이다. 그러나 질서가 있는 곳에는 그 질서를 만드는 누군가도 있기 마련이 아닌가? 태양이 항상 정확한 주기로 떴다 지고, 계절이 오고 가며, 생명체가 나고 죽는 일이 어떻게 가능한 것일까? 이 모든 일에는 하나의 이유가 있는 것이 아닐까? 이런 질서를 만드는 무언가가 있지 않을까? 한마디로 사람들은 물었다. 무엇이 이 세상을 유지시키는 것일까?

인류는 이 모든 질문에 간단하면서도 복잡한 하나의 대답을 찾았다. 그 대답은 바로 신이었다. 세상을 창조하고 유지시키는 존재는 신이다. 여기까지는 간단했다. 하지만 이제부터 문제가 복잡해진다. 신은 누구인가? 신은 무엇인가? 하나의 존재인가? 남자인가 여자인가? 각기 다른 일을 관장하는 수많은 그런 존재들이 있는 것일까? 아니면 신이란 '무'나 '무한'처럼 추상적인 것일까? 확실한 것은 예로부터 사람들은 자신들의 운명을 결정하는 신을 상상했다는 사실이다. 그리고 민족마다 그 신을 부르는 이름이 달랐다.

선사시대 사람들은 자연 그 자체에 신이 깃들었다고 믿었다. 나무마다, 강마다 마법의 힘을 지닌 그런 존재가 산다고 생각했다. 화가 난 천둥의 신이 번개와 천둥을 던진다. 바다의 신이 노하면 광대한 바다에 높은 파도가 인다. 눈에 보이지 않은 힘이 복수를 결심하면 홍수가 일어난다.

사람들은 하늘에서 일어나는 일을 바꿀 수 있는 길이 있다고 믿었다. 그 길은 신들을 거쳐 하늘로 이어

진다. 그래서 사람들은 신에게 제물을 바쳤고 기도와 노래로 신들과 소통했다. 종교는 바로 이런 의식과 숭배 행위로부터 탄생했다.

● 나, 엔헤두안나는 ●

메소포타미아인들은 자신들의 왕과 왕비를 불멸의 존재라고 믿었다. 죽은 후에도 신이 되어 영원히 산다고 말이다. 그런 믿음에는 스스로를 숭배의 대상으로 만들어 백성들의 순종을 이끌어내려는 지배자의 교활한 술책도 한몫했을 것이다. 어쨌든 그들은 죽은 후에도 풍성한 선물을 받았다. 저 세상에서 신이 되어 살기 위한 준비였다. 푸아비 여왕의 묘에서는 1600개가 넘는 진주가 박힌 가운, 길이가 8미터에 가까운 황금 띠로 만든 머리쓰개 등등 온갖 보물이 발굴되었다. 여왕은 신들의 세상에 가서도 하녀가 없으면 생활을 할 수 없으므로 10명 이상의 여자 노예를 죽여 같이 묻었고, 두 마리의 황소를 맨 마차 한 대도 함께 묻었다.

푸아비는 수메르의 여왕이었다. 이 민족은 그리스인들이 메소포타미아라 불렀던 지역에서 살았다. 메소포타미아는 '두 강 사이의 땅'이라는 뜻이다. 그 지역이 유프라테스강과 티그리스강 사이에 있었기 때문이다. 수메르인들은 정교한 관개시설을 지어 넓은 땅에 물을 댔다. 또 우루크시와 우르시를 건설했고, 신전을 세웠으며, 그 신전을 풍성한 수확물을 분배하는 장소로 이용했다. 나아가 지출과 수입의 명세를 파악하기 위해 쐐기문자를 발명했다. 삼각형과 선으로만 이루어진 이 문자를 이들은 부드러운 점토판에 새겨 넣었다.

수메르인들은 일주일을 7일로 나누는 태음력을 만들었다. 또 맥주 양조법을 개발했고 장기를 두면서 시간을 보냈다. 혹은 이야기를 지어내기도 했다. 현재 남아 있는 가장 오래된 이야기인 《길가메시 서사시》가 바로 수메르인들의 작품이다. 이 작품은 여러 편의 이야기를 모아놓은 모음집이다. 그런 이야기들이 중요한 이유는 그것을 통해 과거와 현재와 미래를 연결시킬 수 있기 때문이다.

우르시를 지키는 수호신은 달의 신 난나이며, 우루크시의 수호신은 하늘의 신 안이었다. 신들을 모시기 위해 수메르인들은 특이한 형태의 높은 탑을 지었다. 발치에서 시작된 계단이 꼭대기까지 이어지며 여러 개의 테라스가 있는 탑이었다. 탑의 맨 꼭대기에는 사원이 있었다.

그러나 이런 신들의 지극한 보살핌에도 어느 순간 수메르 문화는 종말을 맞았다. 물론 그렇게 되기까지는 오랜 시간이 걸렸고 사이사이 몇 번에 걸쳐 다른 왕국의 왕들이 메소포타미아 지역을 정복하기도 했다. 그중 한 사람인 사르곤 왕은 딸 엔헤두안나를 달의 신 난나와 결혼시켜 우르의 대제사장으로 만들었다. 왕이 권력 강화를 위해 딸을 대제사장으로 삼는 일은 드문 경우가 아니었고, 사원에서 신을 경배할 때 낭송하는 찬가를 직접 짓는 것도 대제사장의 임무 중 하나였다. 하지만 엔헤두안나는 남다른 자의식을 선보였다. 아마 그녀는 글쓰기를 무척 좋아했던 것 같다. 그래서 지극히 개인적인 일, 고통과 아픔, 인간적인 실수, 신과 자신의 관계에 대해서도 글로 적었다. 또 흔치 않게 많은 문서에 자신의 이름을 집어넣었다. "나는 대제사장이었다. 나, 엔헤두안나는." 그녀에겐 이 메시지가 신을 숭배하는 일만큼 중요했던 것 같다. 물론 자신이 세계사에 최초의 여성 작가로 오를 것이라고는 짐작조차 못 했겠지만 말이다. 어쨌든 그녀의 기록들은 오늘날 우리가 읽을 수 있는 기록 중 가장 오래된 것이다.

● 베일의 규칙 ●

수메르 왕국의 뒤를 이어 바빌로니아 왕국이 탄생했다. 바빌로니아인들도 별의 움직임을 정확히 관찰하고 기록했다. 나아가 이들은 별자리에 '큰곰', '천칭', '사자', '궁수' 등의 이름을 붙여주었다. 바빌로니아인들은 행성의 움직임에서 미래를 읽을 수 있다고 확신하여 점성술의 토대를 닦았다. 그들은 하늘에서 일어나는 일이 땅에 사는 우리와 관련이 있다고, 별의 움직임이 우리의 운명을 좌우한다고 굳게 믿었다.

물론 하늘을 쳐다보았다고 해서 땅의 일에 관심을 두지 않았던 것은 아니다. 바빌로니아의 왕 함무라비는 법전을 편찬해 사람들의 공동생활에 관한 규율을 만들었다. "눈에는 눈, 이에는 이." 함무라비 왕은 그런 식의 법 조항들을 돌에 새겨 사원의 안마당에 세웠다. 그렇게 하면 누구나 쉽게 법을 접할 수 있고 법을 지킬 수 있을 테니까 말이다. 함무라비 법전에는 이런 조항도 있다. "신의 자매가 술집을 열거나 술을 마시기 위해 술집에 발을 들이면 그 여성은 화형에 처한다." '신의 자매'란 종교와 관련된 관직에 있는 여성을 말한다. 그러니까 그 일은 엄격한 자기관리를 요하는 만큼 술집에서 술이나 퍼마셔서는 안 되는 중요한 임무였던 것이다.

한 조각의 천이 세계사에 등장한 것은 지금으로부터 3000년도 더전의 일이다. 오늘날까지도 많은 논란을 낳고 있는 한 조각의 천, 바로 베일이다. 아시리아 법전은 여성이 사람들 앞에 나설 때는 얼굴을 가려야 한다고 정했다. 그런데 그 베일은 결혼한 여성이나 아이를 둔 어머니만 쓸 수 있었다. 베일이 여성을 보호하며 정숙한 여성임을 알리는 역할을 한 것이다. 노예나 하녀는 베일을 쓸 수 없었으며, 만일 쓸 경우 벌을 받았다. 그 말은 곧 이들이 정숙한 여성으로 대접받지 못했다는 소리다. 베일을 쓰지 않은 그들의 머리는 그들을 함부로 대해도 벌을 받지 않는다는 의미였다.

아시리아의 법은 남성에게 여성을 괴롭히는 행동을 금지하는 대신 일부 여성에게 자신을 스스로 보호하라고 요구했다. 더구나 '정숙하지 않은' 나머지 여성들은 이런 보호 조치조차 박탈당했다. 남성들에겐 그런 규칙이 적용되지 않았다.

베일은 많은 사회가 여성과 남성을 다르게 대우했다는 가장 오래된 증거이다. 그리고 대부분의 사회에서 여성이 남성보다 더 열악한 대우를 받았다.

여왕의 이름을 칼로 도려내다

● 나일강의 질서 ●

역사라고 하면 대부분의 사람들은 연대기를 먼저 떠올린다. 연대
기란 기다란 일직선 위에서 왼쪽에서 오른쪽으로 시간이 흐르는 역
사를 말한다. 그러나 역사를 이야기하는 사람에겐 그런 식의 정리
가 쉬운 일이 아니다. 역사에서는 중요한 일이 여러 장소에서 동시
에 일어나는 경우가 많으므로 수없이 많은 수평선을 그려야 하며,
그 평행선들 사이로 다시 끝없이 많은 사선과 직선을 그어야 하기
때문이다. 이 책에서도 역사를 점과 선의 형태가 아닌 이야기로 들
려주고 싶기 때문에 여러 장소를 풀쩍풀쩍 뛰어 다니고, 시간 역시
앞뒤로 왔다 갔다 할 것이다.

메소포타미아, 인도, 이집트, 중국 등 세계 여러 지역에서 엇비슷
한 시기에 역사가 시작되었다. 공통점은 강변이라는 것이었다. 강
주변 땅은 비옥했으므로 밀과 기장 같은 곡식을 심어 거둘 수 있었

다. 더구나 인류는 이 강을 수로로도 이용했다. 강의 긴 본류와 지류가 온갖 상품, 특히 큰 집이나 궁전을 짓는 데 필요한 큰 돌 같은 무거운 물건을 수송하기에 더할 나위 없이 좋았기 때문이다.

유프라테스강과 티그리스강 사이에서 왕국을 세웠다 스러졌던 수메르와 바빌로니아, 아시리아의 이웃에는 우리가 감히 상상하지 못할 만큼 긴 역사를 자랑하는 나라가 있었다. 바로 이집트이다. 이집트 역시 시작은 5000년도 더 된 과거로 거슬러 올라가지만 다른 나라들과 달리 이렇다 할 큰 변화를 겪지 않고 3000년 이상을 살아남았다.

이집트에 그와 같은 번영을 선사한 주인공은 길이가 7000킬로미터에 가까운 나일강이다. 그래서 이집트인들은 나일강을 신처럼 숭배했다. 그들은 노래했다.

잘 오셨습니다. 나일강이시여. 땅에서 솟아올라 이집트를 살리기 위해 오신 나일강이시여.

나일강이 범람할 때마다 주변 땅은 비옥한 검은 진창으로 변했다. 이집트인들은 그것을 '케메트kemet'라고 불렀다. '검은 땅'이라는 뜻이다. 나일강의 물이 미치지 못하는 곳에서는 '붉은 땅', 즉 사막이 시작되었다. 이집트인들은 이것을 '데세레트desheret'라고 칭했다.

나일강은 자연에 신들이 정하신 더 높은 질서가 있다는 믿음을 인상적으로 입증했다. 정확히 365일에 한 번씩 범람했던 것이다. 이집트인들은 그 사실을 깨닫고 365일을 각 30일씩 12개월로 나누어 달력을 만들었다. 30일이면 보름달이 떴다가 지고 다시 뜨는 시간과 얼추 비슷했다. 12개월이 다 지나면 5일이 남는데, 이 5일 동안에는 질서를 살피시는 신을 경배하는 뜻으로 잔치를 열었다. 이렇듯 이집트인들은 나일강과 달을 이용해 1년을 계산했고, 지금 우리가 쓰는 달력 못지않게 정교한 달력을 만들었다.

• 내세의 집 •

아마도 고대 이집트를 가장 잘 이해할 수 있는 장소는 피라미드와 무덤이 아닐까. 이집트인들은 사람이 죽으면 사라지는 것이 아니라 내세의 문턱을 넘는다고 믿었다. 하지만 사후의 삶을 위해서는 집이 필요했다. 내세의 집이었다. 그런데 이집트인들은 짧은 지상의 삶보다 사후의 삶에 더 큰 의미를 부여했기 때문에 내세의 집을 꾸미는 데 온갖 정성을 기울였다.

무덤의 크기부터가 벌써 압도적이다. 긴 복도를 따라 방이 늘어서 있고 창고에는 음식과 술, 특히 맥주와 포도주가 그득했으며 각종 살림살이까지 구비되어 있었다. 방들은 각종 가구로 장식했고, 형편이 넉넉할 경우 옷은 물론이고 보석과 장신구도 무덤에 넣었다. 나무, 돌, 도기로 만든 작은 인물상은 우샤브티라고 부르는데, 모든 무덤에 들어가는 필수품이었다. 이것이 내세에서 죽은 자를 대신해 힘든 일을 도맡아주는 도우미 역할을 하기 때문이다.

또 내세에서 계속 살아가려면 몸이 필요하므로 시신을 방부 처리해 아마천으로 말아 관에 넣었다. 이집트인들은 이런 방식으로 죽은 사람을 보존했고, 그것이 그 유명한 미라이다. 물론 그 전에 장기는 다 꺼내서 특수 용기에 보관했다. 이집트인들은 인간이 심장으로 생각하고 느낀다고 믿었기 때문이다. 반대로 뇌는 쓸모없는 덩어리라고 생각했으므로 코로 꺼내 내다버렸다.

피라미드 내부 벽에는 사냥을 하는 장면, 파라오와 사제들이 신을 섬기는 의례 장면 등 온갖 그림으로 장식을 했다. 큰 잔치가 열려 여사제들이 춤을 추고 노래하는 그림도 있다. 또 돌이나 물렁한 점토에 새긴 상형문자도 발견되었다. 피라미드에서 발견된 유물들은 보존 상태가 놀랄 정도로 좋았는데, 고온 건조한 이집트의 기후와 무덤이라는 안전한 장소 덕분이었다.

이집트의 무덤은 과거를 비추는 거울이다. 산 사람이 죽은 사람을 위해 묻어준 온갖 일상용품과 보석, 장신구, 수많은 꽃병과 도기들이 우리에게 당시 사람들의 생활상을 그대로 알려주기 때문이다.

● 이집트 여성의 삶 ●

사후의 삶을 아직 시작하지 못한 지상의 이집트인들은 대부분 농부였다. 하지만 이집트 같은 고도 문화가 존재하기 위해서는 당연히 석공, 조선공, 목수, 칠장이, 금 세공사도 있었을 것이다. 당시 이집트에서 제일 유망한 직업 중 하나는 서기관이었다.

서기관은 분배할 수확물과 상품의 명단을 작성했고, 신을 경배하는 찬가와 기도문을 지었으며, 왕의 생활을 기록으로 남겼다. 또한 공동체를 평화롭게 유지해줄 법률을 기록하는 것도 그들의 소관이었다. 아무리 이집트인들이 사후 세계야말로 진정한 삶이라고 믿었다지만, 지상의 삶 역시 나름의 규칙이 필요할 만큼 충분히 긴 시간이었기 때문이다.

그리스 역사학자 헤로도토스는 이집트를 다녀온 후 이런 글을 남겼다.

그들의 풍습과 관습은 다른 민족과 완전히 반대이다. 이집트에서는 여자들이 시장에 나가 물건을 팔고 남자들이 집에서 천을 짠다.

헤로도토스는 이집트 여성들의 상황에 무척 놀랐다. 도시의 거리에 나가 보면 모든 직종에서 일하는 여성을 만날 수 있었기 때문이다. 실제로 이집트의 법은 당시 다른 민족들이 생각도 못했던 각종 권리를 여성에게도 인정했다. 여성은 자기 가게를 운영할 수 있었고 땅을 소유하거나 팔 수 있었으며, 결혼한 후에도 부모에게 물려받은 유산을 보유할 수 있었다. 법적 분쟁이 일어나면 남성과 똑같이 증인으로 나설 수 있었고 법정에서 자신을 변호할 수 있었다.

그럼에도 일상생활에서는 다른 민족과 큰 차이가 없었다. 남자들이 일하러 가면 여자들은 집에 남아 가사를 돌보았고, 아이를 키우는 엄마의 경우 더욱 그런 경향이 강했다. 이집트인들은 모성을 기적으로 생각했고 출산이야말로 인생에서 가장 의미 있는 사건이라 여겼다. 불멸의 왕국, 저 세상으로 가는 길을 살펴줄 후손이 꼭 필요하다는 인식 역시 이런 사고방식에 큰 영향을 미쳤다.

● 이집트의 신들 ●

이승의 삶을 마치고 무덤에서 편히 쉬는 자는 신들과 특별히 가까운 사람이다. 그러니 이들보다 더 중요한 것이 어디 있겠는가!

신은 온 세상에 깃들어 있다. 이집트인들은 모든 것을 신성하게 여겼고, 보고 느끼고 맛보고 듣는 모든 것이 신에게서 온다고 생각했다. 창조의 신 아툼Atum은 비존재, 즉 원시 대양에서 세상을 창조했다. 질서의 신인 마아트Maat는 우주와 세상의 조화를 담당했다. 세상은 무슨 일이 있어도 변치 않는 곳이 아니라 항상 변하는 곳이다. 하지만 그 말은 곧 질서의 신 마아트를 항상 혼돈의 신 이스페트Isfet가 위협하고 있다는 뜻이기도 했다.

신들은 각양각색으로 이 세상에 출현했다. 이집트의 경우 대지의 신은 남성으로 이름이 게브Geb였다. 이집트가 다른 나라들과 반대라는 헤로도토스의 말이 영 틀린 것은 아닌 셈이다. 대지의 신에 대적하는 하늘의 신은 여성으로 누트Nut였다. 이집트인들은 누트가 저녁마다 대지 위로 허리를 굽혀 태양을 꿀꺽 삼켜버리기 때문에 어둠이 찾아오며, 다시 아침이 되면 태양을 뱉어낸다고 믿었다. 동물이나 반인반수의 형상을 한 신들도 많았다. 예를 들어 토트Thot는 머리가 이비스 새의 형상이었다. 여자들의 출산을 돕는 여신 타웨레트^{Taweret}는 나일강의 하마 모습이며 새끼를 밴 상태로 묘사될 때가 많았다.

● 하트셉수트와 네페르티티 ●

파라오는 신이자 인간이었고 왕비는 신의 사신이었다. 이집트인들은 왕비를 '신의 손'이라고 불렀다. 파라오는 신의 질서를 책임지므로 질서 유지를 위해 왕가를 꾸리고 후계자 아들을 낳을 의무가 있었다. 하지만 아이를 낳지 못하거나 아이가 병이 들어 일찍 세상을 떠나는 경우도 많았다. 혹은 아들이 아직 왕위에 오르기엔 너무 어린데 아버지 파라오가 세상을 떠나는 경우도 있었다.

여왕 하트셉수트도 이런 이유로 왕좌에 올랐다. 파라오가 세상을 떠났을 때 왕자가 아직 어린아이였기 때문에 죽은 왕의 '위대한 아내'인 그녀가 통치를 맡았던 것이다. 하트셉수트에 대해서는 의견이 분분하다. 왕이 죽고 2년 후 그녀가 미성년 아들의 대리인 자격을 넘어 직접 왕위를 계승해 왕좌에 올랐기 때문이다. 왕위에 오른 것을 정당화하기 위해 그녀는 가짜 수염을 붙이고 남장을 했다.

하지만 많은 사람들의 추측과 달리 그녀가 오직 권력욕 때문에 그렇게 행동한 것은 아니었던 듯하다. 마음만 먹으면 왕위 계승자를 죽일 수도 있었지만 그녀는 오히려 최고의 교육으로 아들의 왕위 계승 준비를 도왔다. 덕분에 아들은 훗날 뛰어난 왕이 되었다. 하트셉수트 역시 훌륭한 정치를 펼쳤다. 이웃 나라들과 활발한 무역을 통해 국가의 부를 증진시켰으며 나라 곳곳에 화려한 건축물을 지었다. 그중 하나가 자신의 신전이었다. 마치 암벽에 붙어 자란 것 같은 3층짜리 테라스식 신전은 우리가 흔히 아는 피라미드와는 상당히 다른 모습이다. 하트셉수트의 시대만 해도 이미 피라미드의 인기가 시들해졌던 것이다.

하트셉수트는 통치를 잘한 훌륭한 왕이었지만, 세상을 뜬 후에는 직접 왕좌를 차지한 그녀의 행동을 두고 격론이 벌어졌다. 그것이 질서를 어지럽혔다는 비난이 일었던 것이다. 하트셉수트를 둘러싼 논란은 오랫동안 이어져, 그녀가 세상을 뜬 지 무려 100년이나 지난 어느 날 아이러니하게도 같은 여성이 그녀를 향해 칼을 뽑았다. 아멘호테프 3세의 왕비 티예가 신전 벽에 새겨진 여왕의 그림과 이름을 지우라 명하여 하트셉수트의 흔적을 모조리 제거했던 것이다.

그러나 정작 티예의 아들이 하트셉수트 여왕보다 더 격하게 신들에게 반기를 들었다는 사실은 아이러니가 아닐 수 없다. 티예의 아들 아멘호테프 4세는 완전히 미친 짓을 저질렀다. 마아트를 유지하고 신의 기분을 살피기는커녕 모든 신을 금지시켜버린 것이다. 그는 이 세상엔 유일신인 태양신 아톤만이 존재하므로 아톤을 섬기는 새로운 종교를 창시하겠다고 선언했다. 또 스스로를 아톤의 아들이라 선포하고, 이름을 '아톤의 신하'라는 뜻의 이크나톤으로 바꾸었다.

이크나톤이 새 종교를 창시했다는 사실 그 자체는 실제로 큰 문제가 아닐 수도 있다. 더 큰 문제는 그에 동반된 폭력 행위였다. 그는 석공을 이집트 전역에 파견해 신전과 오벨리스크에 새겨진 모든 신의 이름을 파내라고 명령했다. 이집트 백성들이 신성하게 여기며 삶의 버팀목과 방향등으로 삼았던 모든 것을 제멋대로 부수어버린 극악무도한 짓이었다. 민심이 요동쳤지만 이크나톤은 개의치 않았고, 수도를 옮기면서까지 태양신만을 숭배했다. 이크나톤이 왜 이집트의 전통을 무너뜨리려 했는지, 왜 아톤 신을 위해 다채로운 신들의 세계를 지워버리려 했는지는 여전히 풀리지 않는 수수께끼다.

스스로를 태양의 왕이라 불렀던 이크나톤의 수수께끼는 그것만이 아니었다. 사실 이크나톤의 아내가 남편의 통치에 큰 힘을 실어주지 않았더라면 그의 시대는 금세 잊히고 말았을 것이다. 왕비의 이름은 네페르티티로 '미녀가 왔다'는 뜻이다. 네페르티티는 남편과 뜻을 같이해 새 종교를 섬겼고, 남편은 그녀를 아톤 신의 딸로 임명했다. 새 종교에서 그녀는 막중한 임무를 맡았다. 인간과 아톤 신을 주선할 수 있는 유일한 사람이 그녀였던 것이다. 이크나톤과 네페르티티는 어디서나 찬란하게 빛나는 왕과 왕비였다. 심지어 조각이나 그림을 보면 네페르티티가 왕좌에 오르고 이크나톤이 그 옆에서 그녀를 보좌하는 것 같은 인상이 들기도 한다.

그런데 어느 날 네페르티티가 갑자기 세상을 떠났다. 그녀가 실제로 죽었는지 아니면 실종된 것인지를 두고도 오랫동안 의견이 분분했다. 어쨌든 왕의 부부를 휘감았던 마법의 베일은 이렇게 그녀의 허망한 죽음과 더불어 사라지고 말았다.

　이크나톤은 폭력을 사용해 유일신의 종교를 도입하고자 했다. 그렇지만 그의 아들 투탕카멘은 과거의 신들에게로 돌아갔다. 나라는 다시 안정을 찾았다. 새 파라오는 이크나톤의 도시를 떠났고, 이크나톤의 왕궁은 이집트의 강렬한 태양 아래에서 서서히 먼지로 변했다. 사람들은 그의 통치 시대를 최대한 빨리 잊으려고 애썼다. 이집트 왕국은 그 후로도 2000년을 더 이어갔다.

　그러나 미녀 네페르티티는 사라지지 않았다. 그녀가 세상을 뜬 지 3000년도 넘는 시간이 흐른 후 고고학자들이 왕비의 흉상을 발굴한 것이다. 그 흉상은 베를린 신박물관에 보관되어 지금껏 관객들의 감탄을 자아내고 있다.

차별의 탄생

수메르인, 바빌로니아인, 유대인, 이집트인 등 여러 민족이 모여 살았던 그 지역은 세계지도에서 보면 사실 상당히 크기가 작다. 메소포타미아에서 페르시아만을 지나 동쪽으로 약간만 이동하면 인더스강변에 도착한다. 그 강의 이름을 딴 나라 인도의 가장자리에 마치 출입구처럼 위치한 강이다. 이곳 인더스강변에서 수메르와 비슷한 역사를 자랑하는 고도 문화의 유적이 발견되었다.

도시 중 한 곳의 이름을 따서 하라파 문화라고 부르는 이 고도 문화가 어느 정도의 규모였는지는 확실하지 않다. 다른 고대 고도 문화들보다 훨씬 넓은 지역으로 뻗어나갔을 수도 있고 심지어 인류 역사에서 가장 오래된 문자가 나온 곳도 이곳일지 모른다. 명확한 표현을 쓰지 않은 이유는 해석과 설명이 필요한 부분이 아직도 많기 때문이다.

인도의 기후는 독특하다. 1년에 한 번 석 달 동안 비가 쉬지 않고 내린다. 나머지 달에는 계속해서 건조하다. 이런 몬순기후에선 배수 시설과 물 저장 시설이 필요하다. 그래야 건기에 경작물이 말라 죽는 사태를 방지하고 우기에는 홍수를 피할 수 있기 때문이다. 따라서 인더스 계곡의 주민들은 오늘날의 기술자들도 입이 딱 벌어질 정도의 물 저장 시설과 배수 시설, 급수 시설을 갖추었다. 가장 유명한 두 도시 하라파와 모헨조다로에는 심지어 목욕탕과 수세식 화장실을 갖춘 집들도 있었다. 유럽인들이 수세식 화장실을 사용하기까지는 이 문화가 멸망한 후 거의 4000년의 세월이 필요했다. 이 두 도시는 직각의 바둑판 눈금 위에 건설되었다. 그러니까 배수, 급수, 저장 시설을 포함해 도시 전체가 바둑판 모양이었을 것이다.

하라파 유적 중에는 작은 테라코타 인물상도 있다. 목과 머리에 풍성하게 장식을 한 여인상이다. 모헨조다로에서는 심지어 청동 인물상도 발견되었다. 젊은 여인상인데, 그녀가 무엇을 하는지는 정확히 알 수 없다. 아마도 춤을 추는 무희인 것 같다.

800여 년 후 하라파 문화는 멸망했다. 대부분의 학자들은 자연재해 때문이라고 주장한다. 지진으로 강물이 범람해 그 지역에 큰 홍수가 났을 것이라고 말이다. 그랬다면 도시들은 진흙에 파묻혀버렸을 것이다. 다른 주장도 있다. 거의 같은 시기에 중앙아시아 초원에서 인도로 넘어온 유목민족이 이들의 도시를 파괴했을 것이라는 주장이다.

이 유목민족의 기원에 대해서는 알려진 것이 별로 없다. 아리아인이라 불리는 이들 중 일부는 인도로 건너와 정착했고, 남은 일부는 훗날 메소포타미아 지역을 정복해 페르시아 대제국을 세웠다.

가장 오래된 인더스 문명은 수메르나 이집트와 달리 기록을 남기지 않았다. 그래서 현재 우리는 그 문명에 대해 아는 것이 많지 않다. 아리아인들이 들어오면서 인도의 모습도 많이 달라졌다. 하라파 시대의 웅장한 건축물과 배수 시설은 사라졌고, 문자를 비롯한 이 문명의 많은 것들이 종적을 감추었다. 하지만 모든 것이 다 소멸된 것은 아니어서 원주민들의 풍습과 관습이 아리아인의 문화와 어울려 새로운 인도 사회를 형성했다.

● 계급이 나뉘다 ●

역사는 인류가 사냥과 채집을 멈추고 땅을 경작하고 문자를 발명한 순간에 시작되었다. 그런데 멀리 떨어진 몇 곳에서 거의 동시에 이런 일이 일어났다. 사람들은 흔히 문자와 같은 천재적인 발명은 한 곳에서 시작되어 다른 곳으로 퍼져나갔을 것이라고 생각한다. 하지만 그렇지 않았다. 문자나 신 같은 몇 가지 아이디어는 세계 곳곳에서 개별적으로 탄생했다.

수메르와 이집트에서는 날이 갈수록 사람들 간의 격차가 심해졌다. 특정한 일을 남보다 잘해내서 더 부자가 되고 결국 더 큰 권력을 쟁취한 사람들이 생겨난 것이다. 사회는 계층으로 나뉘었다. 돈도 없고 권력도 없는 가장 아래 계층이 농부였다. 그들보다 조금 더 많은 권력과 출세의 기회를 가진 사람들이 상인, 수공업자, 학자였다. 권력의 제일 꼭대기에는 작은 무리의 신하들에게 둘러싸인 단한 명의 지배자, 즉 왕이나 군주가 앉아 있었다. 오랜 시간 사람들은 이런 질서의 정당성을 묻지 않았다. 그것이 신이 정한 질서라고믿었기 때문이다.

인도 사회는 카스트로 나뉘었다. 모두가 평등한 사회가 아니라제일 높은 카스트에서 제일 낮은 카스트까지 서열이 정해져 있었다. 제일 높은 자리에는 브라만, 즉 모든 종교 업무를 담당하는 사제들이 자리 잡았다. 그 뒤를 이어 무사 그리고 농부, 수공업자, 상인 등의 카스트가 있었다.

카스트제도는 매우 엄격했다. 자신이 속한 카스트는 세대를 넘어세습되었다. 아들은 아버지의 직업을 물려받아야 하며, 결혼도 같은 카스트끼리만 가능했다. 아버지가 군인이었으면 아들도 군인이되어야 하고 딸은 군인의 딸이었다가 아내였다가 어머니가 되어야했다. 심지어 밥을 먹을 때도 다른 카스트의 사람이 준비한 음식을먹어서는 안 된다는 규칙이 있었다.

그런데 어떤 카스트에도 속하지 않은 사람들도 있었다. 이들을두고 '불가촉천민', 즉 파리아pariah라고 불렀는데 이들이 제일 더럽고 제일 천한 일을 한다는 이유에서였다. 이들을 만지면 만진 사람도 더러워진다고 믿었기 때문에 사람들은 그들을 피했다. 파리아는모두에게 배척당했다.

카스트제도를 이해하자면 인도인들이 자신과 현세의 삶을 어떻게 생각했는지를 알아야 한다. 이 지상에서 그들은 엄격한 카스트제도에 묶여 있지만, 자기들이 온 우주를 아우르는 더 높은 질서의 일부라고 여겼다. 우주는 자연의 영원한 순환을 따르며 모든 생명체, 모든 식물과 동물과 인간의 세계는 이 영원한 순환의 일부이다. 인도인들은 이 영원한 순환을 큰 들숨과 날숨이라고 생각했다. 이런 순환에서 생명은 죽음으로 끝나지 않는다. 한 순간 소멸한 것은 다음 순간 다시 태어난다. 모든 생명은 환생의 수레바퀴를 따라 돌고 돈다.

따라서 현세에서는 가난하더라도 내세에는 다른 생으로 태어날수 있다는 희망이 마음을 다독인다. 지금은 농부나 사제로 살아야 하지만 다음 생에는 나비나 고양이로 다시 태어날 수 있을 테니까 말이다.

● 숨에 대하여 ●

인도 사람들도 무엇이 이 세상을 유지시키는지에 대해 의문을 품었고, 그 대답을 신에게서 찾았다. 인도 신의 세계를 말해주는 가장 오래된 문헌은 브라만교의 경전인 《베다》이다. 《베다》는 산스크리트어로 쓰였는데, 아리아인들이 인도로 올 때 가져온 언어이다.

인도 신들의 세계는 다채롭기 그지없다. 가장 오래된 《베다》에는 1년에 용을 한 마리씩 죽이는 전쟁의 신 인드라indra가 등장한다. 용을 죽이면 모든 물이 풀려나와 몬순이 시작된다고 한다. 또 팔이 여러 개인 시바 신도 등장하며, 수소와 암소의 형상을 한 아버지 하늘과 어머니 대지도 나온다. 그래서 힌두교도들은 소를 신성하게 생각한다.

인도인들은 오랫동안 《베다》의 내용을 기록하지 않았다. 낭송으로만 전달할 수 있는 비밀의 지식이라고 생각했기 때문이다. 인도인들이 보기에 《베다》를 지은 사람들은 신과 같은 존재였다. 따라서 학자들에겐 《베다》의 지식을 보존할 책임이 있었다. 그들 대부분은 남자였고 브라만 계급이었지만 그중에는 브라흐마바디니 brahmavadini라 불리는 여성 예언자들도 있었다.

인도의 학자들은 특히 아트만, 즉 숨에 많은 관심을 기울였다. 숨이 인간을 신과 결합시킨다고 믿었기 때문이다. 고대 인도의 철학 경전인 《우파니샤드》에는 세계의 영혼과 하나가 되는 기술이 적혀 있다. 그러기 위해서는 명상을 해야 하는데, 명상이란 가만히 앉아서 숨에 집중하는 것이다. 명상은 치유 효과가 있다고 알려져 있다. 명상 못지않게 긴 역사를 자랑하는 인도의 요가는 가만히 앉아 숨에 집중하기도 하지만 몸을 복잡하게 꼬기도 한다. 그런데 명상이나 요가를 하자면 조용한 공간이 필요했으므로 브라만들은 세상을 등졌다. 모든 것을 버리고 홀로 숲으로 들어가 명상으로 시간을 보냈다. 그런데 그렇게 힘들여 브라흐마brahma(힌두교의 창조의 신)의 숨과 하나가 되면 무엇을 얻을 수 있을까? 콕 집어 말하기는 어렵다. 아마도 지혜와 깨달음일 것이다. 어쩌면 오직 신께 자신의 존재를 바침으로써 윤회의 수레바퀴에서 벗어나기를 바랐는지도 모른다.

딸은 길하지 않다

● 딸을 낳으면 안타까웠던 시대 ●

바빌로니아인들이 메소포타미아에서 별을 관찰하고 인도에서 하
라파 문명이 몰락의 길을 걷고 있을 무렵, 중국에서 또 하나의 역사
가 시작되었다. 기원전 1800년쯤이었다. 중국에서도 고도 문화가
탄생했는데, 오늘날 우리는 당시 사람들이 남긴 문자 기록을 볼 수
있다.

가장 오래된 중국 문자가 발견된 것은 순전히 우연이었다. 지금
으로부터 100년도 더 전에 중국 베이징 대학의 한 학자가 병이 들
었다. 그래서 약으로 쓰기 위해 약국에서 용골을 구해 집으로 가져
왔다. 그런데 그 작은 뼈를 갈아 가루로 만들려던 찰나, 뼈에 적힌
미세한 문자가 그의 눈에 들어왔다. 더 놀라운 우연은 그 학자가 하
필이면 고대문자를 연구했다는 사실이다. 물론 그 뼈는 용의 뼈가
아니라 소의 어깨뼈 같은 흔한 동물 뼈였다. 밭을 갈던 농부가 그

뼈를 발견해 용골이라고 속여 팔아먹었던 것이다. 그러나 문자는 진짜였다. 게다가 매우 오래된 문자였다.

학자들은 뼈의 흔적을 쫓아 농부가 뼈를 주운 장소를 발굴하기 시작했다. 그러자 믿을 수 없는 광경이 펼쳐졌다. 거대한 성벽과 궁궐터, 방 두 개 크기의 무덤이 발굴되었고 무덤에선 보석과 무기, 엄청난 양의 예술품이 쏟아져 나왔다. 최고의 역사를 자랑하는 중국 문화는 이렇듯 우연히 발견된 것이다.

이 고도 문화를 낳은 상 왕조는 청동기와 거북이 등딱지, 소의 어깨뼈에 문자를 새겼다. 이 갑골문자는 무언가 기록하거나 편지를 보내기 위해서가 아니라 점을 치기 위한 용도였다. 상나라 사람들은 불에 달군 막대기로 동물 뼈에 구멍을 낸 후 갈라진 금을 보고 점을 쳤다.

상나라 사람들은 죽은 조상을 신으로 섬겼다. 죽은 귀신이 산 사람들의 삶에 개입한다고 믿었기 때문에 조상들과 밀접한 관계를 유지했다. 또 뼈에 글자를 새겨 점의 결과를 자세히 기록했다. 예를 들면 이런 식이다. "부호가 아이를 낳을 것인데 길하지 않을 것이다. 31일 후 아이를 낳았는데 길하지 않았다. 딸이었다."

점으로 묻지 못할 일은 거의 없었다. 풍년이 들까? 비가 올까? 이웃 나라를 치기에 좋은 때인가? 뼈의 대답이 얼마나 신빙성이 있었는지는 알 길이 없다. 하지만 갑골문자를 통해 우리는 상나라 사람들이 딸이 태어나는 것을 길하게 여기지 않았다는 것만은 잘 알 수 있다.

'안타깝게도 딸을 낳았던' 부호는 왕비였다. 따라서 그녀의 무덤엔 엄청난 부장품이 묻혀 있었다. 100여 점의 조각품, 장신구, 청동 예술품은 물론이고 옥으로 만든 조각품도 755점이나 되었다. 무기도 들어 있었는데 아마 그녀가 전투에 나가 적을 무찌른 여장군이었기 때문일 것이다.

상나라 시대엔 지금의 우리가 아는 중국이 존재하지 않았다. 오늘날 중국은 영토가 거대하기 때문에 한 나라 안에 전혀 다른 여러 지형과 기후대가 공존한다. 예전에는 그 넓은 땅에 말도 다르고 풍습도 다른 여러 작은 제후국들이 자리 잡고 있었다.

당시엔 한 지배자가 다스리는 영토의 크기와 권력은 곧 그의 가문이 소유한 영토 및 권력과 동일했다. 따라서 권력을 원하는 자는 가문을 키워야 했다. 가장 좋은 방법이 결혼이었다. 상나라 무정왕은 부인이 무려 64명이나 되었다. 이런 식으로 64개의 가문이 그의 일가가 되었고, 다시 그 일가는 결혼을 통해 또 다른 가문을 자기편으로 끌어들일 수 있었다.

상나라의 멸망과 관련해서도 전설이 전해진다. 핵심은 진실일지 몰라도 개연성은 그리 크지 않은 이야기다. 상나라의 마지막 왕인 주왕이 전쟁에 나갔다가 달기라는 이름의 여인을 뺏어 데려왔다. 당시로서는 특별한 일이 아니었다. 상나라 같은 힘이 센 나라의 왕은 원하는 것을 모두 가질 수 있었다. 그런데 그 여인이 왕을 유혹해 타락시켰다. 둘이 함께 술을 마시고 잔치를 벌이고 포로들에게 잔혹한 짓을 저질렀다. 이웃 왕이 그 둘의 나쁜 행실을 핑계 삼아 상나라를 공격했고, 상나라는 새 왕조인 주에 권력을 넘겨주게 되었다.

● 전설의 목적 ●

상나라와 달리 주나라는 동물의 뼈 대신 《주역》을 이용해 점을 쳤다. 《주역》에는 각기 다른 형태의 기호를 조합한 64괘가 적혀 있다. 산가지를 이용하여 괘를 뽑은 후 《주역》에서 그 괘를 찾아 읽으면 미래에 대한 대답을 알 수 있다. 주나라는 상나라와 달리 문자를 점치는 데 이용하지 않았고, 문자를 이용해 서로에게 편지를 썼다. 신과 인간의 관계도 달라졌다. 죽은 귀신의 자리를 하늘이 차지해 최고의 신이 되었다. 따라서 주 왕조의 지배는 하늘의 '위임'이며 더 높은 권력이 내린 직책이었고, 지배자는 남들보다 더 큰 덕을 갖추어야 할 의무가 있다고 보았다. 그렇지 않을 경우 그는 지배의 권리를 잃게 되었다.

주나라 멸망에 얽힌 전설 역시 이 이론을 따른다. 주의 마지막 왕인 유왕이 포사라는 이름의 여인을 총애했다. 그런데 이 여성은 웃지 않기로 유명했다. 왕은 그녀를 웃기기 위해 적이 침략했을 때 사용하는 봉화를 올렸고, 이에 모든 제후들이 득달같이 달려왔다. 놀란 가슴으로 중무장을 하고 달려온 제후들은 허탕을 쳤지만, 포사가 그 모습을 보고 깔깔 웃자 왕은 크게 기뻐하여 자꾸만 거짓 봉화를 올렸다. 그러다 얼마 후 진짜 적이 쳐들어왔고 왕은 다시 봉화를 올렸지만, 제후들은 이번에도 장난이라 여겨 달려오지 않았다. 결국 도움을 받지 못한 주나라는 정복당하고 말았다.

상나라나 주나라 같은 왕조가 멸망한 데에는 여러 이유가 있었다. 다른 귀족 가문들의 힘이 점차 세져서 왕의 권력을 갉아먹기 시작했다. 또 몽골에서 중국을 침략한 기마민족의 위협도 만만치 않았다. 왕을 망친 두 여인 달기와 포사의 이야기는 이런 과정을 심하게 단순화시킨 것이다. 바로 이것이 전설의 목적이다. 사람들은 단순한 이야기를 더 잘 기억하기 때문이다. 하지만 전설은 특정한 해석을 퍼뜨리는 데 기여할 수 있다. 이런 전설들이 같은 패턴을 반복하는 것이 우연의 결과가 아닌 것이다. 나쁜 여인이 등장해 왕을 비도덕적 행동으로 이끌고 그로 인해 불행을 끌어들인다. 여자를 희생양으로 삼아 멸망의 진짜 이유와 남자들의 실책을 은폐한다. 옛 중국 노래 중에 이런 구절이 있다. "현명한 남자는 도시를 세우고 현명한 여자는 도시를 무너뜨린다네."

유일신은 어떻게 남자가 되었나

● 남자들만의 종교 ●

고대의 고도 문화에는 신이 많았다. 낮과 밤을 담당하는 신이 따로 있었고 불과 바다, 사랑과 죽음을 보살피는 신이 다 따로 있었다. 어느 날 메소포타미아 지역에 새 민족이 등장했다. 페르시아인이었다. 북쪽 이란고원에서 온 이들은 싸움을 잘하는 무사들이어서 유프라테스강과 티그리스강 사이까지 영토를 넓혔고, 훗날에는 이집트까지 정복했다. 페르시아인들은 세상의 기원을 다르게 생각했다. 세상을 7일 만에 창조한 유일신 창조자가 있다고 믿었던 것이다. 그리고 이 창조의 신을 인간이나 동물과 비슷한 존재로 생각하지 않아서 형상을 만들지 않고 불이라는 상징으로만 묘사했다. 그래서 그리스인들은 페르시아인들을 '불을 섬기는 자'라고 불렀다.

차라투스트라라는 이름의 한 사제가 특히 이런 창조신의 교리를 세상에 널리 알렸다. 그는 이 세상에 선과 악이라는 두 가지 원칙이 있어 서로 패권을 잡기 위해 영원히 싸운다고 가르쳤다. 그리고 인간은 선이 승리하도록 노력해야 한다고도 가르쳤다. 차라투스트라의 추종자들은 스승의 계명을 지키려 노력했다. 좋은 생각을 하고 좋은 말을 하며 좋은 행동을 하라! 그 말은 곧 인간이 신의 변덕에 그냥 내맡겨진 존재가 아니라는 뜻이었다. 당시로서는 흔한 생각이 아니었다.

차라투스트라의 신은 남자였고 그의 종교는 남자들의 종교였다. 여사제가 있었던 이집트나 메소포타미아와 달리 페르시아에서는 오직 남자만이 사제가 될 수 있었다. 이들은 '마기'라 불렸고 불의 신과 소통할 때 마법을 행했다.

● 여성은 어쩌다 열등한 존재가 되었나 ●

어쩌면 페르시아인과 그들의 차라투스트라 숭배가 영향을 미쳤을지도 모른다. 페르시아 이웃의 작은 나라에서도 유일신을 생각하기 시작했다. 이 유대인들은 페르시아인들과 마찬가지로 창조 이야기를 만들어냈고, 마찬가지로 신이 7일 동안 세상을 창조했다고 믿었다. 6일째 되던 날에는 신이 진흙 한 덩이를 집어 그것으로 최초의 인간 아담을 만들었다. 아담은 창조의 최고봉이었다. 하지만 외로웠다. 그래서 신은 아담을 깊이 잠재운 다음 그의 갈비뼈 하나를 꺼내 그것으로 이브를 만들어 아담의 동반자로 삼았다.

그런데 이야기는 여기서 끝나지 않는다. 신이 세상을 창조한 후

아담과 이브는 모든 동물과 더불어 부족할 것 없는 낙
원에서 살았다. 아무도, 그 무엇도 그들을 위협하
지 않았다. 나무에는 잘 익은 과일이 주렁주렁
열렸기에 배가 고프면 그 과일을 따먹었다. 딱
한 그루, 사과나무만은 예외였다. 신은 아담과
이브에게 그 나무에 열린 사과를 절대 먹지 말
라고 명령했다. 그것이 인식의 나무였기 때문이
다. 그러던 어느 날 두 사람이 뱀을 만났다. 뱀은 둘
에게 그 인식의 나무에 달린 사과가 특별히 맛있다고 속삭이며 사
과를 먹고 금지된 신의 지식을 얻어보라고 유혹했다. 뱀의 말은 매
력적이었다. 이브가 유혹을 견디지 못하고 사과를 베어 물었고, 그
것을 아담에게 건넸다. 그 일로 신은 두 사람을 낙원에서 추방했다.
두 사람이 명령을 어겼기 때문이다. 경계를, 지식과 인식의 문턱을
넘었기에 그 대가를 치러야 했던 것이다. 신에게 쫓겨나 지상으로
내려온 그들은 그때부터 먹고살기 위해 뼈 빠지게 일을 할 수밖에
없었다.

이것이 인간을 낙원에서 추방되게 만든 원죄에 관한 이야기다.
이 이야기를 두고 다양한 해석이 존재한다. 한편에선 지식과 인식
이 인간을 자신의 부족함을 아는 불행한 존재로 만들었다고 말한
다. 다른 한편에선 이 이야기가 무엇보다 여자의 무지몽매와 나약
함을 증명한다고 주장한다. 뱀의 유혹에 빠져 인류를 불행으로 이
끈 장본인이 이브라는 것이다. 이런 식의 해석에선 여성과 원죄, 죄
가 서로 뒤엉켜 연상 작용을 일으킨다. 그리고 그 연상의 효과는 만

만치 않았다. 수백 년 동안 학자들은 걸핏하면 원죄를 들먹이면서 여자를 믿어서는 안 된다는 증거로 활용했다. 여자는 '약한' 존재였다. 신체적으로도 남자를 이기지 못할 뿐 아니라 정신적으로도 남자보다 나약한 존재였다. 여성을 억압하는 곳이라면 어디서나 낙원에서 추방된 아담과 이브의 이야기를 들먹였고, 그 이야기로부터 여자는 천성적으로 열등한 존재라는 결론을 끌어냈다.

● 신은 남자다 ●

아담과 이브의 이야기를 통해 우리는 세상을 바꾸는 것은 사건만이 아님을 알 수 있다. 사람들이 들려주는 이야기도 세상을 바꿀 수가 있는 것이다. 유대인들이 그런 이야기들을 기록으로 남겨 경전으로 삼고 유대교의 기초를 다질 무렵만 해도 이스라엘은 아직 작은 나라였고, 유대인들은 여러 민족 중 하나에 불과했다. 그러나 그들은 경전 《토라》에서 신과 인간의 관계를 완전히 새롭게 정의했고 이를 통해 세상을 바꾸었다.

토라에는 신이 유대인인 아브라함을 시조로 삼고 유대민족과 특별한 계약을 맺었다고 적혀 있다. '선택받은 민족'인 그들에게만 신이 보호를 약속했고, 그 대가로 유대민족은 신에게 절대적 복종의 의무를 진다고 말이다.

복종을 하려면 규칙이 필요하다. 무엇이 옳고 그른지를 알려주는 방향등이 필요하다. 따라서 신은 자신의 대리인인 선지자 모세에게 십계명을 전해주었다. 십계명은 매우 특이한 표현을 쓴다. 모든 규칙이 '…하라' 또는 '…하지 말라'로 끝난다. 신이 인류 역사상 최초로 각 개인에게 직접 말을 건 것이다.

함무라비 법전 같은 법률은 사람이 만든 것이라 바꿀 수 있다. 하지만 십계명은 신이 내린 것이기에 사람이 바꿀 수 없다. 살인하지 말라. 끝. 어떤 인간도 그 계명을 흔들 수 없었고, 돈이 아무리 많고 권력이 아무리 많아도 누구나 그 계명을 지켜야 했다. 지금까지는 신에게 제물을 바치고 신의 환심을 사면 그뿐이었지만 이 새로운 신은 전혀 달랐다. 인간의 행동을 관찰한 것이다. 이 신은 인간이 예의바르게 행동하고 친절하기를 바랐다. 한마디로 차라투스트라가 섬긴 불의 신과 같은 것을 원했다. 인간들이 좋은 생각을 하고 좋은 말을 하고 좋은 행동을 하기를 바랐던 것이다.

유대인이 생각한 신은 완전히 새로운 것이었다. 그들의 신은 불멸의 존재가 된 인간이 아니었다. 남자도 여자도 아니었고, 인간에게 없는 모든 것이었다. 신은 보이지 않기에 모세와 그 민족에게 이렇게 명령했다. "우상을 만들지 말 것이며, 위로 하늘에 있는 것이나 아래로 땅에 있는 것이나 땅 아래 물속에 있는 것이나 그것들의 어떤 형상도 만들지 말라." 게다가 이스라엘의 신은 자기 말고 다른 신은 참지 못하는 질투심 많은 신이었다. 많은 신들 중 하나의 신이 아니라 그냥 신이었다. 신의 이름을 부를 수 없기에 유대교 경전은 신을 단 4개의 철자 JHWH로 표기했다.

하지만 신이 인간과 소통하고 인간이 신과 소통한다면 이름을 부르지 않고 어떻게 신에게 말을 건단 말인가? 어떻게 신께 기도를 드린단 말인가? 그렇게 해서는 보이지 않는 신을 잘 모실 수가 없을 것 같았기에 유대인들은 자신들의 신과 관련한 특정한 개념을 만들었다. 부를 수 없는 이름을 대신해 '아도나이^{Adonai}'라는 말을 쓰기 시작한 것이다. 아도나이는 '나의 주'라는 뜻이다. 그렇게 하여 이름을 붙일 수 없는 보이지 않는 신은 남자가 되어버렸다.

그때부터 유대인들은 남녀를 철저히 구분했다. 원죄의 이야기에서 교리를 끌어내고 법률을 만들었다. 여자들을 집 안에 가두고 남자들에게 철저히 복종하라고 강요하는 그런 교리와 법률 말이다. 유대인들의 기도문에는 이런 구절이 있다. "제가 이교도로 태어나지 않게 하시며… 바보로 태어나지 않게 하시며… 여자로 태어나지 않게 하시어… 감사하나이다."

● 사라진 여신 ●

여신들은 이집트의 여신 이시스처럼 여전히 큰 인기를 누렸고 고대 세계 전체에서 숭배를 받았다. 여신이 존재하면 여사제도 존재하기 마련이었고, 종교의 중요한 영역은 여성의 소관이었다. 출산과 생명, 죽음에 대한 지식으로 여사제들은 천상의 여신 못지않은 존경을 받았다.

유일신 신앙이 등장하면서 이 모든 것이 달라졌다. 유일신 신앙은 일신교^{Monotheism}라고 부른다. monos가 그리스어로 '홀로'라는 뜻이고 theos가 '신'이라는 뜻이기 때문이다. 유대 사원에서 여신 아세라Asherah를 없앤 것이 그 시작이었다.

사람들이 신을 모시기 위해 지은 사원에 어느 날 어떤 왕이 말뚝을 박았다. 아마 그 말뚝은 당시 가나안에서 사랑받았던 여신 아세라를 상징했던 것 같다. 심지어 아세라를 야훼의 신부로 여겨 비석에 '그의 아세라'라고 적은 글도 남아 있다. 그러나 훗날 한 유대 왕이 아세라를 몰아내기로 결심했고, 그때부터 예루살렘의 사원은 변치 않는 한 분의 남성 신만을 모시는 성전이 되었다. 아세라와 더불어 유대 신앙에서 마지막 여신이 사라진 것이다.

유일신이 자리를 잡기까지는 제법 긴 시간이 필요했지만, 언젠가부터 유럽은 물론이고 다른 지역에서도 여신이라는 관념이 완전히 사라졌다. 여신과 더불어 여사제도 사라졌고, 여성이 사원과 신전에서 배척당하는 시대가 찾아왔다.

붓다가 깨닫는 동안 그의 아내는

● 고타마 싯다르타의 이야기 ●

BC 6세기, 인도 북쪽에서 한 남자가 등장해 힌두교의 해묵은 전통을 깨고 새 종교를 열었다. 그의 이름은 고타마 싯다르타였다. 그는 현실에 큰 불만을 품었다. 삶은 고통이고 윤회의 수레바퀴에 매인 인간은 끊임없이 새로운 고통에 빠질 수밖에 없는 존재였다. 싯다르타는 탈출구를 찾아 나섰다.

오랜 노력 끝에 그는 깨달음을 얻었다. 그리고 다시 길을 나서 사람들에게 자신의 경험담을 들려주었다. 많은 이들이 싯다르타의 가르침을 받들어 공동체를 이루고 절을 지었으며, 외딴 곳으로 들어가 비구(남자 승려)나 비구니(여자 승려)가 되어 새로운 가르침에 따라 소박한 삶을 살았다. 그들은 고타마를 붓다라 불렀다. 산스크리트어로 '깨달은 자'라는 뜻이다. 그의 가르침은 불교가 되었다.

붓다의 인생을 들려주는 경전은 진실과 허구를 엮어 짠 천이다.

역사가 오래되어 구전으로 전해오다가 훗날에야 기록된 모든 종교의 경전이 다 그렇다. 따라서 이들 경전에서 역사적 사실과 허구를 구분하기란 사실상 불가능하다.

이 경전에 따르자면 싯다르타는 크샤트리아 계급으로 왕자였다. 부모는 아들이 원하는 것이라면 전부 다 주었고, 아들에게 일체의 고통을 주지 않으려 애썼다. 그러나 그들의 노력이 효력을 발휘한 것은 아들이 성인이 되기 전까지였다. 성년이 된 싯다르타는 다른 사람들을 만났고 하인에게 눈으로 본 것을 들려달라고 청했다. 하인의 입을 통해 전해들은 세상은 생로병사의 현장 그 자체였다. 이 참혹한 현실에 싯다르타는 심한 충격을 받았다. 극소수의 사람만이 자신처럼 부유하고 특혜를 누린다는 사실을 갑자기 깨달은 것이다. 그럼 이 고통을 어떻게 뛰어넘을 수 있을까? 그는 그 의문에서 헤어날 수 없었다. 결국 그는 수행을 하기로 결심하고 집을 떠났다.

싯다르타 왕자는 언젠가 왕이 되어야 할 사람이었으므로 야쇼다라와 결혼을 했다. 그리고 그가 출가를 결심했을 때 아내가 아들을 낳았다. 야쇼다라의 입장에선 어느 날 갑자기 출가를 결심한 남편이 도저히 이해되지 않았다. 고통을 벗어나기 위해 자기 가족에게 고통과 슬픔, 분노와 실망을 안겨주는 것이 과연 무슨 의미가 있겠는가?

그러나 싯다르타는 괘념치 않았던 것 같다. 7년 동안이나 가만히 앉아 참선에 들었고, 《베다》나 《우파니샤드》 같은 옛 경전들의 가르침대로 먹는 것을 줄이고 일체의 편안함을 피했다. 싯다르타는 오래 수행하기만 하면 인간이 어떻게 고통에서 해방될 수 있을지 그 대답을 찾을 수 있다고 믿었다. 그러나 대답은 오지 않았다.

그사이 아내 야쇼다라는 남편이 외딴 곳에서 홀로 모범적인 삶을 살고 있다는 소식을 들었다. 그녀는 분노와 슬픔을 딛고 일어나 남편의 길을 쫓았다. 아내이자 어머니였기에 집을 떠날 수는 없었지만 가진 보석과 비싼 옷을 모두 벗고 소박한 옷을 걸치고 하루에 한 끼만 먹었다. 주변 왕자들의 구혼도 마다했다. 그녀의 유일한 관심사는 가끔씩 들려오는 남편의 소식이었다.

오지 않는 대답에 지쳐 용기를 잃은 싯다르타는 수행을 멈췄다. 그런데 그 순간 갑자기 깨달음을 얻었다. 수행을 포기한 바로 그 순간에 말이다. 대답은 바로 그곳에 있었다. 물론 그 대답을 이해하기란 쉽지 않다. 그 대답이란 바로 이것이기 때문이다. 욕망을 그쳐야 한다! 우리의 욕망이 고통을 일으킨다!

싯다르타는 제자들에게 정신적, 도덕적 훈련법을 가르쳤다. 그것을 그는 팔정도 八正道(불교에서 깨달음에 이르는 여덟 가지 올바른 길을 뜻한다-옮긴이)라고 불렀다. 스스로 깨달음을 얻으려면 그를 따라 이 길을 걸어야 한다. 욕심내지 말고, 기대하지 말고, 노력하지도 말고 그냥 존재하면서 신의 숨결이 자신을 지나가도록 해야 한다. 목표는 '니르바나', 즉 열반의 경지다. 이 상태에 이르면 윤회의 수레바퀴를 벗어난다. 일체의 고통에서 벗어날 수 있다.

붓다는 신처럼 숭배를 받았다. 물론 그가 세운 종교에는 신이 없다. 불교는 수행의 종교이며 수행을 통해 인간을 구원하고자 한다. 이런 가르침의 중요한 부분이 명상이다. 따라서 붓다는 늘 앉아 있는 모습이며, 마음이 평온한 사람을 보면 우리는 '부처 같은 사람'이라고 표현한다.

붓다의 삶을 전하는 경전에서 사실과 허구를 구분하는 것은 불가능에 가깝다. 그러나 한 가지는 확실하다. 기원전 6세기에 인도에 새 종교가 탄생했다는 사실 말이다. 그 종교는 인도 사회를 변혁시켰다. 동남아시아로 널리 퍼져나간 불교는 카스트제도를 벗어나고 싶었던 모든 이에게 분망한 세상사를 떠나서도 잘살 수 있는 방법을 가르쳐주었다. 많은 이들에게 그것은 곧 고통에서 벗어나는 길이기도 했다.

그리스는 남자만 사랑해

● 납치로 시작한 유럽 역사 ●

붓다가 깨달음의 길을 찾을 동안 그리스 사람들은 한참 전부터
이런 이야기를 했다. 신들의 아버지 제우스가 에우로페라는 이름의
처녀에게 푹 빠졌다고 말이다. 그런데 질투심 많은 아내가 늘 감시
를 했으므로 제우스는 황소로 변해 에우로페가 친구들과 함께 놀고
있던 초원으로 날아가 다른 소들 틈에 어울려 어슬렁거렸다. 에우
로페가 이 잘생긴 황소를 보고 다가와 쓰다듬다가 등에 올라탔다.
제우스는 얼른 그녀를 납치해 크레타섬으로 데려갔고, 그곳에서 신
의 모습을 드러냈다. 두 사람은 그곳에서 사랑을 나누었고 자식을
셋이나 낳았다. 그 소식을 들은 여신 아프로디테는 사람들이 새로
운 대륙에 납치된 처녀의 이름을 붙일 것이라고 예언했다.

그리스인들도 신들이 하늘과 땅을 만들었고 바다와 산과 시간을
창조했다고 믿었다. 그런 일을 할 수 있는 힘은 신들만이 갖고 있다

고 생각했다. 그리스 신들은 올림포스산에 살았는데, 마법을 부릴 수 있었고 불멸의 존재였지만 인간과 비슷하게 행동했다. 서로 사랑하고 언쟁을 벌이고 노래를 부르고 잔치를 열고 웃고 화내고 질투하고 잘난 척했다.

그리스인들이 들려주는 과거의 이야기, 즉 신화와 전설은 진실과 허구의 혼합이었다. 그리스인들은 애당초 둘을 구분하지도 않았다. 신이 땅을 창조하고 인간에게 불을 선물했다면 황소로 변신 못할 이유가 어디 있단 말인가? 그리스인들에겐 그런 일이 현실이었고 자신들이 사는 세상이었다. 아니, 어쩌면 반대로 생각할 수도 있겠다. 신들의 세계에선 현실에서 일어나지 않는 일이 일어나는 것이라고 말이다. 그래서 현실에서는 전쟁이 남자들의 소관이었지만 신화에선 방패와 도끼로 무장한 채 말을 타는 아마조네스 같은 여성 전사들이 등장했다. 올림포스산에 사는 신들 중에서도 전쟁 담당은 아테나 여신이었다.

유럽 대륙의 역사는 실제로 그리스의 섬 크레타에서 시작된다. 제우스가 사랑하는 처녀를 납치해 데려간 바로 그곳이다. 이것만 봐도 그리스 신화에는 역사적 사실이 일부 숨어 있다는 사실을 알 수 있다. 크레타섬에서는 4000년의 역사를 자랑하는 거대한 궁전과 그곳 주민이었던 미노아인들의 유적이 발견되었다. 안타깝게도 크레타 문명의 유적은 이집트의 무덤과 피라미드에 비하면 그리 많은 정보를 제공해주지 못한다. 그들의 문자 역시 읽을 수가 없다.

크레타 문명은 어느 날 몰락했다. 전쟁이 일어나 궁전이 부서지고 무너졌다. 그런데 그 이후의 시대와 관련해서는 아무런 흔적이 남아 있지 않다. 예술품도, 문자도, 성벽 자투리도 발견된 것이 없다. 상당히 당혹스러운 상황이 아닐 수 없다. 이전까지는 엄청나게 많은 흔적을 남겼는데 기원전 1200년부터 기원전 800년까지의 시간은 암흑이나 다를 바 없을 정도로 깜깜 무소식이니 말이다. 그러나 다른 역사적 장소에서도 그런 빈틈은 자주 나타난다. 사람들은 그런 시기를 '암흑의 세기'라고 부른다. 아마도 크레타 문명이 멸망한 후 많은 사람들이 유목민이 되어 이곳저곳을 떠돌았을 것이다. 그리고 대이동 끝에 다시 몇 무리가 정착해 마을을 이루었을 것이다. 희미해진 미노아 시절의 기억은 신화와 전설로 녹아들었을 것이다. 그리고 음유시인들이 노래와 시로 그 기억을 전했을 것이다.

● 착한 여자는 베를 짠다 ●

암흑의 세기가 끝날 무렵에 최초의 기록들이 등장했다. 이 작품들은 호메로스가 쓴 것으로 알려져 있다. 호메로스는 음유시인이고 앞을 못 보았다고 하지만 아마 맹인은 아니고 낭송할 때 눈을 감았을 것이다. 음유시인이란 이야기를 6운각Hexameter이라 부르는 일정한 리듬의 시에 담아 그것을 낭송하는 사람이다. 그렇게 시로 만들면 아무리 긴 이야기도 암기를 잘할 수 있었다.

호메로스는 기원전 800년쯤에 쓴 신화와 전설의 저자로 알려져 있다. 그의 명성은 이집트, 흑해, 로마를 거쳐 전 유럽으로 퍼져나갔다. 그의 이야기 역시 원죄 이야기와 비슷한 면이 있다. 그리스 신화도 그저 이야기일 뿐이지만 그 영향력이 막대했기 때문이다. 어쩌면 그 신화로 인해 유럽이 탄생했다고 말할 수 있을지도 모르겠다. 유럽 역시 같은 이야기를 자꾸만 입에 올리는 사람들의 공동체였고, 지금까지도 그러하니까 말이다.

호메로스의 가장 유명한 작품은 《오디세이아》와 《일리아드》로, 고대 도시 트로이를 둘러싼 10년 동안의 전쟁과 오디세우스라는 이름의 주인공이 전쟁이 끝난 후 10년에 걸쳐 집으로 돌아가면서 일어나는 사건을 다루고 있다.

트로이 전쟁은 한 여자를 둘러싼 다툼 때문에 일어났다. 그 주인공은 아름다운 헬레네이다. 트로이 왕자인 파리스가 그리스의 왕비였던 그녀를 트로이로 데려왔다. 물론 신들도 동참했다. 사랑의 여신 아프로디테는 헬레네가 파리스에게 푹 빠져 자발적으로 그와 함께 트로이로 도망치게 만들었다. 그런데 전쟁이 터지고 도무지 그 전쟁이 끝날 기미가 보이지 않을 때 헬레네는 과연 무슨 짓을 했는가? 그녀는 베를 짰다. 오디세우스가 긴 방랑을 할 동안 베를 짜며 남편의 귀향을 기다렸던 페넬로페처럼.

호메로스의 작품에서는 여자와 남자의 역할이 명확히 구분된다. 올림포스의 여신들은 마법의 힘을 가졌고 신들의 아버지 제우스는 아내와 딸들의 음모와 술수에 휘말려든다. 하지만 결국엔 항상 제우스가 이긴다. 신들의 아버지가 자기 하고 싶은 대로 다 한다.

인간 세상에서도 여자들은 집을 떠나지 않아야 옳은 일을 하는 얌전한 가정주부들이다. 집밖에서 만나는 여자는 다 위험하다. 오디세우스가 바다를 항해할 때 바다괴물 스킬라와 카리브디스

Charybdis는 그를 노렸고, 마녀 키르케는 부하 몇 명을 돼지로 변신시켰으며, 바다의 님프 칼립소는 신이 풀어주라고 명령을 내릴 때까지 떠나려는 오디세우스를 자기 곁에 붙들어두었다. 이런 여자들은 남자를 위협하고 유혹하여 무기력하고 나약한 존재로 만든다.

● 사라진 사포의 시 ●

호메로스의 이야기는 현실에, 그리스 남녀의 일상생활에 영향을 미쳤다. 실제로 그리스에선 남녀의 역할이 나뉘어 있었다. 하지만 예외도 있는 법이다. 가장 유명한 예외가 여성 시인 사포이다. 사랑에 대해 그렇게 아름다운 시를 쓴 사람은 지금껏 없었다. 그녀의 시는 수백 년 동안 연애시의 모델이 되었다. 물론 사랑이 아름답기만 한 것은 아니기에 '쓰고도 달다'라고 표현했던 그녀는 어쩌면 사랑이라는 영원한 경험을 글로 표현한 최초의 여성이었을지도 모르겠다. 그녀의 이름을 딴 시 형식 '사포 스탠자Sapphic Stanza'도 수천 년 동안 시인들의 시작법 모델로 통했다.

"사포의 시가 전부 남아 있다면 아무도 호메로스를 기억하지 않을 것이다." 18세기 독일의 한 학자는 이렇게 말했다. 사포가 세상을 뜬 지 무려 2000년이나 지난 시점에 말이다.

사포는 그리스의 섬 레스보스에서 여자 친구들과 제자들에게 둘러싸여 살았다. 이 여성들이 무척 행복했고 자기들끼리 살아도 부족함을 몰랐다는 사실에 사람들은 주목했다. 그래서 요즘도 여성들끼리의 사랑을 사포가 살던 섬의 이름을 따 레즈비어니즘lesbianism이라고 부른다.

● 도시와 국가와 식민지 ●

사포와 호메로스가 살던 즈음에 여기저기 흩어진 작은 부락들이 뭉쳐 큰 도시를 이루었고, 그것이 그리스 도시국가가 되었다. 이들 중 다수는 소아시아 내륙과 펠로폰네소스반도, 그리고 그 사이에 흩어진 많은 섬들에 자리 잡았다. 대부분의 그리스 도시국가에선 돈 많은 남자들이 권력을 잡았다. 그중에서도 영향력이 가장 큰 사람은 아리스토이Aristoi, 즉 귀족계층이었다. 때로는 한 사람의 귀족이 모든 권력을 장악해 1인 지배자가 되는 경우도 있었다. 독재자라 불린 이 1인 지배자들은 두려움의 대상이었다. 많은 자들이 무제한의 권력을 사회의 번영이 아닌 개인의 이익을 위해 휘둘렀기 때문이다.

그리스의 마을과 도시에서 인구가 빠르게 늘면서 새로운 땅이 필요해진 그리스인들은 이웃의 영토를 정복하기 시작했다. 그리고 정복한 곳의 주민들을 노예로 삼았다. 이들은 평생 주인을 위해 뼈 빠지게 일했고, 자기 인생을 제 뜻대로 결정할 수도 없었다.

그리스인들은 점차 동쪽, 북쪽으로 영토를 넓혀 이탈리아까지 뻗어나갔다. 그리고 발길 닿은 곳곳에 새로운 거주지, 즉 식민지를 세웠다. 그리하여 주민 모두가 그리스어를 사용하는 도시와 도시국가 들이 늘어났다. 이렇게 생겨난 거주지들은 각자 독립적인 체제로 유지되었다. 1인 독재자가 다스리는 곳도 있었고 소수의 귀족이 다스리는 곳도 있었지만 그런 권력 상황은 끊임없이 변했다. 도시들 끼리 전쟁도 했다. 땅은 곧 부를 의미했기에 큰 도시국가일수록 패권에 대한 욕망도 컸다.

● 아르테미시아의 조언을 따랐다면 ●

동쪽으로도 그리스 식민지가 날로 늘어나다 보니 그리스 국경이 막강한 페르시아 대제국의 국경까지 접근했다. 페르시아의 왕들 역시 새 영토에 굶주려 국경을 점차 서쪽으로 늘려나갔다. 소아시아의 섬과 해안에 있던 그리스 식민지 몇 곳은 이미 페르시아의 손에 넘어갔다. 따라서 페르시아와 그리스의 대격돌은 피할 수 없는 현실이었다.

페르시아 군대는 그리스군을 훨씬 뛰어넘는 막강한 군사력을 자랑했다. 따라서 그리스 도시들은 서로를 향한 적대감을 잠시 잊고 적과 싸우기 위해 힘을 합치기도 했다.

실제로 그렇게 힘을 합친 그리스 동맹군이 페르시아에게 여러 차례 패배의 쓴맛을 안겨주었다. 그리스에 패한 크세르크세스 왕은 수치심에 불타 함께 그리스를 정복할 동맹군을 찾았다. 할리카르나소스의 여왕 아르테미시아 1세는 다섯 척의 배를 끌고 와 크세르크세스 왕의 편에 서서 전투에 참가했
다. 역사가 헤로도토스는 그녀가 페
르시아의 왕에게 페르시아 사령관
들보다 더 훌륭한 조언을 했다고 기록했다. 아르테미시아는 살라미
스 해협에서 그리스군을 공격하는 것이 전술적으로 옳지 않다고 판
단했다. 그러나 왕은 그녀의 조언에 귀 기울이지 않았다. 살라미스
해전은 그리스의 승리로 끝이 났고 페르시아의 함대는 침몰했다.
패배가 확실해지자 아르테미시아는 자신이 타고 있던 배를 침몰시
켰다. 적에게 체포되느니 차라리 죽음을 택했던 것이다. 진정한 아
마조네스가 아닌가! 크세르크세스는 그녀의 용기에 감탄하여 이렇
게 외쳤다고 한다. "나의 남자들은 여자가 되었고 나의 여자들이
남자가 되었다." 왕이 아르테미시아의 조언을 따랐더라면 페르시
아가 그리스 전체를 자기 땅으로 만들 수 있었을지도 모를 일이다.

어쨌든 그리스가 승리를 거두었기 때문에 그리스의 자유 도시가
막강한 페르시아 제국으로 넘어가는 일은 막을 수 있었다. 그때가
기원전 500년쯤이었고, 그리스인들에겐 큰 행운이 아닐 수 없었다.
이제 자유와 군사력을 발판 삼아 자신들의 문화를 발전시킬 수 있
었으니 말이다.

● 델피의 신탁 ●

살라미스 해전에 출정하기 전 아테네 사람들은 델피(델포이)에 먼

저 들렀다. 델피는 예술과 예언의 신 아폴론이 날개 달린 뱀 피톤을 죽였다고 알려진 곳이다. 그 업적을 기리는 뜻에서 사람들은 아폴론의 신전을 세웠고, 여사제 피티아가 그곳을 지켰다. 그녀의 임무는 어려운 문제에 대답을 해주는 것이었다. 그녀의 현명한 조언을 듣고자 그리스 각지에서 온 사람들이 델피로 몰려들었다. 그러나 피티아의 대답은 수수께끼 같아서 이해하기가 어려웠기 때문에 사람들은 그것을 '델피의 신탁'이라고 불렀다. 한번은 어떤 철학자가 인간이 반드시 배워야 할 것이 무엇이냐고 물었더니 그녀는 이렇게 대답했다고 한다. "너 자신을 알라."

그리스인들은 신탁을 매우 진지하게 받아들였다. 아마 온 나라를 통틀어 그보다 더 큰 권위는 없었던 것 같다. 따지고 보면 그 신비의 예언은 아폴론이 직접 내리는 것이었으니까 말이다. 한번은 아테네 사람들이 페르시아와 전쟁할 때 어떻게 행동해야 할지 묻자, 피티아는 역시나 수수께끼 같은 대답을 내놓았다. "나무 벽 뒤로 숨어야 할 것이다!" 오랜 회의 끝에 전략가들은 '나무 벽'을 선박의 벽으로 해석했다. 그래서 바다에서 페르시아군을 공격할 것이며 오직 물에서만 전투를 치르기로 마음먹었다. 결국 전쟁은 그들의 승리로 돌아갔다.

● 완벽한 국가를 꿈꾸다 ●

끊임없이 전쟁이 벌어지는 와중에도 아테네에서는 놀라운 일이 일어났다. 시민들이 국가의 통치 방법을 정확히 정할 일련의 법률을 생각해낸 것이다. 이 법률의 특별한 점은 최대한 많은 사람들이 국정에 참여하며, 부자는 물론이고 가난한 시민도 포함시켰다는 사실이다. 그런 방법을 통해 1인 독재의 전횡을 막으려고 한 것이다. 아테네 사람들은 500인 평의회를 조직해 결정사항을 의논했다. 또 최소 6000명이 참가하는 민회를 구성해 중요한 현안에 대해 투표를 했다.

그들은 도시 저 높은 곳 아크로폴리스에 신전을 지었다. 그리고 그 아래 광장 아고라에 모여 민회를 열었다.

거기에서 결정해야 할 일은 정말로 많았다. 전쟁에 나가야 할까? 군수품은 어떻게, 무엇으로 보급할 것이며 그 돈은 누가 지불할 것인가? 잘못된 행동을 한 사람을 나라 밖으로 추방할 것인가? 이제 이 모든 것을 시민이 결정해야 했다. 그래서 이를 두고 민주주의 혹은 '시민의 지배'라고 불렀다. 하지만 최대한 많은 사람이 참여했다고 해서 반드시 올바른 결정을 내릴 수 있는 것은 아니다. 올바른 결정을 내리자면 국민이 모든 공적 영역, 즉 무역, 도시건축, 이웃 나라와의 관계, 정의와 부정 등에 대해 훤히 알아야만 했다. 그런 까닭에 대부분의 결정은 최고의 논리로 다른 사람들을 설득할 수 있는 사람의 뜻을 따랐다.

때마침 그리스인들이 새로운 사고방식을 찾아낸 것도 시의적절했다. 그들은 그 방식을 필로소피Philosophy, 즉 철학이라고 불렀다. Philosophy는 '지혜를 향한 사랑'이라는 뜻이다. 이제 막 태동한 아테네의 민주주의를 맘껏 누리며 철학의 스승들은 거리에서 만난 시민들을 붙들고 철학을 가르쳤다. 소크라테스는 이들 중에서도 가장 뛰어난 스승으로 손꼽혔다. 그는 하루 종일 도시의 공공장소를 누비고 다녔다. 호사가들은 아내 크산티페가 정말 못된 여자라서 집 밖으로 탈출하는 수밖에 없는 거라고 험담을 했다. 소크라테스는 만나는 사람마다 붙들고 최고의 관심사에 대해 질문을 던지며 대화를 유도했다. 예를 들어 용맹이란 무엇일까? 허구한 날 전쟁이 터지는 당시로서는 용맹이 중요한 문제였을 것이다. 소크라테스가 알고 싶었던 것은 그뿐만이 아니었다. 정의란 무엇인가? 선이란 무엇인가? 그런 질문을 통해 그는 아테네 시민들에게 사색을 독려했다. 아테네 시민들이 합리적인 행동을 하기를 바랐던 것이다.

　소크라테스가 대화를 나누면 그의 제자 플라톤은 그 대화 내용을 기록했다. 그러던 어느 날 플라톤은 남자와 여자가 본디 동등하다는 주장을 하기에 이르렀다. 그리고 그로부터 남녀는 같은 일을 할 수 있다는 결론에 도달했다. 왜 여자는 공동체를 지키는 파수꾼이

될 수 없단 말인가? 왜 남자도 육아를 함께하면 안 된단 말인가? 그는 흥미로운 논리로 자신의 주장을 뒷받침했다. 여자가 그렇게 어리석고 무식하다면 미래 아테네 시민들을 여자들 손에 맡겨 교육시킨다는 것이 불합리하지 않은가? 플라톤의 이런 생각 실험을 담은 책이 바로 《국가론》이었다. 그리

스 사람들에겐 그 책의 내용이 하나같이 말도 안 되는 헛소리였을 것이다. 하지만 너무 걱정할 필요는 없었다. 그 책에서 그린 세상은 그야말로 유토피아였으니까 말이다. 흔히 현실에서는 불가능한 멋진 아이디어를 두고 유토피아라고 부른다.

자유로운 도시의 삶은 그리스인들에게 날개를 달아주었다. 그리스인들은 다른 분야에서도 새로운 시험을 시작했고 우주론, 문법, 신화, 국가철학, 종교, 법, 자연과학, 수학에 관심을 쏟았다. 또 연극을 발명했고, 지금 우리가 보아도 감탄이 절로 나오는 시를 짓고 예술품을 만들었다. 올림포스에 사는 신들을 위해 화려한 건물을 지었고 4년에 한 번씩 큰 스포츠 축제를 열었다. 그것이 지금까지 이어지는 올림픽 경기의 시초이다. 그리스 전역에서 운동선수들이 모여들어 육상경기, 창던지기를 비롯한 각종 종목에서 기량을 겨루었다. 이 모든 활동은 오직 한 가지 목표를 위한 것이었다. 인간에게 도덕적 행동을 가르치고 이상 사회를 이루는 것! 그것이 그리스인들의 원대한 목표였다.

● 여성혐오는 그리스의 발명품 ●

아테네 민주주의는 독특한 발명품이었다. 아테네 시민들은 공동체의 일원으로서 정치에 참여할 수 있는 자신들의 권리에 자부심을 느꼈다. 그런데 그들의 민주주의에도 단 하나 문제가 있었다. 오직 남자들만 참여할 수 있었던 것이다. 남자로 태어나면 농부도 정치

인도 될 수 있었다. 상인, 수공업자, 시인, 철학자, 연설가, 조각가, 건축가, 의사가 될 수 있었다. 오늘은 연극을 하고 내일은 전쟁터로 나가 싸우고, 모레는 평의회에서 정치 현안을 논의할 수 있었다. 운동 경기에 참가해 온 나라에 이름을 떨칠 수도 있었다. 그러나 여자는 민주주의에서 배제되었다. 아테네에서 무엇을 계획하고 건축하고 토론하고 결정한다 해도 여자는 참여하거나 발언할 수 없었다. 심지어 연극의 여자 역할도 남자들이 대신했다. 여자에게 허용된 것은 무희로 춤을 추는 것뿐이었다. "여자는 보아야 하는 것, 그 말은 듣지 말아야 한다." 시인 소포클레스는 말했다. 한마디로 여자는 입 닥치라는 소리였다.

여성들의 장소는 집이었다. 그 집에서 여자들은 참으로 할 일이 많았다. 남자들이 들판에서 거두어온 것을 식품으로 가공했다. 밀을 빻아 빵을 굽고 치즈와 올리브유를 만들었다. 가장 중요한 임무는 천과 옷을 만드는 일이었다. 양털이 실이 되고 그 실이 다시 천이 되려면 물레는 거의 쉬지 않고 돌아가야 했다. 작가 크세노폰은 물레질이 "여성에게 가장 명예롭고 가장 적합한 일"이라고 말했다. 당연히 그랬을 것이다. 왜 그 일을 여자에게 떠맡겼는지 어떻게든 이유가 필요했을 테니까.

남자들은 마음대로 돌아다녔지만 여자는 그럴 수 없었다. 마음대로 돌아다니면 세간의 이목이 집중되었다. 여자는 남자의 장신구였다. 미혼일 때는 아버지, 기혼일 때는 남편의 소유였다. 혼자 사는 여자는 위험한 존재라고 생각했다. 그래서 여자가 공공장소에 나갈 때는 베일이라도 써서 자신을 가려야 했다.

물론 당시에도 혼자 사는 여자들은 있었다. 대개는 사별한 경우로, 나이가 많은 여성은 시장에서 물건을 팔 수도 있었다. 젊은 여성은 무희나 곡예사가 되어 잔치에서 남자들의 흥을 돋우었다. 남자들에게 사랑을 파는 여자도 있었다. 특히 이런 여자들이 오디세우스가 귀향길에 만난 바다괴물, 마녀, 세이렌처럼 남자를 유혹하거나 마법을 걸어 남자를 망친다는 의심을 많이 받았다.

여성을 경멸한 작가는 그 수가 너무 많아서 미소지니Misogyny라는 용어뿐 아니라 여성혐오 자체가 그리스의 발명품이라고 볼 수도 있겠다. 예를 들어 역사학자 헤시오도스는 이렇게 말했다. "고귀한 제우스가 여자를 창조한 것은 남자를 괴롭히기 위해서였다."

그리스의 여성혐오는 이상한 현상이었다. 여성들 중에도 명예와 칭송을 얻은 예외적인 인물들이 존재했기 때문이다. 대표적인 인물이 시인 사포이다. 또 남장을 하고 환자를 진료하다가 출산을 도왔다는 이유만으로 법정에 섰던 여의사 아그노디케Agnodike도 그런 인물이다.

부잣집 딸로 태어난 히파르키아Hipparchia의 소망도 남들과 달랐다. 그녀는 단 하나의 소망을 위해 돈과 장신구와 안락한 삶을 포기했다. 바로 철학자가 되는 것이었다. 물론 그 소망을 이루기 위해 그녀는 여자가 철학을 할 수 있을까 의심하는 남자들과 쉬지 않고 토론해야 했다. 그러나 모든 남성이 여성의 능력을 의심한 것은 아니었다. 대표적으로 소크라테스는 이 세상에 나쁜 아내 크산티페만 있는 것이 아니라 수많은 똑똑한 여자가 있다는 사실을 잘 알았다. 그래서 소크라테스는 자신에게 철학을 가르쳤던 아스파시아(페리클레스의 정부로 정치와 수사학에 능했다고 한다-옮긴이)를 대단히 숭앙했다.

아테네에서 시민의 권리를 누린 사람은 열 명 중 세 명밖에 안 된다. 나머지는 여자와 노예였기 때문이다. 이런 사실을 생각한다면 고대 그리스는 특권을 지닌 소수 남성들의 세상이었다. 지금의 눈으로 보면 매우 부당하지만 당시에는 그랬다. 일하는 사람에겐 권력이 없었고 권력이 있는 사람은 시간을 노동으로 허비해서는 안 된다고 생각했다. 어쨌든 이런 노동으로부터의 해방이 다양한 가능성을 열어준 것만은 분명하다. 덕분에 아테네 시민들은 어떻게 살 것인지, 훌륭한 공동체는 어떻게 만들어지는지를 고민할 수 있었다. 그리고 그것은 실로 특별한 업적이었다. 또한 그리스인들은 현명한 법률을 만들어 독재와 권력 남용을 막았다. 덕분에 복잡한 제도였던 민주주의가 거의 200년 동안이나 유지될 수 있었다. 그러나 그 후 2000년이 넘는 긴 세월 동안 민주주의는 유토피아의 왕국으로 쫓겨났다. 그 오랜 시간 동안 이 세상 어디에서도 민주주의를 실천한 나라가 없었다는 소리다.

그리스인들이 페르시아를 상대로 대승을 거두고 거의 1000년이 지난 후, 고대 세계가 무너지고 새 시대가 열렸다. 그러나 그리스인들의 이념, 정치, 철학, 예술, 연극, 스포츠는 오래오래 살아남았다. 여자는 부엌을 지켜야 한다는 그들의 확신 역시 오래 살아남았다.

2
여성은 언제나
거기에 있었다

BC 753년 로마제국이 탄생하다.

BC 479년 중국에서 공자가 세상을 뜨다. 훗날 중국 사람들이 공자를 중국 최고 철학자로 숭배하다.

BC 450년 로마에서 12표법이 가결되다. 이 법은 가장에게만 결정권이 있다고 정했다.

BC 342년 세계 최고의 철학자 아리스토텔레스가 제자 알렉산드로스에게 신과 세상을 가르치다. 그러나 여성에 대해서는 철학자도 별반 아는 것이 없었다.

BC 221년 진시황이 중국 최초 통일 제국의 황제가 되다.

BC 195년 여치가 태후가 되다.

BC 51년 클레오파트라가 이집트 왕좌에 오르다.

BC 27년 옥타비아누스가 스스로 로마 황제가 되고 '아우구스투스'라는 칭호를 얻다.

30년 혹은 33년 나사렛 예수가 예루살렘에서 십자가에 못 박히다.

50년부터 사도 파울로스와 성녀 테클라가 곳곳을 돌아다니며 기독교를 전파하다.

92년 여성 학자 반소가 중국 황궁에서 역사서와 다른 저서를 집필하다.

239년 일본의 히미코 여왕이 중국으로 사신단을 보내 교류를 트다.

313년 콘스탄티누스 대제가 밀라노 칙령을 내려 기독교 박해를 끝내다.

326년 태후 헬레나가 팔레스타인으로 가서 예수의 십자가를 찾다.

330년 콘스탄티누스 대제가 로마제국의 수도를 보스포루스 해협 연안으로 옮기고 그곳에 새 로마를 건설하다. 도시는 콘스탄티노플이라는 이름을 얻었다.

337년 니노가 조지아로 가서 그곳에 기독교를 전파하다.

375년 훈족 아틸라 왕이 서쪽 나라들을 침공하다. 민족 대이동이 시작되다.

381년 테오도시우스 대제가 기독교를 로마제국의 국교로 삼다.

431년 에페소스 공의회가 '신을 낳은 자' 성처녀 마리아를 신으로 격상시키다.

622년 선지자 무함마드가 추종자들을 이끌고 메카를 떠나 메디나로 도주하다. 그곳에 최초의 이슬람 공동체가 탄생하다.

637년 무함마드가 세상을 떠난 후 증언의 기록인 '하디트'가 탄생하다. 9세기에 학자 부카리는 회자되는 60만 종의 하디트 중에서 59만 종이 거짓이라고 선포하다.

690년 당나라 여제 무측천이 황제로 등극하다. 불교, 도교, 유교가 혼합되다.

786년 하룬 알라시드가 아랍제국의 왕좌에 오르다.

최초의 세계 정복자

● 이웃을 무시한 결과 ●

그리스어를 못하는 사람이 말을 하면 그리스 사람의 귀에는 '브르브르'처럼 들렸나 보다. 그래서 그리스인들은 다른 민족을 '바바리안Barbarian'이라고 불렀다. 하지만 얼마 못 가 그 말은 욕이 되어 야만인이라는 뜻으로 쓰였다. 아테네를 선두로 그리스가 번영할수록, 그리스의 부와 건축물과 연극과 예술품이 찬란해질수록 다른 민족을 깔보는 마음도 커져갔다. 바바리안은 그리스어를 못할 뿐 아니라 도무지 문화라는 것이 없다, 예의를 모르는 야만인이다, 그리스인들은 그렇게 생각했다.

마케도니아도 그리스인들이 깔보던 이웃 나라 중 하나였다. 마케도니아는 민주주의 국가인 아테네와 달리 왕이 다스리는 나라였다. 하지만 마케도니아의 필리포스 왕은 그리스와의 전쟁에서 승리를 거두었고, 오만한 그리스인들에게 동맹을 강요했다. 그리스를 무찔러 그리스의 번영에 종지부를 찍은 주인공이 다름 아닌 그들이 그토록 깔보던 마케도니아 사람들이었던 것이다.

● 아리스토텔레스의 오류 ●

필리포스의 아들 알렉산드로스는 어릴 적부터 자신이 훗날 왕국을 물려받을 것이라는 사실을 알았다. 그는 정복 전쟁을 통한 영토 확장을 꿈꾸었다. 왕은 왕자를 교육시키기 위해 역사상 가장 위대한 철학자를 모셔왔다. 가장 위대하다고 하니 너무 부풀려 말했나 싶기도 하다. 필리포스가 모셔온 이 스승은 아테네에 있던 플라톤의 아카데메이아에서 공부했고 당시에도 제법 명성이 자자하던 철학자 아리스토텔레스이니까 말이다. 실제로 아리스토텔레스는 훗날 철학자 중의 철학자가 되었다. 2000년 동안 그의 사상은 모든 사상의 출발점으로 통했다. 그는 모든 학문의 기초를 닦았고 자연, 동물, 식물에 관한 지식을 모아 정리했으며 역사와 정치는 물론이고 올바른 사고의 기술인 논리학과 올바른 행동인 윤리학에 관해서도 글을 썼다. 신에 대해서도 고민해 신은 "스스로는 움직이지 않으면서 하늘과 땅을 움직이는 것"이라고 정의했다. 이렇듯 아리스토텔레스가 위대한 사상가였던 것만큼은 의심의 여지가 없다. 그럼에도 지식보다는 오류를 더 많이 쌓은 분야가 하나 있다.

오랜 세월 사람들은 동물과 인간의 시신을 해부해 장기와 뇌를 관찰했지만 조직 덩어리밖에는 보이는 것이 없었고, 두개골에서도 끈적거리는 회색 덩어리밖에는 나오는 것이 없었다. 이 물질과 우리가 경험하는 것이 대체 어떤 관련이 있는지 아무도 설명할 수 없었다. 우리는 어떻게 사물을 보고 말을 하고 들으며 생각을 할 수 있는 것일까? 어떻게 사랑과 증오를 느끼고 절망과 자부심, 고독에 빠지는 것일까? 두개골에 들어 있는 이 회색 덩어리가 어떻게 그 대단한 건축물을 설계하고 수학과 같은 복잡한 지식의 건물을 짓는 것일까? 지금까지도 이 수수께끼는 완벽하게 풀지 못했다. 이것은 신체와 정신, 몸과 마음의 관계를 묻는 질문이다.

어쨌든 오늘날 우리는 우리 몸의 세포와 근육, 혈액과 심장, 신장, 간과 폐에서 무슨 일이 일어나는지 잘 안다. 하지만 당시 사람들은 현미경도 없었고 화학도 몰랐다. 세포의 신진대사와 장기의 복잡한 협업에 대해 아는 것이 전혀 없었다. 그렇기 때문에 온갖 추측을 내놓았다.

아리스토텔레스는 수백 종의 나무와 동물을 관찰하고 그 내용을 기록했다. 그것들을 안팎으로 살핀 후 나름의 이론을 펼쳤다. 자연에는 생명체의 위계질서가 있어서 지위가 높은 생명체와 낮은 생명체가 있다고 말이다. 남녀의 차이 역시 그는 이런 식으로 설명했다. 즉 자궁에 있을 때 남아는 오른쪽에, 여아는 왼쪽에 앉아 있다고 주장했다. 이것은 중요한 차이다. 오른쪽이 정의, 공평, 선이 자리하는 곳이기 때문이다. 아리스토텔레스는 여성에게는 잉태 과정의 문제로 열이 부족해 생기는 결함이 있다고 확신했다. 이런 결함 탓에 여성의 뇌가 더 작고 덜 발달했다고 말이다. 한마디로 실패한 남자인 것이다. 그래서 여성은 뱀처럼 차고 습하다. 아리스토텔레스는

인간이 아닌 동물을 관찰하고 이런 주장을 펼쳤지만, 그 관찰 결과가 인간에게도 해당된다는 결론을 내렸다. "여자는 질이 떨어지기에 여자이다. 자연적인 결함 탓에 여자인 것이다." 그러니 그의 입에서 이런 요구가 나온 것이 너무나 당연하지 않은가! "착한 여자는 노예처럼 복종해야 한다."

위대한 아리스토텔레스가 저지른 오류는 이것만이 아니다. 그는 뇌가 열을 식히는 기관이며 인간은 심장으로 사고한다고 주장했다. 문제는 수많은 학자들이 그의 이론을 맹목적으로 추종했다는 데 있다. 그래서 훗날 로마의 한 위대한 의사조차도 여성의 몸은 열이 부족하기 때문에 남성의 몸처럼 완벽하지 않다고 주장했다.

임신과 출산의 복잡한 과정을 도맡아서 해내는 여성을 불완전하다고 말하는 것이 그리 쉬운 일은 아닐 것이다. 그럼에도 그랬다. 여성은 불완전하지만 남성은 창조의 최고봉이었다. 원죄의 이야기와 아리스토텔레스의 학문만으로도 벌써 두 가지 근거가 마련되었다. 바로 자연과 신의 의지였다. 물론 오랜 세월 그 둘은 동일한 것이었지만 말이다.

● 정복자의 모험 ●

아리스토텔레스의 제자 알렉산드로스는 이 모든 것에 별 관심을 보이지 않았다. 그래서 사람들은 그가 유명한 스승을 두고도 별로 배운 것이 없다는 말들을 많이 한다. 훌륭한 정치가 무엇이냐를 두고도 두 사람의 견해는 전혀 달랐다. 아리스토텔레스는 다수가 지배에 참여하는 민주주의를 찬양했지만, 왕자는 온 세상을 정복하겠다는 야심을 불태웠다. 아버지가 세상을 뜬 후 왕위에 오른 알렉산드로스는 군대를 끌고 동쪽으로 진군했고 전투마다 척척 승리를 거머쥐었다. 막강한 군사력으로 그리스를 위협하던 페르시아마저 손쉽게 정복했다. 알렉산드로스는 이집트로 가서 파라오가 되었고, 다시 동으로 길을 나서 차례차례 적을 무찔렀다. 도중에 그는 록사네와 결혼을 했다. 페르시아 왕비와 더불어 아시아 최고의 미녀로 꼽히던 여성이었다. 그녀는 원정에 나선 알렉산드로스와 동행했다. 어느덧 알렉산드로스의 군대는 인더스강 유역까지 진출했다. 그런데 그곳에서 군대가 더 이상 진군을 하지 않겠다고 저항했다. 알렉산드로스는 삐친 아이처럼 사흘 동안 천막 안에 들어가 나오지 않았지만 결국 군사들에게 백기를 들고 귀향길에 올랐다.

집으로 가는 동안 그는 새로운 아이디어를 냈다. 대제국을 정복하기는 쉬워도 다스리기는 어렵다. 그는 누구보다 그 사실을 잘 알았다. 마케도니아, 그리스, 페르시아, 이집트, 인도 모두가 고향에서 멀고 낯선 곳이었다. 그 상황을 바꾸고 싶었다. 그래서 귀향길에 페르시아의 도시 수사에 도착하자 알렉산드로스는 합동 결혼을 주선했다. 자기 주변의 그리스인과 마케도니아인, 그를 보필하는 사령관과 태수 등 고위 관료 80명을 페르시아 여성 80명과 결혼시킨 것이다. 잔치는 5일 동안 이어졌다. 알렉산드로스도 두 명의 여성과 또 결혼을 했다. 그는 잔치를 좋아했다. 당연히 술도 좋아했다.

어쩌면 그것이 그를 쓰러뜨렸을지도 모른다. 아직 젊은 나이였던 그가 갑자기 세상을 떠나자 대제국은 정복에 걸린 시간보다 더 빠르게 다시 분열되었다. 그럼에도 그의 엄청난 정복 전쟁은 세상을 바꾸었다. 페르시아에서 인도에 이르기까지 알렉산드로스가 곳곳에 전파한 그리스 문화는 작은 씨앗이 되어 그가 세상을 떠나고 한참 후까지도 꽃을 피우고 열매를 맺었다. 알렉산드로스 대왕은 수많은 전설의 주인공이 되었고, 그를 쫓아 세상의 지배자가 되려 했던 모든 과대망상 환자들의 모델이 되었다.

로마다운 여자가 돼라

● 공주의 지혜로 만든 도시 ●

고대 세계를 하늘에서 내려다볼 수 있었다면 정확히 한가운데에 바다가 있다는 사실을 알았을 것이다. 바로 지중해이다. 지중해의 남쪽 해변은 아프리카의 북부로, 그곳에는 페니키아제국이 있었다. 전설에 따르면 페니키아의 수도 카르타고는 어떤 공주가 세웠다고 한다.

자신의 재산을 노리는 오빠를 피해 달아나던 디도 공주는 북아프리카 해안에 도착했다. 육지에 오른 그녀는 왕에게 그곳에서 살게 해달라고 청했다. 그러나 왕은 그녀에게 장난을 걸었다. 소가죽으로 덮은 만큼의 땅을 그녀에게 주겠노라고 대답한 것이다. 디도는 왕에게 정중히 감사의 인사를 전하고 소가죽을 가늘게 잘라 띠를 만들어 그것으로 방대한 크기의 땅을 에워쌌고, 그 땅에 도시를 세웠다.

카르타고는 지중해를 통해 여러 민족들과 연결되어 있었고 그들과 활발하게 무역을 했다. 그런데 이탈리아 중부의 한 도시가 다른 도시들을 제치고 발전하기 시작했다. 바로 로마였다. 로마 사람들은 무역에 국한하지 않고 이웃 나라 정복에 열을 올렸다. 강한 군대를 발판으로 다른 나라를 정복해 로마의 식민지로 만들었다. 그리고 그 식민지로부터 다시 세금을 징수하고 군사를 징집했다. 그렇게 계속 국고를 채우고 군사를 늘리면서 쉬지 않고 전쟁을 일으켜 다른 나라들을 정복해갔다.

이렇게 하나둘 주변 지역이 로마에게 정복당하다가 결국 지중해를 둘러싼 모든 나라가 로마제국의 영토가 되었다. 지중해가 여러 나라가 아닌 하나의 세계제국 한가운데 자리 잡게 된 것이다. 그래서 로마인들은 지중해를 '마레 노스트룸Mare nostrum', 즉 '우리 바다'라고 불렀다.

● 도시의 배꼽에서 ●

집과 신전, 탑과 개선문이 도시를 뒤덮었다. 로마시는 7개의 언덕을 넘어 저 아래 계곡까지 뻗어나갔다. 그 계곡에 또 하나의 광장이 있었는데, 그것이 바로 포룸 로마눔Forum Romanum이다. 그곳이 제국의 진짜 중심, 고동치는 심장이었다.

포룸은 하루 종일 사람들로 북적였다. 낮에는 수백 명이 몰려와 장사를 하고 토론을 하고 주변의 신전을 찾았다. 시청, 법원, 신전

등 중요한 모든 건물이 포룸을 에워싸고 있었다. 그 건물들의 화려함은 이 도시의 중심에서 얼마나 큰 힘이 뿜어져 나오는지를 상징적으로 보여주었다.

이곳 로마의 심장에서 내린 결정은 이탈리아는 물론 흑해 주변까지 그 영향력을 미쳤다. 이곳에서 식민지로 총독을 파견했고, 거꾸로 식민지의 수많은 물건이 지중해나 육로를 거쳐 이곳으로 모여들었다. 그 물건들은 포룸 양쪽의 거대한 홀에 쌓아두었다가 제국의 시장으로 내다 팔았다. 남쪽에서는 이국적인 과일과 진주와 상아가, 동쪽에서는 꿀과 모피가, 서쪽에서는 포도주와 오일이, 북쪽에서는 양털과 목재와 금속이 실려 왔다. 매일 눈앞에 펼쳐지는 이런 다채로움이 제국을 전 세계로 확장하겠다는 로마인들의 야망을 독려했다. 포룸에 있는 한 작은 신전은 이름이 '도시의 배꼽'이었다. 로마인들은 그 신전을 세계의 배꼽, 즉 세계의 중심이라고 생각했다.

다른 나라와 달리 이곳에선 왕궁의 닫힌 문 안에서 정치를 하지 않았다. 원로원에서 선출된 의원들이 중요한 문제를 투표로 결정했다. 전쟁과 평화도, 새 법의 가결이나 세금의 사용도 표결을 거쳤다. 물론 소수 남성 귀족의 통치라는 점에서는 로마도 다를 것이 없었지만 로마인들은 원로원에서 진행되는 사안에 대해서도 포룸 로마눔에 모여 공공연하게 토론을 벌였다.

물론 처음부터 그랬던 것은 아니다. 처음에는 로마 역시 왕이 다스리는 나라였다. 하지만 제국의 권력은 승리로 끝난 수많은 전쟁의 결과였고, 농부와 수공업자, 상인과 학자 들이 목숨을 걸고 전장에 나가 싸운 결과였다. 그 사실을 깨닫게 되면서 그들은 자신들이 정복한 제국의 통치에 참여하게 해달라고 요구했다. 그들은 왕을 폐위시키고 대신 백성의 이름으로 통치하는 두 명의 집정관을 선출했다. 이렇듯 정치는 모두의 일이었기에 로마 사람들은 자신의 국가를 레스 푸블리카Res Publica, 즉 '공공의 것'이라고 불렀다. 로마제국이 공화국이 된 것이다.

● 이번에도 여성은 제외되다 ●

그리스와 로마 공화국의 민주주의는 다수의 사람들로 정부를 구성했다는 점에서 매우 특별한 것이었다. 로마인들은 한 사람이 혼자 너무 많은 권력을 갖게 될까 봐 늘 걱정했다. 로마의 집정관은 항상 두 명이었으므로 서로를 견제할 수 있었고 임기가 1년밖에 안 되었으며 무슨 일을 하건 원로원에 보고할 의무가 있었다.

로마가 공화국이 되자 새 법이 필요했다. 로마인들은 12표법을 적어서 온 백성이 볼 수 있도록 포룸 로마눔에 세워두었다. 12표법은 백성들에게 각자의 권리와 의무는 물론이고 법을 어겼을 경우 받게 될 처벌에 대해서도 알려주었다. 수도에서 멀리 떨어진 곳에 사는 사람들도 수도로 와서 자신의 권리를 요구했다. 로마의 입법이 공화국 전체에 통했기 때문이다.

이처럼 로마 공화국의 모든 백성에게는 동일한 법의 효력이 미쳤지만, 아직 모든 사람에게 동일한 권리가 주어진 것은 아니었다. 가족의 최고 연장자인 '파테르 파밀리아스Pater Familias', 즉 가장이 가족의 모든 것을 결정했다. 반대로 여성은 일생 동안 아버지, 남자 형제, 남편의 보호 감독을 받아야 했다. 왜 그래야 하는지 모르겠다는 사람을 위해 12표법은 친절한 설명을 곁들였다. "여자는 경솔하기 때문에 성년이 되어도 보호를 받아야 한다."

로마의 법조항들은 저주인 동시에 축복이었다. 유대교 경전과 호메로스의 서사시처럼 로마법도 여자는 남자보다 가치가 떨어진다고 주장했다. 이러한 차별은 어린아이들도 느낄 수 있었다. 먹을 것이 충분하지 않을 경우 여자아이를 굶겼다. 당연히 그것을 결정하는 사람도 가장이었다. 심지어 고아원에서도 남자아이들이 여자아이들보다 항상 먹을 것을 많이 받았다.

그러나 여성 문제만 빼면 로마인들의 규칙은 많은 면에서 탁월한 장점을 발휘했다. 그렇기에 2000년이 흐른 지금도 로마법은 여전히 입법의 기초로 이용되고 있다.

● 집과 부엌을 담당하는 여신들 ●

교육열이 높은 로마 시민들은 그리스의 스승에게 자식을 맡겼다. 로마인들은 그리스인들과 철학적, 정치적 이상은 물론이고 신과 신화도 함께 나누었다. 따라서 로마인들은 그리스 여신 팔라스(아테나 여신에게 가장 흔히 붙는 호칭으로, '창을 휘두르는 자'라는 의미가 있다고 한다-옮긴이) 아테나의 신상 '팔라디온'을 로마의 제일 중요한 성역 중 한 곳으로 모셔와 숭배했다.

팔라디온을 모신 신전은 로마시를 지키는 여신 베스타의 신전이었다. 그 내부에는 신성한 불이 타고 있었는데, 반구형 지붕의 구멍을 통해 하늘로 피어오른 연기는 먼 곳에서도 볼 수 있었다고 한다. 로마 사람들은 이 불이 꺼지면 도시에 불행이 닥친다고 믿었다.

신전의 불은 동시에 각 가정에 있는 화덕의 불을 상징했고, 가정의 화덕은 여성의 영역이었기에 베스타 신전의 불 역시 젊은 여사제들이 지켰다. 이 여사제들을 베스탈Vestal이라고 불렀다. 도시 전체의 운명이 그들의 손에 있었다. 따라서 로마인들은 여사제들이 젊은 남자에게 홀딱 빠져서 자신의 임무를 망각할까 봐 무척 두려워했다. 그런 일을 미연에 방지하기 위해 신전의 남성 출입은 낮에만 가능했다.

베스탈은 로마의 유일한 여사제였다. 다른 모든 활동과 공직은 남성들이 차지했다. 그러나 신께 제사를 지내고 제물을 올릴 때는 여성들이 종종 그 일을 맡았다. 로마에는 수많은 여신들이 있어서 각자 나름의 업무를 담당했다. 임신과 출산을 도왔고 신생아를 보호했으며 충실한 남편들을 보살폈다. 1년에 한 번은 보나 데아Bona Dea('좋은 여신'이라는 뜻-옮긴이)를 위한 축제가 열렸다. 여자들만 참가할 수 있는 유일한 축제였다.

보나 데아 축제일엔 귀족 가문의 여인들이 한 집에 모여 신나게 춤을 추고 포도주를 마셨다. 하지만 '우유'라고 적힌 그릇에 담아 몰래 마셔야 했다. 여자들의 취한 모습을 남자들이 보고 싶어 하지 않았기 때문이다. 보나 데아 축제가 열리는 곳에는 남자는 물론 동물의 수컷까지도 절대 출입할 수 없었다.

● 원로원을 이긴 로마 여성들 ●

수백 년이 흐른 후 로마는 일련의 위기에 봉착했다. 공화정이 흔들렸고, 결국 로마는 몰락의 길을 걷게 된다.

시작은 포에니 전쟁이었다. 로마인들은 페니키아가 세운 도시 카르타고의 페니키아인들을 '포에니'라고 불렀다. 늘 전쟁에 이기기만 하던 로마인들은 자기들도 패할 수 있다는 것을 경험하게 된다. 용감한 페니키아 장군 한니발이 코끼리 40마리를 끌고 알프스를 넘어 로마의 심장으로 돌진한 것이다. 로마인들은 큰 충격에 빠졌다. 거대한 동물도 충격이었지만 페니키아인들이 안겨준 패배도 그 못지않은 충격이었다.

포에니 전쟁이 로마군의 전력을 엄청나게 약화시켰다는 사실은 여성들도 절감했다. 그에 대해서는 역사가 리비우스가 기록을 남겼다. 긴장된 전시 상황에서 원로원은 여성들이 눈에 띄는 보석을 착용하거나 아름다운 옷을 입거나 마차를 타고 도심에 들어가는 것을 금지하는 법안을 가결했다. 어쩌면 그 금붙이들로 전쟁 비용을 충당할 수 있으리라는 기대도 있었을 것이다.

첫 승리의 소식이 전해지고 로마인들이 적의 약탈품으로 그동안의 손실을 보충하자 여성들은 보석과 옷, 마차의 사용을 금지한 법안이 폐지되기를 바랐다. 하지만 직접 원로원에 가서 폐지를 요구할 수는 없었다. 유일한 방법은 자신들의 뜻을 관철시켜줄 남자를 찾는 것이었다.

그래서 그렇게 했다. 원로원 의원들이 원로원으로 가려면 포룸 로마눔을 지날 수밖에 없었다. 여성들은 광장 출입구에 모여 모든 의원들에게 자신들을 지지해달라고 호소했다. 그들의 뜻을 납득한 의원도 있었지만 대다수는 화를 냈다. 특히 마르쿠스 포르키우스 카토가 여성들의 태도를 맹렬히 비난했다. 여자들에게 저런 짓을 한 번 허용하면 앞으로 매사에 끼어들어 간섭하려고 할 것이다, 다행히 법이 있어 여자를 남자의 보호감독 하에 두었다, 고삐 풀린 경솔한 여자들의 의견을 들어준다면 온 나라가 위험에 빠질 것이다, 카토는 그렇게 비난했다.

그러나 뜻을 이루지 못한 여성들은 다음 날에도 다시 거리로 나섰다. 숫자가 점점 불어났다. 부잣집 여자들뿐 아니라 로마 주변의 농부 아낙들까지 출입구로 몰려들었고 숫자는 날이 갈수록 늘어났다. 법을 폐지하지 않으면 절대 포룸 로마눔을 떠나지 않을 것 같았다. 그들의 강력한 시위에 카토의 경고도 소용없었다. 결국 원로원은 손을 들고 말았다.

● 클레오파트라와 카이사르 ●

포에니 전쟁이 끝나자 로마 공화정은 자꾸만 삐거덕거렸다. 찬란했던 초기와 달리 공화정이 척척 돌아가지 못했다. 일부 학자들은 정복한 땅을 공평하게 나누지 않아서 빈부의 격차가 크게 벌어진 탓이라고 주장한다. 또 다른 학자들은 소수가 지배하는 원로원 시스템 탓에 원로원 의원을 배출한 영향력 있는 가문들─소위 세습귀족들─이 서로 반목하면서 공화국을 이끌어나갈 능력을 상실했다고 주장한다. 어쨌든 로마인들이 오랫동안 두려워하던 바로 그 일이 일어났다. 권력이 한 개인의 손에 들어간 것이다.

백성들은 더 많은 권리를 요구했고 원로원은 영향력과 신뢰를 잃었다. 개혁을 통해 이런 폐해를 극복하려는 노력도 있었지만 실패로 돌아갔고, 내전과 끝없는 권력 암투가 벌어졌다. 결국 세 명의 남자가 원로원의 약점을 이용해 권력을 쟁취했다. 이들은 비밀 동맹을 맺고 자신들을 '3두'라 선언하며 삼두정치의 막을 열었다. 공식적으로는 여전히 원로원이 정치를 했지만 실제로는 이 세 남성이 로마제국에서 일어나는 모든 일을 좌지우지했다.

그들은 완벽한 팀이었다. 크라수스는 돈이 엄청나게 많았고 폼페이우스는 제국 최고의 사령관으로 명성을 떨쳤으며 카이사르는 정치적 영향력이 대단했다. 그러나 삼두정치는 세 사람이 함께할 때에만 가능한 것이었다. 크라수스가 세상을 뜨자 남은 두 사람 사이에 암투가 벌어졌고, 패한 폼페이우스가 이집트로 도망을 쳤다.

이집트는 알렉산드로스 대왕에게 정복당한 후 마케도니아의 장군들과 그 후손의 지배를 받았다. 이들이 바로 프톨레마이오스 왕조이다. 폼페이우스가 이집트로 달아날 당시 이집트 왕국은 기울어가고 있었다. 로마의 식민지가 되는 신세는 면했지만 국가는 전적으로 로마의 손아귀에 있었고, 로마의 군사 지도자들은 그 상태가 유지되도록 철저히 감시했다.

　그런데 폼페이우스가 카이사르를 피해 이집트로 도망을 오자 프톨레마이오스는 고민에 빠졌다. 폼페이우스를 도와 카이사르를 쳐야 할까? 프톨레마이오스는 카이사르를 선택했다. 카이사르의 총애를 받기 위해 그는 폼페이우스의 목을 베어 카이사르에게 보냈다. 카이사르에겐 큰 행운이 아닐 수 없었다. 이제 로마제국에서 그의 권력을 욕심낼 사람은 하나도 없었다.

　프톨레마이오스는 카이사르가 보답으로 자기편을 들어주리라 기대했다. 그는 누나인 클레오파트라와 왕좌를 두고 다투는 중이었다. 그러나 프톨레마이오스의 기대는 오판이었다. 클레오파트라가 그 사실을 전해 듣고 카이사르를 직접 찾아가기로 결심한 것이다. 그러나 카이사르가 묵고 있는 이집트 왕궁은 남동생의 부하들이 지키고 있었다. 전하는 이야기에 따르면, 클레오파트라는 보트를 타고 왕궁의 뒷문으로 다가가 양탄자로 몸을 돌돌 만 후 하인을 시켜 카이사르에게로 들어 나르게 했다. 그리고 카이사르가 보는 앞에서 양탄자 밖으로 나왔다. 카이사르는 그녀의 꾀에 감탄했고, 그녀를 보는 순간 사랑에 빠지고 말았다. 당연히 그는 그녀가 왕위에 오르도록 도와주었다.

　두 사람은 함께 로마로 건너왔다. 그러나 카이사르에겐 이미 아내가 있었으므로 화려하게 치장한 이국의 미인을 거느리고 나타난 그에게 질투와 험담이 쏟아졌다.

　카이사르는 클레오파트라와의 관계가 몰고 온 사람들의 불만에 괘념치 않았다. 나아가 공화국의 오랜 전통을 깨고 원로원으로부터 공식적인 권력자로 인정받고자 했다. 그것도 1년 임기가 아닌 종신 독재관으로 말이다. 당연히 많은 적이 생겼다.

원로원 의원들 사이에서도 불만이 들끓었다. 많은 이들이 카이사르를 공화국을 배신한 독재자라고 생각했다. 그러나 그는 원로원을 압박해 죽는 날까지 자기 자리를 지킬 수 있는 권리를 쟁취해냈다. 그러자 몇몇 의원들이 반란을 도모했다. 한 달의 중간, 3월 15일에 카이사르는 원로원 회의 중 암살당했다(Ides of March라고 쓰며, 예언자가 이날 카이사르가 암살당할 것을 예언했다고 한다. 그 후로 불길한 일을 경고하는 비유로 흔히 사용된다-옮긴이).

● 스캔들에 희생된 여왕 ●

독재자를 암살한 사람들은 자신의 행동이 공화정을 구할 수 있을 것이라고 기대했다. 하지만 공화정은커녕 내전이 다시 불붙었다. 모두가 같은 고민에 빠졌다. 이제 누가 이 나라를 이끌어갈 것인가? 결국 두 명의 후보가 권력을 장악했다. 마르쿠스 안토니우스와 카이사르의 양아들 옥타비아누스였다. 두 사람은 동맹을 맺었고, 결혼으로 다시 한번 동맹을 재확인했다. 안토니우스가 옥타비아누스의 누나와 결혼을 한 것이다. 이 동맹이 과연 모두가 그토록 바라던 평화를 선사할 것인가? 로마 곳곳에서 격론이 벌어졌다.

카이사르가 죽자 보호자를 잃고 이집트로 돌아간 클레오파트라는 다시 한번 로마 최고의 권력자를 자기 손아귀에 넣었다. 안토니우스가 이집트 문제를 의논하기 위해 이집트를 찾았던 것이다. 전하는 이야기에 따르면 클레오파트라는 보라색 돛을 단 황금 배를 타고 그를 마중했다고 한다. 몸에는 비너스 여신이 입었을 법한 옷을 걸쳤다. 속이 훤히 들여다보이는 천에 진주를 달아서 몸을 가리기보다 더 드러내 보이는 옷이었다. 그녀 곁에서는 젊은 미남미녀들이 시중을 들며 부채질을 해댔다.

결국 안토니우스 역시 카이사르처럼 이집트 여왕에게 빠지고 말았다. 그는 옥타비아누스의 누나인 아내와 자식을 팽개치고 클레오파트라와 열정을 불태웠다. 클레오파트라는 카이사르를 대신해 자신의 왕좌를 보장해줄 보호자를 찾았다. 로마인들 역시 강력한 동맹국을 얻었다.

그러나 로마에서 이 사실을 전해들은 옥타비아누스는 마음이 편치 못했다. 안토니우스가 얻은 새 애인은 금과 막강한 군대를 거느린 여왕이었다. 시간문제일 뿐 언젠가는 안토니우스가 자신을 쫓아내고 권력을 독점할 것이다. 그는 전통적인 방법을 택했다. 로마 백성들을 선동해 동맹자를 몰아내려 한 것이다. 그는 모든 공식 석상에서 안토니우스를 '정숙한 아내를 버리고 야만족의 여인과 간음한 나쁜 남편'이라 비방했다. 사실 얼마 전 그 역시 만삭의 아내를 버리고 다른 여자와 바람을 피워 상당한 스캔들을 일으킨 터였으므로 그의 비방 작전은 무모한 면이 없지 않았다.

그러나 클레오파트라와 안토니우스를 둘러싼 나쁜 소문은 날로 퍼져나갔다. 로마인들은 클레오파트라를 백성의 고혈을 짜서 사치만 일삼는 동방의 독재자로 여겼다. 그리고 안토니우스가 그런 '이집트의 상황'을 로마제국에도 들여올까 봐 겁이 났으므로 옥타비아누스를 따라 출정했다. 양측의 싸움에서 안토니우스와 클레오파트라가 패했다. 애인이 죽자 슬픔에 빠진 클레오파트라는 갓 딴 무화과를 바구니에 담아 그 안에 독뱀을 숨겨오라고 부탁했다. 그리고 혼자 남게 되자 자진하여 뱀에게 물려 눈을 감았다. 물론 당시에도 이것이 지어낸 이야기일 것이라고 생각한 사람들이 적지 않았다.

● **다시 1인 독재로** ●

안토니우스를 물리치고 로마의 1인 권력자가 된 옥타비아누스는 카이사르의 죽음에서 큰 교훈을 얻었다. 그래서 1인 권력자가 되려 한다는 인상을 주는 일체의 행동을 피했다. 공공연하게 스스로를 지배자나 왕으로 칭하는 실수도 절대 범하지 않았다. 그는 자신을 프린켑스, 즉 '제1 시민'으로 부르며 계속해서 원로원을 정치에 참여시켰다. 그 결과 권력의 고삐를 단단히 손에 쥐고 있으면서도 공화정의 가치와 전통을 배신하지 않으리라는 믿음을 로마 사람들에게 줄 수 있었다. 그는 가족을 로마 덕목의 모델로 만들었다. 특히 집안의 여자들은 모든 면에서 이집트 여왕과 정반대의 모습을 보이도록 했다. 소박하고 순종하고 무엇보다 로마다워야 했다. 과도한 사치를 피하고 손수 실을 자아 옷을 지으며 자식을 훌륭한 시민으로 길러야 했다.

로마제국은 다시 번영하기 시작했고, 마침내 오래도록 염원하던 평화가 찾아왔다. 원로원은 감사의 뜻으로 옥타비아누스에게 아우구스투스(존엄한 자)라는 명예로운 칭호를 선사했다. 아우구스투스는 그동안 원로원 의원들이 전쟁과 권력 암투에 허비했던 국고를 다시금 도시 부흥에 쏟아부었다. 포룸 로마눔를 지나던 로마 시민들은 낡은 건물들이 아름답게 새 단장했다는 사실을 깨달았다. 매끈하고 환한 색의 대리석으로 바뀐 벽들은 예전보다 더 높고 화려하게 빛났다.

아우구스투스는 이런 정치적 성공에 힘입어 더욱 과감해졌다. 공식 석상에 화려한 모습으로 등장하기 시작했고, 처음의 맹세를 어기고 자신이 로마의 유일한 지배자임을 과시했다. 왕의 가족을 기리는 기념상들이 세워졌고, 광장 한쪽에는 안토니우스를 무찌른 그날을 기념하는 개선문이 자리 잡았다. 로마 시민들이 화려한 말솜씨로 공적인 현안에 대해 발언하던 연설대는 아우구스투스가 백성들에게 연설을 하는 무대로 바뀌었다. 에스파냐와 갈리아의 봉기를 진압하고 불안한 국경지대를 안정시키자 원로원은 그의 업적을 기려 건축물을 짓게 했다. 이 거대한 평화의 제단은 1인 지배자에게 헌정한 로마 최초의 기념물이었다. 임기를 시작할 무렵만 해도 겸손하게 공화국의 신하를 자처하던 바로 그 아우구스투스가 로마를 제국으로 바꾸어놓은 것이다.

아우구스투스는 아내 리비아에게 '아우구스타'라는 칭호를 선사함으로써 로마제국의 그림을 완성했다. 로마 역사상 최초로 다른 여성들보다 신분이 높은 한 여성이 국가의 정상에 자리하게 된 것이다. 아우구스투스는 스스로를 로마 최초로 1인 지배에 성공했던 양아버지 율리우스 카이사르의 이름을 따서 카이사르라고 불렀다. 훗날 많은 군주들이 이 말을 자기 나라 말로 고쳐서 스스로를 '카이저', '차르', '샤'라고 불렀다.

열녀전의 시대

● 두 개의 고대 세계 ●

모든 길은 로마로 통한다는 말이 있다. 실제로 로마인들은 그들의 도시가 세계의 중심이라고 확신했다. 원칙적으로 보면 완전히 틀린 생각은 아니었다. 수메르, 이집트, 그리스 문명처럼 오랜 역사를 자랑하지는 않았지만 어쨌든 그들의 문명이 고대의 최고봉이었으니까 말이다.

그러나 세계엔 또 하나의 중심이 있었다. 아시아에 중화제국이 탄생하면서 또 하나의 거대한 고대 세계의 중심지로 성장한 것이다. 크기와 화려함에서 로마와 견줄 만한 이 제국을 만나려면 로마에서 아주 먼 거리를 가야 했다. 이들 두 고대 세계 사이에 놓인 광활한 지역을 대상과 여행자가 오갔고 병사들이 지나갔다. 때로는 인도를 지나는 길을 택했고, 때로는 히말라야 북쪽의 중앙아시아 스텝과 페르시아제국을 지나기도 했다. 서양에서 가장 인기 높은 동양의 무역품이 중국의 비단(실크)이었으므로 훗날 서방의 상인들은 그 길을 실크로드라고 불렀다. 그 길을 통해 로마제국과 중화제국이 서로 연결되었다.

● 홰나무를 상하게 한 남자의 딸 ●

옛날 중국 제나라에 재상 안자가 살았다. 그는 학식과 인품이 뛰어나 명망이 높았다. 그의 생애를 기록한 어떤 책에 아래의 이야기가 적혀 있다.

경공에게 홰나무 한 그루가 있었는데 무척 아꼈다. 그래서 이런 현판을 달아 경고하였다. "홰나무를 건드리면 벌을 내릴 것이고 홰나무를 상하게 하면 사형에 처할 것이다." 그런데 어느 날 밤 한 남자가 술에 취해 나무에 부딪혔고 경공이 그 소리를 듣고 말했다. "이 자가 처음으로 내 명을 어겼다." 경공은 그 남자를 잡아 가두고 벌을 내렸다. 남자의 딸이 재상 안자를 찾아가 뵙기를 청했다. 안자를 대면한 딸은 긴 연설을 늘어놓았다. 훌륭한 왕은 이유 없이 벌을 내리지 않으며 나라를 잘 다스리려 애쓴다고 들었다. 그런데 경공께서는 자신의 만족을 위해 백성을 착취하였다. 홰나무를 상하게 하면 벌을 내린다는 명령은 나라를 다스리는 법을 어긴 것이며 어리석은 명령이다. 또 형량도 지나치게 높다. 그리고 마지막으로 딸은 이렇게 말했다. "이웃 나라에서 이 사실을 전해 듣는다면 모두가 왕께서 나무는 사랑하되 백성은 천시한다고 쑤군거릴 것인데, 그래도 괜찮겠습니까?" 재상 안자는 그 즉시 경공에게 달려가 딸이 한 말을 전했다. 경공은 자신의 잘못을 깨닫고 명령을 거두었다.

홰나무를 상하게 한 남자의 딸 이야기는 400년쯤 흐른 후 책에 기록되었다. 그 책의 제목은 《열녀전列女傳》이다. 책을 쓴 유향은 그 책에 125편의 여성 이야기를 모아 실었다. 당시 사람들이 생각한 올바른 여성의 행동을 알리기 위한 목적이었다. 물론 유향이 권하고자 한 것은 남자의 딸이 보여준 용기가 아니었다. 그는 오히려 과도한 여성의 독립심은 화와 재앙을 불러올 것이라고 경고했다.

당시 중국은 하나의 제국으로 통일되기 전이라 수많은 소국으로 나뉘어 있었다. 홰나무를 상하게 한 남자의 딸 이야기 역시 중국 변방에서 일어난 일이었다.

● 남자에게만 열린 배움의 길 ●

이야기에 등장하는 딸처럼 중국의 사상가들도 훌륭한 왕의 조건이 무엇이며, 제국을 통치하기 위해 왕이 무엇을 할 수 있어야 하는가를 묻기 시작했다. 이 질문에 대한 대답들 중에서 가장 중요한 세 가지 대답으로 꼽히는 사상을 세운 사람들이 있다. 첫째가 공자로, 국가는 덕德과 인仁을 기틀로 삼아 그 위에 세워야 한다고 주장했다. 둘째는 '제자백가'의 철학자들로, 왕은 백성을 엄격히 다스려 법과 질서를 지켜야 한다고 주장했다. 셋째는 노자로, 그는 이 모든 것을 완전히 거부한 사상가이다.

공자는 고대 중국의 주나라를 이상으로 삼았다. 주나라에는 완벽한 질서가 있었다고 그는 주장했다. 그의 말이 다 맞지는 않았지만 그런 허구의 이야기들도 매우 실용적일 때가 있다. 사람들에게 소속감을 심어줄 수 있기 때문이다. '우리 모두는 지혜롭고 모범적으로 행동했던 위대한 주의 자손이다'라는 생각이 중국의 소국들을 자극해 통일의 기반을 닦았을 수도 있으니까 말이다.

공자는 주나라의 번영을 이끈 원칙이 충과 효라고 주장했다. 이 원칙에서 두 가지가 도출된다. 바로 인과 덕이다. 공자는 늘 말했다. "자신에게 원치 않는 것은 남에게도 하지 말라."

공자에게 가장 중요한 것은 가정이다. 그리고 그 가정에선 모두에게 각자의 위치가 있다. 아내는 남편에게 복종하고 자식은 부모를 공경해야 한다. 수신제가치국평천하修身齊家治國平天下라고 했다. 먼저 몸과 마음을 닦아 수양하여 집안을 안정시킨 후에야 나라를 다스리고 천하를 평정할 수 있는 것이다.

이웃을 공경하고 고결한 인품을 키우자면 사람은 무릇 배워야 한다. 부지런히 배운 현명한 사람은 사회에서 높은 목표를 이룰 수 있다. 공자의 이런 주장은 매우 참신했다. 당시까지만 해도 가문과 출생이 한 사람의 교육과 출세를 결정했기 때문이다. 그러나 공자가 주장한 배움의 새 길은 당연히 남자에게만 열려 있었다. "무지한 여성만이 덕이 있다."고 공자는 말했다. 여자는 남자를 위해 자신을 희생하는 존재라고 생각했기 때문이다.

공자에게는 3000명의 제자가 있었다고 전해진다. 그중에는 수공업자, 농민, 상인 같은 평민 출신이 많았다. 공자가 그들을 특별히 존중한 것 같지는 않다. "시는 어리석고, 증삼은 노둔하고, 자장은 편벽되고, 자로는 거칠었더니라."라고 제자들의 험담을 늘어놓았다니 말이다. 이웃을 공경하라는 자신의 주장을 잊은 것일까?

● 폭력을 부추기는 철학 ●

공자는 학자와 고문으로서는 크게 성공하지 못했다. 적어도 그의 생애에 관한 얼마 안 되는 기록들을 보면 그런 추측이 가능하다. 당시 중국의 왕들에겐 공자보다 더 큰 영향력을 행사한 이들이 있었다. 그리스인들이 아테네에서 민주주의를 고민하던 때와 거의 같은 시기에 중국에서는 제자백가의 철학자들이 국가와 사회에 대해 고심했다. 그리고 나라가 번영하려면 통일 제국을 이루어 한 사람의 왕이 다스려야 한다고 주장했다.

그런데 그 왕의 행실은 어떠해야 하며 어떻게 나라를 다스려야 할까? 공자의 말대로 배우고 익히며 옛 노래와 풍습을 지키면 될까? 인의와 겸양과 공경으로 백성들을 다스려야 할까?

질서를 지키기란 쉽지 않았다. 나라 안에서는 소국의 제후들이 반목하여 싸웠고, 나라 바깥에서는 드넓은 서쪽 평원에서 기마민족이 침략을 멈추지 않았다. 따라서 왕을 보필하는 고문관들은 백성을 당근과 채찍으로 다스려야 나라를 지킬 수 있다고 조언했다.

명장 손무가 오나라 왕 합려의 부름을 받았다. 왕은 그에게 어떻게 하면 군사들의 절대적 충성을 얻을 수 있을지 직접 시범을 보여달라고 부탁했다. 손무는 180명의 궁녀를 불러 두 개의 부대로 나누고 왕의 애첩 둘을 대장으로 삼았다. 그런 다음 군령을 가르치고 그에 따라 명령을 내렸다. 궁녀들이 키득대기 시작했다. 그는 재차 명령했지만 궁녀들은 여전히 웃기만 했다. 이에 손무가 말했다. "군령이 분명한데도 따르지 않는 것은 대장의 잘못이다." 그러고는 왕의 만류를 뿌리치고 두 애첩의 목을 베었다.

잔혹한 이야기지만 300년 후 소국들을 정복해 거대한 제국을 건설한 왕은 바로 손무가 가르친 그 방법을 사용했다. 다름 아닌 폭력과 잔혹한 억압이었다.

● 아무것도 하지 않는 편이 더 낫다 ●

어쩌면 왕과 장군들의 이런 잔혹함이 원인이었을지 모른다. 공자의 가르침, 제자백가의 철학과 더불어 매우 특이한 학문이 탄생했다.

얇은 책에서 무위를 가르친 이는 노자라 불린 남자였다. 그는 일체의 행위를 포기하고 세상을 등지라고 권유했다. 고통과 부당함을 피하는 길은 오직 그것뿐이라고 생각했기 때문이다. 모든 것을 기피하려는 자에게 남은 길은 하나뿐이다. 아무것도 하지 않으면 된다. 어쩌면 은둔과 수행을 권하는 이 사상이 인도에서 중국으로 건너온 것인지도 모르겠다. 어쨌든 노자는 세상을 등지기 위해 서쪽의 산으로 가던 중 국경 수비대장의 부탁을 받고 자신의 지식을 기록으로 남겼다.

그때 그가 쓴 책이 바로《도덕경》이다. 도는 말로 설명할 수 없는 것이다. 모든 것이며 동시에 아무것도 아니다. 도는 길이며 세상의 조화로운 질서를 꿰뚫고 유지시키는 세상의 원리다.

도교는 아무것도 하지 않는 것이 최선이라고 주장한다. 일체의 통치 형태를 경멸하고 책에 적힌 지식 역시 경멸했다. 사상가들을 비웃었으며《도덕경》의 많은 구절이 공자의 말씀을 대놓고 비판하는 내용이었다. 공자는 배우고 훌륭한 사회를 건설하는 것이 인간이 이루어야 할 최상의 목표라고 주장했다. 하지만 노자는 그 모든 해묵은 지식을 거부했다. 고대 중국의 학문들이 도의 원리에 맞지 않았기 때문이다. 천지만물을 두 가지 상반하는 성질의 기운이 만들어낸다는 음양의 원리 역시 거부했다.

● 무덤이 된 만리장성 ●

진나라를 세우며 거대한 중화제국을 창건한 최초의 왕은 자신이 이룩한 업적의 의미를 누구보다 잘 알았다. 그래서 자신을 황제의 시작이라는 뜻으로 시황제라 부르게 했다. 진시황은 북쪽의 이웃 나라와 양쯔강 연안의 여러 나라를 무찔렀고, 그 결과 모든 권력의 중심인 중화제국을 탄생시켰다. 진시황릉에서 발견한 한 비문에

"사방이 황제의 땅이다."라는 글귀가 적혀 있을 정도였다.

그러나 중국 본토에서 멀리 떨어진 변방의 사람들이 이제부터 자신의 고장이 황제의 땅이 되었다는 사실을 어떻게 알겠는가? 진시황제와 신하들은 변방까지 뻗어나갈 대국을 건설하기 위해 새 출발의 깃발을 올렸다. 과거를 이상으로 삼은 공자와 달리 역사의 기억을 깡그리 지워버리기로 하고 제국에 남아 있는 모든 책을 불태우라고 명령한 것이다. 그것이 전부가 아니었다. 머리에 든 지식도 지우기 위해 460명의 학자를 죽이고 통치자와 뜻이 다른 사람은 누구든 엄벌에 처했다. 다행히 완벽한 삭제는 불가능했다. 당시 중국 사람들은 목판이나 대나무판에 글자를 적었기 때문에 종이보다 부피가 컸지만 그래도 책을 숨기는 것이 어려운 일은 아니었으니까 말이다. 중화제국은 사방으로 뻗어나갔지만 정말로 정복하기 힘든 땅도 많았다. 그리하여 많은 책들이 살아남았고, 더불어 중국의 역사도 살아남았다.

진나라는 전국을 군과 현으로 나누고 그곳에 중앙에서 파견한 관리를 두어 조세와 군역을 살폈다. 그리고 권력을 강화하기 위해서는 잔인함과 폭력이 올바른 통치 수단이라고 보았다. 대다수의 백성이 가난했는데 나라에서 너무 과도한 세금을 부과한 탓에 생존이 힘든 지경이었다. 세금을 내지 못한 자는 노예가 되었다.

진나라는 또 이전부터 북방 이민족의 침략을 막기 위해 짓고 있던 성벽을 연결하고 증축했다. 이것이 바로 만리장성이다. 만리장성은 세계 최대 건축물로 몇백 년에 걸쳐 공사를 계속했다. 진시황제의 치하에서 이 성벽은 수많은 사람의 무덤이 되었다. 많은 백성

들이 성벽을 축조하는 강제 노역에 시달리다 목숨을 잃어 성벽과
함께 묻혔기 때문이다. 맹강이라는 이름의 한 여인은 남편이 만리
장성을 쌓다 목숨을 잃자 통곡을 그치지 못했고, 그녀의 눈물에 성
벽이 무너져 남편의 시신이 나왔다고 한다.

● 잔인한 태후 여치 ●

최초의 제국 진은 불과 14년 만에 무너지고 새 왕조인 한이 들어
섰다. 한나라는 도교의 가르침을 따른 나라이다. 그 말은 최대한 아
무것도 하지 않았다는 뜻이다. 통치는 관료들에게 맡겼고 권력은
각 지방의 제후들에게 넘겼다. 한나라 초기 황제들은 이런 도교적
여유를 자신들의 할 일이라고 생각했다. 단 한 사람, 태후 여치만은
예외였다.

여치의 남편 유방은 아직 황제 자리에 오르기도 전에 노래 잘하
고 춤 잘 추는 젊은 미녀 척부인에게 홀딱 빠졌다. 그리고 그 두 사
람 사이에서 아들이 태어났다. 유방은 이 아들을 여치의 아들보다
훨씬 더 아끼고 총애했으므로 여치는 첩의 아들에게 왕좌를 뺏길까
늘 노심초사했다. 그러나 설사 황제라 하더라도 신하들의 뜻을 어
기고 황태자를 마음대로 바꿀 수는 없었으므로 여치는 신하들과 결
탁했다. 유방이 제국을 다스리기 위해 자주 황궁을 비우고 변방으
로 나갔기 때문에 신하들을 자기편으로 만들기가 어렵지 않았다.
그리고 마침내 신의 한 수를 생각해냈다. 큰 잔치가 열리는 날 그녀

의 아들이 '상산사호商山四皓'를 거느리고서 온 신하들이 지켜보는 가운데 궁궐로 들어온 것이다. 상산사호란 진시황 때에 난리를 피해 산시성陝西省 상산商山에 들어가 숨은 네 사람을 일컫는 말로, 노자 못지않은 명성과 인기를 누린 은자들이었다. 중국에는 하늘이 정한 왕만이 숨어 사는 도인들을 궁으로 불러들일 수 있다는 전설이 있었다. 상산사호를 아들과 함께 공식 석상에 등장시켜서 자신의 아들이 하늘이 정한 왕이라는 사실을 온 나라에 입증하려는 여치의 의도였다. 유방이 백성의 뜻을 어기고 다른 아들을 왕위에 올릴 핑곗거리가 없어진 것이다.

태후 여치는 영리하고 권력욕이 극심한 여인이었던 것 같다. 남편이 세상을 뜨자 후궁들을 다 변방으로 쫓아냈다. 특히 한때의 연적이던 척부인의 아들은 기필코 죽이려 했다. 유방이 생전에 그 아들을 안전한 곳에 숨겼지만 그녀는 백방으로 찾아 헤맨 끝에 결국 그 아들을 궁으로 불러들였다. 그러나 여치의 아들이 이복동생을 아껴 한시도 눈을 떼지 않았다. 딱 한 번 그가 경계를 늦추고 사냥을 하러 나갔는데 돌아와 보니 이복동생은 이미 죽고 없었다. 여치가 기회를 놓치지 않고 그를 독살한 것이다.

그것으로도 분이 풀리지 않았다. 여치는 척부인의 팔다리를 자르고 눈과 귀를 도려낸 다음 약을 먹여 벙어리로 만들었다. 그 후 몸뚱이만 남은 그녀를 돼지우리에 던졌다. 어머니의 잔혹한 짓을 알게 된 아들은 말했다. "인간으로서 할 짓이 아닙니다. 저는 여후의 아들로서 천하를 다스릴 자격이 없습니다." 아들은 1년 동안 울며 자리보전했고, 그 후로도 정치를 멀리했다. 이런 여태후가 중국 역사서에 모범적인 인물로 기록되었을 리 만무하다. 그녀는 파란 개에게 겨드랑이를 물려 세상을 떠났다고 한다. 당시의 중국인들은 하늘이 그녀를 부르기 위해 이 개를 보냈다고 믿었다.

● 위대한 현자 ●

얼마 후 왕좌에 오른 새 황제는 선대왕들의 무위 정책을 버리기로 마음먹었다. 사람들은 그를 무제라 불렀다. 무제는 관료들의 권리를 박탈하고 직접 정사를 보았으며 진시황제와 비슷한 방법으로 나라를 통치했다. 그는 잔인무도했다. 하지만 한편으로는 예술과 문학을 아끼는 면모를 보이며 작가들을 궁중으로 불러들였고 궁중 악사 직책을 신설했다.

한 무제 시절이면 공자가 세상을 뜬 지도 400년 가까이 지난 때였다. 하지만 무제와 그의 측근들은 공자의 가르침에 따라 나라와 정치를 재편하기로 마음먹었다. 공자의 가르침에서 유익한 점을 많이 찾아낸 것이다. 무제는 왕립대학인 태학을 세워 중요한 중국 고서들을 연구하게 했다. 그리고 그것을 사서오경으로 묶었는데, 그 책의 저자를 공자라고 생각했다. 이렇게 하여 사서오경은 중국 사상의 기초가 되었고 공자는 중국 역사상 가장 위대한 사상가가 되었다.

관리가 되려는 자는 어려운 시험을 통과해 사서오경을 달달 외울 수 있음을 입증해야 했다. 2000년 가까운 긴 시간 동안 중국의 지배자들은 '공자의 지혜'를 고수했다. 그를 통해 수천 년 동안 모든 중국 관료가 다른 지식과 다른 생각을 품지 않도록 했다.

● 중국 최초의 여성 역사가 반소 ●

관료가 아니더라도 학식과 교양을 겸비한 사람은 많았다. 특히 황궁과 황가에 그런 걸출한 인물이 많았다. 중국의 주요 서적들 역시 한나라 시대에 많이 나왔다. 의술과 침술 관련 서적이 대표적이었다. 한 무제는 문학과 예술을 사랑한 왕이었기에 많은 문인들이 수도에 터를 잡고 작품을 창작했다. 《열녀전》도 그중 하나였으며 중국 최초의 역사서도 그때 탄생했다.

그와 비슷한 시기에 중국에서는 훗날 전 세계를 뒤흔들 발명품이 탄생했다. 바로 종이가 제작된 것이다. 대나무판보다 훨씬 가볍고 부피도 적은 종이를 사용하면 글쓰기가 이만저만 수월한 것이 아니었다. 그 무렵 중국 최초의 위대한 여성 학자가 역사의 무대에 발을 들여놓았다. 이름은 반소로, 매우 총명하여 황궁에서 자신의 생각을 거침없이 개진했다. 역사가였던 반소의 오빠 반고는 누명을 쓰고 처형당했다. 당시엔 그런 일이 흔했다. 특히 태후의 편에 선 사람의 경우, 새 왕이 권력을 잡으면 늙은 태후는 물론이고 그녀를 지지하던 사람들까지 같이 죽였다. 반고 역시 그런 일을 당했다. 그런데 그는 죽기 직전 황가의 역사를 집필하던 중이었다. 오빠가 세상을 뜨자 반소가 그 일을 맡아 마무리를 지었다.

반소는《여계女誡》라는 제목의 저서도 편찬했다. 그 책에서 그녀는 여성들에게 자신처럼 배우라고 요구했다. 매우 용감한 주장이 아닐 수 없었다. "무지한 여성만이 덕이 있다."던 위대한 현자 공자의 가르침에 당당히 저항하는 태도였으니 말이다. 물론 그녀 역시도 남자들을 너무 자극하지 않기 위해 서둘러 단서를 달았다. "당연히 남편을 더욱 잘 보필하기 위한 목적일 뿐이다."라고 말이다.

반소의 영향력은 적지 않았다. 궁에서 모두가 그녀의 책을 읽었고, 오랜 세월 그녀의 책은 정숙한 부녀의 도를 가르치는 교과서 역할을 했다. 두 어린 황제를 대신해 정사를 돌보았던 화희황후 등수는 반소에게 자문을 많이 구했다. 반소는 황실 도서관의 업무를 감독했고《열녀전》의 주해를 썼다. 훗날에는 멀리 여행을 떠나 그 기록을 남기기도 했다. 반소가 세상을 떠났을 때 황후 등수는 흰옷을 입고 친구의 죽음을 애도했다고 한다.

● 한의 멸망 ●

한나라가 망하고 새 왕조 신이 권력을 잡았다. 관료들은 이 틈을 타 한 무제에게 뺏겼던 권력을 재탈환했다. 그때부터 중국의 황제들은 관료들에게 휘둘렸다. 중화제국은 여러 면에서 진시황제와 한나라 황제들이 만든 권력 형태를 거의 2000년 동안 그대로 유지했기 때문이다. 그 한가운데에는 황제가 있다. 황제는 실권을 장악한 국가기구에 둘러싸여 외부 세계와 고립된다. 아마 꼭두각시처럼 관료들에게 조종당한다고 느꼈을 것이다. 왕을 에워싼 고문관들과 황후들은 권력에 굶주려 암투를 벌였다. 여치처럼 권력을 탐했던 황후들은 관료들에게 눈엣가시 같은 존재였을 것이다. 그래서 그들이 여성에게 적용되는 규칙을 더 엄하게 만들었다는 주장도 있다.

예수에겐 여제자가 없었을까

● 로마제국에서만 가능한 일 ●

중국을 떠난 대상들이 로마에 도착하려면 멀고도 험한 길을 걸어야 했다. 실크로드는 광활한 초원과 끝없는 숲, 높은 산을 넘었고, 그 먼 길을 가다 보면 곳곳에서 이민족을 만났다. 천막에서 살며 말을 타고 여기저기 떠도는 유목민도 있었고, 뿔뿔이 흩어진 작은 마을에서 물고기를 잡거나 농사를 지어 먹고사는 민족도 있었다. 많은 것이 달랐던 중국인과 로마인이었지만 딱 한 가지 같은 점이 있었다. 자신을 제외한 다른 민족은 무조건 야만인이라고 생각하는 습관 말이다. 예전에 그리스인들이 그러했듯 그들 역시 이웃을 깔보고 미개하다고 무시했다.

실크로드는 위험했다. 대상들이 나르는 물건이 비단, 보석, 자포紫袍(보랏빛 천으로 만든 도포로 주로 왕의 예복을 뜻한다-옮긴이), 향신료 같은 값비싼 사치품이었기에 사나운 짐승뿐 아니라 강도의 습격을 받는 일도 허다했다. 따라서 몇 달에 걸친 고난의 여정 끝에 마침내 로마제국의 국경을 넘고 나면 상인들은 큰 안도의 한숨을 내쉬었다. 잘 닦인 길, 숙소와 식당은 물론이고 긴 여정의 먼지를 씻을 수 있는 온천까지 있어 그들의 여독을 풀어주었기 때문이다.

로마제국에서만 가능한 일이었다. 아무리 먼 변방에 살아도 로마제국의 국민은 누구나 로마의 생활방식을 똑같이 누릴 수 있었다. 무역이 활발했고 나라 곳곳에 새 건물이 들어섰다. 로마의 부와 사치가 변방 사람들을 유혹하고 감탄시켰다. 로마는 물론이고 북아프리카, 나아가 흑해 연안까지 포장도로가 깔렸다.

● 예수가 나타나다 ●

초대 황제 아우구스투스 시절의 로마제국은 특히 평화를 만끽했다. 그럼에도 변방의 점령 지역에선 로마인들을 그다지 좋아하지 않았다. 수도에서 멀리 떨어진 팔레스타인에서는 한 남자가 나타나 붓다처럼 새 종교를 세웠다. 그는 곳곳을 떠돌며 설교를 하는 유대인 설교자였고, 우리는 기독교의 역사인 그의 이야기를 《성서》에서 읽을 수 있다.

충분한 수의 신자가 모이면 새 종교는 세상을 변화시킨다. 완전히 새로운 사상으로 기존의 낡은 상황에 의문을 제기하므로 새 종교는 특히 세상에 불만이 많은 사람들에게 큰 매력을 발산한다. 나사렛의 예수가 로마제국을 떠돌며 교리를 설파하다가 결국 사형선고를 받았을 때도 사정은 같았다. 그를 따르는 신자들이 점점 더 많은 사람들을 개종시켰으므로 예수를 따르며 기독교인이 되겠다는 사람의 숫자가 날로 불어났다. 모든 종교가 그렇듯 기독교도 탄생 그 자체는 믿을 수 있는 사실이다. 새 신앙은 새로운 사상을 동반하며, 그 사상은 세상을 바꾼다. 그러나 예수의 인생사를 들려주는 《성서》는 앞에서도 보았듯 진실과 허구가 혼재한다. 많은 사실이 역사적으로 입증될 수 있지만 그렇지 않은 것도 적지 않다.

나사렛 예수는 당시 유대인들이 살았던 팔레스타인을 떠돌았다. 그리고 가는 곳마다 가난한 사람들을 돕고 병자를 치료했다. 그의 고민은 현세의 삶이 고통이라는 붓다의 깨달음과 다르지 않았다. 그래서 그는 사람들에게 말했다. 너희를 구원하기 위해 신이 나를 보냈도다! 그러나 예수가 생각한 구원은 붓다와 전혀 달랐다.

예수는 신이 이 세상에서 인간을 고통으로부터 구원하지는 않을 것이라 말했다. 구원은 지상의 삶이 끝날 때 찾아올 것이다. 새 왕국, 신의 왕국이 열릴 것이고, 그 왕국은 이 세상의 왕국과 완전히 다를 것이다.

예수는 고통의 주원인이 돈과 권력이 있는 강자와 가난하고 억압받는 약자의 불평등이라고 보았다. 신의 왕국에서는 이런 부자와 빈자, 병자와 건강한 자의 차별이 없을 것이라고 그는 말했다. 아니, 오히려 약자가 1인자가 될 것이라고 약속했다.

그러나 신의 왕국에 들기 위해서는 지상에 사는 동안 준비를 해야 한다. 특히 예수는 유대 사제들을 많이 비난했다. 그들이 신과 하나가 되려고 노력하기보다 권력에 더 욕심을 낸다고 말이다. 그는 모든 사람에게 초심으로 돌아가 속죄하라고 경고했다. 걸음을 멈추고 과연 옳은 일을 하는지 스스로에게 물어보라고 요구했다. 겉만 번지르르하지 않은 자, 돈주머니만 생각하지 않는 자, 권력을 휘두르지 않는 자, 속이고 기만하지 않는 자만이 신에게 보상을 받을 것이라고 말이다.

그의 설교에 많은 이들이 깜짝 놀랐다. 자신의 말을 행동으로 실천하는 예수를 보고는 더욱 놀랐다. 예수는 가난하고 평범한 사람들을 불러 모았다. 그리고 그들에게 재산과 가족을 그대로 두고 자신과 함께 곳곳을 떠돌며 새 시대의 도래를 알리자고 설득했다.

그의 곁에서 뜻을 같이한 사람들을 제자라고 불렀다. 제자 중에는 여성들도 있었다. 여자는 어디를 가나 무시당했기에 예수는 특히 그들을 지지했다. 한번은 어떤 곳에 가니 사람들이 한 여자에게 죄를 지었다며 돌을 던졌다. 예수는 그녀를 막아서며 사람들에게 말했다. "너희 중에 죄 없는 자가 먼저 돌로 쳐라." 여자는 예수 덕분에 목숨을 구했다.

그런 행동을 도발이라고 느낀 사람들도 많았다. 특히 예수가 여자를 남자와 똑같이, 도둑을 정직한 사람과 똑같이 대접하자 더욱 그렇게 느꼈다. 누구도 감히 그런 행동을 한 적이 없었다. 유대민족의 지도자들도 예수와 제자들을 지켜보며 고민에 빠졌다. 예수는 스스로를 신의 아들이라 불렀다. 따지고 보면 미쳤다고밖에 볼 수 없는 행동이었다. 그런데도 많은 사람들이 그의 설교에 감동하여 그를 따르며 유대 지도자들의 권위를 위협했다. 로마인의 명령에 복종한 유대인들이 예수를 로마 총독 폰티우스 필라투스(개신교 성경에서 '본디오 빌라도'로 표기하기도 한다-옮긴이)에게 신고했다. 예수와 그 제자들의 위험한 선동을 멈추기 위해서였다.

필라투스는 매우 잔인한 판결을 내렸다. 예수를 십자가에 못 박으라는 판결이었다. 십자가 형벌은 고통스럽게 사람을 죽이는 방법이다. 못 박힌 사람은 대부분 며칠 동안 심한 고통을 받다가 숨을 거두었다. 그러므로 로마 시민에게는 절대로 이 벌을 내리지 않았고 신분이 낮은 범죄자나 노예에게만 내리는 형벌이었다. 필라투스가 전하고자 하는 메시지는 분명했다. 스스로를 신의 아들이라 칭하는 예수를 중범죄자처럼 다루어 모욕하고자 했던 것이다.

로마 병사들이 예수를 체포하자 제자들은 달아났다. 같이 체포되어 죽임을 당할까 무서웠던 것이다. 몇 명의 여성만이 예수와 동행했고 예루살렘 외곽에 있는 골고다 언덕까지 그를 따라갔다. 그곳에서 예수는 십자가에 못 박혔다. "나사렛 예수, 유대의 왕." 필라투스는 예수를 조롱하는 뜻에서 십자가에 그런 글귀를 새기라고 명했다. 예수의 머리에 가시왕관이 얹혔다. 여자들은 울음을 터뜨렸다. 예수의 어머니 마리아와 예수의 제자 마리아 막달레나도 그 자리에 있었다.

● 부활의 기적 ●

십자가 이야기는 《성서》에 상세하게 적혀 있다. 어쩌면 그 이야기에는 조금이나마 역사적 사실이 숨어 있을지도 모른다. 실제로 유대인 폭도를 십자가에 못 박았다는 기록이 남아 있기 때문이다. 그러나 기독교 신학에서 가장 중요한 부분은 십자가 이후에 일어난 사건들이다.

예수는 첫째 날이 저물기 전에 숨을 거두었다. 필라투스는 예수의 친구에게 시신을 십자가에서 내려 땅에 묻어도 좋다고 허락했다. 친구는 무덤의 입구를 무거운 큰 돌로 막았다. 그 장면을 여자들도 지켜보았다. 그런데 사흘 후 그들이 무덤에 갔더니 놀랍게도 무덤이 텅 비어 있었다. 무슨 일이 일어난 것일까?

빈 무덤의 의미는 한 가지밖에 없다. 신의 아들이 지상의 삶을 마치고 하늘에 오른 것이다. 그는 영생에 들기 위해 죽은 자들 가운데서 부활했다. 부활의 기적을 통해 신은 인간에게 사랑을 보여주었다. 예수처럼 모든 인간이 가까운 미래에 구원받아 신의 왕국에 들 것이기 때문이다.

세계사에서 기독교가 갖는 의미를 이해하기 위해서는 이 이야기를 안 하고 넘어갈 수가 없다. 기독교인들은 세상의 폐해를 날카롭게 비판한 신의 아들을 믿었다. 그는 인간이 폭력을 모두 포기하고 부와 권력도 모두 버려야 한다고 설교했다. 나아가 기독교인들은 예수가 십자가에 못 박혀 죽음으로써 이런 가르침을 배반하느니 차라리 죽는 편이 낫다는 것을 입증해 보였다고 믿었다. 그들은 부활의 기적을 믿었다. 그 기적으로 신이 사후의 구원을 약속했노라 믿었다. 당시 이런 교리는 로마제국, 그리고 로마 국경 바깥의 사람들에게도 엄청난 매력을 발산했다.

• 예수에겐 여제자가 없었을까 •

고대 사람들에게는 예수의 가르침이 완전히 낯선 것이었다. 기존의 신들은 저 하늘 위에서 아래를 내려다보며 세상의 질서를 잡았다. 또 인간에게 모습을 보일 때도 화려한 왕이나 황제의 모습으로 나타났다. 그런데 기독교의 신은 거지같이 가난하고 소박한 한 남자를 통해 그들에게 말을 걸었다. 새 신의 사자는 누더기 옷을 입고 곳곳을 떠돌며 두려워하지 않고 권력을 가진 자와 사제들을 비판했다. 고대의 신들은 인간에게 겁을 주었지만 새로운 신은 인간을 사랑했다. 그 누구도 예외가 될 수 없었다. 신은 지상의 모든 민족을 품에 안는다. 따라서 모두가 옛 신들을 버리고 기독교의 새 신을 따라야 할 것이다.

훗날 예수가 하늘로 오른 후 그의 이야기는 《마태오의 복음서》, 《마르코의 복음서》, 《루카의 복음서》, 《요한의 복음서》 등 사복음서에 기록되었다. 이 사복음서는 《성서》의 가장 중요한 텍스트가 되었다. 그런데 그들의 기록을 읽다 보면 예수 역시 주로 남자들을 곁에 두었다는 인상을 받게 된다. 복음서를 보면 예수에겐 정확히 12명의 남성 제자가 있었고, 십자가에 못 박히기 전날 마지막 만찬을 열었을 때도 그 자리엔 단 한 명의 여성도 참석하지 않았다.

그러나 실제로 일어난 일과 사건의 관찰자가 그 사건에 대해 보고한 내용이 동일한 경우는 거의 없다. 불평등을 타파하고자 했던 예수가 여성을 차별했다는 것이 가능한 일일까? 모든 차별을 철폐하고자 했다면, 도둑과 사기꾼조차 두 팔 벌려 품에 안으며 정직한 사람 못지않게 존중했다면 어떻게 그가 남녀를 차별할 수 있단 말인가?

● 복음을 전파하다 ●

예수는 제자들에게 신의 왕국에서 온 복음을 전 세계로 전파하라고 명했다. 그들은 스스로를 사도라 불렀다. 당시엔 신문도 없었고 소식을 전할 다른 방도도 없었기에 제자들이 직접 길을 나서 사람들에게 다가가 말을 전할 수밖에 없었다. 그들은 사람들에게 예수의 말씀을 전하기 위해 로마제국의 변방인 팔레스타인을 떠났다. 곳곳에 새 신앙을 공유하는 소그룹이 생겼다. 최초의 기독교 공동체였다.

그 사도들 중 한 사람이 파울로스이다(우리나라 가톨릭 성경에서는 바오로, 공동번역성서에서는 바울로, 개역성경에서는 바울이라고 칭한다-옮긴이). 그는 제국 곳곳을 돌아다니며 가는 곳마다 엄청난 사람들을 끌어모았다. 아테네에 도착한 그는 아레오파고스 언덕에 올랐다. 그곳은 원래 포룸 로마눔처럼 사람들이 많이 모이는 장소로 '모르는 신'에게 바치는 제단이 있었다. 그리스인들은 올림포스의 신들 중 미처 모르는 신이 있을까 봐 겁을 냈다. 혹시 그중 한 신을 까먹었다가 복수라도 당할까 두려웠기 때문이다. 그래서 예방 차원에서 그곳에 제단을 세우고 제물을 바쳤다. 파울로스는 아테네 사람들에게 이 모르는 신에 대해 더 자세히 알려주겠다고 말했다. 그야말로 영리한 꾀가 아닐 수 없었다. 새 신앙이 낯선 것이 아니라 그리스에 원래 있었지만 미처 몰랐던 신을 알아가는 과정이라고 설명했으니 말이다. 파울로스는 그리스의 사상을 기독교 사상과 결합시켰다. 새 신이 지나가면서 고대 그리스의 신들에게 악수를 청한 격이었다. 그 후 기독교가 로마제국을 정복하기까지는 그리 오래 걸리지 않았다.

● 성녀 테클라 ●

여성들 역시 기독교 복음의 전파에 참여했다. 하지만 남자라면 이 도시 저 도시를 떠돌며 주민들에게 말을 걸기가 얼마나 수월했겠는가. 여성에게는 공공장소에 나가 설교를 듣는 것조차 허용되지 않았다. 설사 나가더라도 베일을 쓰고 남자 보호자를 동반해야 했다. 여자 혼자 여행을 간다는 것은 죽음을 각오하지 않고서는 불가능한 일이었다.

그리스의 도시 이코니움(오늘날 터키의 코니아-옮긴이)에 살았던 그 소녀도 그 사실을 모를 리 없었다. 그녀의 나이 12~13세 때였다. 근처에서 사람들이 모여 파울로스의 설교를 듣고 있었다. 그녀는 집 밖으로 나갈 수 없었지만 창가에 앉아 사도의 설교를 열심히 들었다. 그리고 그 설교에 깊은 감명을 받았다. 소녀의 이름은 테클라 Thekla였다.

테클라는 그 즉시 집을 나가 파울로스를 따랐다. 그것이 여러 가지 법과 규칙을 어긴 행동이었기에 그녀가 가는 곳마다 사람들은 분노했다. 그리고 여자가 집을 떠나 가족을 버리고 이곳저곳을 돌아다닐 수 있다는 사실에, 혼자서 길거리를 걸어 다녀도 죽지 않고 살아 있다는 사실에 사람들은 깜짝 놀랐다.우리가 테클라의 삶에 대해 알고 있는 모든 것은 훗날 약간의 허구가 섞인 전설에서 나온 것이다. 예를 들면 테클라가 화형 판결을 받고 장작더미에 오르자 갑자기 지진이 나고 천둥 벼락이 쳐서 그녀를 구했다는 식의 내용이다. 또 다른 도시에서도 사자 발치에 던져졌으나 사자가 그녀를 잡아먹지 않고 얌전하게 그녀의 발을 핥았다고 한다. 그래서 처음에는 의심하던 파울로스도 결국 테클라를 사도로 인정할 수밖에 없었다고 말이다.

우리는 그런 식의 이야기를 쉽게 믿지 않지만 고대 사람들은 정반대였다. 기적을 들려주는 이야기일수록 더욱 강하게 믿었다. 기적이 아니라면 신의 개입 여부를 어떻게 확인할 수 있단 말인가?

그러나 역사에서는 예수나 테클라, 파울로스 같은 사람들이 실제로 무슨 일을 했는지가 중요한 것이 아니다. 그들의 행동이 다른 사람들에게 어떤 영향을 미쳤는지가 더 결정적이기 때문이다. 테클라의 행동은 스캔들이었고, 스캔들은 사람들을 동요시키고 생각하게 만든다. 곳곳에서 사람들이 그녀의 이야기를 입에 올렸고, 얼마 안 가 그녀는 유명인사가 되었다.

그녀는 아무도 하지 못했던 결정을 내렸고, 여성은 결혼해야 한다는 사회의 규칙을 저버리고 신의 계명을 따르는 것이 누구에게나 가능하다는 사실을 몸소 입증했다. 많은 여성들이 테클라를 본

받아 가족을 버리고 세례를 받았다. 이런 여성들 덕분에 기독교는 급속도로 전파되었다. 아내를 따라 기독교로 개종한 남편들이 적지 않았기 때문이다. 테클라가 묻힌 셀레우키아에선 사람들이 사원을 짓고 그녀를 성녀로 모셨다. 그녀의 초상화는 그 후 몇백 년이 지나도록 교회는 물론이고 여행객의 물통까지도 아름답게 장식했다.

테클라를 둘러싼 스캔들이 들불처럼 번지는 동안 사도 페트루스(베드로)가 로마에 도착했다. 당시 로마에는 이미 작은 기독교 공동체가 있었다. 페트루스는 예수가 아끼던 제자였다. 페트루스에 이어 파울로스도 로마에 당도했다. 팔레스타인에서 시작된 기독교가 로마제국의 중심에 이른 것이다.

기독교 왕국의 숨은 공로자들

● 비난받은 장군의 아내 ●

로마제국은 거대했다. 예수가 새 종교를 세우고 테클라와 파울로스가 기독교 전파에 열을 올리는 동안 로마인들은 전혀 다른 근심거리로 고민했다. 초대 황제 아우구스투스가 닦아놓은 평화의 기반이 흔들리기 시작한 것이다. 오랜 세월 승승장구하던 로마인들은 언제나 이웃 나라들보다 힘이 세고 강하며 부자였다. 승전보는 매번 전리품과 부를 로마로 가져왔기에 로마인들은 그들의 제국이 무한히 확장될 것이라고 믿었다.

그런데 도저히 이길 수 없는 적이 나타났다. 로마의 북동쪽에는 게르만족이 살고 있었다. 긴 머리에 벌거벗다시피 한 남자들이 괴성을 지르며 포악스럽게 달려들면 전장에 따라온 여자와 아이들이 그 옆에서 격려를 아끼지 않았다. 로마인들의 눈에 그들이 얼마나 무지막지해 보였겠는가. 한마디로 게르만족은 야만인이었다. 그런데 하필이면 그 야만인들이 로마인들에게 뼈아픈 패배를 안겨준 것이다. 게르마니아의 토이토부르크 숲 근처에서 게르만족의 장군 아르미니우스가 거대한 로마군을 함정에 빠뜨려 거의 몰살시켜버렸다. 로마인들에겐 실로 충격이 아닐 수 없었다.

로마인들은 복수를 꿈꾸었다. 다시 군대를 보내 게르만족을 정복하고 아르미니우스를 체포하고자 했다. 군대를 이끌고 출정한 장군의 이름은 게르마니쿠스였다. 그는 아내 아그리피나와 자식들을 라인강변으로 데리고 갔다. 가족은 부대 진영의 막사에서 군인들과 함께 살았다. 어느 날 게르마니쿠스는 가족을 막사에 남겨두고 군사를 이끌고 게르만족을 치러 나갔다. 그런데 운이 따르지 않았는지 로마군이 패해 도망을 쳤다. 로마군인들이 라인강을 건너 막사로 돌아오려 하자 막사에 남아 있던 군인들은 겁에 질렸다. 도망치는 동료들을 따라 게르만족의 군대가 들이닥칠지도 몰랐기 때문이다. 그래서 그들은 다리를 끊어버리려 했다. 동료들을 살리느니 진영에 남은 사람들을 보호하는 쪽을 택한 것이다. 그때 아그리피나가 나섰다. 사실 따지고 보면 그저 장군의 아내로 따라온 것에 불과했지만, 그녀는 남편을 대신해 군대를 지휘했고 다리를 끊지 말라는 명령을 내렸다. 덕분에 도망친 군사들은 목숨을 구했다. 그녀는 그들을 따뜻하게 맞이했고 노고를 치하했으며 상처를 치료해주었다.

그날 아그리피나는 많은 목숨을 구했지만 그녀의 행동은 큰 비난을 받았다. 로마 원로원에서 다시 한번 여자들 문제로 토론을 벌였을 때 발언을 청한 사람은 다름 아닌 아그리피나 덕분에 목숨을 구한 어느 장군이었다. 그는 여자들이 약하고 어리석다고 비난하면서 여자들은 문제만 일으킨다고 꾸짖었다. 심지어 총독을 국경에 파견할 때는 아내를 대동하지 못하게 해야 한다고 주장했다.

● 황제가 어머니를 살해하다 ●

아쉽지만 우리는 원로원의 그 토론을 소 아그리피나가 전해 들었는지 알지 못한다. 남편 게르마니쿠스가 세상을 뜨자 그녀는 국경을 떠나 로마의 황궁으로 돌아왔다. 덕분에 그녀의 딸 소 아그리피나는 황궁에서 자랐다. 그녀 역시 어머니처럼 남편을 보필하는 아내의 역할에 만족하지 못했다. 마침 로마가 제국이 된 것도 좋은 기회였다. 원로원이 아니라 황제가 제국의 운명을 결정하게 된 다음부터 극소수이기는 해도 여성이 권력의 중심으로 들어가기가 조금 수월해졌다. 그 방법은 바로 황후가 되는 것이었다. 소 아그리피나가 황제 클라우디우스와 결혼할 당시 그녀는 이미 다른 남자와 결혼해 아들 하나를 낳은 후 사별한 상태였다. 황후가 된 그녀는 로마제국에서 가장 왕과 가까운 사람이 되었고, 그 기회를 놓치지 않고 국정에 개입했다.

그러나 소 아그리피나 주변의 남자들은 행복하지 않았을 것이다. 황후는 그들을 장기의 말처럼 제 마음대로 가지고 놀았다고 한다. 어쨌든 황제와 결혼해 가장 지위가 높은 여성이 되자 그녀는 아들을 황제로 만들고 싶었다. 그래서 남편의 아들 대신 자신의 아들 네로에게 왕위를 물려주라고 남편을 설득했다. 클라우디우스가 실제로 아내의 소원을 들어주자 로마 사람들은 황제가 여자 손에 놀아나는 겁쟁이라고 생각했다. 황제가 독버섯을 먹고 세상을 뜨자 나쁜 소문은 점점 불어났다. 황제의 죽음이 정말 자연스러운 것이었을까? 이 의문은 밝혀지지 않았지만 소 아그리피나는 뜻한 바를 이루었다. 마침내 제국의 모든 권력이 아들의 손에 들어간 것이다.

어쩌면 아그리피나의 이런 야망에도 선의는 있었을 것이다. 아들을 훌륭한 황제로 키우기 위해 그녀는 로마제국 최고의 스승을 모셔왔다. 철학자 세네카였다. 세네카는 제자에게 훌륭한 왕과 독재자가 무엇이 다른지를 가르쳤다. 현명한 왕은 신하와 적을 인정으로 대한다고 말이다. 로마인들은 네로의 그런 인정 넘치는 태도를 아꼈다. 황제가 된 네로가 황궁의 문을 나서 백성들에게 다가갔을 때, 그들은 열광과 환호로 황제를 맞이했다.

이제 아그리피나는 공공연하게 황제와 함께 나라를 다스리겠다는 의지를 천명했다. 한번은 중요한 사신이 로마를 찾아와 영접할 일이 있었다. 그런데 당연한 듯 그녀가 연회장에 나타나 아들 옆에 앉으려 했다. 모두들 깜짝 놀랐다. 저렇게 여자가 정치를 하겠다고 나서다니, 예법에 어긋나도 한참 어긋나는 짓이 아닌가? 그러나 어쩌겠는가? 황제의 어머니를 꾸짖을 수는 없지 않은가? 세네카만이 냉정을 잃지 않고 어머니를 뒤편의 적당한 자리로 모시라고 네로에게 권했다. 덕분에 자칫 큰 스캔들이 될 뻔한 사건은 조용히 마무리되었다.

그러나 상황이 바뀌었다. 아그리피나의 독단적인 행동들이 서서히 네로의 심기를 건드렸고, 결국 아들은 세네카가 가르친 인정을 잃고 말았다. 황제가 어머니를 암살하고 만 것이다.

● 부디카와 켈트족의 반란 ●

이제 네로는 어머니의 간섭에서 벗어났다. 그러나 제국은 여전히 어려움에 빠져 있었다. 북동쪽에서 게르만족이 국경을 위협했고, 나라 안에서도 소요가 잦아 무력을 쓸 수밖에 없었다. 살다 보면 작은 불씨 하나가 금세 들불로 번지는 일이 흔하다. 영국에서 일어난 대규모 반란도 그렇게 시작되었다.

처음에는 사소한 분란이었다. 켈트족의 족장인 프라수타구스가 세상을 뜨면서 자신의 땅 일부를 로마인들에게 물려주었다. 그런 식으로라도 로마인들에게 호의를 표하여 남은 가족의 안전을 지키려는 심산이었다. 나머지 땅은 딸들에게 물려주었다. 그런데 로마인들이 땅을 전부 차지하고서는 자신들의 땅을 요구하는 아내와 딸을 비웃었다. 그걸로도 모자라 딸들을 잔인하게 강간했다. 딸들의 어머니인 부디카로서는 차마 지켜보기 힘든 광경이었다. 부디카는 참지 않았다. 딸들과 함께 마차에 올라 켈트족의 여러 마을을 돌아다니며 로마 점령군에 저항하자고 추동했다. 이제 땅이 문제가 아니었다. 전 켈트족의 해방이 걸린 문제가 되었다. 부디카는 동맹군에게 외쳤다. "누구를 위해 싸울 것인지 고민하라! 포로로 사느니 자유인으로 죽는 것이 더 낫지 않은가?" 결국 수많은 전사가 그녀를 따라 반란을 일으켰다. 그러나 로마인들에겐 변방에서 쉬지 않고 일어나는 수많은 반란 중 한 건에 불과했다. 대부분 그런 반란은 진압되었다. 켈트족 역시 용감하게 싸웠지만 결국 패하고 말았다. 영국은 로마의 손아귀를 벗어나지 못했다.

● 박해의 시기 ●

불쌍한 황제 네로! 여자들이 끊임없이 그를 괴롭혔다. 어머니는 무사히 제거했고 그의 군사들이 영국에서 일어난 부디카의 반란도 진압했다. 하지만 이번에는 포파이아를 향한 그의 비밀스런 사랑이 문제였다. 네로는 이미 결혼한 몸이었기에 다시 한 여자를 제거할 수밖에 없는 상황이 발생한 것이다. 그는 아내 옥타비아가 노예와 간통했다는 누명을 씌워 아내를 죽였다.

하지만 로마 시민들은 네로의 속내를 꿰뚫어보았다. 옥타비아가 백성들에게 매우 인기 있었기 때문에 소요와 반란이 일어났다. 마침 로마에 큰 불이 나자 네로가 불을 냈다는 소문까지 돌았다. 소문은 강풍을 타고 온 도시를 집어삼킨 화마처럼 급속도로 퍼져나갔다. 불은 심각한 피해를 입혔다. 로마 시민들은 네로가 황금궁전 도무스 아우레아를 짓기 위해 자리를 확보하느라 일부러 불을 냈다고 생각했다. 아마 그 소문은 사실이 아닐 것이다. 황제가 피해를 본 시민들에게 황궁의 문을 열어 잘 곳을 마련해주었고 전 재산을 잃은 사람들을 위해 곡물 가격을 낮추어주었다고 하니 말이다. 그러나 그것으로는 백성의 마음을 달래지 못했다. 네로는 누구보다 잔혹한 왕으로 역사에 기록되었다.

소문을 진정시킬 방법은 하나밖에 없었다. 화재의 진짜 범인을 잡아 백성들 앞에 내보이는 것이었다. 마침 기독교인들이 눈에 들어왔다. 이 이상한 집단이 막 세를 불리기 시작하던 참이었다. 처음엔 아무도 관심을 두지 않았다. 어차피 로마엔 이방인들이 넘쳐났고 로마인들은 다른 이름의 신에 익숙했다. 하지만 시간이 지날수록 기독교 신앙이 지금까지와는 전혀 다른 무엇을 데려왔다는 사실을 모두가 깨닫게 되었다.

대다수의 로마인들은 이 낯선 교리에 불안을 느꼈다. 따라서 네로는 힘들이지 않고도 로마 시민들의 분노를 이 작은 이교도 집단에게로 돌릴 수 있었다.

박해가 시작되었다. 기독교인들을 살아 있는 횃불처럼 불에 태우거나 십자가에 못 박았다. 사도 파울로스와 페트루스도 그중에 있었다고 한다. 한 로마 역사가는 네로가 직접 정원에서 기독교인들에게 동물 가죽을 씌운 다음 사나운 개에게 먹이로 던졌다고 적었다. 그 말이 사실인지는 알 수 없다. 어쩌면 네로는 역사의 기록처럼 그 정도로 잔혹한 사람은 아니었을 것이다. 하지만 기독교 박해로 엄청난 피가 흘렀다는 것만은 사실이다.

그 후 오랫동안 그런 식의 박해가 이어졌다. 나라가 어려움에 처할 때마다 로마인들은 교회를 약탈하고 기독교인의 재산을 뺏고 그들을 죽였다. 어쩌면 새 종교가 위험하다고 생각했을지도 모르겠다. 그러나 아무리 박해를 해도 원하는 결과를 얻지 못했다. 기독교는 멈추지 않고 퍼져나갔다.

많은 사람들이 기독교인들의 의연함에 깊은 감동을 받아 기독교를 믿고 자발적으로 죽음을 택했다. 리옹시에 살던 여자 노예 블란디나는 기독교를 믿었다는 이유로 사나운 짐승에게 던져졌다. 또 사람들이 그녀를 그릴에 구웠다고 하는데 그녀는 오직 한 마디만 되풀이했다고 한다. "나는 그리스도인이다." 심지어 교황까지 참수를 당했고 주교들도 죽임을 당했다. 카르타고에서는 귀족 여성 페르페투아가 노예 펠리치타스와 함께 세례를 받았다. 감옥에 갇힌 페르페투아는 일기를 썼는데, 그 글을 보면 그녀가 얼마나 고초를 겪었는지 잘 알 수 있다. 더구나 그녀는 막 출산을 한 상황이었다. 신앙 때문에 아이를 엄마 없이 자라게 할 것인가? 결국 그녀는 신앙과 죽음을 선택했다. 그녀처럼 당시의 많은 기독교인이 순교자가 되었다. 순교를 의미하는 말 마르티리움^{Martyrium}은 '증거', '증언'이라는 뜻이다. 그들은 순교를 통해 기독교 신앙을 증언했다. 훗날 사람들은 이 순교자들을 성인으로 추대했다.

● 사막의 어머니 ●

모두가 순교자로 목숨을 잃은 것은 아니다. 로마 황제 디오클레티아누스가 또다시 잔혹하게 기독교인들을 박해할 당시 몇몇 기독교인들은 다른 길을 택했다. 피를 흘리지 않는 희생을 결심한 것이다. 따지고 보면 이미 예수는 다른 방법으로 세상의 악에 저항할 수 있다는 사실을 몸소 보여주었다. 그 방법은 바로 빈한한 삶이었다.

물론 금욕이라 부른 이런 극단적 자기 제약도 훈련이 필요했다. 그것은 돈과 향락, 만족과 사치를 추구하는 대신 땅에서 자고 맨발로 걷고 소박한 옷을 입는다는 뜻이었다. 유혹을 이기기 위해 말도 안 되는 방법을 생각해낸 이들도 있었다. 인도의 수행자들처럼 인적 없는 숲으로 들어가거나 쇠줄로 아름드리 나무줄기에 다리를 묶어놓았다. 또 다른 이들은 기둥에 올라가 몇 달씩 서 있었다. 이들이 보인 강철 같은 의지에 군주와 왕들까지도 깊은 감동을 표했다. 그런 수행을 특히 오래 견딘 사람은 순교자와 마찬가지로 숭배를 받았다.

인적 없는 장소를 찾아 사막으로 들어간 사람들도 있었다. 이집트 수사인 성 안토니우스가 사막으로 들어간 최초의 기독교인이었다고 한다. 악마가 친히 찾아와 그를 유혹하려 했다고도 전해진다. 안토니우스와 다른 수사들은 '사막의 교부'로 불리며 큰 유명세를 누렸다. 이런 초기 금욕자들 중에는 여성도 있었지만 당연히 그들을 아는 사람은 많지 않았다. 이 여성들은 남장을 하고서 사막에 있는 기독교 공동체를 찾아갔다. 그래서 성별을 혼동하는 일도 잦았다. 어떤 여성은 남장을 하고 수도원에 들어갔는데, 어느 아이의 아버지로 지목을 당해 순결의 계명을 어겼다는 비난을 받았다. 그러나 정체가 탄로 날까 봐 비난을 받아들이고 수도원을 나와 자기 자식도 아닌 그 아이를 키웠다고 한다. 나중에 그녀가 죽은 다음에야 수도사들은 그녀가 여자라는 사실을 알게 되었다고 한다.

사막의 어머니에 대해서는 교부 요하네스 크리소스토무스가 기록한 내용이 있다. "때로는 여자들이 남자들보다 더 용감하게 싸웠고 빛나는 승리를 거두었다." 그런 여성 중 한 명이 소^小 마크리나이다. 그녀는 카파도키아에 사는 부유한 귀족 가문 출신이었다. 형제자매가 여럿 있었는데, 그녀는 형제들에게 철학, 자연과학 등 다양한 지식을 가르쳤다. 물론 훗날 명예와 명성을 얻은 이는 그녀의 남자형제들이었다. 특히 바실리우스와 그레고리우스가 유명하다. 오늘날 이 두 사람은 역사상 최고의 교부로 꼽힌다. 마크리나는 그들에게 길을 알려준 인물이다. 바실리우스는 젊은 시절 그리스에서 공부를 마치고 고향으로 돌아왔다. 그런데 남동생 그레고리우스의 표현대로 "수사학과 논리학 지식을 심하게 뽐내자" 마크리나가 그를 엄하게 꾸짖으며 진정한 기독교인의 길을 따르라고 가르쳤다. 그녀는 가진 재산을 다 나누어주었고 노예와 하녀들을 자매로 삼았다. 그리고 그들을 데리고 성 밖 외딴 곳으로 나가 수녀원 비슷한 공동체를 세웠다. 남동생 바실리우스도 누나의 말을 따랐고 누나와 같은 길을 걸었다.

● 콘스탄티누스 대제가 기독교와 동맹을 맺다 ●

그러는 사이 로마인들은 힘겨운 시절을 지나고 있었다. 동쪽에선 사산제국이 로마를 공격했다. 사산제국은 페르시아에서 강성해진 이란족이 세운 나라이다. 서쪽의 게르만족과 더불어 양쪽에서 로마의 힘을 약화시켰고, 제국은 위기에 봉착했다. 기독교인들에겐 더할 수 없이 좋은 기회였다. 힘에 부친 로마인들에게 그들은 말했다. "너희의 신이 너희를 버렸다." 날이 갈수록 더 많은 사람들이 그 말을 믿고 기독교로 개종했다. 이제 로마제국이 기독교화하는 것은 시간 문제였다. 그때 한 황제가 나타나 스스로 기독교를 받아들였다.

그런데 그게 무슨 뜻일까? 황제가 모든 재산을 버리고 빈한한 삶을 택하는 것이 가능한 일일까? 마크리나가 노예들을 풀어주었듯 신분의 차이를 완전히 없앨 수 있었을까? 황제가 직접 기둥으로 올라가겠다는 말일까? 무엇이든 다 재미난 실험이었을 것이다. 하지만 문제가 있었다. 황제가 권력을 포기하면 그는 더 이상 황제가 아닐 테니까 말이다.

사실 기독교도라고 해서 모두가 금욕을 택한 것은 아니었다. 이전까지는 모두가 곧 종말이 닥칠 것이라고 믿었다. 하지만 종말은 오지 않았고, 사람들은 다시 지상의 삶을 고민하기 시작했다. 도시의 공동체에서는 사제를 임명하고 주교를 뽑았고, 그와 더불어 위계질서가 탄생했다. 그러나 그것은 예수의 가르침에 어긋나는 것이었다. 위계질서란 어떤 이는 높고 어떤 이는 낮은 질서이다. 따라서 예수가 거부한 것이었다. 하지만 예수가 가르친 극단적 규칙을 고수하는 것보다는 이 방법이 새 신자들을 찾는 데 더 유리했다.

교세를 확장한 기독교도들은 스스로가 권력이 되었다. 그런 그들을 보며 로마 권력자들은 위협을 느꼈을 것이다. 그들과 동맹을 맺는 것보다 더 좋은 방법이 있었을까? 최초의 기독교도 황제인 콘스탄티누스 대제는 자신은 사막으로 갈 수 없다는 사실을 잘 알았다.

그래서 그는 기독교인들에게 권력의 일부를 내놓았다.

● 두 개의 로마 ●

콘스탄티누스 대제는 사생아였다. 로마 황제가 선술집 딸에게서 얻은 자식이었다. 어머니 헬레나는 비록 신분은 낮았으나 아들을 왕위 계승자로 만드는 데 성공했다. 그 보답으로 아들은 황제가 되자 어머니에게 태후의 작위를 내렸다.

콘스탄티누스 대제는 한 회담에서 이제부터는 기독교를 박해하지 않고 용인하겠다고 선언했다. 황제가 당시 밀라노에 체류하고 있었으므로 이 선언을 '밀라노 칙령'이라고 부른다. 밀라노 칙령은 매우 의미가 큰 결단이었다. 지금껏 기독교도들은 어디서나 박해를 받고 죽임을 당했다. 그런데 그의 기독교 공인 선언이 이런 박해를 끝낸 것이다.

콘스탄티누스는 거기서 한 걸음 더 나아갔다. 제국 전체에서 300명의 주교들을 불러 공회의를 열었다. 이 모임에서 주교들은 최초로 정통 신앙이 무엇인지를 결정했다. 그리스어로 '올바르다'라는 말은 orthos이고 '신앙'이라는 말은 doxa이다. 그때부터 제국 전체의 모든 교회가 정교Orthodox를 믿어야 한다고 결정했다. 정말 말도 안 되는 짓이었다. 수백 년 동안 기독교인들은 로마 황제의 박해를 받았다. 그런데 이제 와서 한 로마 황제가 나타나 어떤 것이 올바른 신앙인지를 결정했으니 말이다. 그러나 통일 교회를 만들려는 노력은 처음부터 삐걱거렸다. 정교회의 입장에서는 이단자를 추방하는 수밖에 다른 도리가 없었고, 추방된 쪽에선 자체적으로 다시 교회를 만들었다. 교회가 처음으로 분열된 것이다.

로마제국처럼 무언가가 원활하게 작동이 잘 되지 않을 때는 변화를 꾀하는 것이 여러 모로 도움이 된다. 콘스탄티누스의 선왕인 디오클레티아누스는 권력을 정제 두 명과 부제 두 명, 즉 네 명의 황제에게로 나누어서 여러 문제를 해결해보려 노력했다. 이렇게 권력을 나누면 서쪽의 게르만족과 동쪽의 사산제국을 상대하기가 더 수월할 것이라고 믿었던 것이다. 얼핏 합리적인 판단 같지만 디오클레티아누스가 미처 계산하지 못한 점이 있었다. 후계자들은 절대권력을 나누려 하지 않았던 것이다. 콘스탄티누스와 다른 황제들은 바깥의 적을 걱정하기보다 자기들끼리 싸우느라 더 정신이 없었다. 이 권력 다툼에서 승리한 콘스탄티누스는 제국의 동쪽에 있는 한 도시에 자신의 이름을 따 콘스탄티노플이라 칭했다. 그리고 그곳을 새 수도로 삼았다. 로마인들에게 이러한 콘스탄티누스의 행동은 새 로마를 건설하겠다는 의미로 비쳤다. 콘스탄티누스가 택한 적임지는 고대 그리스 도시 비잔티움이었다. 유럽과 아시아 대륙이 거의 맞닿은 곳, 흑해에서 지중해로 흘러드는 해협에 자리한 도시였다. 새 로마는 옛 로마와 최대한 비슷해야 했다. 황제는 큰 황궁과 포룸을 지을 것을 명령했고 각종 시합과 마차 경기를 할 수 있는 원형극장도 지었다. 당시 콘스탄티노플에 살았던 '새' 로마 사람들도 그들의 도시가 새 제국의 수도가 될 것이라고는 미처 생각하지 못했다. 훗날 이곳은 비잔틴제국이 되었고, 수도 콘스탄티노플은 세계에서 가장 부유하고 아름다운 수도 중 한 곳으로 성장했다.

● 태후의 뼈 ●

콘스탄티누스 황제가 기독교 주교들과 권력 동맹을 맺을 동안 어머니 헬레나는 몸으로 아들의 정책을 나라 곳곳에 알렸다. 태후는 기독교의 복음이 제국의 모든 백성을 따뜻하게 인간적으로 대접하라는 뜻이라고 이해했다. 거지와 범죄자조차 동정받을 가치가 있다고 말이다. 화려한 옷을 입고 발코니에 서서 백성들에게 우아하게 손을 흔드는 여느 황족 부인들과 달리, 헬레나는 소박한 차림으로 교회에 나가고 사람들과 어울리며 그들에게 말을 걸었다. 또 나라 곳곳을 다니며 교회를 짓기 시작했다. 어디서나 가난하고 고통받는 사람을 만나면 가진 돈을 내주었고 그들의 고통을 덜어주려 애썼다. 그녀는 병자를 돌보았고 심지어 범죄자들까지도 보살폈다.

태후 헬레나는 진정한 사랑으로 사람들을 대했던 것 같다. 그래서 어디를 가나 인기가 높았고 존경을 받았다. 또한 그녀는 강인하고 걸출한 인물이었다. 70세를 넘긴 고령에도 팔레스타인으로 가겠다고 결심했으니 말이다. 그녀의 결심은 또 한 번의 새 역사를 썼다. 공식적인 자리에 있는 사람이 처음으로 예수가 살던 곳을 찾아갔기 때문이다.

헬레나는 예수가 탄생한 베들레헴에 교회를 지으라고 명령했다. 예루살렘에 도착해서는 예수가 십자가에 못 박혀 묻혔던 곳을 파게 했다. 실제로 그곳에서 300년 전 예수가 못 박혔던 십자가가 발견 되었다고 한다. 그 말이 사실일지는 극히 의심스럽다. 어쨌든 헬레 나는 그 십자가를 3등분해 한쪽은 로마에 가져가고 다른 한쪽은 콘 스탄티노플의 아들에게 보냈으며 나머지 한쪽은 예루살렘에 그냥 두었다고 전해진다.

당시 사람들은 먹을 빵과 숨 쉬기 위한 공기보다 신과 하나가 되 는 것이 더 중요하다고 생각했다. 그러나 신은 볼 수도 손으로 만질 수도 없었으므로 신을 상징하는 물건을 소중히 여겼다. 신자들은 성유물聖遺物, 즉 성인의 뼈나 성인이 가졌던 물건들을 수집했다. 헬 레나가 예루살렘에 갔을 그 무렵부터는 기독교인들 사이에서 십자 가 조각이 널리 퍼지기 시작했다. 손가락만 한 나뭇조각도 소중히 생각하여 보물처럼 고이 모셨다. 심지어 성유물을 사고팔거나 훔치 기도 했으며 성유물 위에 교회를 짓거나 아예 도시를 건설하기도 했다. 그런 성스러운 물건이 그들을 보호하고 지켜주며 행운을 안 겨준다고 믿었기 때문이다.

● 남자로 둔갑한 여성 사도들 ●

기독교가 놀랄 정도로 빠르게 확산된 데에는 몸소 먼 오지까지 가서 기독교를 전파한 사도들의 공도 매우 컸다. 그들의 희생과 노력 덕분에 기독교는 로마제국의 중심보다 변경에서 더 빠른 속도로 확산되었다. 콘스탄티누스 대제가 밀라노 칙령으로 기독교 박해를 중단시켰을 즈음 로마에서 멀리 떨어진 아르메니아는 이미 기독교 국가였다. 그곳의 왕과 백성들이 기독교를 받아들였기 때문이다.

태후 헬레나가 예루살렘을 향해 떠났을 무렵 한 여성 방랑 설교자가 시리아를 떠나 이베리아 왕국으로 향했다. 지금은 조지아(옛 그루지야)의 영토가 된 곳이다. 그녀는 이름은 니노였다. 그녀는 몇 달 동안 동쪽으로 걸어 3000미터의 높은 산을 넘었다. 그리고 이베리아에 정착해 오두막을 짓고 약초를 키우고 공부하며 병자들을 치료했다. 사람들은 그녀에게 큰 감동을 받았다. 어느 날 왕비가 중병에 걸리자 사람들이 니노를 불렀다. 그녀의 보살핌을 받은 왕비가 쾌유하자 돈 한 푼 없이 홀로 작은 나라를 찾아온 이 이방인 여성을 모두가 존경하고 경외했다.

미리안 왕은 감사의 마음을 표하고자 했지만 니노는 거절하면서 자신이 믿는 신께서 낫게 해주신 것이라고 설명했다. 그녀의 겸손함에 더욱 감동한 왕은 자연히 기독교를 믿게 되었다. 니노는 왕에게 교회를 지으라고 권했다. 또 로마로 사신을 보내 콘스탄티누스 황제에게 그녀를 도와줄 사제를 보내달라고 부탁했다. 그녀는 이베리아 왕국의 중요한 인물이 되었고, 죽기 직전에는 자신의 뒤를 이을 주교를 직접 결정할 정도로 권위자가 되었다.

미리안 왕과 그가 다스린 나라를 기독교로 개종시킨 사람은 니노였다. 그 사실에는 의심의 여지가 없다. 그러나 그녀가 세상을 떠나자마자 이베리아 사람들은 하필이면 여자가 자기 나라의 가장 중요한 성인이 되었다는 사실을 받아들이기 힘들었다. 그래서 100년 전까지만 해도 많은 신학자들이 니노는 사실 남자였다고 주장했다. 그녀에 관한 이야기가 전부 지어낸 것이라고 우긴 사람들도 있었다. 기독교 초기에 설교를 하며 곳곳을 순례한 수많은 여성들에 대해서도 비슷한 주장이 떠돌았다. 역사가들은 파울로스가 높이 평가했던 여사도 유니아의 이름에도 's'를 붙여 유니아스라고 부르며 남자라고 우겼다. 학자들이 이 주장을 다시 바로잡은 것은 불과 얼마 전의 일이다. 유니아는 여자였고 여사도라는 그녀의 직함은 초기 기독교가 남녀평등 사상을 실천했다는 증거이다.

● 팔레스타인으로 떠난 여자들 ●

초기 기독교는 여성들에게 유례없는 자유를 허락했다. 갑자기 여자들도 결혼이 아닌 다른 길을 걸을 수 있게 된 것이다. 기독교를 믿으면 여자도 읽기와 쓰기를 배우고 외국어를 익히며 성서를 읽을 수 있었다. 그리고 먼 곳으로 여행을 갈 수도 있었다.

많은 여성들이 태후 헬레나를 따라 길을 나섰다. 헬레나처럼 성지를 순례했고 수녀원을 짓고 가난하고 병든 자를 보살폈다. 구호 시설을 지어 도움이 필요한 사람들을 살폈으며 숙소를 마련해 순례자들에게 숙식을 제공했다. 여자들이 여행을 할 수 있으려면 그런 숙소가 필수였다. 거리에서 잠을 자다가 무슨 봉변을 당할지 모를 일이었으니까 말이다. 성녀 테클라만 해도 큰 위험을 겪었고 가는 곳마다 여자 혼자 길을 나섰다는 이유로 벌을 받을 수도 있었다. 그런데 이제 상황이 달라진 것이다.

로마 여성 멜라니아의 이야기는 당시 특히나 큰 논란을 일으켰다. 그녀는 부유한 원로원 의원의 딸로 태어나 화려한 궁에서 자랐다. 팔레스타인을 순례하고 돌아온 할머니가 당시의 모험담을 들려줄 때마다 그녀는 감탄과 동경에 사로잡혔다. 그래서 스무 살이 되자 할머니를 따라 금욕적인 삶을 살겠다고 결심했다. 당연히 가족들은 그녀의 결심에 반대했지만 결국 어머니도, 남편도 설득당하고 말았다. 두 사람은 멜라니아와 함께 동쪽으로 여행을 떠났다. 북아프리카에서는 당시 가장 유명한 교부였던 아우구스티누스를 방문하기도 했다. 그는 청소년 시절 방탕하게 생활했다고 전해진다. 하지만 훗날 자신의 개종에 관한 고백록을 썼고 교회철학자로 세계적인 명성을 누렸다. 멜라니아는 여행을 계속해 예루살렘에 도착했고, 남편과 함께 올리브산(감람산)에 수도원을 두 곳이나 세웠다. 세상을 뜰 때도 엄청난 재산을 교회와 가난한 사람들을 위해 쓰라는 유언을 남겼다.

이렇듯 부유한 로마 여성 상당수가 교회를 짓는 데 재산을 내놓았다. 자신의 돈을 어디에 쓸지를 스스로가 결정한 것이다. 그 옛날 로마였다면 상상도 못할 일이었다. 이 여성들은 수도원과 빈민구호시설에 자금을 대는 데 그치지 않고 대부분 직접 나서 그 시설을 운영하기도 했다.

유명한 교부들 중에도 이렇게 돈 많은 여성의 지원을 받은 사람들이 있었다. 사도 파울로스 역시 여자들의 돈을 받았고 법적인 문제가 생겼을 때도 그들의 조언을 구했다. 성서를 라틴어로 번역한 히에로니무스 역시 생계가 어려워졌을 때 여인들의 도움을 받아 연명했다. 로마에서는 마르첼라라는 이름의 여성이 그를 도와주었는데, 그녀는 자신의 집을 기독교인들의 모임 장소로 내주기도 했다. 히에로니무스는 또 파울라라는 이름의 여성과 함께 로마를 떠나 팔레스타인으로 가서 수도원 네 곳을 세웠다. 건축 자금은 파울라의 돈이었다.

● 고대의 신들과 작별하다 ●

콘스탄티누스 대제가 세상을 뜨고 50년이 지난 후 테오도시우스 대제가 공식적으로 기독교를 국교로 선포했다. 사실상 형식적인 조치였다. 기독교 공동체가 이미 어마어마하게 교세를 불려 오히려 고대의 신을 섬기는 사람들을 추방하기 시작했기 때문이다. 한때 억압받던 그들이 이제 남을 억압하는 위치가 된 것이다. 당시 알렉산드리아에는 히파티아라는 이름의 그리스 여성 철학자가 살았는데, 뛰어난 지식과 지혜로 알렉산드리아 바깥까지 명성을 떨쳤다. 그러나 제아무리 명망 있는 인물도 시대의 변화를 거스를 수는 없었다. 히파티아는 그리스 여사제의 관습을 이어 고대의 신들을 섬겼다. 한 기독교 사제가 오랫동안 그녀를 비방했고, 결국 성난 기독교인들이 패거리를 지어 히파티아를 교회로 끌고 가 살해했다.

기독교인들은 고대의 신들을 숭배하는 의식을 위험한 마법이라고 생각했다. 그러나 정작 그들이 자신들의 신과 소통하기 위해 택한 의식 역시 과거의 의식과 분간 못할 정도로 흡사했다. 지금껏 사람들은 집 안의 벽감(벽면을 오목하게 파서 장식물 등을 세워놓는 공간-옮긴이)에 수호신들을 모시고 섬겼다. 작은 제단을 만들고 촛불을 켜고 신에게 작은 제물을 바쳤다. 그곳에서 기독교의 신에게 기도를 드릴 수는 없을까? 그게 안 된다면 신의 대리인인 순교자나 사도에게라도? 왜 안 되겠는가? 다시금 각 가정의 벽감에 그림이 걸렸다. 소위 성상이었다. 공식적인 장소에도 성상이 걸렸다. 예수와 제자들의 초상화, 테클라와 니노 같은 성녀들의 초상화였다. 성상은 보이지 않는 신의 세계를 들여다볼 수 있는 창문 역할을 했다.

의식은 남았지만 고대의 신들은 점차 자취를 감추었다. 테오도시우스 대제는 베스타 신전의 불을 꺼뜨리고 베스타 숭배를 금지했다. 델피의 신탁 역시 끝났다. 이 시대의 한 역사가는 피티아가 마지막 신탁에서 자신의 몰락을 예언했다고 전한다.

왕께 전하시오. 공들여 지은 아름다운 집은 무너졌다고.
아폴론은 떠났고 신성한 월계수는 시들었으며
샘은 영원히 침묵하고 목소리는 멈추었노라고.

테오도시우스 대제의 후계자들은 기독교를 믿는 것이, 교회의 문제에 개입하는 것이 당연하다고 여겼다. 테오도시우스의 손녀 풀케리아는 예수의 어머니인 성처녀 마리아가 너무 푸대접받는다고 생

각했다. 그래서 그녀를 기리기 위해 콘스탄티노플에 교회를 세 군데 지었다. 신앙에 관한 문제는 주교들이 회의를 통해 결정했다. 풀케리아는 남동생 테오도시우스 2세를 따라 431년 에페소스에서 열린 공의회에 참석했다. 그곳에서 주교들은 성처녀 마리아에게 특별한 의미를 부여하는 결정을 내렸다. 마리아가 신의 아들을 낳았으므로 '신을 낳은 자'로 인정한 것이다. 주교들은 마리아를 평범한 성인에서 신의 반열로 격상시켰다. 그 결과 기독교에도 기도를 올릴 수 있는 여성 신이 탄생했다.

● 민족의 대이동 ●

로마제국이 달라졌다. 기독교 때문만은 아니었다. 콘스탄티누스 대제가 수도를 그리스 쪽으로 옮긴 데에는 서쪽의 게르만족을 방어하기가 점점 힘들어진 것도 한몫했다. 처음에는 게르만족이 로마제국의 침공을 막는 수준이었지만 이제는 오히려 이들이 로마제국을 침공하는 상황이 되었다.

물론 그들에게도 이유가 있었다. 시발점은 로마제국 바깥의 저 먼 동쪽이었다. 그곳 중앙아시아에서 훈족이 점점 서쪽을 향해 밀려왔다. 이들은 로마인들이나 게르만족과 달리 발로 뛰며 전투를 하지 않고 말에 올라 엄청난 속도로 달리면서 활을 쏘는 비범한 전술을 펼쳤기 때문

에 가는 곳마다 공포와 충격을 안겼다.

훈족이 세력을 넓히자 그들에게 땅을 뺏긴 사람들은 어쩔 수 없이 살 곳을 찾아 떠나야 했다. 그렇게 밀려 고향을 등진 게르만족이 동에서 서로, 북에서 남으로 이동하면서 프랑스, 이탈리아, 에스파냐는 물론이고 북아프리카까지 넘어오게 되었다. 순식간에 기존의 질서가 뒤죽박죽되었다. 모두가 고향을 등질 수밖에 없었으므로 역사학자들은 이를 두고 민족 대이동이라고 불렀다. 게르만족은 훈족을 피해 달아나기는 했지만 정복당해 노예가 될 정도로 약하지는 않았다. 따라서 그들은 다시 이웃의 영토를 정복했다. 로마도 더 이상 안전지대가 아니었다. 서고트족과 반달족이 세 번이나 로마를 약탈한 것에 근거해 요즘 사람들은 무의미한 파괴를 보면 반달리즘이라고 부른다. 하지만 그 말은 정확한 표현이 아니다. 반달족은 값진 물건을 훔치기는 했지만 부수고 망가뜨리지는 않았기 때문이다.

● 로마의 왕좌를 정복한 게르만 왕비 ●

훈족이 서쪽으로 이동하면서 다른 민족들까지 이동하게 되자 로마의 국경이 위태로워졌다. 테오도시우스 대제는 죽기 직전 제국을 두 아들에게 나누어주었다. 디오클레티아누스와 마찬가지로 그 역시 사방의 적을 방어하려면 그 방법밖에 없다고 생각했다. 그 결과 새 수도 콘스탄티노플과 함께 두 개의 로마가 생겼듯이 황제 역시 두 사람이 되고 말았다. 그러나 그 방법마저도 로마를 지켜내지 못했다. 제국의 서쪽을 맡은 호노리우스는 라벤나로 수도를 옮겼다.

그 직후 게르만족이 로마를 침공했다. 그런데 이번에 그들이 가져간 약탈품 중에는 매우 특별한 것이 포함되었다. 죽은 테오도시우스 황제의 딸이자 두 황제의 누이동생인 갈라 플라치디아가 마침 로마에 머물고 있었는데, 게르만족이 그녀를 납치해간 것이다. 게르만 왕 알라리크는 그녀와 결혼하겠다고 마음먹고 결혼 선물로 사용할 금 장신구와 보석도 로마에서 가져갔다. 그러나 제아무리 게르만의 왕이라도 전사의 운명을 피할 수는 없는 법이어서, 시칠리아 원정길에 그만 목숨을 잃고 말았다. 왕좌를 물려받은 그의 후계자 아타울푸스가 선왕의 약혼녀도 함께 물려받았다. 로마 두 황제의 누이동생인 갈라 플라치디아가 야만족 우두머리의 아내가 된 것이다. 이 얼마나 수치스러운 일인가! 로마의 몰락이 가까웠음을 이보다 더 확실히 보여주는 증거가 어디 있겠는가?

갈라는 어쩔 수 없이 결혼을 했고 어쩔 수 없이 게르만의 왕비가 되었다. 하지만 남편과 마음이 잘 맞았던 것 같다. 아타울푸스는 자신이 죽으면 그녀를 로마 가족에게 돌려 보내주겠다고 약속했고, 실제로 몇 년 후 그녀는 라벤나로 돌아갔다.

그러나 막상 오빠 호노리우스의 궁에서 살게 되자 그녀에게 불신의 눈초리가 따갑게 쏟아졌다. 그녀는 적군의 진영에서 온 여자였고 야만족 왕의 미망인이  었다. 오빠는 그녀에게 권력을 빼앗기지 않으려고 노력했지만 갈라 플라치디아는 영리한 여자였다. 오빠가 세상을 뜨자 자신의 아들을 후계자로 만드는 데 성공한 것이다. 그리고 아들이 아직 여섯 살밖에 안 되었기 때문에 그녀가 섭정을 했다. 게르만의 왕비가 로마의 왕좌를 정복한 것이다.

훗날 사람들은 서로마제국이 게르만의 손에 넘어가게 된 것이 다 그녀 때문이라고 주장했다. 물론 말도 안 되는 소리다. 그 지역은 갈라가 다스리기 전부터 이미 남쪽으로 이동하는 여러 민족에게 찢기어 낡은 지도처럼 너덜너덜한 상태였다.

그러나 게르만족의 승전에는 다른 민족들과 다른 점이 있었다. 이들은 로마의 문화에 감탄을 금치 못했다. 큰 광장과 고층의 집, 배수시설과 도로, 복잡한 경제 시스템을 갖춘 로마의 문화를 동경했다. 따라서 정복한 영토를 게르만의 지역으로 바꾸지 않고 스스로가 로마인이 되었다. 게르만의 왕 오도아케르는 서로마의 마지막 황제를 폐위시킨 후 그의 옥새를 콘스탄티노플로 보내 앞으로 콘스탄티노플의 황제를 모시는 왕이 되고 싶다는 뜻을 전했다. 이렇게 하여 고대 로마제국은 세상에서 사라지고 말았다.

● 여자는 일체 순종함으로 조용히 배우라 ●

로마가 게르만족의 손에 넘어가자 로마제국에는 한 사람의 황제만이 남게 되었다. 동로마제국, 즉 비잔틴제국의 황제였다. 그러나 당시 콘스탄티노플의 주민들은 새로운 제국이 탄생했다는 사실을 전혀 인식하지 못했다. 훗날 자신들의 나라가 로마제국이 아니라 비잔틴제국으로 불릴 것이라는 사실 역시 알 수 없었을 것이다. 이제 새 '로마'의 중심은 이탈리아가 아니라 그리스였다. 언어도 라틴어가 아니라 그리스어였다. 황제가 곧 신이던 시대도 막을 내렸다.

기독교 역시 달라졌다. 처음 300년 동안 기독교는 기존 질서에 대한 저항의 표현이었다. 그러나 이제 기독교는 기존 질서의 일부가 되어버렸다. 교회는 부자가 되었고 힘이 세졌다. 기독교의 지배자들은 기독교의 신에게서 그 직책을 선사받았다고 대놓고 떠들어 댔다.

기독교가 여성들에게 선사했던 자유도 오래가지 못했다. 성 니노의 존재만 의심의 대상이 된 것이 아니었다. 카르타고의 법학자인 테르툴리아누스는 파울로스와 테클라의 동반 여행 기록이 전부 지어낸 것이라고 주장했다. 파울로스는 위대한 사도이지만 테클라의 이야기는 믿을 만한 것이 못 된다고 말이다. 그는 여성들에게 이렇게 경고했다. "여자들이 뻔뻔하게도 감히 가르치려 들지만 세례를 베풀 권리까지 가져가지는 못할 것이다." 그의 뒤를 이은 수많은 위대한 교부들도 여성을 바라보는 시각은 별반 다르지 않았다.

물론 다른 목소리도 있었다. 니사의 그레고리우스(바실리우스의 동생), 나지안조스의 그레고리우스, 밀라노의 암브로시우스 같은 교부들은 테클라를 최초의 여성 순교자로 찬양하고 마크리나의 총명함을 칭송했다. 콘스탄티노플의 주교 요하네스 크리소스토무스는 여성 기독교인들의 노력을 높이 평가하고 그들의 용기와 지성을 늘 언급했다. 그러나 이들의 노력도 점차 옛 질서로 되돌아가는 교회를 막지는 못했다. 마크리나, 멜라니아, 니노를 비롯한 많은 여성들이 세계 곳곳을 누비며 기독교 전파에 열을 올렸지만 라오디케아 공의회에 참석한 주교들은 여성은 사제가 될 수 없다고 못 박았다. 그 후로도 여성을 과거의 자리로 되돌리려는 주교들의 결정은 계속됐다. 그들은 여성을 권력에서 멀리 떨어뜨리려 했다. 교회라고 해서 다를 것이 없었다. 그들은 사도 파울로스가 한 말이라고 알려진 성서의 한 구절을 인용하기 시작했다.

여자는 일체 순종함으로 조용히 배우라. 여자가 가르치는 것과 남자를 주관하는 것을 허락하지 아니하노니 오직 조용할지니라(디모데전서 2장 11절~12절).

그 말이 정말로 파울로스의 말이었는지 의심하는 이들이 많다. 그럼에도 그 말은 아담과 이브의 이야기 못지않게 큰 영향력을 행사했다. 여자의 입을 다물게 하려 할 때마다 모두가 원죄와 파울로스의 이 말을 끄집어냈다.

그럼에도 초기 기독교는 어쩌면 인류 역사상 최초로 여성에게 뒷문을 열어주었고, 그 문은 한 번도 완전히 닫힌 적이 없었다. 기독교 교리에 따라 도덕적인 삶을 사는 여성은 명성을 얻고 칭송받을 수 있었다. 모든 사람이 그러했다. 교회의 결정이 아니라 예수의 가르침 그 자체를 좇았던 사람이라면 인간은 평등하다는 충분한 근거들을 곳곳에서 발견할 수 있었다. 그리고 활짝 열린 그 뒷문으로 최고의 권력과 명예를 거머쥔 여성들이 등장하기까지는 그리 오랜 시간이 걸리지 않았다. 비잔틴제국의 황후 테오도라가 그러했다.

비잔틴제국의 찬란한 황후

● 경기장의 무희가 여제가 되다 ●

고대에는 제법 난다 긴다 하는 도시마다 원형극장이 있었다. 콘스탄티노플의 원형극장은 거대한 석조 건물로 내부에 유(U)자 형의 경마용 경주로가 있었다. 옆쪽에 황제가 앉는 특별석이 있었는데, 그 지붕은 금박을 입힌 네 마리 말로 장식되어 있었다. 콘스탄티누스 대제가 로마에서 직접 주문해 올린 장식이다. 원형극장의 수용 인원은 10만 명으로 오늘날의 웬만한 축구 경기장보다도 훨씬 많았다. 그곳에서 먹고 마시며 경기를 관람하려면 귀를 찢는 소음과 악취, 밀치락달치락하는 군중을 감수해야 했다. 대부분의 관람객은 나무 의자에 앉았지만 원로원 의원이나 영향력 있는 관리들은 대리석 의자에서 경기를 즐겼다. 여자와 아이들은 서서 보았지만 그런 경기를 관람할 수 있게 된 것만 해도 엄청난 진보였다.

이곳에서, 황궁이 아니라 바로 이곳에서 삶이 고동쳤다. 녹색과와 청색파(전차 경기에서 기수가 입은 옷 색깔에 따라 편이 나뉘었다고 한다-옮긴이), 이 두 파가 경마와 전차 경기에서 우위를 겨루었고 사람들은 자기가 응원하는 편에 돈을 걸었다. 또 경기가 열리는 동안 목청을 다해 정부에 대한 요구사항이나 비판을 쏟아냈다. 원형극장은 황제가 백성을 만나는 장소였다. 특별석에 앉아서 귀를 살짝 열기만 해도 도시의 분위기를 그대로 느낄 수 있었다.

전차 경기나 경마 중간에는 곡예사나 배우들이 관객의 흥을 돋우었다. 사나운 짐승을 데리고 나와 공연을 펼치거나 권투 경기, 춤, 노래, 곡예 등을 선보였다. 반주 음악은 파이프오르간이 맡았다. 당시엔 오르간 소리가 운동 경기마다 빠지지 않는 배경음악이었다.

배우와 곡예사들은 제일 하층 계급이었다. 먹고살기 위해 뼈 빠지게 일을 했지만 어디 가나 가장 천대받는 사람들이었다. 교회의 남자들이 원형극장에서 제공하는 유흥을 부도덕하다고 비난한 것도 원인이었다. 그들은 그런 행사가 기독교 정신을 해친다고 보았다. 그러나 사제들 중에도 유혹을 이기지 못하고 슬쩍 관람객들 사이에 끼어 경기를 즐기는 사람들이 적지 않았다.

한번은 어떤 무희가 곤경에 처했다. 녹색파에 고용된 곰 조련사였던 남편이 자신과 세 아이를 두고 그만 세상을 떠났기 때문이다. 절망에 빠진 그녀는 아이들을 꽃으로 꾸며 관객 앞에서 노래를 부르게 했다. 노래가 끝나면 엄마가 처지를 호소하며 도움을 청했다. 다행히 청색파에서 엄마에게 일자리를 마련해주어 가족은 생계를 유지할 수 있었다.

딸들은 엄마의 뒤를 따라 무희가 되었다. 당시로서는 흔한 일이었다. 세 딸 중에서도 특히 아름다운 둘째딸 테오도라는 춤과 팬터마임으로 사람들의 마음을 사로잡았고 제법 이름을 날렸다.

그런데 상상도 할 수 없는 일이 일어났다. 테오도라가 소설에서나 가능한 신분상승을 한 것이다. 그전에 그녀는 한 남자를 따라서 북아프리카로 갔다. 아마 그 남자가 원형극장 측에 돈을 주고 그녀를 샀을 것이다. 그러나 그에게 버림을 받자 테오도라는 혼자 콘스탄티노플로 돌아가기로 마음먹고 길을 나섰다. 도중에 그녀는 계속 여사제들을 만났고, 그들의 설교에 깊은 감동을 받았다. 마침내 콘스탄티노플에 도착하자 테오도라는 작은 오두막에 들어가 물레를 돌려 털실을 자아서 먹고살았다. 고대 그리스 철학자들이 여성의 최고 덕목이라고 찬양하던 바로 그 일을 한 것이다.

어느 날 유스티니아누스 1세가 아름다운 테오도라를 만났다. 그는 황제의 조카로 그 무렵 다음 왕위 계승자로 결정된 상태였다. 두 사람의 사랑은 뜨겁게 불타올랐지만 도저히 허락될 수 없는 사랑이었다. 사랑이 발각되면 멸시를 받고 추방당할 위험이 컸다. 유스티니아누스 역시 왕관을 잃을지도 몰랐다. 500년의 역사를 자랑하는 로마법은 그처럼 높은 신분의 남성이 여배우와 결혼하는 것을 금하고 있었다.

그래도 유스티니아누스는 포기하지 않았다. 테오도라와 결혼하는 것을 결사반대했던 황후가 세상을 떠날 때까지 묵묵히 기다렸다. 그런 다음 숙부를 설득해 법을 바꾸었다. 결국 그는 온 도시가 지켜보는 가운데 테오도라와 성대한 결혼식을 올렸다. 원형극장의 관객들에게 돈을 구걸하던 소녀가 호화찬란한 황궁으로 입성한 것이다. 고대의 로마였다면 상상도 못할 일이었다.

● 테오도라와 유스티니아누스의 도시 ●

사람들은 테오도라가 마법을 쓴다고 쑥덕거렸다. 유스티니아누스 황제에게도 자기 머리를 떼었다 다시 붙일 수 있으며 투명인간이 될 수 있는 초능력이 있다고 믿었다.

얼마 후 황제는 백성들과 심각한 갈등을 겪었다. 원형극장의 청색파와 녹색파가 합심하여 황제에게 퇴위를 요구했고, 자신들의 뜻이 관철되지 않자 난동을 부리고 방화를 일삼았다. 그들은 '승리'라는 뜻의 "니카!"를 외치며 유스티니아누스의 머리를 아예 베어버리겠노라고 협박했다.

상황이 심각해지자 신하들이 황제에게 얼른 배를 타고 피신하라고 권했다. 그러나 도망갈 준비를 마친 순간 테오도라가 황제의 앞을 막았다. 그녀는 남편에게 이곳을 떠나지 말고 반란군에게 맞서야 한다고 호소했다. 황제의 자포는 아름다운 수의가 될 것이라고, 낯선 곳에서 가난하게 사느니 황제로 죽는 것이 낫다고 말이다.

유스티니아누스는 아내의 말을 따랐다. 그리고 그의 장군과 병사들이 사력을 다해 싸운 끝에 반란군을 진압했다. 원형극장은 피바다가 되었다. 3만 명이 목숨을 잃었고, 도시의 절반이 불에 타고 무너졌다. 그러나 황제 부부는 살아남았고, 그들의 권력도 더 단단해졌다.

유스티니아누스는 능력이 뛰어난 왕이었다. 게다가 남편이 이성을 잃지 않도록 보살펴주는 강인한 아내를 옆에 두었다. 그는 새 로마제국의 내실을 다지기 시작했다. 1000년쯤 전에 최초의 법령을 적었던 12표는 그사이 늘어난 수많은 법령들을 담기엔 역부족이었다. 법령을 모두 모아 체계적으로 분류해보니 책 2~3권의 분량은 족히 될 정도였다.

테오도라와 유스티니아누스는 도시 건축에도 정성을 쏟아서 콘스탄티노플을 찬란한 수도로 만들었다. 아프리카에서 라벤나에 이르기까지 새 교회를 짓고 콘스탄티노플 특유의 모자이크로 장식했다. 황제 부부의 초상화는 특별히 더 귀한 장식물로 여겨서 지금도 라벤나의 산비탈레 성당에 가면 황제와 황후의 모자이크화를 감상할 수 있다.

테오도라는 여배우들과 어려움에 처한 여성들을 위한 법을 만들었다. 또 수녀원과 비슷한 시설을 지어 어려운 처지의 여성들을 도왔다. 훗날 콘스탄티노플 시민들은 테오도라가 물레질을 하며 은둔했다는 오두막을 자랑스럽게 관광객들에게 구경시켰다.

그러나 뭐니 뭐니 해도 황제가 콘스탄티노플에 선사한 가장 아름다운 선물은 아야 소피아 성당이다. 아야 소피

아는 구약성서에 신의 동반자로 등장하는 '성스러운 지혜'를 말한다. 1000년에 가까운 긴 세월 동안 그에 비견할 만한 건축물이 나오지 못했을 정도로 아야 소피아 성당은 대단한 규모와 화려함을 자랑했다.

● 자색 방의 공주 ●

콘스탄티노플에 발을 들여놓은 사람은 누구나 터져 나오는 감탄사를 멈추기 힘들었다. 방문객의 숨을 멎게 하는 것은 아야 소피아 성당만이 아니었다. 고개를 돌리는 곳마다 황금으로 눈이 부셨다. 공들여 만든 테라스와 정원이 파이프오르간과 황금 새들의 기계적인 노랫소리를 동반한 채 관람객들을 유혹했다. 자동으로 운행되는 분수도, 매 정각마다 24개의 문 중 하나가 열리면서 시간을 알려주는 시계도 흥을 돋우었다. 당시 외국에서 온 사신들은 황궁에서 황제를 알현할 때도 놀라 벌린 입을 다물지 못했다. 수력장치를 이용해 공중에 떠 있는 왕좌에 황제가 앉아 있었기 때문이다.

권력은 가지는 것으로 만족하지 않는다. 보여주어야만 한다. 황제와 그 가족의 옷은 바다달팽이에서 채취한 보랏빛으로 물을 들였다. 덕분에 그들은 평범한 옷을 입은 백성들과 섞여 있어도 확연히 도드라졌다. 따라서 누구나 그들을 볼 수 있었다. 자포를 입은 자는 황제의 가족이었다. 이 상징의 뛰어난 효과에 감탄한 훗날의 황제들이 황궁의 방 하나를 완전히 보랏빛으로 장식하자는 아이디어를 냈다. 그리고 황가의 아들딸을 그 방에서 낳아 그들에게 태어나는 순간부터 왕좌에 오를 수 있는 권리를 보장해주고자 했다. 이런 전략은 잘 먹힌 것 같다. 비잔틴제국의 사람들이 이내 자색 방에서 태어난 사람만이 진짜 왕이라고 믿게 되었으니 말이다.

콘스탄티노플의 황제가 이국의 왕과 동맹을 맺을 때 보낼 수 있는 가장 값진 선물은 자색 방에서 태어난 공주였다. 그녀들은 대부분 아직 어린 나이에 이국의 왕과 결혼하기 위해 고국을 떠났다. 그리고 그곳에서 남편이 계약을 잘 지키는지, 비잔틴에 반기를 들지 않는지 살폈다.

이런 막중한 임무를 잘 맡아 처리하자면 교양이 풍부하고 총명하며 능력도 뛰어나야 했다. 공주들은 수천 권의 장서를 갖춘 거대한 도서관이 있는 콘스탄티노플의 황궁에서 자랐다. 따라서 먼 이국의 왕궁에서 살게 된 그들이 가장 아쉬워했던 것도 고향에서 누리던 그 모든 편의였다. 그들은 말이 통하는 대화 상대와 엄청난 양의 책, 값진 소품들을 그리워했다. 비잔틴제국의 한 공주는 베네치아에 시집을 와서도 당연히 콘스탄티노플에서 가져온 포크를 사용하다가 교부들에게 사치스럽다며 비난을 받았다. 더구나 포크는 끝이 세 갈래로 갈라지기 때문에 악마의 도구로 여겨졌다. 그러나 대부분의 경우가 그렇듯 결국 승리한 쪽은 미신이 아니라 사치였다.

콘스탄티노플의 부, 화려한 건물과 예술품은 모두의 부러움을 샀다. 에스파냐에서 중국 국경에 이르기까지 모든 사람들이 평생 한 번이라도 콘스탄티노플에 가보는 것이 소원이었다. 콘스탄티노플은 중세시대의 찬란한 중심이었다. 일단 그곳에 가보면 다른 곳은 전부 초라해보였다.

반면 유럽 서쪽에선 '암흑의 중세'가 시작된 듯했다. 암흑이라는 말을 쓴 이유는 찬란하던 문명이 사라졌기 때문이다. 중세가 시작되고 몇백 년 동안 가장 눈에 띈 점이 이제 더 이상 존재하지 않는 것이 너무나 많다는 사실이었으니 말이다. 한때 강성하던 로마제국은 게르만족과 훈족이 휩쓸고 지나간 후 침체의 늪에서 헤어나지 못했다. 이제 영주들이 각자의 작은 땅을 다스리면서 중앙의 권력에 전혀 구속감을 느끼지 않았다. 농부와 영주들은 가난해졌고 도시의 집과 도로도 부서졌다. 한때 방문객의 감탄을 자아냈던 고층 건물과 배수시설, 온천은 녹이 슬었다. 그런 몰락의 징후는 특히 로마에서 두드러졌다. 100만에 가깝던 인구가 5만으로 줄었다. 그러니까 20명이 다니던 한 학급에서 19명이 전학을 간 셈이었다.

비잔틴제국의 동쪽도 사정이 더 나은 것은 아니었다. 이집트와 메소포타미아의 찬란하던 고도 문화는 오래전에 빛을 잃었다. 북아프리카에선 게르만족에 속하는 반달족이 자취를 남겼고, 제국 전체에 돈과 물건이 부족하다는 사실은 시리아와 팔레스타인에서도 느낄 수 있을 정도였다. 그래도 콘스탄티노플만은 황금으로 빛나며 스러져가는 로마제국에서 홀로 두각을 드러냈다.

그러나 비잔틴제국 역시 생존투쟁 중이었다. 유스티니아누스와 테오도라의 시대가 끝나고 채 50년도 지나지 않아 제국을 멸망 직전까지 몰아간 큰 위기가 닥쳤다. 페르시아인들이 시리아와 아르메니아, 예루살렘, 이집트를 정복했다. 기독교인들의 가장 중요한 성물인 성십자가마저 그들에게 빼앗겼다. 페르시아 왕 호스로 2세는 이 십자가를 기독교도였던 아내 시린에게 선물로 주었다.

콘스탄티노플 시민들은 성처녀 마리아가 도시를 지켜주며 적이 쳐들어오면 직접 나서 적을 막아준다고 믿었다. 성지순례객들은 마리아의 베일과 허리끈을 소중한 성유물로 생각해 콘스탄티노플로 가져온 다음 보석으로 장식한 상자에 보관했다. 그 덕분이었는지 콘스탄티노플을 포위한 페르시아군대는 끝내 도시를 점령하지 못했다. 더불어 비잔틴 해군의 뛰어난 전력도 도시를 구한 으뜸 공로자였을 것이다. 얼마 후 로마와 페르시아는 평화조약을 체결했고, 성십자가는 장엄한 행렬과 함께 다시 예루살렘으로 돌아왔다.

아시아의 여제들

● 해가 뜨는 나라의 여왕 ●

지구가 둥글다는 사실을 몰랐던 옛 사람들은 태양이 항상 같은 나라의 하늘 위로, 즉 자신의 동쪽에 있는 나라의 하늘 위로 뜬다고 생각했다. 그래서 아침에 동이 트는 방향에 있는 곳을 아침의 나라 혹은 오리엔트라고 불렀고, 로마인들처럼 '엑스 오리엔테 룩스Ex oriente lux'라고 말했다. 빛은 동쪽에서 온다는 뜻이다. 로마인의 눈으로 볼 때 아침의 나라는 지중해 바로 뒤편에 있는 오늘날의 터키, 시리아, 팔레스타인, 이라크, 이란 지역이었다. 이 지역의 선조들인 아시리아인들은 일출을 '아수Asu'라고 불렀다. 아시아라는 말이 여기에서 나왔다. 유럽인들 역시 그들의 위치에서 볼 때 해가 뜨는 대륙을 아시아라고 부른 것이다. 그 아시아의 동쪽 끝에는 중국이 있었다.

오늘날 우리는 지구가 둥글기 때문에 태양이 시리아나 중국에서

뜨지 않으며 계절에 따라 지구의 다른 지점 위로 떠오른다는 사실을 알고 있다. 따라서 중국에서도 동쪽을 볼 수가 있다. 그때만 해도 중국인들은 아직 뛰어난 선원이 아니었기에, 고향 바닷가에서 멀찍이 떨어진 곳에 있는 큰 군도를 발견하기까지는 오랜 시간이 걸렸다. 그 섬에는 몸과 얼굴에 문신을 한 사람들이 살았는데, 중국인들은 그들을 '왜인倭人'이라고 불렀다. 그리고 아시리아인들과 로마인들이 그랬듯 그들 역시 중국 동쪽 바다에 있는 그 나라를 '일본', 즉 해가 뜨는 나라라고 불렀다.

해가 뜨는 나라의 왜인들이 바로 일본인의 조상이다. 중국과 처음으로 접촉할 당시 일본은 히미코 여왕이 다스렸다. 전쟁에 넌더리가 난 여러 소국의 왕들이 그녀의 뜻을 받들어 그녀를 여왕으로 추대했다. 히미코가 나라를 잘 다스렸으므로 그녀가 세상을 뜬 후 다시 여성을 왕위에 올렸다. 이요臺與라는 이름의 소녀로, 왕위에 오를 당시 나이가 겨우 13세였다.

히미코는 네 명의 사신을 중국에 보냈다. 당시만 해도 일본인들은 매우 소박하게 살았다. 아마 히미코는 중국이 자신들과 다르다는 사실을 알았을 것이다. 일본 사신들은 중국의 기술과 대도시, 거대한 건물과 높은 사원, 잘 닦인 도로와 튼튼한 성벽, 시장에 나온 다양한 상품에 놀라 입을 다물지 못했을 것이다. 중국은 히미코 여왕에게 경의를 표했고, 황제는 사신들에게 귀향길 선물로 청동거울 100개를 하사했다. 이를 계기로 중국과 일본 사이에 활발한 교류가 시작되었고, 일본인들은 중국으로부터 문자와 건축, 종교와 의복을 받아들여 자기 문화의 일부로 만들었다.

● 뒤섞이며 자리 잡은 종교 ●

히미코 여왕이 이웃 소국들과 평화로운 관계를 맺을 즈음, 진시황제와 한 황제들이 이루어놓은 중화제국은 무너지기 일보 직전이었다. 마지막 전투 적벽대전에서 남은 장군들마저 목숨을 잃자 한 나라엔 더 이상 적을 막을 힘이 남아 있지 않았다. 반란과 전염병, 흉작으로 인구는 급격히 줄어들었고 도시와 도시를 잇는 큰 도로들도 무너졌다. 이후 약 400년 동안 중국에는 군사지도자들이 지배하는 여러 소국이 난립했다. 이들 중 많은 수가 스스로를 황제라 불렀지만 나라를 통일시켜 큰 제국을 다스리지는 못했다.

이 기간 동안에는 나라 구석구석까지 통제할 국가기구가 없었다. 어디서나 똑같은 규칙과 법을 지켜야 할 필요가 없었으므로 새로운 것을 마음껏 시험할 수 있었다. 이 400년 동안 중국은 특히 외부의 자극에 활짝 문을 열었다. 인도를 여행하고 돌아온 사람들이 새 종교를 가져왔고, 그 종교는 제국의 중심에서 뿌리를 내렸다. 바로 불교였다.

앞서 소개한 불교를 다시 떠올려보자. 붓다는 깨달음을 얻은 후 제자들에게 팔정도를 가르쳤다. 덕분에 불교 신자들은 세상의 고통을 이기고 윤회의 수레바퀴를 부술 수 있었다. 불교 신자들은 붓다의 상징으로 텅 빈 왕좌를 자주 사용했다. 아무도 타지 않은 말이나 발자국도 애용했다. 눈에 보이지 않는 붓다를 눈에 보이도록 만들기 위함이었다.

붓다가 세상을 뜬 지 약 200년 후, 알렉산드로스 대제가 그리스군을 이끌고 인도 북서부에 왔다. 그는 그곳에 그리스 장군 몇 사람을 남겨두고 떠났는데, 인도인들은 그들에게서 돌로 조각상 만드는 법을 배웠다. 그리고 그 기술을 이용해 동굴 벽에 교회 탑만큼 큰 붓다의 조각을 새기기 시작했다. 사람들이 그 거대한 바위 조각상을 신처럼 숭배한 것은 너무나 당연한 수순이었다. 신과 형상이 없는 종교가 너무 실용적이지 못했기 때문이다. 마침 불교의 새 종파가 탄생하기도 했다. 마하야나, 즉 '큰 수레'라는 뜻의 대승불교였다. 대승불교는 혼자 고통에서 구원받는 것으로 그치지 않고 모든 생명의 고통을 공감했다. 따라서 주변 사람과 동물에 관심을 갖고 그들의 구원을 위해 노력했다. 스스로 깨달음에 이른다면 주변 사람들에게도 행복을 안겨줄 수 있을 것이다.

중국에 전파된 불교는 큰 변화를 겪었다. 처음 중국인들에겐 그 종교가 매우 낯설었겠지만 니르바나(열반)의 가르침은 도교의 기초가 된 노자의 무無나 무위와도 잘 맞는 것 같았다. 그 결과 중국으로 건너온 불교는 도교와 뒤섞였고, 둘은 서로에게 영향을 미쳤다.

처음에는 지혜와 생활규범, 수행의 모음에 불과하던 불교와 도교는 종교로 성장했다. 사람들은 절을 지어 불교의 신과 도교의 신을 모셨고 승려들은 그곳에 모여 살았다. 고승의 사리를 모아 성유물처럼 보관했으며, 신자들에게는 계를 어기면 지옥에 떨어질 것이라고 위협했다. 그 모든 것이 다른 종교와 별 차이가 없었다. 그러나 전혀 다른 점도 있었다. 무엇보다 이런 식의 종교 혼합은 다른 문화권에서는 생각할 수 없는 것이었다. 중국인들은 아침에 도교 사원에 초를 켜고 저녁에 절에 가서 부처에게 공양 올리는 것을 전혀 이

상하게 생각하지 않았다. 도시에 공자의 사당이 생기자 신자들은 그 옛 철학자까지 신처럼 모시며 숭배했다.

● 여제 무측천 ●

고대 로마는 영원히 사라졌지만 중국에선 찢어진 조각들이 다시 뭉쳤다. 양견이 소국들을 통일해 수나라를 세운 것이다. 그 뒤를 이은 당나라는 밖으로는 영토를 확장하고 안으로는 번영을 구가한 중국 역사상 가장 성공한 나라였다. 새 중화제국은 강대하고 강성했다. 그런데 이 번영의 와중에 매우 특별한 사건이 일어났다. 과감하게도 여성이 황제 자리를 독차지하려 한 것이다. 실제로 그녀는 '중국 황제'로 역사에 기록되었다. 그것은 황후가 되는 것과는 완전히 다른 일이었다. 황후는 대를 이어줄 아들을 생산하는 황제의 아내에 불과하다. 그들의 관심은 오직 하나, 온갖 모략을 일삼아서라도 왕의 총애를 다른 여자에게 빼앗기지 않는 것이었다. 백성을 다스리는 일은 '천자'인 황제만이 할 수 있는 일이었다. 그런데 그 역할을 여성이 맡게 된 것이다. 그녀의 이름은 무측천이었다.

당시의 역사가들도 마뜩찮아 인상을 찌푸렸다. 무측천에 반기를 든 서경업을 위해 당나라 시인 낙빈왕이 쓴 격문에는 무측천이 "도마뱀과 살모사처럼 마음이 악독하고 여우와 시랑처럼 성격도 간악하다…… 신과 인간이 미워하며 천지가 용납하지 않는다."고 쓰여 있다. 실제로 그녀는 남편이 세상을 등진 후 폭력으로 왕좌를 쟁탈했다. 일종의 비밀경찰까지 동원해 적이 될 만한 모든 사람을 감시하고 고문했다. 한낱 후궁에 불과하던 그녀가 황제의 자리에 오르기 위해서는 자기 자식까지 죽여야 했다. 그녀는 아들의 죽음을 황후의 탓으로 돌렸고, 음모를 눈치 채지 못한 황제는 황후를 폐위하고 무측천을 새 황후로 삼았다. 그 직후 황제가 세상을 뜨자 사람들은 그녀가 황제를 독살했을 것이라고 추측했다.

아들들을 차례로 폐위시킨 그녀는 왕좌를 독차지했다. 무측천에게는 분명 훌륭한 황제가 될 능력이 있었다. 그녀는 밖으로는 티베트와 터키의 침략을 막아냈고 안으로는 평화와 번영을 일구었다. 나라를 다스릴 때 그녀가 특별히 시행한 것이 하나 있었다. 바로 동궤銅櫃였다. 제국의 백성이라면 누구라도 비판이든 격려든 소망이든 하고 싶은 말을 쪽지에 넣어 그 동궤에 넣는 것이다. 글을 모르는 사람을 위해 국비로 사서를 고용하기도 했다. 그러면 관료들이 그 쪽지를 주기적으로 꺼내 평가했다. 그녀를 비난하던 역사가들도 그런 정책에 대해서는 칭찬할 수밖에 없었다. "무측천이 나라를 다스리기 시작한 이후 혜안을 발휘하여 최고의 조처를 취한 덕에 현인군자들이 앞다투어 무측천의 조정에 들고자 하였다."

그중에서도 무측천이 무한히 신뢰했던 군자가 있었다. 그의 이름은 적인걸이다. 적인걸은 젊은 시절 과거에 우수한 성적으로 급제한 후 지방 고을을 다스렸다. 보통 한 곳의 임기가 4년을 넘지 않았으므로 임지를 따라 자주 거처를 옮겼다. 임기를 이렇게 짧게 정한 이유는 관료들이 자신의 친인척이나 친구에게 이득을 주지 못하게 하기 위함이었다. 그가 재상이 되어 황궁으로 들어갔을 때는 이미 중국 곳곳을 떠돌며 오랜 경력을 쌓은 후였다.

적인걸은 능력이 뛰어나기도 했지만, 황궁에 오래 머물면서 이런 저런 무리와 야합하지 않았다는 점도 무측천의 신뢰를 얻는 데 크게 한몫했을 것이다. 그가 자기 사람들의 이익이 아니라 진정으로 국익을 위해 일할 것이라고 안심할 수 있었을 테니 말이다.

● 세계 제국 당 ●

당나라 시절 중국은 황금시대를 구가했다. 수도 장안長安은 세계 최고의 도시로 성장했고, 이름처럼 당나라에 오랜 평화와 안정을 선사했다. 당나라는 중앙아시아에 등장한 새 민족 터키를 거침없이 무찔렀고, 얼마 안 가 멀리 서쪽 페르시아 국경까지 뻗어나갔다. 중국 역사상 가장 영토가 넓은 시대였다.

번영하는 제국은 다채로운 세상이었다. 장안에는 터키인, 인도에서 온 승려, 아르메니아 상인, 일본인, 유대인, 기독교인이 함께 살았다. 터키나 신라에서 온 장수도 있었고 관리들 중에도 페르시아, 티베트, 인도, 동남아시아 사람들이 있었다.

당의 황제들은 강남과 화북을 잇는 대운하를 건설해 엄청난 물량의 화물을 수송했다. 덕분에 시장마다 도자기와 비단을 비롯한 온갖 값진 물건들이 거래되었다. 페르시아산 양탄자에서부터 향신료, 약재, 상아, 진주, 도자기, 명주, 청동거울, 노예, 향, 금, 보석, 대추야자, 사자가죽, 공작 깃털에 이르기까지 당시 당나라에서 구할 수 없는 것은 거의 없었다. 페르시아의 무희와 곡예사들이 관객들과 담소를 나누었고, 술집에선 사람들이 포도주를 마셨다. 교역이 활발해지자 지폐를 쓰기 시작했고 심지어 최초로 책을 인쇄하기도 했다. 소금 거래는 막대한 세금을 국고로 흘려보냈다. 찻집도 소금 거래 못지않게 유행이었다.

중국 도시의 넘치는 활력과 다채로움은 국가의 번영을 낳았다. 그러나 지배자의 관심은 늘 권력을 향하는 법이다. 지배자들이 만든 법체계는 개인의 보호보다 국가 질서의 유지를 우선했다. 따라서 중국의 도시들은 그리스나 로마의 도시와는 성격이 완전히 달랐다. 중국 도시는 백성을 관리하고 통제하기 위한 목적을 띠었다. 길과 집과 광장은 정방형의 시스템으로 배열되었고 각 구역은 두터운 성벽으로 둘러싸여 있었다. 덕분에 낮에 아무리 많은 사람들이 서로 만난다고 해도 밤이 되면 모두가 자기 구역으로 되돌아갔다. 수공업자, 상인, 중국인, 유대인, 아랍인이 각자 자기 구역에서 살았다, 해가 지면 성문이 닫혔고, 그 시간 후에도 자기 구역 밖을 어슬렁거릴 때는 엄한 벌을 받았다. 중국 정부는 이런 식으로 많은 사람들이 모이지 못하게 막았다. 이러쿵저러쿵 정책을 비판하지 못하도록 아예 모일 기회를 박탈하려는 것이었다.

● **스스로 부처가 되다** ●

무측천은 여자가 '천자'가 된다는 것이 애당초 불가능하다는 사실을 잘 알았다. 그러므로 그녀가 황제가 된 것은 기적에 가까운 일이었다. 당나라가 그녀를 당 왕조의 황제로 인정하지 않을 것이라는 생각에 그녀는 아예 나라 이름을 대주로 바꾸고 수도도 낙양으로 옮겼다.

많은 황제들이 불교와 도교를 진흥했고, 백성에게 복을 주는 '깨달은 자'를 자처했다. 황궁에 승려들을 불러들이고 산스크리트어 경전을 중국어로 번역하게 했다. 또 붓다의 사리를 모신 스투파를 곳곳에 지었다. 그리고 불상을 들고 거리를 행진하게 한 후 그 불상을 사원이나 스투파에 모시고 공양과 시주를 하기도 했다.

종교는 대규모 인파를 움직일 수 있다. 이들이 불만을 품으면 황제가 위험에 빠질 수 있다. 따라서 권력자들은 자신도 종교의 일부인 양 보이도록 애썼다. 그 점에서는 중국도 로마와 다르지 않았다. 무측천 역시 불교를 진흥하고 절을 짓고 수십만 권의 불교 경전을 편찬했다. 그리고 자신을 비로자나불의 화신으로 자처했다. 지금도 룽먼석굴에 가면 무측천의 얼굴을 본떠 만들었다는 17미터 높이의 비로자나불상을 볼 수 있다.

● 허물어진 제국 ●

무측천이 80세의 나이로 세상을 뜨자 다시 왕좌를 두고 혈투가 벌어졌다. 일단 무측천의 손자가 권력을 쥐자 나라에 다시 평화가 찾아왔다. 그의 이름은 현종이었다.

현종은 정치를 잘했다. 수도를 다시 장안으로 옮기고 할머니가 중단시킨 옛 영화를 당나라에 되돌려주었다. 그는 또 격구를 즐겼고 예술과 음악과 시를 사랑했다.

그러나 번영은 오래가지 못했다. 현종 역시 다른 지배자들처럼 영토가 넓어야 나라가 발전한다고 생각해 안 그래도 넓은 영토를 더 넓히려 했다. 그러나 풍선에 공기를 자꾸 불어넣으면 결국에는 터지듯, 영토의 과도한 확장 역시 결국엔 나라를 멸망으로 몰아넣고야 만다. 로마제국도 그랬고 한나라도 다르지 않았다. 알렉산드로스 대제의 어마어마한 세계 제국은 역사상 가장 빠른 몰락을 맛보았다. 당나라 역시 거대한 영토를 중앙에서 더 이상 통제할 수 없게 되자 무너지고 말았다.

시작은 국경에서 일어난 전투였다. 중국 서쪽 먼 곳에서 새 민족이 등장했다. 아랍인들이었다. 중국 국경을 침략해 당의 군사를 무찌른 이들은 자꾸만 침략을 되풀이했다. 여기에 터키와 티베트까지 가세해 중국 땅을 침략하기 시작했다.

게다가 집권 초기에는 정치를 잘하던 현종이 말년에는 게으르고 나태해졌다. 그가 아끼던 장군 안녹산이 반란을 꾀했고, 현종은 반란군을 피해 도주했다. 반란군은 도시를 약탈했고, 국가 질서가 무너졌다. 그것으로 당의 황금시대도 막을 내렸다.

이런 일련의 사건들은 중국 역사만 일단락지은 것이 아니다. 아랍인들이 지금의 키르기스스탄에 해당하는 중앙아시아 한가운데에서 당나라 군대를 무찌른 탈라스 전투는 중화제국의 영토를 축소시켰을 뿐 아니라 그 지역 전체의 미래를 바꾸어놓았다. 중앙아시아에서 중국 문화의 영향력이 감소하면서 아랍인의 영향권에 들어간 것이다. 마침 그들이 새 종교의 기틀을 닦은 시점이었다. 그 종교는 바로 이슬람교이다.

왜곡된 선지자의 뜻

● 편지 한 장 ●

오랫동안 싸우던 두 거인 로마와 페르시아가 막 평화협정을 체결한 무렵, 양쪽의 왕에게 편지 한 통이 날아들었다. 편지를 보낸 사람은 자신을 "알라의 신하이자 사신인 무함마드"라고 소개했다. 그는 두 왕에게 새 종교 이슬람을 받아들이라고 요구했다. 비잔틴의 황제는 무함마드가 진짜 선지자인지, 정말로 신의 사신인지 조사하라고 명을 내렸다. 그리고 그렇다는 결론을 내렸다. 하지만 페르시아의 황제 호스로는 길길이 날뛰면서 편지를 박박 찢었고, 그 편지를 전달한 사람을 잡아오라 일렀다. 그는 한 총독에게 이런 글을 보냈다. "이 아랍인이…… 오만불손한 편지를 보냈다. 똑똑한 남자 둘을 시켜 이놈을 당장 잡아들여라…… 놈이 오지 않겠다고 하거든 군사를 풀어 놈의 머리를 잘라 보내라." 고대 페르시아제국이 곧 멸망하리라는 사실을 황제는 미처 예상하지 못했다. 불과 16년 후 무함마드의 추종자들이 고대 세계 대부분을 정복했다.

● 이슬람의 선지자 ●

무함마드는 메카에서 태어났다. 아라비아반도에 있는 그의 고향은 당시만 해도 주목받지 못하는 곳이었다. 로마와 페르시아가 넓은 지역을 정복하기는 했지만 실제로 통제하지는 못했다. 아랍 민족들은 다시 서로 싸우느라 여념이 없었다. 아랍인 대부분은 이곳저곳을 떠도는 유목 생활을 했고 중국, 아프리카, 인도, 유럽의 무역로가 교차하는 지역에만 몇 개의 도시가 건설되었다.

무함마드는 어릴 때부터 특출했다. 똑똑하고 강인하며 정의감도 투철했다고 한다. 그를 아는 모든 사람들은 입을 모아 그가 또래 남자아이들과 달리 성격이 매우 유순했다고 전했다. 집안이 매우 가난했지만 그는 돈 많은 미망인 카디자와 결혼을 했다. 카디자는 남편보다 나이가 많았고 대상을 거느린 무역상이었다. 두 사람은 마음이 잘 맞았고 무역상도 날로 번창했다.

무함마드는 아라비아반도의 상황이 만족스럽지 않았다. 그는 일 때문에 여러 도시를 돌아다니며 유대인들과 기독교인들이 만든 놀라운 물건들을 보았다. 그들이 아랍 민족보다 뛰어나다는 느낌을 지울 수 없었다. 왜 아랍인들은 유일신을 믿지 않고 많은 신을 숭배할까 하는 의문도 들었다. 왜 아랍인들은 유대인이나 기독교인처럼 종교의 기초가 될 하나의 경전이 없을까 궁금했다.

그러던 어느 날, 산에 오른 무함마드에게 신의 목소리가 들렸다. 그는 너무 놀랐다. 두려움에 사지를 벌벌 떨면서 집으로 돌아온 그는 자신이 미친 것이 아닐까 걱정스러웠다. 그는 아내에게 천사 가브리엘이 나타나 그에게 알라의 명령을 속삭였다고 고백했다.

카디자는 남편을 위로하고 용기를 주며 신의 말씀을 믿으라고 충고했다. 무함마드는 아내의 조언에 따라 목소리에 귀를 기울였고, 그로부터 22년 동안 계속해서 신의 명령을 들었다. 곧 그의 말을 믿고 따르는 추종자들이 생겼다. 그들은 간단한 문구로 자신이 새 신을 따른다는 사실을 입증했다. "알라 이외에 다른 신은 없다. 무함마드는 신의 사도이다." 지금까지도 이 문구는 모든 이슬람교도의 샤하다Shahada, 즉 신앙고백이다. 선지자의 제자들은 신의 말씀을 모두 기록했고, 그렇게 하여 이슬람의 경전인 《코란》이 탄생했다.

메카에서 권력을 잡고 있던 지배층은 무함마드의 등장이 마뜩잖았다. 메카의 주민들은 커다란 검은 네모꼴 모양의 돌로 된 사원 카바에 300명이 넘는 신들을 모셔 섬기고 있었고, 아라비아반도에 사는 모든 아랍인들은 1년에 한 번 메카로 순례를 왔다. 그런데 갑자기 무함마드가 나타나 그들에게 그릇된 우상을 버리고 알라를 따르라고 요구했다. 메카 사람들은 전혀 그럴 생각이 없었기에 무함마드와 추종자들을 엄한 벌로 위협했다. 상황이 심각해지자 무함마드는 메카를 떠나기로 결심하고 작은 무리를 이끌고 메디나로 도주했다. 그리고 그곳에 최초의 이슬람 공동체를 세우고 자신의 뜻을 실천하고자 했다.

무함마드는 폭력을 혐오했다. 따라서 공평하고 폭력이 없는 공동체를 만들고자 했다. 강요나 억압이나 가혹한 체벌 대신 공경과 상호존중이 있는 곳, 무엇보다 지도자가 구성원을 존중하는 공동체를 만들고자 했다. 당연히 지도자는 사람들의 말을 경청하고 그들과 의논해 결정을 내려야 할 것이며 그들의 뜻대로 행동해야 할 것이다. 무함마드는 노예에게도 똑같이 공평해야 한다고 주장했다. 그리고 여건이 허락할 때마다 노예에게 자유를 주어 자신의 주장이 진심이라는 사실을 입증해 보였다. 심지어 노예에게 군대 지휘권을 주기도 했다.

무함마드는 메디나에 사원을 짓고 그곳에서 매일 아침부터 저녁까지 공동체 사람들과 토론을 했다. 누구나 자신의 생각을 말할 수 있었고 믿음 있는 이슬람교도가 어떻게 행동해야 하는지 물을 수 있었다. 대답은 무함마드가 신께 직접 들었다. 세상을 뜨기 9일 전 그는 마지막으로 신의 음성을 들었다.

무함마드는 모범이 되고자 했다. 공동체 사람들 모두가 그처럼 행동하기를 바랐다. 그러나 쉬운 일은 아니었다. 많은 것이 새롭고 낯설었기 때문이다. 예를 들어 무함마드는 강제 결혼을 거부했고 그런 풍습이 비이슬람적이라고 선언했다. 그 자신은 아홉 명의 부인을 두었지만 모두 아끼고 사랑했다. 사원 옆에 집을 아홉 채 마련해 각자에게 하나씩 나누어주었다. 그리고 아내들의 조언을 귀 담아 들었고 전장에 나갈 때면 모두를 데리고 갔다.

원하는 바는 아니었지만 무함마드는 전쟁을 했다. 이슬람교가 교세를 확장하려면 메카를 정복해야 한다는 사실을 누구보다 잘 알았기 때문이다. 그는 아라비아반도의 분열된 여러 종족들을 통일시키기 위해 군사를 이끌고 출정했다. 그리고 8년 후 마침내 꿈에 그리던 승리를 거머쥐었다. 메카의 권력층에겐 새 종교를 받아들이는 수밖에 다른 도리가 없었다. 그들의 성전 카바에 모실 수 있는 신은 이슬람의 신 알라뿐이었다.

● 선지자도 막지 못한 악습 ●

아랍인들은 여자를 전쟁으로 얻을 수 있는 중요한 약탈품으로 생각했다. 승자는 적에게서 뺏은 여자를 취했고, 집에 두고 시중을 들게 하거나 노예로 삼아 밭일을 시켰다. 아니면 내다 팔아서 돈을 벌었다. 무함마드는 여자를 물건처럼 취급하는 이런 풍습에 심한 혐오감을 드러냈다. 그는 아내들과 딸 파티마를 진심으로 아꼈기 때문에 그런 풍습에 종지부를 찍고자 했다. 그러나 추종자들은 여자를 대하는 방식을 바꾸라는 선지자의 요구가 지나치다고 느꼈다.

물론 신의 명령을 받는 선지자의 권위에 대항할 수는 없는 노릇이었다. 그러던 차에 돌발 사건이 일어났다. 원정에 나선 길, 모두가 휴식을 마치고 막 출발하려던 참이었다. 그런데 무함마드의 아내 아이샤의 조개 목걸이가 보이지 않았다. 몹시 아끼던 장신구였기에 그녀는 목걸이를 찾아 나섰다. 그런데 그녀의 하인이 낙타 위가마가 비었다는 사실을 알지 못해 아이샤를 두고 출발해버렸다.

아이샤는 혼자서 일행의 뒤를 쫓았다. 다행히 그녀처럼 일행을 놓친 한 젊은 남성이 그녀와 동행하며 옆에서 호위했다. 아이샤가 사라졌다는 사실을 알게 된 무함마드는 일행을 멈춰 세웠다. 곧 저 멀리서 두 사람의 모습이 나타나자 그는 안도의 한숨을 쉬었다.

그런데 공동체의 몇몇 남자들이 아이샤가 동행한 그 남자와 정분이 났다는 이야기를 지어냈다. 무함마드가 너무 늙었으니 아이샤의 불륜도 이해 못 할 일은 아니라면서 말이다. 무함마드는 화가 나서 그 거짓말쟁이들을 불러 자초지종을 따졌다. 그는 아이샤의 정조를 추호도 의심하지 않았기에 그녀를 변호했다. 결국 무함마드는 천박한 거짓말을 지어낸 죄를 물어 그 남자들에게 벌을 내렸다. 알라신조차 중상모략에 화를 냈으므로 무함마드의 입을 빌려 17행의 시를 읊어 아이샤의 무죄를 주장했다.

그러나 남자들은 여자를 제멋대로 대할 수 있는 권력을 포기할 마음이 없었다. 그들 중 하나가 무함마드에게 불평을 늘어놓았다. 아내가 자신의 말을 듣지 않을 경우 어떻게 해야 하겠는가? 정신이 돌아오게끔 매로 다스릴 수밖에 없지 않은가?

몇몇 남자들은 대로상에서 여자들을 공격하기 시작했다. 그런 식으로 여자가 남자와 동행하지 않고 혼자 다니면 얼마나 위험한지 보여주고자 했다. 여자들을 공격하는 일이 날로 빈번해지자 무함마드도 두 손 놓고 있을 수가 없었다. 여성에 적대적인 코란 구절들은 이런 상황에서 분노한 추종자들을 진정시키기 위한 신의 의도였다고 주장하는 이들도 있다. 어쨌든 과거의 풍습을 되돌릴 수밖에 없었다. 그 옛날처럼 다시 여성은 베일로 몸을 가려 자신을 보호해야 했다. 베일을 써서 자신이 노예가 아니라 정숙한 여성임을 입증해야 했던 것이다.

여성을 둘러싼 이런 분란을 통해 무함마드는 신의 선지자로서 자신의 권위가 제한적이라는 사실을 통감했다. 훗날 그가 세상을 떠난 후 이슬람교도들은 철폐했던 노예제도를 부활시켰고 심지어 무함마드가 '비이슬람적'이라 했던 강제 결혼 같은 풍습도 다시 도입했다. 선지자가 특별히 신경 쓴 가르침을 배반한 것이다.

● 수니파와 시아파 ●

아랍인들은 무함마드의 신을 따랐고 신앙고백을 했다. 그리고 기도를 할 때는 메카 쪽을 바라보았고 라마단 기간에는 금식을 했으며 1년에 한 번 카바로 순례를 떠났다. 그러나 무함마드가 세상을 뜨자 그들과 신을 직접 이어주던 끈이 끊어졌다. 권위로 모두를 결집시키던 선지자의 자리가 비게 된 것이다. 하지만 신은 후계자 임명을 지체했다.

공동체는 선지자의 후계자인 칼리프를 자기들끼리 선출하기로 결정했다. 하지만 그 자리를 누구에게 주느냐를 두고 다툼이 벌어졌고, 권력을 다투는 곳에는 폭력이 따르기 마련이므로 세 번째로 선출된 칼리프마저 암살당했다. 이제 본격적으로 혈투가 벌어졌다. 네 번째 칼리프인 무함마드의 사위 알리는 지지자만큼이나 적도 많았다.

이때 무함마드의 아내 아이샤가 나섰다. 그녀는 알리가 살인자들을 충분히 엄벌하지 않았으므로 소임을 다하지 못하는 부적격자라고 생각했다. 그래서 군사를 모아 알리에게 선전포고를 했다. 그리고 낙타 위 가마에 올라 군사들을 전장으로 이끌었다. 알리 역시 동맹군을 모아 대적했고, 결국 아이샤에게 대패의 쓴맛을 안겨주었다. 전장엔 수천 구의 시체가 나뒹굴었다고 한다.

얼마 후 아이샤가 다시 군사들을 모아 알리와 그 추종자들을 치러 나갔다. 이번에는 그녀가 칼리프 알리의 군사들을 격파했다. 알리의 군대가 도망을 치자 알리를 따르던 많은 신자들도 따라갔다. 그때부터 이슬람은 영원히 둘로 쪼개졌다. 아이샤를 추종한 수니파와 알리를 추종한 시아파는 불구대천의 원수가 되었다. 아이샤와 동맹을 맺은 사람들은 메카의 권력자인 우마야드 가문이었다. 알리를 무찌른 후 첫 칼리프가 이 가문에서 배출되었는데, 그는 수단과 방법을 가리지 않고 적을 이기고자 했다. 다툼은 종파가 갈리는 지경으로 치달았고, 수니파와 시아파는 지금까지도 싸우고 있다.

무함마드는 피트나Fitnah, 즉 무슬림끼리의 전쟁보다 더한 불행은 없다고 생각했다. 그러나 모든 무슬림의 평화 공동체라는 그의 꿈이 정반대의 악몽으로 변하기까지는 채 20년도 걸리지 않았다. 폭력과 부정이 만연했고 선지자의 지혜와 온화함과 용기는 기억에서조차 사라진 듯했다. 이슬람 신의 앞길을 닦기 위해서라면 선지자 자신도 전쟁을 꺼리지 않았다는 사실이 어쩌면 원인일 수도 있다. 많은 사람들이 무슬림이 아니라면 폭력을 써도 무방하다는 결론을 내렸다. 그 문제에 대해 무슬림들은 지금껏 의견 일치를 보지 못했다.

• 세계지도를 다시 그리다 •

우마야드 가문이 장악한 수니파는 워낙 세력이 커서 알리와 전쟁을 치르고도 별 타격을 입지 않았다. 아랍인의 다수가 그들을 따랐고 합심하여 알라신을 위해 온 세상을 정복하고자 출정했다. 중앙아시아를 손에 넣은 그들은 북인도에 도착했고, 거기서 다시 길을 재촉해 사마르칸트를 넘어 중국 국경까지 진출했다.

서쪽으로 떠난 군대도 마찬가지로 승리의 연속이었다. 무함마드가 세상을 뜬 지 불과 6년 만에 고대 로마제국의 대부분의 그들의 손으로 넘어왔다. 예수가 십자가에 못 박힌 후 땅에 묻힌 도시 예루살렘도 무슬림의 것이 되었다. 칼리프는 아라비아반도를 떠나 시리아의 도시 다마스쿠스로 왕궁을 옮겼다. 그곳이 전투를 지휘하기가 더 좋았기 때문일 것이다. 이어 비잔틴제국에게서 이집트를 빼앗았고, 북아프리카 서쪽으로 더 밀고 들어갔다. 그들의 목표는 전 세계를 정복하는 것이었으므로 배를 띄워 지중해를 건넌 후 에스파냐로 넘어갔다.

처음엔 이곳에서도 그들을 막을 이가 없을 것 같았다. 그러나 에스파냐의 북쪽 국경인 피레네 산맥을 넘자 그들은 더 이상 나아갈 수가 없었다. 프랑크 왕국의 궁재宮宰 카를 마르텔이 나서서 아랍인들을 섬멸한 것이다. 아랍의 병사들은 에스파냐로 만족하는 수밖에 없었다. 동쪽으로 간 아랍인들도 콘스탄티노플의 성벽을 무너뜨리지 못했다. 성모 마리아가 지켜주신 덕분인지 도시의 방어력은 완벽했다. 물론 마리아보다는 튼튼한 요새와 무시무시한 무기가 더 큰 활약을 했겠지만 말이다. 비잔틴제국에는 '액체 불'을 성벽 너머로 던지는 기계가 있었다. 그것이 적함에 불을 놓았는데, 물 위에서도 불이 꺼지지 않았으므로 적군의 나무배들이 화염에 휩싸였다. 적군은 이 불의 정체를 결코 알아내지 못했다(흔히 '그리스의 불'이라 알려져 있다-옮긴이).

● 무시당한 아이샤의 증언 ●

무슬림의 공평하고 평화로운 공동체를 꿈꾸던 무함마드의 소망은 이루어지지 못했다. 그러나 낙후된 아랍을 발전시키겠다던 그의 목표는 달성되었다. 사막의 유목민이던 그들이 이제 엄청난 군사력을 갖춘 정복자와 지배자가 되었으니 말이다. 세상의 절반을 손에 넣은 그들은 그동안 뒤처졌던 문명의 수준을 한껏 끌어올렸다. 그리스 기독교 문화는 무슬림의 수도 다마스쿠스를 새로운 중심지로 삼았다. 무슬림들이 기독교도들의 업적을 이어받아 자신들의 문화로 탈바꿈시킨 것이다. 그들은 플라톤과 아리스토텔레스의 저서를 번역했고, 감탄할 정도로 아름다운 아랍의 문학을 일구었다. 또 여행객들은 인도에서 숫자와 대수학을 가져왔다. 이렇게 전 세계에서 온 지식이 그 어떤 문화보다 뛰어난 아랍의 새 문화로 발전했다.

유명한 학자들이 많았지만 특히 페르시아 의사이자 철학자인 이븐시나(아비센나)는 연구과 치료법으로 인류의 의학적 지식을 몇 배로 늘려놓았다. 또 다른 학자 이븐루시드(아베로에스)는 아리스토텔레스의 저서를 연구해 주해를 달았다. 덕분에 유럽인들은 오래전에 잊힌 고대 유럽의 위대한 사상가를 재발견했다. 이븐루시드는 역사상 최초로 다양한 종교가 있는 상황에서 유일신을 믿는 것이 무슨 의미가 있는지 물었다. 그러나 다른 이슬람 학자들이 보기에 이것은 주제넘은 의문이었다. 그들은 칼리프에게 고해 이븐루시드를 추방하고 그의 저서들을 불태웠다.

이슬람교의 교리 역시 크게 발전했다. 무함마드가 세상을 떠난 후 《코란》 말고도 선지자의 말씀과 행동을 기록한 다양한 책이 탄생했다. 이런 기록들을 아랍어로 '하디트'라고 하는데 선지자를 가까이서 접했던 증인들의 말을 담은 책이었다. 사람들은 하디트를 코란만큼이나 중요시했다. 어떤 행동을 해야 할지 확신이 서지 않을 때는 선지자의 모델을 따르는 것이 최선이었기 때문이다. 첫 세대 증인들이 점차 세상을 등지자 증인의 증인에게 의지할 수밖에 없었고, 그들마저 세상을 뜨면서 증인의 증인의 증인에게 길을 물었다. 따라서 하디트는 대부분 이런 식으로 시작된다. "쿠타이바 이븐사이드가 말씀하시기를, 알라이트가 말씀하셨는데 이라크 이븐마리크가 야지드 이븐아비하비브에게 우르와가 아이야에 대해 이런 말씀을 하셨는데……." 이렇게 계속 거슬러 올라가다가 무함마드를 직접 아는 증인이 나와야 진짜 이야기가 시작된다.

시간이 가면서 이슬람 학자들은 이런 보고가 전부 믿을 수 있는 것이 아니라는 사실을 깨달았다. 몇몇 증언은 누가 봐도 정확하지 않았고, 많은 증언이 자신에게 유리한 대로 무함마드의 말씀을 기억한다는 의심마저 들었다. 예를 들어 어떤 남자가 선지자께서 이런 말씀을 하셨다고 주장했다. "여자의 힘을 믿는 민족은 절대 번영하지 못할 것이다." 그러나 그 증인이라는 자는 아이샤와 칼리프 알리가 싸울 때 그 전쟁의 틈바구니에서 치였던 사람이었다. 그러니 자기 목숨을 구하기 위해 무함마드가 그런 말을 했다고 억지로 우겼을 가능성이 높다.

시간이 흐르자 의심은 확신으로 굳어졌다. 진짜 하디트 말고도 지어낸 증언이 너무 많이 생긴 것이다. 영향력 있는 사람들이 선지자의 '진짜' 말씀을 빌려 자신의 입지를 강화하기 위해 학자들에게 돈을 주고 가짜 하디트를 만든 것이다.

무함마드가 세상을 뜬 지 200년쯤 지났을 때, 먼 중앙아시아의 도시 부카라에 사는 한 학자가 여행길에 올라 이슬람 세계 전역을 돌았다. 그는 사람들에게 자신들이 들었거나 기록으로 본 하디트를 물어서 총 60만 종의 하디트를 수집했다. 이어 복잡한 방법을 개발해 하디트가 진짜인지 아닌지를 밝혀냈다. 부카라 출신의 그 학자 부카리는 놀라운 결과에 도달했다. 60만 종의 하디트 중에서 약 59만 종이 가짜로 판명된 것이다.

500년이 지난 후 터키의 한 이맘(이슬람교 교단 조직의 지도자를 가리키는 하나의 직명 - 옮긴이)이 부카리와 다른 학자들이 아이샤의 증언을 완전히 무시한 것에 화가 나서 아이샤의 증언만 따로 담은 모음집을 편찬했다. 선지자의 아내야말로 믿을 수 있는 증인이라고 생각했던 것이다. 예를 들어 그 모음집에는 이런 내용이 있다. 선지자의 한 제자가 무함마드께서 '불행을 몰고 오는 세 가지는 집과 여자와 말이다'라고 말씀했다고 주장했다. 아이샤가 그 말을 듣고 말했다. "그 제자는 확실히 선지자의 가르침을 잘못 배웠다. 그가 우리에게 왔을 때는 선지자께서 말씀을 하던 중이셨다. 그래서 끝부분만 들었던 것이다. 선지자께서는 말씀하셨다. '알라께서 유대인들을 무찌르시기를! 유대인들은 이렇게 말한다. 불행을 몰고 오는 세 가지는 집과 여자와 말이라고.'"

하디트가 진짜인지 아닌지를 판단하기란 어려운 일이다. 하지만 하디트라고 다 같은 하디트가 아니었다. 부카리가 수집한 하디트는 코란과 동일한 권위를 행사했다. 그러나 아이샤의 증언을 담은 원고는 수백 년 동안 누구의 관심도 받지 못한 채 다마스쿠스의 도서관에 처박혀 있었다.

● 카이주란과 천일야화 ●

무슬림의 수장인 칼리프의 왕궁에서 권력 교체가 일어났다. 기록을 보면 평화로운 과정은 아니었던 것 같다. 어느 날 아바스 가문의 아부 알아바스가 왕과 그의 일족을 연회에 초대했다. 손님들이 도착했을 때는 연회 준비가 다 끝나 있었다. 하녀들이 맛난 음식을 식탁으로 날랐다. 왕의 신하들이 막 식사를 시작하려던 찰나 갑자기 집주인이 달려들어 무기를 빼더니 손님들을 베기 시작했다. 한 사람도 남기지 않고 다 죽인 주인은 식탁의 음식을 제가 다 먹었다고 한다.

아바스 왕조는 수도를 다마스쿠스에서 바그다드로 옮겼다. 바그다드는 아랍제국의 새 중심지로 떠올랐다. 무슬림과 기독교인, 유대인, 불교도가 각자 자기 지역에서 사이좋게 살았다. 예술가, 학자, 작가, 법학자가 지식과 재능을 이곳으로 가져왔다. 아랍의 작가들이 인도와 페르시아 여행객들의 이야기를 번역하고, 그것으로 새 이야기 모음집을 만들었다. 바로《천일야화》이다.

바자르, 즉 시장에는 고향의 물건을 사고팔려는 사람들이 모여들었다. 제일 돈을 잘 번 상인은 전장에서 붙들어 온 사람을 파는 노예 상인이었다. 카이주란도 그렇게 끌려 도시로 온 노예였다.

운명은 이 아름다운 노예를 칼리프의 궁으로 보냈다. 그사이 왕좌는 피로 권력을 쟁취한 아바스 왕조 1대 왕에서 동생 알만수르에게로 넘어간 상태였다. 알만수르는 카이주란을 가까이 불러 출신을 물었다. 그러자 그녀가 대답했다. "저는 이 세상에 혼자입니다. 제 곁에는 알라 신뿐입니다." 그녀의 대답은 당연히 거짓이었지만 왕의 마음을 움직였다. 그는 카이주란을 아들 알마흐디에게 보냈고, 아들은 그녀를 궁의 모든 여자들 중에서 제일 아꼈다.

칼리프의 하렘에는 제국에서 가장 아름다운 여인들이 모여 있었고 그들 모두가 기품 있고 영리하며 교양이 풍부했다. 이렇듯 여인들 간의 경쟁이 치열했지만 카이주란은 왕의 총애를 한몸에 받았다. 알마흐디는 왕이 되자마자 그녀에게 자유를 주고 아내로 삼았다. 그리고 그녀의 지혜와 교양을 높이 사서 그녀와 함께 나라를 다스렸다.

알마흐디가 세상을 떴을 때도 카이주란은 자신의 자리를 포기하지 않았다. 그녀는 자신의 장남을 왕위에 올렸고, 당연하다는 듯 사신과 신하들을 영접하는 자리에 같이 나갔다. 하지만 아들은 여자가 정사에 개입하는 것이 바람직하지 않다고 생각했다. 그래서 카이주란에게 하렘으로 돌아가라고 명령했다.

오랜 세월 국가의 모든 결정에 참여했던 카이주란이 아들의 명령을 흔쾌히 받아들였을 리 없다. 1년 후 장남이 세상을 뜨고 그 동생이 왕좌에 올랐을 때 그녀의 손길이 미쳤을 것이라는 소문이 돈 것도 아마 그 때문이었을 것이다.

카이주란의 차남 하룬 알라시드는 어머니가 정사에 개입하는 것에 반감이 없었다. 그는 훗날 가장 유명한 칼리프 중 한 명으로 역사책에 기록되었다. 그의 치세에 바그다드는 빛을 발했고, 중동은 문화의 중심지로 발전했다.

카이주란은 훗날 다른 경로로도 유명세를 얻었다. 《천일야화》에 등장하는 셰에라자드가 바로 그녀를 모델로 한 것이다.

3

여자라서 못할
일은 없다

756년 프랑크 왕국과 교황이 동맹을 맺고 콘스탄티노플의 황제에게 반기를 들다.

797년 이레네가 로마제국의 여황제가 되다

800년 12월 25일 이레네가 황제 자리를 지키고 있음에도 카를 대제를 로마제국의 황제로 봉하다.

843년 비잔틴의 테오도라 황후가 성상 파괴 운동을 끝맺다.

859년 파티마 알 피흐리가 모로코에 코란 학교를 세우다.

962년 교황이 아델하이트와 오토를 신성로마제국의 왕후와 왕으로 봉하다.

1008년 일본 궁정 여인이 세계 최초의 소설을 쓰다.

1021년 시트 알물크가 실종된 남동생 대신 카이로를 다스리다.

1054년 로마 가톨릭 교회와 그리스 정교회가 분열되다.

1066년 노르만족 윌리엄 1세가 영국을 정복해 정복자 윌리엄으로 불리다.

1096년 수많은 사람들이 예루살렘을 되찾기 위해 제1차 십자군전쟁에 참전하다.

1120년 철학자 아벨라르가 제자 엘로이즈와 금지된 사랑에 빠지다.

1138년~1148년 비잔틴 공주 안나 콤네나가 아버지의 일생과 십자군전쟁을 기록하다.

1150년 힐데가르트 폰 빙엔이 루페르츠베르크 수녀원을 세우다.

1135년~1154년 영국의 마틸다와 사촌 스티븐이 왕좌를 두고 싸우다.

1147년 프랑스 왕비가 된 아키텐의 엘레오노르가 남편 루이와 함께 제2차 십자군전쟁에 참가하다. 이 전쟁에서도 기독교군이 패했다.

1187년 제3차 십자군이 시작되다. 그사이 엘레오노르는 영국 여왕이 되었다.

1204년 제4차 십자군을 향해 진군하던 군대가 기독교 형제의 도시 콘스탄티노플을 약탈하다. 기독교의 단결이 무너지다.

1206년 칭기즈칸이 몽골 부족을 통일하여 최초의 대칸이 되다.

1279년 칭기즈칸의 손자 쿠빌라이가 중국을 정복하고 중화제국의 황제로 등극하다.

1310년 마르그리트 포레트가 이단으로 몰려 화형을 당하다.

1339년 영국 왕이 프랑스 왕좌를 요구하자 100년 전쟁이 발발하다.

1429년 잔다르크가 오를레앙시를 구하고 영국인들을 프랑스에서 내쫓으려 하다.

1431년 '오를레앙의 성처녀' 잔다르크가 이단으로 몰려 화형을 당하다.

1509년 몽골 여왕 만두하이가 세상을 뜨다.

성상을 지켜낸 두 명의 황후

● 아들의 눈을 파낸 황후 ●

아름다워지고 싶으면 고통을 참아야 한다. 그리고 허영심은 어리석다. 비잔틴제국의 황제 레오 4세는 아야 소피아 성당에서 가져온 화려한 왕관에 마음을 뺏겼고, 틈날 때마다 그 왕관을 썼다. 역사가의 기록을 보면 그것이 치명적인 불행을 불러온 것 같다. 금과 보석은 찬란하게 빛이 났지만 무게가 엄청 무거운 데다 딱딱한 금속이 이마를 눌러서 상처와 종기가 생겼다. 그것이 곪아서 결국 죽음을 불러왔다고 한다. 황제의 예기치 못한 죽음은 한 여성에게 찬란한 미래를 열어주었다. 황제 부부의 아들이 아직 아홉 살밖에 안 되었기 때문에 황후 이레네가 왕홀을 직접 손에 쥔 것이다.

이레네가 왕좌에 올랐을 당시 비잔틴이라는 큰 배는 다시 격랑에 휩쓸렸다. 그러나 나라 걱정에 앞서 먼저 왕좌를 노리는 몇몇 경쟁자를 제거해야 했다. 특히 그녀의 아들이 성년이 되자마자 황제의 자리를 요구했고 궁의 많은 신하들이 그를 지지했다. 그때 이레네는 이미 15년 이상 나라를 다스린 후였다. 아들보다 권력이 더 좋았던 그녀는 아들의 눈알을 파내어버렸다. 이렇게 이레네는 미성년 황제의 섭정에 만족하지 않고 제국의 단독 황제가 되었다. 왕좌를 둘러싼 암투에서는 일단 승리를 거두었지만 이미 저질러진 또 다른 문제가 그녀를 기다리고 있었다.

아랍인들이 콘스탄티노플 성문으로 밀려오자, 군인들은 겁을 집어먹고 충격에 빠졌다. 이미 시리아와 예루살렘, 이집트를 필두로 제국의 상당 부분을 정복한 무함마드의 전사들은 도저히 무찌를 수 없는 막강한 군사력을 뽐냈다. 그것만 해도 골치가 아픈데 화산이 폭발해 거대한 돌덩이를 사방으로 날렸다. 절망에 빠진 비잔틴 사람들은 불행의 이유를 찾았다. 두 번째 계명을 지키지 않아서 신이 벌을 내린 것이 아닐까? 우상을 섬기지 말라던 그 계명 말이다.

많은 이들이 그 말을 믿었다. 그래서 레오 3세는 교회와 집을 장식한 성상을 파괴하라고 명령했다. 성상 파괴의 폭풍이 시작되었다. 사방에서 군인들이 교회와 기독교도의 집으로 몰려가 성상을 뜯어내 부쉈다. 무시무시한 일이었다. 성상 파괴에 동조한 군인들은 그것으로 신의 가호를 회복할 수 있기를 바랐다. 우연이었는지 그 직후 정말로 비잔틴의 군대가 승리를 거두었다. 그 사실에 힘을 얻은 군인들은 더욱 성상 파괴의 효력을 믿게 되었다.

그러나 군대 밖에서는 아직도 많은 이들이 성상 파괴에 저항했다. 정성껏 그린 성화는 수백 년 동안 신의 집으로 들어가는 문이었다, 하늘의 신과 대화를 나눌 수 있도록 도와주는 중개인이었다. 많은 사람들이 성상을 가족처럼 아끼고 사랑했다. 그러니 부수라고 선뜻 내줄 리 만무했다. 부수려는 자와 뺏기지 않으려는 양쪽의 싸움이 치열했다.

이레네 역시 분노한 군중의 성상 파괴에 공감할 수 없었다. 그녀는 성상 파괴령을 철회하기 위해 명망 있는 교부들에게 편지를 보내 공의회를 소집했다. 그러나 단기간의 승리에 취한 군인들이 신의 노여움을 살까 봐 겁을 냈다. 그들은 결의를 방해하기 위해 말을 타고 회의장을 습격하여 주교들을 쫓아버렸다. 이에 이레네는 그녀에게 반기를 든 장군을 다른 사람으로 교체하고 다시 공의회를 소집했다. 파괴의 폭풍은 그렇게 끝이 났고 성상은 다시 교회와 집의 예전 자리로 되돌아갔다.

● 여황제는 인정할 수 없다 ●

정말로 일 분 일 초가 급한 시점이었다. 한시라도 빨리 국내 문제를 해결해야 했다. 바깥에서 밀려오는 적들을 겨우겨우 막아내고 있었기 때문이다. 일단 카이주란의 아들인 칼리프 하룬 알라시드에게 상당한 돈을 주어 아랍인들의 침공은 막았지만 동쪽이 진정되니 이번에는 서쪽에서 일이 터졌다. 물론 이레네가 황제가 되기 전에 이미 벌어진 일이었다.

로마에 스스로를 교황이라 부르는 주교가 있었다. 그도 로마제국의 다른 주교들처럼 콘스탄티노플의 황제를 섬겼다. 그러나 게르만족에게 정복당한 이후 로마는 더 이상 안전지대가 아니었다. 계속해서 새 민족들이 로마를 정복하겠다고 코앞까지 밀고 들어왔다.

이레네의 선대 황제 시절에 이미 이런 이민족의 침략을 막지 못해서 로마의 교황을 지켜주지 못했던 일이 여러 차례 있었다. 비잔틴제국에는 방어해야 할 국경이 너무 많았다. 제아무리 '액체 불'을 가진 군대라 해도 벅찬 일이었다.

그래서 교황은 자신을 보호하기 위해 다른 길을 찾을 수밖에 없었다. 이탈리아가 적들에게 에워싸이면 그가 선택할 수 있는 방법은 하나뿐이었다. 먼 곳에서 동맹군을 찾는 것이었다. 이탈리아 북부에는 알프스 산맥이 있다. 쉽게 넘을 수 없는 천혜의 국경이다. 그러나 궁하면 통한다 했다. 교황은 산을 넘어 프랑크 왕국의 피핀 3세를 만났다. 피핀의 아버지 카를 마르텔은 에스파냐를 넘어 프랑크 왕국을 침략한 아랍인들을 막아낸 왕이었다. 그러니까 프랑크 왕국은 강력한 동맹군이 될 수 있었던 것이다.

로마 교황과 피핀 왕은 동맹을 맺었다. 콘스탄티노플의 황제가 보기엔 위험천만한 사건이었다. 그는 프랑크 왕국으로 사신을 보내 피핀에게 비싼 파이프오르간을 선물했다.

훗날 다시 궁지에 몰린 교황은 이번에도 비잔틴의 황제 대신 알프스를 넘어 프랑크 왕국에 도움을 청했다. 그런데 그사이 프랑크 왕국의 왕좌에는 피핀의 아들인 카를 대제가 앉아 있었다. 카를은 출정하는 곳마다 승전보를 울리며 자국의 영토를 사방으로 넓힌 왕이다. 그 결과 로마제국이 멸망한 후 최초로 대제국이 탄생했다. 아직 이름은 없었지만 오늘날의 프랑스와 독일 대부분을 아우른 이제국의 크기는 실로 대단했다.

그 카를이 이번에는 교황을 지키기 위해 이탈리아로 달려갔다. 그리고 그곳에서 두 사람은 일찍이 없었던 놀라운 일을 저질렀다. 800년 크리스마스에 교황이 프랑크 왕국의 왕 카를을 로마 황제로 봉해버린 것이다. 마치 콘스탄티노플의 왕좌가 비어 있기라도 한 양 그런 일을 저질렀다. 두 사람이 동맹 체결에 그치지 않고 프랑크 왕국을 새로운 로마제국으로 만들어버린 것이다. 갑자기 로마제국이 두 개가 되었다. 황제도 두 명이었다.

물론 있을 수 없는 일이었다. 그래서 교황은 서둘러 핑곗거리를 찾았다. 여자가 로마제국의 황제라는 사실을 인정할 수 없다는 핑계였다. 여자가 앉은 왕좌는 빈 왕좌와 같다는 것이었다.

콘스탄티노플에서 가만히 있을 리 없었다. 아무리 교황이라도 너무나 말도 안 되는 짓을 저질렀다. 아랍인의 손에 넘어간 지중해는 더 이상 로마제국의 중심이 아니라 유럽과 아랍 무슬림 세계를 나누는 국경이 되었다. 이런 상황에서 기독교인들이 서로 뭉쳐야 옳지 않을까? 교황과 이제 막 왕관을 받은 새 황제는 자신들이 기독교 제국을 분열시켰다는 사실을 절감할 수밖에 없었다.

● **허사로 돌아간 결혼** ●

황제의 자문들은 로마제국의 분열을 막으려 노력했다. 카를과 교황이 공동 사절단을 꾸려 이레네에게 보냈다. 그들은 카를과 이레네의 결혼 문제를 협상할 예정이었다. 갑자기 생긴 틈을 메우기 위해 추진한 결혼이었다.

그러나 카를은 바그다드에도 사신을 보내 하룬 알라시드와 동맹을 협상했다. 이레네는 사면초가에 빠졌다. 카를과 결혼을 하면 숨통이 트일 수도 있었기 때문에 그녀는 결혼 제안을 거절하지 않았다. 심지어 그녀가 먼저 카를에게 결혼을 제안했다고 주장하는 이들도 있다. 그러나 비잔틴 왕궁의 전략가들은 충격에 휩싸였다. 그 동맹이 어떤 결과를 초래할지 너무 뻔했기 때문이다. 만일 이레네가 세상을 떠나고 나면 다음 황제는 카를이 사는 아헨에서 대관식을 치러야 할 판이었다. 그것은 곧 콘스탄티노플 시대의 종말을 의미했다. 프랑크 왕국이 권력을 장악하면서 콘스탄티노플은 말 그대로 벼랑 끝으로 몰렸다. 그런 사태를 막을 방법은 단 하나였다. 서둘러 남자를 왕좌에 올리는 것이었다.

이레네의 재무상이 몇몇 군인들을 모아 궁정 반란을 도모했다. 이른 아침 그는 군인들을 데리고 몰래 여황제의 내실로 잠입해 그녀를 생포했다. 몇 시간 후 재무상은 스스로 황제가 되었다. 이레네는 섬에 유배되어 여생을 외부 세계와 단절된 채 살았다.

로마제국이 되고 싶었던 프랑크 왕국은 카를 대제가 세상을 뜨자 다시 분열되었다. 그의 아들과 손자들이 나라를 나누어 동프랑크 왕국과 서프랑크 왕국이 탄생했다. 훗날 두 나라는 각기 프랑스와 독일이 되었다. 그러나 그 전에 다시 수많은 소국으로 분열되었고, 그 작은 나라들은 비잔틴을 크게 위협하지 못했다.

● 성상 논란을 끝맺다 ●

성상을 둘러싼 논란이 또 다시 불붙었다. 군인들이 미신에서 쉽게 놓여나지 못했기 때문이다. 황제 역시 성상을 금지하여 신의 마음을 달래고 군의 승리를 돕고자 했다. 콘스탄티노플 시민들도 두 진영으로 나뉘었고, 황제가 바뀔 때마다 계속 문제가 대두되며 도무지 끝날 줄을 몰랐다.

성상 숭배자들에게 특히 가혹했던 황제가 한 사람 있었다. 테오필로스 황제였다. 신붓감을 찾던 그는 카시아를 보고 한눈에 마음을 뺏겼다. 그녀에게 말을 걸기 위해 농담 삼아 아담과 이브의 이야기를 먼저 꺼내고는 이렇게 말했다. "악은 여자에게서 온다." 그러자 미모뿐 아니라 교양도 출중했던 카시아는 성모 마리아를 상기시키며 대답했다. "선은 여자에게서 온다." 황제는 감히 자기 말에 반박하는 그녀의 태도가 못마땅해 다른 여자와 결혼했다. 카시아는 수녀원을 세우고 그곳에 들어가 시를 짓고 노래를 만들었다. 카시아의 순발력 있는 답변만 아니었어도 그녀는 황후가 될 수 있었을 것이다. 한번은 테오필로스가 수녀원을 찾아갔지만 카시아는 끝내 모습을 보이지 않았다. 한 마디 대답으로 얼마나 큰 대가를 치렀는지 떠올리고 싶지 않았을 것이다. 어쩌면 한적한 수녀원에서 창작에 전념할 수 있어서 더 좋았을지도 모르겠다.

성상 숭배자들을 가혹하게 박해했던 테오필로스는 카시아 대신 테오도라와 결혼했다. 성상의 입장에서 보면 다행스러운 일이었다. 황제가 세상을 뜨고 국정을 넘겨받은 테오도라는 이레네를 본받아

공의회를 소집했고, 그곳에서 성상 파괴에 종지부를 찍었다. 군대의 미신 탓에 두 번이나 타올랐던 성상 파괴의 불길은 두 번 다 여자에 의해 그 불길이 잡혔고, 성상은 다시 제자리로 돌아갔다.

키예프 공국의 여대공

● 여대공 올가 ●

중세엔 세계지도가 쉬지 않고 달라졌다. 아랍인들이 콘스탄티노플과 중국 사이의 큰 영토를 답사하기가 바쁘게 다른 민족들이 등장했다. 어디서 왔는지 모를 사람들도 있었다. 갑자기 터키인들이 강성해져 중국의 국경을 위협했고, 흑해의 북쪽에서도 새 국가가 탄생했다. 키예프 루시(키예프 공국)였다. 이 루시가 몇백 년 후 러시아가 되었다고 한다.

이 키예프 공국이 흑해 너머 콘스탄티노플 방향으로 전함을 파견했다. 그러나 비잔틴제국의 액체 불에는 대항하지 못했고, 얼마 후 키예프 루시의 여대공 올가가 평화의 사명을 띠고 콘스탄티노플을 찾아갔다. 그곳에서 그녀는 처음엔 여자들이 기거하는 내실에서 황후의 영접을 받았다. 그러나 그녀는 왕의 아내가 아니라 왕의 자격으로 방문한 것이었다. 마땅히 키예프 루시의 국가 수장 대접을 받아야 옳았다. 따라서 사람들은 그녀에게 왕의 허리띠를 둘러주고 풍성한 연회를 베풀어주었다. 그 자리에선 남녀의 구분을 없애 그녀가 황제 바로 옆자리에 앉았다고 한다.

아마 비잔틴 사람들은 올가의 사연을 이미 알았던 것 같다. 그녀는 키예프 루시가 아직 정식 국가가 아니었을 때 대공이던 남편 이고르와 결혼했다. 흔히 시작은 그러했다. 한 가문이 특정 지역을 정복하고 그곳에 사는 민족에게 조공을 강요한다. 이들이 거부하면 전쟁이 일어난다. 이고르는 그의 요구를 거부한 드레블리안족에게 살해당했다. 이고르가 그들에게 가죽과 밀랍, 꿀은 물론이고 비잔틴과 교역하기 위해 필요한 배까지 요구했기 때문이다. 러시아 사람들은 콘스탄티노플을 자주 공격했지만 손익을 따져 필요할 때는 교역도 마다하지 않았다.

이고르의 아들 스비아토슬라브 1세가 아직 미성년자였기 때문에 올가가 아들을 대신해 남편이 정복한 땅을 다스렸다. 그녀는 저항하는 자들을 가혹하게 벌했다. 훗날 러시아에서는 드레블리안족을 함정에 빠뜨려 복수한 그녀의 이야기가 사람들 입에 오르내렸다. 또한 올가는 개혁을 단행해 권력의 기반을 다졌다. 러시아 역사상 최초였다. 이 개혁 조치를 통해 그녀는 키예프 공국를 국가로 성장시켰다.

● 키예프 공국이 세례를 받다 ●

여대공은 통일 국가엔 통일 종교가 필요하다는 사실을 잘 알았다. 그래서 비잔틴제국의 황제에게 백성들의 개종을 도와주고 사제를 파견해달라고 부탁했다. 그러나 비잔틴에만 의존해서는 안 된다는 것도 잘 알았다. 교황과 프랑크 왕의 동맹을 전해들은 그녀는 찢어진 프랑크 왕국의 다른 한쪽을 다스리는 오토 대제에게도 사신을 보냈다. 그에게도 공국의 기독교 전파에 도움을 줄 주교를 임명해달라고 부탁했다.

그러나 얼마 안 가 올가의 아들 스비아토슬라브가 왕좌에 올랐다. 올가의 우려대로 그는 기독교를 거부했고, 사방의 이웃 나라들과 전쟁을 하느라 여념이 없었다. 프랑크 왕국의 주교는 쫓겨났고 주교의 신하 몇 명은 고향으로 돌아가는 길에 목숨을 잃기도 했다. 스비아토슬라브가 죽고 왕위에 오른 올가의 손자 블라디미르 1세는 키예프 공국을 기독교화하겠다던 할머니의 계획을 다시 이어나갔다.

블라디미르의 기독교화 정책은 전략적 이유에서였다. 그는 비잔틴과 동맹을 맺고 싶었다. 그에게는 강한 군사가 있었고 비잔틴은 늘 적의 위협에 시달리는 처지였으므로 그는 이전의 그 어떤 유럽 왕도 감히 하지 못했던 일을 성사시켰다. 비잔틴의 황제에게서 진짜 공주, 그러니까 자색 방에서 태어난 적통 공주를 아내로 주겠다는 약속을 받아낸 것이다. 물론 군사적 지원의 대가였다. 황제의 딸 안나는 키예프 공국으로 떠났다. 그녀의 임무는 공국을 기독교화하려는 블라디미르를 돕는 것이었다.

키예프 공국이 기독교를 받아들이기로 한 데 대해 이런 이야기가 전해온다. 블라디미르가 각 나라의 종교에 대한 정보를 얻기 위해 신하들을 보내 예배에 참석하게 했다. 이슬람 국가에서 돌아온 신하들은 이슬람은 술을 금지하기 때문에 받아들여서는 안 된다고 조언했다. 프랑크 왕국의 예배에 참석했던 신하들도 그리 좋은 말을 하지 않았다. 그런데 콘스탄티노플을 다녀온 신하들은 찬탄을 금치 못했다. "하늘인지 땅인지 모를 정도였습니다." 그래서 블라디미르가 비잔틴의 종교를 받아들이기로 결심했다고 한다. 아마 그 신하들은 콘스탄티노플의 화려한 모습에 감동을 받았을 것이다.

물론 이건 재미있으라고 지어낸 이야기다. 실제로 새로 탄생한 국가에겐 구원을 약속하는 여러 종교 중에서 어느 하나를 고를 선택권이 있었을 것이다. 그러나 둘 다 기독교를 대표한다는 로마의 교황과 콘스탄티노플의 황제가 경쟁을 벌였다는 사실은 분명 놀라운 일이었다. 이것만 보아도 당시 서방과 동방의 알력이 얼마나 심했는지 충분히 짐작할 수 있다. 누가 주도권을 가질지 의견 일치를 보지 못했다. 로마의 교황은 점점 더 자기 멋대로 결정을 내렸고, 동과 서의 왕들뿐 아니라 교회들까지도 점차 서로 멀어지기 시작했다.

로마의 편이 되려면 라틴어 성서를 보급하고 미사도 라틴어로 진행해야 했다. 교황이 그렇게 정했다. 그러나 콘스탄티노플의 총대주교는 생각이 달랐다. 올가가 콘스탄티노플을 방문하기 훨씬 전에 키릴로스와 메토디오스 형제가 모라비아를 여행하고 성서를 슬라브어로 번역했다. 보헤미아와 모라비아 사람들도 슬라브 민족이었기 때문이다. 그러나 아직 그들에겐 문자가 없었으므로 발음을 옮길 알파벳이 필요했다. 키릴로스는 둥근 기호와 모난 기호로 복잡한 글자를 만들었고, 훗날 이것은 조금 더 간소한 문자로 대체되었다. 사람들은 이 문자를 키릴 알파벳이라고 불렀다. 그의 문자는 이웃 불가리아 왕국은 물론이고 러시아에까지 널리 보급되었다. 안나 공주가 사제들을 데리고 콘스탄티노플을 떠나 키예프 공국으로 올 때 그녀의 짐 보따리에는 슬라브어로 번역한 성서가 들어 있었다. 그래서 러시아 사람들은 새 종교를 처음부터 자기 언어로 배웠다. 교황의 명령도 이곳에서는 통하지 않았다. 지금까지도 교황은 동방 정교회에는 아무런 영향을 미치지 못한다.

결혼으로 이룬 왕국

● 신성로마제국의 탄생 ●

프랑크 왕국이 분열된 후 다시 유럽에는 수많은 작은 나라들이
생겨났다. 이들이 유럽 대륙을 체스판처럼 잘게 나누었다. 물론 체
스판처럼 정방형은 아니었지만 말이다. 그리고 그 작은 나라의 왕
들이 체스판의 말처럼 서로를 판에서 밀어내기 위해 쉬지 않고 다
투었다. 한쪽이 다른 쪽을 무찌르면 무찌른 적의 나라를 집어삼켜
자기 땅으로 만들었다. 이탈리아라고 해서 다를 것이 없었다. 이탈
리아의 왕 로타르 2세가 미처 눈을 감기도 전에 이브레아의 베렌가
리오가 성문 앞에 서서 이탈리아를 내놓으라고 재촉했다. 그의 계
획은 간단했다. 자기는 왕이 되고 자기 아들은 왕의 미망인인 아델
하이트와 결혼시키려고 한 것이다. 모든 정황상 왕후가 왕국을 자
발적으로 넘겨줄 것 같았다.

그러나 그의 계산은 틀렸다. 아델하이트는 결혼을 거절하고 스스

로 감옥으로 들어갔다. 아마 사랑하지 않는 남자랑 사느니 성 안의 어두운 감옥이 더 낫다고 생각했을지도 모르겠다. 그렇게 그녀는 4개월 동안 적의 성에서 살았다. 엄중한 감시를 받았고 충직한 하녀 한 명과 사제 한 명만 곁에 두었다. 그러나 그녀는 탈출에 성공한다. 기록에 따르면 그녀가 직접 땅굴을 파 그곳으로 무사히 성을 빠져나왔다고 한다.

아델하이트는 자유를 얻었지만 가지고 있던 모든 것을 잃었다. 왕좌를, 빼앗긴 남편의 왕좌를 되찾으려면 동맹군이 필요했고 그러자면 결혼을 할 수밖에 없었다. 그녀는 서둘러 적임자를 찾았다. 마침 오토 대제가 아내와 사별한 참이었고, 아델하이트에게 필요한 군대도 갖고 있었다. 오토 역시 이탈리아의 왕후에게 관심을 보였다. 유럽의 체스판에서 이탈리아가 제일 중요한 땅이었기 때문이다. 이탈리아에는 교황이 살고 있었다. 그리고 그 교황이 왕을 황제로 만들어줄 수 있었다. 두 사람의 계산이 맞아떨어졌다. 아델하이트는 성대한 의식을 준비해 공동 통치자의 자리에 올랐다. 당시로서는 이례적인 일이었다. 신성로마제국의 황제에게만 왕관을 씌워주던 교황이 이제부터는 왕비에게도 관을 씌워 왕후로 봉하게 된 것이다.

비잔틴제국의 황제가 여전히 로마제국 전체의 수장이었음에도 다시 한번 서로마제국이 건국되었다는 건 선전포고와 다를 바 없었다. 이번에는 교황도 여자를 핑계로 비잔틴의 왕좌가 비었다고 우길 수 없었다. 따라서 이번에는 비잔틴의 마음을 달랠 방안을 모색했다. 아델하이트와 오토는 비잔틴의 궁전으로 사람을 보내 오토의 아들과 비잔틴의 공주를 결혼시키자고 제안했다. 자기 딸이 다스리는 나라를 치러 오지는 못할 것이라는 계산이었다.

협상은 순조롭게 진행되었고, 테오파누 공주가 비잔틴에서 서방의 제국으로 건너왔다. 그녀가 가져온 비단옷과 보물에 사람들의 눈이 휘둥그레졌다. 은식기와 크리스털 술잔, 빗, 향수, 보석으로 만든 체스판······.

그러나 공주가 가져온 화려한 물건들보다 더 사람들을 충격에 빠뜨린 것은 테오파누가 가짜 공주였다는 사실이었다. 그녀는 자색 방에서 태어난 황제의 딸이 아니라 어떤 장군의 조카딸이었는데, 그 장군이 그사이 황제를 암살하고 왕위를 빼앗은 것이다. 오토의 궁에는 분노의 불길이 일었다. 신부를 당장 돌려보내라는 요구가 들끓었다. 하지만 아델하이트와 오토는 평화를 깨고 싶지 않았다. 잘못하다가는 자신들의 제국과 왕좌가 위험할지도 몰랐다. 그래서 계획대로 성대한 결혼식을 올렸다.

오토는 아들 오토 2세를 테오파누와 결혼시켜 선대왕 카를과 달리 제국의 기틀을 단단히 다졌다. 귀족들을 자기편으로 만드는 데에도 성공했다. 그러나 권력의 안정을 위해서는 교황 및 교회와의 동맹이 더 중요했다. 그는 영토 곳곳의 땅을 주교와 수도원에 하사해 그들을 자기편으로 만들었다. 오토 대제가 세상을 떠났을 때 신성로마제국은 모두에게 인정받는 강국이었다.

여왕께 많은 날을 허락하소서

● 정말로 은밀한 비밀 ●

바그다드의 칼리프가 지배하는 아랍 대제국도 위태로웠다. 많은 이들이 마지못해 우마야드 왕조와 그 뒤를 이은 아바스 왕조에 허리를 굽혔다. 그러다가 아랍인들이 이슬람의 이름으로 세상의 절반을 정복하자 각 지방 제후들이 힘을 얻게 되면서 제국에서 떨어져나가기 시작했다. 바그다드에선 그저 손 놓고 쳐다보기만 할 뿐 달리 어쩔 도리가 없었다. 그러나 칼리프는 세속의 왕일뿐 아니라 모든 무슬림의 수장이었다. 무함마드의 후계자이므로 세상에 단 한 사람만 존재할 수 있었다. 그를 향해 반기를 들려면 그것이 무슬림의 양심을 배반하지 않는다는 이유가 뒷받침되어야 했다.

칼리프의 적들에겐 그런 이유가 있었다. 그들이 꺼내 든 회심의 카드는 바로 알리였다. 무함마드의 아내 아이샤를 공격했고 훗날 우마야드 일가에게 암살당한 바로 그 사람 말이다. 알리는 무함마드의 딸 파티마와 결혼했다. 그러니까 그의 아들들은 선지자의 손자들이었다. 따라서 바그다드의 칼리프에게 반기를 든 자들은 살해당한 알리야말로 유일한 적통 후계자이며, 알리와 파티마의 후손들만이 이 최고의 자리에 오를 자격이 있다고 주장했다. 한마디로 바그다드의 칼리프가 가짜라는 것이었다.

그러나 주먹이 더 센 자의 교리가 먹히는 법이다. 수니파의 군사력이 훨씬 우세했으므로 알리와 파티마의 추종자라고 대놓고 고백하려면 목숨을 걸어야 했다. 그래서 시아파 사람들은 극소수의 자기 사람들한테만 교리를 전파했다. 한 시아파 이맘은 이런 글을 남겼다. "우리의 목적은 비밀 속의 비밀이다. 감추어진 것의 비밀이며, 다른 비밀을 통해서만 드러나는 비밀이다. 그것은 비밀을 통해 숨겨놓은 비밀의 비밀이다." 칼리프의 적들은 무함마드의 딸 파티마의 후손만이 진짜 칼리프라는 자신들의 교리를 그렇게나 비밀스럽게 지켰다. 바그다드 왕의 군사력에 필적할 만큼의 병력을 확보했다고 확신할 수 있을 때, 그때 자신들의 정체를 밝힐 수 있을 것이다. 마침내 10세기가 되자 그 정도의 군사력이 확보되었다. 시아파는 이집트에 새 국가를 세우고 자신들의 칼리프를 정했다. 있어서는 안 되는 일이었지만 갑자기 두 명의 칼리프가 존재하게 된 것이다.

● 동생 대신 칼리프가 되다 ●

오래도록 시아파의 이맘들은 바그다드의 칼리프들이 너무 사치스럽다고 비판했다. 그들의 넘치는 부가 선지자께서 원하시던 소박한 삶에 어긋난다고 말이다. 그랬던 그들이 권력을 손에 넣자 바그다드 못지않은 호사를 누렸다. 금은으로 수놓은 옷을 입고 도로와 운하를 건설했으며 화려한 궁전을 지었다. 카이로의 칼리프는 바그다드의 칼리프보다 더 화려한 모습으로 빛났다.

그리고 있어서는 안 될 일이 또 일어났다. 시트 알물크가 정사를 맡고 칼리프가 된 것이다. 물론 대부분의 역사책은 이런 사정을 언급하지 않는다. 그녀가 잠시 미성년 동생을 대신해 섭정을 했다고만 적어두었다. 하지만 그녀는 단독으로 나라를 다스렸고 시아파 무슬림의 수장이 되었다.

특별한 사건에는 항상 특별한 사연이 숨어 있는 법, 이 사건도 그랬다. 시트 알물크의 아버지는 능력이 대단한 칼리프였다. 그러나 어느 날 갑자기 사고로 공중목욕탕에서 급사했다. 그의 아들이자 후계자이며 시트 알물크의 남동생인 알하킴은 열한 살의 어린 나이였다. 무슨 일이 일어났는지 채 깨닫기도 전에 아이는 칼리프의 자리에 올랐다. 그러나 그가 왕위에 오르자마자 카이로의 분위기는 급속도로 음울해지기 시작했다. 새 칼리프가 도무지 맡은 바 소임을 다하지 못했던 것이다. 외롭고 불행하다고 느낀 그는 밤마다 거리를 돌아다녔다. 카이로 시민들에게도 자신을 따라 밤을 낮으로 삼으라고 명령했다. 그를 섬겨 가게 문을 활짝 열라고 말이다. 그러더니 갑자기 어느 날부터는 궁에 틀어박혀 사사건건 트집을 잡았다. 갑자기 개 짖는 소리가 듣기 싫다며 개를 모조리 죽이라고 명령했다. 여자들을 괴롭히는 이상한 명령도 내렸다. 여자는 웃지도 울지도 말라고 했다. 온 몸을 가리라고도 했다. 그러더니 아예 집 밖으로 나오지 못하게 하고 여자들이 가는 공중목욕탕을 폐쇄했다. 심지어 구두장이에게 여자들의 신발을 만들지 말라고 했다. 명령을 어기고 거리로 나간 여성은 죽임을 당했다. 7년 동안 여자들은 집에 갇혀 살았다. 그리고 마침내 알하킴이 스스로를 신이라 생각한다는 소문이 돌았다. 신이 다시 오실 것이라 예언했던 몇몇 학자들은 옳다구나 무릎을 쳤다. 그러나 대부분의 사람들은 황제가 미쳤다며 혀를 찼다.

그러던 어느 날 카이로가 구원을 받았다. 알하킴이 그냥 사라져버린 것이다. 무슨 일이 일어났는지에 대해 말들이 많았다. 칼리프가 암살당했을까? 사고로 죽었을까? 반역이 있었다면 누이 시트 알물크도 공모했을까? 그의 시신이 발견되지 않았으므로 사건은 끝내 미결로 남았다.

칼리프가 하루아침에 사라져버리다니! 아무도 예상 못한 일이었다. 이슬람 율법에는 그럴 때 어떻게 하라는 규정이 없었다. 그래서 시트 알물크가 권력을 장악했다. 왕이 없는 것보다는 그 편이 나았기 때문이다. 능력 있는 칼리프와 기독교도 노예의 딸이었던 그녀는 부모로부터 관용과 열린 마음을 배웠다. 아마 왕좌에 오르자마자 옛 질서 회복이 가장 시급한 현안이었을 것이다. 그녀는 무사히 그 일을 해냈다. 카이로는 미친 칼리프에게서 해방되어 다시 번영의 꽃을 피웠다.

• 아스마와 아르와 •

카이로의 권력은 동맹의 네트워크를 바탕으로 쌓은 것이었다. 아랍의 수많은 지역 소국들이 바그다드로부터 독립하기를 열망했고, 자신을 도와준 대가로 시아파의 칼리프를 종교의 수장으로 인정해주었다. 이 동맹국 중 한 곳이 카이로의 동의를 얻어 예멘을 정복했고, 더 나아가 무슬림의 성지인 메카까지 손아귀에 넣었다.

새 예멘 왕이 제일 먼저 한 일은 여성과의 공동 통치를 만천하에 선포한 것이었다. 아스마 왕후는 베일을 쓰지 않은 채 회의에 참석했고, 어디를 가든 남편과 동행했다. 30년 후 왕이 메카로 순례를 떠날 때도 그녀가 옆을 지켰다. 두 사람은 1000명이 넘는 신하를 이끌고 메카로 떠났다.

그런데 사막에서 왕이 암살당하고 말았다. 적군이 야영지로 몰래 숨어들어와 천막 앞에 서서 동생과 담소를 나누던 왕을 칼로 찔러 죽인 것이다. 자객들은 수적으로 열세였지만 힘으로 사람들을 제압하고 왕후 아스마를 납치했다. 그리고 왕의 머리를 베어 말뚝에 꽂은 다음 왕후를 가둔 감옥 창문 앞에 세워두었다.

시간이 많이 흘렀지만 아스마는 용케도 가족에게 자신이 아직 살아 있다는 소식을 전했다. 그 소식을 들은 아들 알무카람이 무사들을 데리고 어머니를 구하러 나섰다. 그러나 정작 어머니를 찾은 아들은 너무나 기쁘고 슬픈 나머지 쓰러지고 말았다.

아들이 그 일로 반신불구의 몸이 되자 아스마가 정사를 맡았다. 흔치 않은 일이었다. 왕가에 왕위를 물려받을 사촌이 있었기 때문이다. 그러나 아스마는 직접 정치를 했고, 그녀가 세상을 떠난 뒤에는 당연한 듯 며느리 아르와가 시어머니의 자리를 물려받았다. 암살당한 아스마의 남편도 죽기 전에 늘 아르와가 "우리에게 무슨 일이 생길 경우 우리 왕조의 존립을 보장할 유일한 사람"이라고 말했다. 이렇듯 예멘의 왕가에선 권력이 여자에게서 여자에게로 이어졌지만, 그 누구도 반감을 가지지 않았던 것 같다.

아르와 여왕은 시아버지의 복수를 하기로 결심했다. 범인이 아직 살아 있다는 사실을 알고 그에게 똑같이 갚아주었다. 이에는 이, 눈에는 눈이라고 하지 않던가! 그녀는 그를 암살하고 아내를 잡아가둔 후 감옥 창 앞에 남편의 머리가 박힌 말뚝을 꽂았다.

아르와는 뛰어난 왕의 자질을 발휘했다. 전쟁을 치르고 국가를 이끌고 대형 건축물을 세우고 교육과 문화를 부흥시켰다. 예멘의 시아파 학자들이 바다 건너 인도까지 이슬람을 전파했다. 그곳 북쪽에서 이슬람교가 널리 퍼져나갔다.

당시 무슬림 세계에선 금요예배 때 이맘이 칼리프의 이름과 왕의 이름을 부르는 풍습이 있었다. 그러나 여성에게는 이런 명예가 주어지지 않았다. 무슬림 국가들의 역사를 살펴보면 오랜 기간 혼자서 나라를 다스린 여왕들이 몇 명 있었지만 금요예배 때 그들의 이름을 부르지는 않았다. 시트 알물크조차도 자신의 이름이 불리기를 바라지 않았다. 남자들이 자신을 얼마나 눈엣가시처럼 여기는지 잘 알고 있었기 때문이다. 그러나 아스마와 아르와는 예외였다. 두 사람은 알후라Al-hurra, 즉 '누구에게도 복종할 필요가 없는 자유로운 여자'였다. 그들의 권력은 매주 금요예배를 통해서도 확인되었다.

반면 카이로의 칼리프는 예멘의 상황에 불만이 많았다. 그래서 아르와의 남편이 세상을 뜨자 칼리프는 아르와를 왕좌에서 끌어내리라는 명령과 함께 동맹군을 예멘으로 보냈다. 그는 당연히 예멘에도 자기 뜻을 지지하는 사람들이 있을 것이라 확신했다. 그러나 예멘의 병사들과 백성들이 합심하여 여왕을 지켰기 때문에 칼리프의 동맹군은 빈손으로 물러날 수밖에 없었다. 아르와는 그 후로도 20년간 더 왕좌를 지켰다. 그러니까 거의 50년 동안 나라를 다스린 셈이다. 백성들도 금요예배 시간마다 여왕의 장수를 빌었다. "알라시여, 완전한 자 알후라께, 정성을 다해 신자들의 운명을 인도하시는 여왕께 많은 날을 허락하소서."

아르와가 세상을 뜰 무렵이 되자 수니파와 시아파의 권력관계도 역전되었다. 카이로의 시아파 칼리프가 더 이상 큰소리칠 수 없는 상황이었다. 수니파가 다시 주도권을 장악해 시아파를 북아프리카에서 내쫓아버린 것이다. 훗날 시아파는 페르시아에서 새 고향을 찾게 된다.

시트 알물크, 아스마, 아르와의 이야기는 무슬림의 여성들도 교육을 받았고 할 수 없는 일이 없었던 시절이 있었다는 증거이다. 이 세 명의 여왕은 가장 유명한 사례일 뿐이다. 한 영국 학자가 여성 무슬림 학자의 이름을 세어보았더니 12세기까지 무려 8500명 정도였다고 한다. 그들 중에서 파티마 알피흐리는 9세기에 대학을 설립했다. 세계에서 가장 오랜 역사를 자랑하는 모로코의 알 카라윈 대학이 바로 그 주인공이다.

궁정 여인, 소설을 발명하다

● 헤이안쿄의 궁에서 ●

앞에서 살펴본 대로 일본 사람들은 많은 것을 중국에서 배웠다. 수백 년 동안 일본의 왕들은 중국에 사신을 보내 도시와 도로 건설, 예술, 문학, 건축 등 각종 분야의 최신 문물을 들여왔다. 불교 역시 인도에서 중국으로 건너온 후 중국으로부터 들여왔다.

그러다가 중국이 가장 강성하던 당나라 시절부터 일본도 서서히 중국의 영향력에서 벗어나기 시작했다. 당시 황제는 헤이안쿄平安京에 거주하고 있었다. 헤이안쿄는 평화와 안정의 수도라는 뜻이다. 훗날 헤이안쿄의 이름을 따서 헤이안 시대라고 불린 이 시대는 약 400년 동안 이어졌다. 이 시대가 막을 내릴 무렵 일본인들은 자체 문자와 문학을 갖게 되었다. 어쩌면 세계 최초의 소설일지도 모를 일본 최초의 소설 《겐지 이야기》가 탄생한 것이다.

이 소설을 쓴 사람은 무라사키 시키부라는 이름의 여성으로, 헤이안쿄의 황궁에 살던 궁정 여인이었다. 그녀는 소설뿐 아니라 일기도 썼는데, 남동생의 한자 공부를 지켜보던 자신의 심정도 일기에 담았다. 남동생은 과거 시험을 칠 예정이었는데 당시만 해도 아직 일본 문자가 없었기 때문에 한자를 배워야 했다. 여자들에겐 그런 교육의 길이 아예 막혀 있었다. 그런데 무라사키의 남동생이 옆에서 곁눈질로 배운 누나보다 더 배움이 늦었다. 일기장에는 이렇게 적혀 있다. "그러자 아버지께서 한숨을 쉬며 말씀하셨다. '네가 사내라면 내가 얼마나 뿌듯하고 행복하겠느냐.'"

궁에서도 한자를 아는 여자는 반기지 않았다. 여자는 너무 똑똑하지 않는 편이 더 나았다. 무라사키 역시 그 사실을 알고 있었기에 여성 독자들에게 이렇게 권했다. "여기저기서 조금씩 귀동냥하는 것이 제일이다. 그것으로 만족할 것이며 여성의 스타일과 전혀 맞지 않은 한자를 편지에 너무 많이 넣지 말아야 한다."

그래서 궁정의 여인들은 공부 말고 다른 일에 관심을 쏟았다. 시를 짓고 노래를 부르고 그림을 그리고 서로 이야기를 해주며 시간을 보냈다. 그런데 글자를 모르는데 이야기는 어떻게 적었을까? 한자를 배울 수 없었던 그들은 한자를 변형하여 새 문자를 만들어 쓰기 시작했다. 아이러니하게도 일본 문자는 여성들이 교육을 받지 못했기 때문에 탄생한 작품이다. 당연히 그 문자를 열심히 사용해 발전시킨 사람들도 여성이었다.

도시의 삶

● 대백작부인의 발치에서 ●

카노사성은 이탈리아 북부의 까마득하게 높은 바위 언덕 위에 자리 잡고 있었다. 엄청난 재산과 권력 때문에 '대백작부인'이라 불린 토스카나의 마틸데가 성의 탑에 오르면 발아래로 제국이 미니어처 세상처럼 펼쳐졌다. 남으로 눈을 돌리면 이탈리아의 언덕과 계곡이 내려다보였고, 북으로 고개를 돌리면 알프스가 올려다보였다. 그 너머엔 독일제국의 땅이 뻗어 있었다.

아델하이트와 오토는 프랑크 왕국의 왕과 이탈리아 교황의 동맹을 부활시켰고, 그 결과로 신성로마제국이 탄생했다. 알프스를 가운데 두고 제국이 둘로 갈렸을 뿐 아니라 권력도 두 사람에게로 나뉘었다. 교황과 왕이 권력을 두고 경쟁하게 된 것이다.

왕은 영토의 주인이다. 그러나 그 영토를 혼자 다 차지하지 않고 여러 영주에게 빌려주었다. 그 편이 더 실용적이었다. 영주들이 알아서 땅을 관리해주었으니까 말이다. 영주들은 높은 바위에 성을 지었다. 그리고 튼튼한 성벽을 두르고 종탑을 짓고 지하 감옥을 마련하고 해자를 파서 아무도 들어올 수 없는 철벽같은 방어 시설을 갖추었다. 농지는 농부들에게 나누어 경작시켰다. 이 농부들은 대부분 자유로운 신분이 아니라 농노였다. 노예처럼 함부로 팔리지는 않았지만 이들의 생사 여부는 영주의 손에 달려 있었다. 이들은 열심히 농사를 지어서 수확의 10분의 1을 영주에게 바쳤고, 그것으로 영주들은 재산을 불렸다.

영주와 지주, 그러니까 땅을 소유하여 경작을 시키는 모든 이들은 기사 작위를 받고 사냥을 하고 시합과 경기에 출전하거나 전쟁에 나갔다. 영주, 기사, 지주는 모두 귀족이었다. 그 시대 사람들이 신이 내리신 것이라 믿었던 사회질서의 일부였다. 농부들은 들에서 일을 하고, 성직자는 기도를 하여 모든 이의 마음에 평화를 깃들게 하며, 귀족은 중장비를 두른 용감한 기사가 되어 그들을 지켰다.

점점 영주들은 왕에게 빌린 봉토를 자기 땅이라고 생각했고 죽은 후 아들에게 물려주었다. 왕에게는 전쟁이 일어났을 때 충성과 지원군을 보내기만 하면 될 뿐이라고 생각했다. 왕의 입장에서는 못마땅한 일이었다. 여러 세대를 거쳐 봉토가 아버지에게서 아들에게로 상속된다면 그걸 어떻게 봉토라고 말할 수 있단 말인가? 그래서 오토 대제는 봉토를 영주들보다는 주교나 수도원에게 더 많이 내주었다. 성직자들은 결혼을 하지 않기 때문에 재산을 물려줄 수 없다. 그래서 주교가 세상을 떠나면 봉토는 다시 왕에게로 돌아왔다.

그런데 이상한 상황이 벌어졌다. 왕이 땅을 교회에 빌려줄 경우

주교는 두 명의 주인을 섬기게 된다. 땅의 소유주인 왕과 교회의 수장인 교황을 둘 다 주인으로 모셔야 하는 사태가 발생하는 것이다.

콘스탄티노플 사람들에겐 서방의 교황과 주교들이 영주와 왕처럼 행세하며 부와 재산을 쌓는 광경이 낯설고 이상했을 것이다. 비잔틴제국에선 여전히 수도원은 침묵과 금욕의 장소였다. 수도원은 번잡한 세상을 떠나 기도에 전념하기 위해 들어가는 곳이었다. 그러니 그들이 보기엔 서방의 주교들이 대놓고 권력자 행세를 하는 꼴이 참으로 이상했을 것이다. 심지어 기사처럼 이곳저곳을 돌아다니거나 전장에 나가 싸우는 주교들도 있었다.

교황의 권력이 커지면서 왕과의 동맹도 위태로워졌다. 교황 그레고리우스 7세는 모든 기독교도의 수장으로서 제국의 주교를 자신이 임명해야 한다고 주장했다. 심각한 갈등이 벌어졌다. 지금까지는 성직 서임권이 왕에게 있었다. 성직자들이 왕의 땅에서 활동했기 때문이다. 그런데 갑자기 교황이 이 권리를 빼앗으려 들었다. 그것이 성직 서임권 다툼의 시작이었다.

하인리히 4세가 교황에게 성직 서임권을 넘기지 않으려 하자 교황 그레고리우스가 극단적인 조치를 취했다. 하인리히가 임명한 주교들을 추방한 다음 왕을 파문하고 신앙심 깊은 기독교인이라면 그들을 섬겨서는 안 될 것이라고 선언했다. 유례없는 일이었다. 하인리히는 위험한 상황에 빠졌다. 많은 영주들이 교황을 지지하며 왕에게 등을 돌렸기 때문이다. 손 놓고 있다가는 큰일이 날 것 같았다. 교황은 이미 새 동맹군을 찾아 독일제국으로 길을 나선 뒤였다. 하인리히는 서둘러 알프스를 넘어 교황을 찾아 달려갔다.

그 소식을 들은 교황은 겁을 먹었다. 하인리히가 그를 공격한 후 교황 자리에서 내쫓고 새 교황을 앉힐 수도 있다고 생각했기 때문이다. 그래서 그는 친한 사이인 마틸데의 카노사성으로 도망을 쳤다.

그러나 하인리히는 교황을 공격하지 않았다. 그는 참회복을 입고 성의 안마당에 들어와 무릎을 꿇고 그레고리우스에게 용서를 구했다. 그래서 그 사건을 두고 '카노사의 굴욕'이라고 부른다. 하인리히의 행동은 너무나 인상적이었다. 더구나 겨울이었고 얇은 옷을 입은 왕은 엄청나게 추웠을 것이다. 훗날의 기록을 보면 하인리히는 그 성의 앞마당에 사흘 동안이나 있었고 마틸데가 울며 호소한 끝에 겨우 교황이 마음을 돌렸다고 한다. 다툼은 진정되었지만 완전히 해결된 것은 아니었다. 기독교 세계의 최고 수장이 누구인지가 아직 결정되지 않았던 것이다. 교황인가? 왕인가? 비잔틴의 황제는 아예 고려 대상이 아니었다.

하인리히, 그레고리우스, 마틸데는 다툼의 끝을 보지 못했다. 그들의 후계자들이 서로 타협하여 교황에게 성직 서임권을 보장해주었다. 교황의 권력은 더욱 커졌고 왕의 힘은 줄어들었다.

● 중세 도시의 질서 ●

마틸데가 카노사성에서 알프스 너머 독일을 바라보았다면 가장 먼저 눈에 들어오는 것이 있었을 테다. 바로 숲이다. 거대한 푸른 숲이 펼쳐져 있고, 성과 수도원, 그리고 그 성에 딸린 마을이 여기저기 흩어져 있었을 것이다. 그사이로 띄엄띄엄 로마시대의 주거지가 하나씩 박혀 있었을 것이다.

그러던 것이 점점 달라졌다. 어느덧 그 주거지들이 도시로 성장했다. 외부세계에 맞서 자신을 지키는 데 혼신을 다하는 성과 달리 도시 사람들은 활발한 상거래를 통해 막대한 부를 축적할 수 있었다. 시민들에게 세금을 거두어 도시의 부를 취했던 영주들은 새 도시의 건설을 독려했다. 그러한 차원에서 영주들은 농노에게 자유를 선사하고 각종 특혜를 약속했다. "도시의 공기가 자유를 준다." 영주들은 이렇게 선전했다.

도시를 세운 사람들은 자신에게 할당된 땅을 나누어 도로와 집을 지었다. 중심에는 교회와 큰 광장을 지었고, 그 광장을 빙 둘러 도로를 만들었다. 그리고 도시 전체를 성벽으로 둘러싼 후 성문을 철저히 지켜서 도시 시민과 도시를 찾아온 이방인을 구분했다. 시장 광장에서 뻗어 나온 작은 골목들엔 다양한 직업군의 사람들이 끼리끼리 모여 살았다. 무엇보다 수공업자들이 많았으므로 거리 이름도 직업에 따라 직조공 거리, 구두장이 거리, 제빵사 거리로 불렀다.

영주가 한 도시에 도시의 권리와 시장의 권리를 빌려주면 주민들은 자체 규약을 만들 수 있었다. 시민들이 시장과 시의회 의원들을 선출했다. 그럼 그들이 중앙 광장에 있는 시청에 모여 회의를 열고 중요한 현안을 결정했다. 곧 시민들 중에서 근면성실하고 운도 따라서 재산을 많이 모으고 주요 관직도 차지하는 사람들이 생겨났다. 이들 특권층을 훗날 도시 귀족이라고 불렀다. 이들은 하루 벌어 근근이 사는 대다수 사람들과 달랐다. 또 도시에는 대상과 소상인,

주인과 하인, 가정경제를 책임지는 결혼한 여성들과 그들의 시중을 드는 하녀가 있었다. 자선과 자비를 구걸하는 거지와 추방자, 병자와 가난뱅이도 있었다. 법원과 시재정국과 시의회, 시장직, 학교 같은 공직은 오직 남자들에게만 허락된 곳이었다. 여자도 자기 사업을 할 수는 있었지만 공적인 사안에는 참여할 수 없었다.

중세 도시의 삶은 철저한 규제를 받았다. 유대인들에게는 별도의 규칙이 적용되었다. 로마인들이 예루살렘의 사원을 파괴한 이후 유대인들은 세계 곳곳에 흩어져 살았지만 결코 그 지역의 종교를 받아들이지 않았다. 사람들은 유대인들에게 그들만의 구역을 정해주었다.

중세의 도시에선 유대인을 향한 증오가 심했다. 이런 증오는 수백 년 동안 많은 기독교인들이 이스라엘 민족에게 품어왔던 적대감과는 다른 것이었다. 증오가 거짓과 소문, 오해를 먹고 자라나 사람들의 머리에 단단하게 둥지를 틀었기 때문이다. 유대인에 대해 온갖 나쁜 소문이 퍼지기 시작했다. 유대인은 돈밖에 모르고 탐욕스러우며 교활하고 간사하므로 조심해야 한다고 말이다. 심지어 유대인들이 기독교도 아이들을 잡아다가 종교의식에 바친다는 소문도 돌았다. 명백히 그런 인신공양이 없었음에도 불구하고 기독교도들 사이에서 이런 소문은 몇백 년 동안 유지되었다.

영주들도 이런 증오심을 잘 알아서 유대인의 권리를 제약하는 조처로 그에 대처했다. 대부분의 직업이 유대인들에겐 금지되었다. 돈거래만 허락되었고, 때로는 쉽게 눈에 띄게 하기 위해 특별한 옷을 입도록 했다. 다른 활동이 법으로 금지되었으므로 많은 유대인들이 자연스레 금융 전문가가 되었다. 그런데 이 사실이 다시금 유대인은 돈 욕심이 많다는 편견에 불을 지폈다. 기사와 상인들은 유대인에게 돈을 빌려 썼고, 그렇게 생긴 빚은 돈을 빌려준 사람을 향한 시기심과 분노, 증오를 불러왔다.

● 사랑의 스캔들과 스콜라 철학의 시작 ●

중세에도 작은 도시와 큰 도시가 있었다. 거대한 중심지로 성장해 전 세계 사람들을 끌어들이는 찬란한 대도시들도 많았다. 여행객, 상인, 예술가, 학자, 특별한 목적 없이 길을 떠난 사람들이 이 낯선 곳에서 행운을 찾았다. 로마시대에 생겨나 오랜 역사를 자랑한 파리 역시 그런 매력적인 도시로 성장했다.

성당학교도 이런 도시들의 특별한 매력 포인트였다. 카를 대제가 모든 주교들에게 교회 옆에 학교를 지으라고 명령했고, 덕분에 교회는 교육의 중심지가 되었다. 사제나 수도사가 되려는 사람은 물론이고 판사나 시재무관, 관료, 의사가 되고픈 사람들도 이곳에서 수업을 들었다. 이 성당학교가 중세에 와서 대학이 되었는데 초기에는 거의 다 비슷비슷했다. 결혼을 하지 않은 성직자, 즉 사제나 주교들이 교수가 되어 학생들과 일종의 공동체를 형성했기 때문이다. 그러니까 대학도 순수 남성 공동체였다.

파리 성당학교는 특히 유명한 교수들 덕분에 로마제국의 국경 너머까지도 널리 이름을 알렸다. 학생들은 라틴지구라 불리는 구역에 모여 살았다. 학교에서 라틴어만 사용했기 때문에 이런 이름이 붙었다. 폴란드, 에스파냐, 작센 등 각지에서 학생들이 모여들었지만 라틴어만 사용했으므로 같은 내용을 배울 수 있었다. 기본 과목은 소위 '7자유학예Septem Artes Liberales'로 일컬어지는 라틴어, 논리학, 문법, 수사학, 천문학, 철학, 수학이었다. 음악도 수학에 포함되었는데 음을 세고 음 사이의 간격을 측정하기 때문이었다.

파리 성당학교엔 뛰어난 논리로 교수들까지 승복시킨 한 젊은 학생이 있었다. 그는 결국 강단에 올라 강의를 하게 되었다. 그의 이름은 아벨라르였다. 그는 믿음의 문제에도 이성과 논리적 사고를 투입해야 한다고 주장했다. 많은 사람들이 신앙의 문제에선 옛 교부들의 말씀을 따르기만 하면 된다고 생각했지만 아벨라르는 정반대로 주장했다. 이성을 통해서만이 신의 본성에 다가갈 수 있다는 것이었다. 아벨라르는 아리스토텔레스의 논리학을 근거로 들어 모든 사고는 논리적 입증을 거쳐야 한다고 요구했다. 이렇게 하여 스콜라 학파가 탄생했다. 스콜라 학파는 사고는 논리의 규칙에 부합할 때에만 지식을 생산할 수 있다는 원칙을 토대로 삼는다. 말하자면 논리가 모든 지식의 기초인 것이다.

중세 학문이 아리스토텔레스의 저서를 근거로 삼았다는 사실은 여성에게 별 도움이 되지 못했다. 그 고대 그리스 철학자가 여자를 불완전한 남자라고 주장했듯, 스콜라 철학의 가장 중요한 사상가로 꼽히는 토마스 아퀴나스 역시 이렇게 주장했다. "불완전한 여성은 신의 의도이다. 여성의 유일한 목적은 종의 보존이다."

그런데 하필이면 사상에 새 질서를 부여한 아벨라르가 중세의 질서를 엉망진창으로 만들어버린 일이 터졌다. 그것도 애정문제로 말이다. 어느 날 갑자기 학생들 사이에 뜨거운 사랑노래가 퍼져나갔다. 대학의 숭고한 연구 활동과는 도무지 어울리지 않는 내용이었다. 젊은 엘로이즈의 매력을 찬양하는 노랫말을 지은 사람은 그녀의 연인 아벨라르였다. 순결 서약을 한 성직자와 20살 연하의 미성년 여성의 사랑은 그야말로 스캔들이었다.

엘로이즈는 숙부 풀베르의 보살핌을 받으며 자랐다. 풀베르는 성당 참사관으로, 그가 재직한 성당의 부속학교는 다름 아닌 아벨라르가 강의를 하던 곳이었다. 풀베르는 자신이 보살피던 조카딸에게 최고의 교육을 시켜주려는 욕심이 있었다. 그러나 엘로이즈가 여자라서 강의실에 들어갈 수가 없었으므로 아벨라르를 가정교사로 채용하여 조카딸의 교육을 맡겼다. 그 다음 이야기는 아벨라르의 글을 통해 직접 확인할 수 있다. "간단하게 요약할 수 있네. 주거 공동체가 마음의 공동체가 된 것이지. ……책을 펼쳐놓고도 읽은 책 이야기보다 사랑에 대해 이야기를 나눌 때가 더 많았네. 교리보다 키스가 더 잦았지."

금세 학생들 사이에 소문이 돌았다. 그들의 비밀은 오래갈 수 없었다. 엘로이즈와 아벨라르는 파리 전역에서 가장 유명하고 가장 질투를 많이 받은 커플이었다. 결국 소문은 풀베르의 귀에까지 들어갔고, 그가 고용한 남자들이 밤에 침실에 잠입해 아벨라르의 성기를 잘라버렸다. 아벨라르의 충격은 이루 말할 수

없었을 것이다. 그는 수도원으로 들어가 버렸다.

엘로이즈 역시 여생을 수녀원에서 보냈다. 당시에 농민이나 하녀가 아닌 신분 높은 여성에겐 두 가지 길밖에 없었다. 결혼을 하거나 수녀원으로 들어가는 것이었다. 애인을 잃고 상심에 빠진 엘로이즈는 수녀원장의 자리까지 올랐지만 그런 출세도 이별의 슬픔을 달래주지는 못했다. 아벨라르가 몇 번에 걸쳐 제발 편지를 그만 보내라고 부탁했지만 그녀는 쉬지 않고 아벨라르에게 뜨거운 연애편지를 보냈다.

아벨라르는 다시 학문에 열정을 쏟았다. 그러나 그것이 오히려 사람들의 분노를 부추겼다. 영향력 있는 수도원장이자 아벨라르의 최대 적인 베르나르 드 클레르보가 그릇된 교리를 가르친다는 죄목으로 아벨라르를 교회 법정에 세웠다. 그릇된 교리 혹은 많은 사람이 그릇된 교리라고 생각하는 것을 일컬어 이단이라고 부른다. 이단의 죄를 진 자는 사형선고를 받을 수도 있었다. 아벨라르는 다행히 운이 좋아 목숨을 부지했지만, 그의 저서는 불태워졌고 그는 평생 침묵하라는 벌을 받았다.

• 힐데가르트 폰 빙엔 •

엘로이즈가 수녀원에서 잃어버린 사랑을 애달파할 동안 독일 출신 수녀의 명성이 하루가 다르게 높아가고 있었다. 그녀의 이름은 힐데가르트 폰 빙엔이었다. 당시의 공식적 교리는 아리스토텔레스의 주장에서 한 치도 더 나아가지 못해, 여자는 신학적 인식이 불가능한 존재였다. 그런 인식을 하기에는 여자의 이성이 아주 모자란다는 것이었다. 힐데가르트도 당연히 그런 시대적 분위기를 알았다. 그래서 자기주장의 설득력을 높이기 위해 겸손하게 스스로를 무지한 자라 불렀다. 그러니까 자신의 깨달음은 신의 계시라는 것이었다. 많은 순간 찬란한 빛이 눈앞에 나타나고 신이 한 말씀 한 말씀 불러주시면 자신이 그것을 기록으로 남긴다고 말이다. 신의 말씀이라면 제아무리 똑똑한 남자라도 무시할 수 없었다. 그러니 당연히 힐데가르트의 저서를 읽을 수밖에 없었다.

힐데가르트는 유명한 학자들과 접촉했다. 그중에는 아벨라르의 적인 베르나르 드 클레르보도 있었다. 교황까지 나서서 그녀가 글로 남긴 신의 환상을 세상에 공개해도 된다고 허락하자 그녀의 명성은 날로 치솟았고, 그녀는 직접 수녀원을 세웠다. 사람들이 힐데가르트를 보며 감탄한 이유는 신의 환영 때문만은 아니었다. 그녀의 의학적 지식 또한 대단했다. '심장을 튼튼하게 만드는 파슬리 와인'이나 '장의 독소를 빼는 알프스 회향 벌꿀' 같은 그녀의 약초 처방문은 지금까지도 전해진다. 조제 비법은 힐데가르트 개인의 수녀원 약국에서 나온 것이라고 한다. 그러나 그로 인해 힐데가르트를 약초 마녀로 폄하하고 전형적인 여성상에 맞추어 재단하려는 사람들도 많았다. 그러나 그녀는 그저 약초를 많이 알아서 건강 쿠키나 굽는 교양 있는 수녀로 그치지 않았다. 그녀는 철학자요 수녀원장이며 작곡가였다. 힐데

가르트가 작곡한 작품은 비잔틴의 카시아가 지은 찬가와 함께 지금까지도 남아 있다. 그러고 보면 우리가 이름을 아는 최초의 두 작곡가 카시아와 힐데가르트는 둘 다 여성이다. 파리 성당학교의 두 수도사가 현대식 악보를 발명한 것은 그 이후의 일이다.

안나 콤네나가 기록한 십자군 전쟁

● 황제의 딸, 역사가가 되다 ●

비잔틴제국 황제의 딸 안나 콤네나는 힐데가르트 폰 빙엔처럼 신의 계시를 받지 않았어도 글을 쓸 수 있었다. 그녀는 독서 모임을 만들어 다른 학자들과 자신의 생각을 나누었고, 아벨라르나 토마스 아퀴나스와 비슷하게 아리스토텔레스의 저서를 기독교 신학과 결합했다. 그럼으로써 그녀는 스콜라 철학자들이 고대의 스승 아리스토텔레스와 마찬가지로 여성의 능력을 오판하였음을 보여주었다. 안나의 공부는 단순한 교양 쌓기 수준을 넘어선 것이었다. 그녀는 철학, 수학, 음악, 의학을 공부했고 실무에도 능해 철학 모임과 더불어 병원을 운영했다.

안나는 자색 방에서 태어난 공주였다. 그래서 어린 시절부터 황제가 되는 꿈을 꾸었다. 그런데 안나의 약혼자를 후계자로 삼겠다던 아버지가 돌연 마음을 바꾸어 남동생을 왕좌에 앉혔다. 분노한 안나는 역모를 꾀했지만 계획은 발각되었고, 안나는 수녀원으로 추방되었다. 그녀는 크게 낙심했다고 한다. 그러나 오히려 조용한 수녀원 생활을 활용해 15권이나 되는 역사서를 집필하며 정치 지식을 뽐냈다. 그녀가 집필한 역사서 《알렉시아스》는 아버지 알렉시우스 1세의 삶을 주제로 삼았다.

● 십자군 ●

안나의 아버지가 왕좌에 앉았던 시절 콘스탄티노플은 또 한번 역사적 사건의 구심점이 되었다. 다시금 민족 대이동이 시작된 것이다. 이번에는 동에서 서로 방향을 잡아 유럽 대륙을 향했는데, 터키의 위협이 시발점이었다. 터키인들은 오랜 시간 중국과 국경을 다투었다. 그러다가 서쪽으로 영토를 확장하면서 아랍인들에게서 큰 땅을 빼앗았다. 이들은 일찍부터 이슬람교를 받아들였는데, 이제 비잔틴제국의 동쪽 국경을 침략하기 시작한 것이다.

터키인들에게 이미 뼈아픈 패배를 경험한 적이 있는 알렉시우스 1세는 도저히 이들을 물리칠 수 없다고 판단했다. 그래서 로마 교황에게 지원을 요청했다. 비잔틴 교회는 많은 점에서 로마와 의견이 달랐지만, 알렉시우스는 무슬림 적국을 막기 위해서라면 기독교도들이 단합하기를 바랐다. 교황은 콘스탄티노플의 부탁을 받아들여 이탈리아, 프랑스, 독일의 왕들에게 기독교 형제를 위해 참전해달라고 호소했다.

사실 알렉시우스의 호소는 지극히 평범한 군사적 사안이었다. 터키와 싸우는 데 힘을 보태달라고 부탁한 것이었다. 그런데 교황이 참전을 종용하기 위해 기독교인들의 마음과 명예에 호소한 것이 문제였다. "성지로 가자!", "비잔틴이 무슬림의 손에 넘어가게 하지 마라!" 교황은 이렇게 설교했다. 너무 오랫동안 예루살렘을 아랍인들의 손에 방치했다. 예수가 못 박힌 곳, 기독교의 성지를 되찾아야 할 때이다. 교황의 호소는 군사 문제를 종교 문제로 만들어버렸다. 기사들에게 참여를 호소했던 전쟁이 교황의 말을 통해 성전이 되고만 것이다.

　사람들의 입에 '십자군'이라는 말이 오르내리기 시작했다. 유럽 곳곳에서 설교자들이 십자군 참전을 호소했다. "신이 원한다."고 선언한 교황은 자신을 따르는 모든 이들의 죄를 용서하겠노라 약속했다.

　그 말의 효과는 실로 어마어마했다. 마침내 길을 나선 순간 거대한 군중이 모여들었다. 교황이 원했던 기사들만이 아니었다. 남자, 여자, 어린아이들까지 뒤섞인 오합지졸의 무리가 가세했다. 정식으로 훈련받은 기사군 대신 누구 하나 통솔하는 이도 없는 혼돈의 떼가 움직이기 시작했다. 수천 명의 순례객이 적을 무찌르겠다는 굳은 결심으로 고향을 떠나 비잔틴제국을 향해 걸었다. 그러나 비잔틴까지 가려면 몇 주가 걸릴 예정이었으므로 사람들은 도중에 몇 군데에서 유대인을 공격했다. 교황이 말씀하시지 않았던가? 신께서 모든 이교도를 무찌르라 명하였노라고. 아직 독일 땅도 채 벗어나지 못한 상황에서 터진 호전성은 유대인들을 향해 분출되었다.

십자군이 마침내 콘스탄티노플에 입성하자 갑자기 도시엔 음식과 잠자리가 필요한 사람들로 넘쳐났다. 훗날 그 사건을 기록한 안나 콤네나는 당시 열세 살의 어린 소녀였다. 그녀는 여러 지역에서 몰려온 십자군을 싸잡아 프랑크족이라 불렀다. 그리고 그 무지막지한 야만인들에게 분노를 느꼈다. 혼란을 틈타 거리를 돌아다니며 약탈을 일삼고 원하는 것을 무조건 빼앗는 자가 한둘이 아니었다. 콘스탄티노플은 대혼란이었다.

● 십자군이 예루살렘으로 향하다 ●

알렉시우스는 십자군에게 어서 콘스탄티노플을 떠나 예루살렘과 다른 정복 지역을 재탈환하라고 종용했다. 그러나 여정은 고달팠고 십자군은 몇 년씩 한뎃잠을 잤다. 그 고난을 이기고 살아남은 가난한 보병은 소수에 불과했다. 결국 교황이 바란 대로 성지에 도착한 사람들은 대부분 귀족 기사들이었다.

목적지에 도착하자 모두들 신의 사명도, 기독교 형제애도 싹 잊어버렸다. 노고의 대가를 하늘에 가서 받을 때까지 기다리고 싶지 않았다. 지금 당장 이곳에서 배를 불리고 싶었다. 그러나 정작 십자군 지휘관들은 약속과 달리 탈환한 지역을 비잔틴에 돌려주지 않고 자기들끼리 나누어 가졌다. 그리고 스스로를 야파, 에데사, 트리폴리스의 백작으로 임명했다.

노르만족 왕의 아들인 보에몽 역시 점령한 안티오키아를 비잔틴에 반환하지 않고 자신이 안티오키아의 왕이 되었다. 교황도 사신을 보내 보에몽을 왕으로 임명했다. 안나는 보에몽을 개인적으로 만난 적이 있었는데, 그의 카리스마에 깊은 인상을 받았다. 그가 훗날 적의 포로가 되었다가 몰래 도시를 빠져나간 사연도 책에 기록했다. 그는 적을 속이기 위해 관에 들어갔는데, 혹시 관을 열어볼까 봐 죽은 닭을 같이 집어넣어 시체 썩는 냄새를 풍겼다고 한다.

십자군은 많은 것을 바꾸어놓았다. 그전에도 유대인, 기독교인, 무슬림은 모두 자기 종교가 진짜라고 주장했다. 다른 종교를 믿는 자는 영원한 벌을 받을 것이며 믿음이 없다고 생각했다. 그러면  서도 서로를 존중했고 허심탄회하게 《토라》와 《성서》, 《코란》에 대해 토론했다. 그러나 십자군은 타 종교를 향한 이런 열린 자세를 허물어뜨렸다. 당연히 그 영향력은 적지 않았다.

중세 궁정의 여인들

● 영국 최초의 여왕 마틸다 ●

배를 타고 유럽 전역을 떠돌며 유럽인의 재산을 강탈하던 북방의 해적 바이킹을 모르는 사람은 없을 것이다. 약탈을 한 후 모두가 북쪽 고향으로 돌아온 것은 아니어서, 낯선 곳을 고향 삼아 정착한 사람도 많았다. 몇몇은 러시아로 진출해 그곳에 키예프 공국을 세웠고, 또 다른 이들은 프랑스 북서쪽에 터를 잡았다. 그들을 일컬어 노르만족이라 부르며 그들이 정착한 고장을 노르망디라고 부른다. 그런데 노르만족은 노르망디로 만족하지 않았다. 더 나아가 북이탈리아와 시칠리아섬을 정복했다.

어느 날 노르망디의 윌리엄 공작이 도버 해협을 건너 영국을 정복했다. 그리고 런던에서 대관식을 하고 왕이 되었다. 그는 '정복자 윌리엄'으로 역사책에 기록되었는데, 로마시대 이후로는 외부에서 건너와 영국을 점령한 이가 없었기 때문이다. 그리고 몇십 년 후 그의 손녀가 영국 최초의 여왕이 되었다.

당시 교황과 신성로마제국의 왕은 성직 서임권을 두고 다투는 중이었다. 그때 양측이 사용했던 전략은 그 후로도 몇백 년 동안 관습처럼 이어졌다. 한쪽이 프랑스와 동맹을 맺으면 다른 쪽이 영국의 손을 잡았던 것이다. 이번에도 동맹의 마지막 관문은 결혼이었다. 독일 왕 하인리히 5세가 영국 왕의 딸 마틸다와 결혼을 했다.

결혼에 앞서 영국 궁정은 이제 겨우 여덟 살인 마틸다를 시종들과 함께 트리어 주교에게로 보냈다. 주교는 그녀에게 필요한 교육을 시키고 독일어를 가르쳤다. 4년 후 결혼식이 거행되었고, 왕 부부는 로마로 가서 교황이 내리는 왕관을 머리에 썼다.

남편 옆에서 마틸다는 정사와 외교를 배웠다. 그러나 황제가 세상을 뜨자 궁에서 그녀가 해야 할 일이 없어졌다. 다행히 그 무렵 아버지가 그녀를 다시 영국으로 불렀다. 유일한 아들이 갑자기 세상을 뜨는 바람에 왕위 계승자가 없어졌기 때문이었다.

마틸다의 아버지는 딸을 왕위 계승자로 삼았다. 그러나 여자에게 왕위를 물려준다는 생각이 일반적이지 않았으므로 왕은 영국의 귀족들을 여러 차례 불러 그가 죽은 후에도 딸을 지켜주겠다는 충성 서약을 받았다. 그런데 아버지가 세상을 뜨는 순간 마틸다는 프랑스에 있었다. 그 틈을 이용해 사촌 스티븐이 왕좌를 차지해버렸다. 영국 귀족들이 분열되었다. 충성 서약을 지켜 마틸다를 옹호한 사람들도 있었지만 이미 왕위에 오른 스티븐을 지지해서 이익을 챙기려는 사람도 많았다.

마틸다는 동맹자들을 모아 스티븐을 공격했다. 양쪽의 전쟁은 20

년 가까이 이어졌다. 한번은 마틸다가 주도권을 잡은 후 런던으로 입성해 영국의 여왕이 되었다. 불과 몇 달 동안이었지만 영국 최초의 여왕이었다. 그러나 런던 사람들은 그녀를 좋아하지 않았다. 스티븐이 다시 공격해오자 마틸다는 피신하여 성에 숨었다. 그 후 최측근들과 함께 흰 옷으로 갈아입고 걸어서 얼어붙은 템스강을 건넜다. 안개가 짙은 영국에서 흰 옷은 아주 좋은 위장전략이었다.

마틸다와 스티븐의 기나긴 왕권 다툼은 영국 백성들을 괴롭혔다. 왕권을 행사하는 사람이 없다 보니 나라가 내전 혹은 무정부 상태였던 것이다. 귀족들은 이 틈을 타 성을 짓고 마을과 수도원을 덮쳐 제 배를 불렸다.

아무리 시간이 흘러도 내전이 끝날 기미가 보이지 않자 마틸다는 프랑스로 돌아갔다. 물론 그대로 포기한 것은 아니어서, 결국 스티븐은 그녀의 아들 헨리를 왕위 계승자로 임명하게 되었다.

● 마리의 잊힌 시 ●

무정부 상태의 영국을 불안하게 만들었던 귀족들은 백성들을 공포로 몰아넣었다. 이름은 기품 있는 기사였지만 하는 행동은 전혀 그렇지 않았다. 약자를 억압하고 약탈했다. 아무도 그들을 제지하지 못했다.

이 무렵 프랑스 서남부에서는 훗날 마틸다의 며느리가 될 아이가 자라고 있었다. 엘레오노르는 아키텐 공작의 딸이었다. 엘레오노르의 할아버지가 살아 있을 때부터 그곳 왕실에선 변화의 조짐이 보였다. 지금껏 기사들은 전투력과 용기만 있으면 칭송을 받았지만 서서히 기사의 예법도 함께 강조되기 시작한 것이다. 물론 기사란 칼과 창을 자기 몸처럼 잘 다루고 용맹하게 적을 향해 돌진하는 것이 제일 중요하겠지만 차츰 다른 품성에도 관심을 두게 되었다. 진짜 기사가 되려면 선한 품성을 길러야 한다는 목소리가 점점 높아진 것이다. 그러니까 약자를 보면 착취할 것이 아니라 보호를 해주는 것이 마땅하다고 생각했다. 거친 남성성에 깍듯한 예의범절과 법도가 곁들여져야만 진정한 기사가 될 수 있었던 것이다. 특히 숙녀가 있는 자리에선 반드시 예법을 지켜야 했다.

이런 예법에는 음유시인과 미네장(중세 독일 궁정에서 불리던 연애시-옮긴이)의 작가들도 많은 기여를 했다. 이들은 아름다운 사랑의 시를 지어 거기에 노래를 붙이는 사람들이었다. 엘레오노르의 할아버지는 최초의 음유시인이었다고 한다. 아키텐 궁정에서 출발한 미네장은 곧 전 유럽의 궁정으로 퍼져나갔다. 음유시인들은 남녀의 교제를 엄격히 통제하는 교회의 도덕을 조롱했다.

음유시인들은 사랑하는 숙녀를 멀리서 찬양했다. 기품 있는 숙녀는 닿을 수 없는 곳에 순결한 자태로 있을 때 완벽하다. 따라서 그 사랑은 결코 이루어질 수 없다. 물론 이런 사랑의 노래를 부르는 이들이 현실에서도 지고지순한 사랑을 지킨 것은 아니다. 엘레오노르의 할아버지만 해도 여러 스캔들을 일으켰다고 알려져 있고, 손녀 역시 이

부분에 있어서는 백지였다고 말할 수 없다.

프랑스에서 음유시인의 예술이 탄생하던 그 무렵 일본의 궁정에서도 귀족 여인들이 시를 짓고 소설을 쓰기 시작했다. 그러나 유럽의 경우 시를 짓고 노래를 만드는 것은 남자의 일이었다. 그들은 노래를 부르며 이곳저곳을 떠돌았고, 오스발트 폰 볼켄슈타인이나 발터 폰데어포겔바이데처럼 유명세를 얻기도 했다. 한 여성이 쓴 노래가 지금까지 남아 있는데, 안타깝게도 그녀의 정체는 알 길이 없다. "나는 마리고 프랑스 사람이다."라고 그녀는 적었다. 그래서 훗날 누군가 그녀를 마리 드프랑스라고 불렀다. 아마 그녀는 평생을 영국 궁정에서 보냈던 것 같다. '고귀한 왕'에게 바친 그녀의 시들은 귀족들 사이에서 큰 인기를 끌었지만 그녀가 세상을 뜨자 잊히고 말았다.

● 엘레오노르, 프랑스와 영국의 왕비가 되다 ●

엘레오노르는 궁정 생활을 무척 즐겼다. 수많은 구애자들이 사랑을 갈구하며 모여드는 것도 좋았다. 그러나 아버지가 프랑스 왕을 그녀의 배필로 택했기 때문에 그녀는 정든 아키텐을 떠날 수밖에 없었다. 엘레오노르는 프랑스 왕비가 되어 남편과 함께 파리로 갔다.

도시의 삶은 너무나 달랐다. 아키텐의 궁에선 노래와 춤과 무술 시합이 끊이지 않았고, 그녀는 낮이고 밤이고 남자들의 마음을 얻기 위해 골몰했다. 그런데 막상 그녀의 짝이 된 프랑스 왕은 수도원에서 자라 신학과 스콜라 철학 말고는 아는 것이 없는 남자였다. 루이 7세는 도시에서 자란 데다 대부분의 시간을 성당학교에서 보냈다. 기사의 세계와는 완전히 담을 쌓은 사람이었다.

도시 시민들의 머릿속엔 전혀 다른 생각이 들어 있었다. 재산이 늘어나면서 자존감도 따라 높아진 그들은 이제 힘 있는 수도원이나 전통 있는 귀족 가문 못지않은 권리를 주장하기 시작했다. 교회와 귀족, 농부뿐이던 중세 질서에서 자신들도 한자리를 차지하겠다고 나섰다. 한마디로 시민계급이 탄생한 것이다. 시민계급은 힘을 과시하기 위해 하늘로 솟구치는 거대하고 화려한 대성당을 지었다. 섬세한 세공을 자랑하는 건축과 높은 고딕식 창문은 성당 신도석 안까지 햇빛을 불러들였다. 예배당은 어두컴컴한 곳이라고만 알고 있던 사람들은 마치 기적을 목격한 듯한 기분에 사로잡혔다. 새 성당에 들어가면 왠지 신에게 더 가까이 다가간 것 같았다.

프랑스 곳곳에서 생겨나기 시작한 이런 고딕식 대성당의 모델은 파리 북쪽에 있는 생 드니 바실리카였다. 루이 7세의 최측근이던 쉬제 수도원장이 재건축의 초석을 닦았다. 불과 3년 만에 성당이 완성되자 엘레오노르와 루이도 준공식에 참석했다. 두 사람은 얼마 전에 결혼식을 올린 상태였다. 그러나 미처 프랑스를 통치하기도 전에 다시 성지에서 문제가 터졌다. 교황은 베르나르 드 클레르보를 유럽 각지로 보내 2차 십자군을 호소했고, 엘레오노르와 루이는 다른 유럽의 왕들과 함께 무슬림을 무찌르기 위해 동쪽으로 떠났다.

엘레오노르는 시종들을 거느리고 십자군에 동행했다. 루이와 그녀의 결혼을 몹시 싫어했던 베르나르는 아주 질색했다. 훗날 제2차 십자군이 실패로 끝나자 베르나르는 그 원인을 여자들 탓으로 돌렸다. 병영에 여자들이 있어서 병사들의 도덕이 해이해졌다는 것이었다.

실제로 제2차 십자군은 막강한 터키군을 이기지 못하고 실패로 막을 내렸다. 동쪽까지의 긴 여정에서 십자군끼리 다툼이 일어난 것도 어려움을 가중시켰다. 엘레오노르와 루이의 결혼도 여행 중 파탄이 나고 말았다. 교황은 이혼을 막기 위해 애썼고 직접 동침을 명령하기도 했다. 하지만 소용없었다. 이혼하고 고향으로 돌아온 지 불과 두 달 만에 엘레오노르는 영국 여왕 마틸다의 아들 헨리 2세와 재혼했다.

장차 영국 왕이 될 헨리에겐 힘센 공작령 아키텐의 상속녀와 결혼하는 것이 이래저래 이득이었다. 헨리는 이미 노르망디 공작령과 앙주 백작령의 주인이었다. 그래서 엘레오노르와 결혼을 하자 프랑스 내 그의 영토가 프랑스 국왕의 땅을 능가할 정도로 넓어졌고, 바로 이것이 이후 영국과 프랑스의 심각한 알력을 불러오게 된다. 엘레오노르는 프랑스 왕관을 헌 옷 벗듯이 훌훌 벗어던졌다. 그리고 열한 살 연하의 헨리와 결혼함으로써 그 상실을 단번에 만회했다. 이 부부는 불과 2년 후 웨스트민스터에서 대관식을 한다. 프랑스 왕의 전 부인이 영국 왕관을 쓰게 된 것이다.

엘레오노르는 음유시인의 궁정문화를 영국 궁정에 전파했다. 시인들에게 의뢰해 옛 전설을 기록했다. 아서 왕과 그의 성검 엑스칼리버, 마법사 멀린, 기사 랜슬롯, 아름다운 기네비어의 전설은 순식간에 전 유럽으로 퍼져나갔다. 성배는 미네장에서 애타게 갈구하는 사랑처럼 찾을 가망이 거의 없었지만 그 성배를 찾는 아서 왕의 기사들은 너무나 매력적이었다.

그러나 실제 영국 왕은 그런 기사도와 거리가 멀었다. 그의 거친 행동은 엘레오노르에게 모욕감을 안겨주었다. 점점 남편의 행동을 용납할 수 없게 된 엘레오노르는 실망과 분노를 이기지 못하고 전 남편 루이와 다시 접촉하기 시작했다. 그리고 세 아들과 전 남편의 지원을 등에 업고 헨리를 왕좌에서 끌어내리기 위해 역모를 꾀했다. 그러나 그녀의 계획은 남편에게 발각되었고, 그녀는 남장을 하고 도망치다 잡혀 2년 동안 감옥에 갇혔다. 그곳, 외로운 감옥에서 그녀는 어쩔 수 없이 조용한 시간을 가졌다. 그리고 많은 책을 읽기 시작했다.

그러나 아직 엘레오노르의 시대는 가지 않았다. 그녀는 남편보다 오래 살았고 남편이 죽자 아들이 왕위에 올랐다. 그가 바로 사자 왕 리처드 1세이다. 그는 대관식 전에 프랑스 왕과 함께 다시 터키를 상대로 싸우겠다고 맹세했다.

그러나 제3차 십자군에 참전해 예루살렘까지 진군한 리처드 1세 역시 터키군을 무찌르지 못했다. 이번에도 기독교군은 예루살렘을 탈환하지 못했다. 리처드 1세의 사정은 더 나빴다. 영국에 남아서 그를 대신해 정사를 돌보던 엘레오노르는 아들이 납치되었다는 소식을 들었다. 오스트리아가 귀향길에 오른 그를 체포하여 감금한 것이다. 그들은 석방의 대가로 어마어마한 돈을 요구했다. 엘레오노르는 엄청난 고생 끝에 돈을 마련했고 아들을 석방시켰다.

마침내 엘레오노르가 세상을 떴을 때 영국과 프랑스의 갈등은 깊을 대로 깊어졌다. 영국 왕 헨리는 플랜태저넷 가문의 사람이었다. 그러나 선왕들은 프랑스의 노르만족이었다. 엘레오노르가 양국의 왕과 결혼을 하는 바람에 프랑스와 영국의 갈등이 더 심해진 것이다. 이런 상황은 곧 프랑스와 영국의 백년전쟁으로 치달았다.

돈이 모이면 분열이 시작된다

● 부자 도시는 물가에 있다 ●

엘레오노르가 세상을 뜬 1204년은 유럽에게는 운명적인 해였다. 라틴계와 그리스계 기독교의 동맹이 그리 튼튼하지 않다는 사실은 이미 제1차 십자군전쟁으로 입증된 사실이었다. 십자군들이 자기들끼리 싸우느라 진짜 적인 터키는 안중에도 없었다. 종교의 이름으로 치른 전쟁이 사실은 무엇 때문이었는지가 날이 갈수록 선명해졌다. 진짜 목적은 떼려야 뗄 수 없는 관계인 돈과 권력이었다. 그 사실은 우리가 사는 지금도 별로 다를 것이 없다.

대부분 금화와 은화 형태로 유통되던 돈은 날로 중요해졌다. 오랜 세월 돈과 권력은 땅과 하나였는데, 도처에서 도시가 탄생하고 무역이 활발해지면서 그런 관계도 달라졌다. 사람들의 생각도 변했다. 지금까지는 지상의 삶은 그저 고통일 뿐이고 좋은 것은 전부 천국에 있다고 믿었다. 그러나 도시에 사는 시민들은 상품과 사치를 통해 향락을 경험했다. 실크로드 같은 과거의 무역로가 다시 활기를 띠었고, 그 길을 따라 귀한 직물과 향신료 등 갖가지 이국의 물건들이 시장을 거쳐 시민들의 집 안으로 밀려들어왔다. 터키가 실크로드의 대부분을 장악하고 있었으므로 그들과 유럽인이 오직 전쟁만 하는 관계는 아니었다. 적과 싸우는 것은 이익이 있을 때나 하는 짓이다. 무기를 내려놓고 무역을 하는 쪽이 더 이득이 많다면 굳이 싸울 이유가 없을 것이다.

무역의 번영은 상인들에게 막강한 권력을 가져다주었다. 머나먼 이국의 상품을 가져다 파는 상인들은 특히 동경의 대상이었다. 물론 시기심에 그들을 '후추 자루'라고 조롱하는 이들도 있었다. 또 대부분의 사람들이 이국의 향신료를 잘 알지 못했기 때문에 모든 향신료를 다 후추라고 불렀다. 그래서 후추 케이크pfefferkuchen(독일식 진저브레드인 레브쿠헨의 한 종류-옮긴이)에도 알고 보면 계피, 정향, 고수, 아니스, 카다멈이 들어 있었다.

왕이나 영주, 주교들이 상품 수송을 방해하지만 않았더라면 상인들은 더 빨리 성공할 수 있었을 것이다. 강마다, 도로마다 그들이 관세를 요구했기 때문에 상품의 가격이 수송 거리에 비례해 자꾸만 높아졌다.

그러나 돈은 항상 길을 찾는 법이다. 유럽인들은 바다를 두려워했지만 바다로 오면 관세를 내지 않아도 된다는 사실을 간파한 상인들이 선박 건조에 돈을 투자해 상품을 바다로 실어 날랐다. 덕분에 이탈리아의 베네치아나 제노바, 피사처럼 바다나 큰 강에 면한 도시들이 큰 이익을 보았다. 그 도시의 부가 상상할 수 없을 정도로 불어났다. 도시 시민들이 왕이나 영주도 함부로 할 수 없을 만큼의 돈을 벌었고, 그것을 발판으로 자유와 독립을 쟁취했다. 그래서 이들 도시를 해상공화국이라 칭했다. 심지어 베네치아의 귀족들은 자신들의 도시를 '라세레니시마^{La Serenissima}(고귀함, 고귀한 자라는 뜻-옮긴이)'라는 자부심 넘치는 이름으로 불렀다.

● 갈라진 유럽 ●

베네치아와 제노바는 특히 콘스탄티노플과 무역을 하며 큰돈을 벌었다. 두 도시의 상인들이 서로 치열한 경쟁을 벌였기 때문에 비잔틴의 황제는 이를 이용해 서로 경쟁을 붙여 득을 취했다. 그래서 교황이 다시 한번 십자군을 호소할 당시 비잔틴제국과 베네치아 해상공화국은 상당한 긴장 관계에 있었다. 그사이 교황도 육로가 얼마나 힘이 많이 드는지 깨달았다. 그래서 프랑스 귀족 몇 명을 이탈리아 해상공화국으로 파견해 군대를 배에 실어 콘스탄티노플로 수송하는 것이 가능한지 물었다. 베네치아 사람들은 갤리선 50척을 준비하면 3만 명 이상의 병사를 실어 나를 수 있다고 대답했다. 물론 베네치아 같은 부자 도시로서도 결코 만만한 일은 아니었다. 그러나 베네치아 상인들은 돈을 벌 생각에 십자군과 협상을 벌였고, 8만 5000마르크의 은과 정복한 땅의 절반을 달라는 조건을 걸고 선박 건조에 응했다.

그러나 막상 배를 띄우고 나자 십자군이 협상한 금액을 절대 지불할 수 없다는 사실이 드러났다. 십자군에 참여하기로 약속한 병사들 대부분이 나타나지 않은 것이다. 여태까지 계속 실패했는데 누가 그 강력한 터키군을 무찌를 수 있다고 생각했겠는가? 베네치아 사람들은 거사가 실패로 돌아가자 자신들이 파산할지도 모른다는 두려움에 사로잡혔다. 십자군이 실패하면 배를 건조하고 장비를 채우는 데 투자한 그 막대한 금액이 말 그대로 수장될 판이었다. 안 그래도 제노바와 경쟁하느라 압박이 심한 상황에서 그런 손실까지 입게 된다면 도저히 회복할 수 없을 것 같았다.

그래서 몇 사람이 달마티아 해변의 자다르(오늘날의 크로아티아 지역-옮긴이)를 습격하여 약탈하자는 생각을 하게 되었다. 교황은 그 소식을 듣고 큰 충격을 받았다. 그는 서둘러 편지를 보내 같은 기독교인을 습격해서는 안 된다는 금지령을 내렸다. 그러나 이들은 교황의 명령에도 아랑곳하지 않고 콘스탄티노플로 진격했다. 그곳에서 자신들을 청한 기독교 형제들을 공격했다. 사흘 동안 병사들이 미쳐 날뛰며 수많은 시민들을 강간하고 죽였다. 또 금박 문고리, 귀한 모자이크, 성유물 등 가지고 갈 수 있는 것은 모조리 훔치고 약탈했다. 귀한 물건을 알아보았던 베네치아 사람들은 그 와중에도 미술전문가에게 자문을 구했다. 그래서 예술품은 함부로 부수지 않고 자기 고향으로 고이 가지고 갔다. 덕분에 요즘도 콘스탄티노플의 유적을 보고 싶으면 베네치아에 가면 된다. 테오도라 황후가 춤을 추던 원형극장 지붕을 멋지게 장식했던 실물 크기의 청동 말 네 마리도 베네치아로 끌려와 산마르코 성당의 정문을 지키고 있으니 말이다.

빼어난 아름다움으로 전 세계 여행객들에게 낙원이라는 찬사를 받았던 보스포루스 해협의 도시 콘스탄티노플은 중세의 중심이었다. 서쪽의 라틴계와 동쪽의 무슬림을 가르는 축이기도 했다. 그리고 수백 년 동안 액체 불과 성모 마리아 덕분에 러시아와 아랍, 터키의 공격을 무사히 막아냈다. 그런데 아이러니하게도 같은 종교의 형제들이 몰려와 그 찬란한 도시를 파괴했다. 그와 동시에 기독교의 단결도 무너졌다. 1204년에 약탈을 당한 후 비잔틴 사람들은 서유럽 사람들을 향해 무시무시한 증오심을 품었다. 교회의 분열, 즉 시스마를 봉합하는 것은 불가능한 일이 되어버렸다. 유럽의 두 지역, 라틴계의 서쪽과 그리스계의 동쪽은 완전히 서로에게 등을 돌렸다.

몽골제국의 여전사

● 칭기즈칸의 딸들 ●

콘스탄티노플이 약탈을 당하던 그 무렵 먼 동쪽에서도 이상한 일이 일어났다. 지금껏 몽골족은 중앙아시아의 초원을 떠돌며 이웃 나라 중국을 쉼 없이 위협하던 거친 기마민족에 불과했다. 그런데 갑자기 강력한 지도자가 등장해 여러 부족을 통합하더니 거대한 제국을 세웠다. 칭기즈칸이 넓은 중앙아시아 일대와 중국 북쪽 전체를 정복하여 몽골족의 왕이 된 것이다.

칭기즈칸은 백성들에게 대단한 선물을 주었다. 실크로드를 손아귀에 넣으면 권력과 부와 명성이 따라온다는 사실은 그도 잘 알았다. 그러나 그는 거기서 멈추지 않고 정복민의 충성심을 얻는 데에도 실크로드를 적극 활용했다. 실크로드를 통해 몽골제국으로 들어온 상품들을 그들에게 나누어준 것이다. 덕분에 유목민으로 소박하게 살던 몽골 사람들이 사치라는 것을 맛보게 되었다. 낙타와 염소

털로 만든 따뜻한 이불, 비싼 비단, 상아, 진주, 산호, 무기와 도구를 만들 수 있는 철까지, 각양각색의 물건이 몽골로 들어왔다.

그 큰 제국을 오랜 시간 혼자서 다스릴 수는 없는 노릇이었다. 그런데 칭기즈칸은 다른 왕들과 달리 공동 통치자나 상속자로 아들들을 염두에 두지는 않았다. 아들들은 아무리 봐도 잘하는 짓이라고는 술 퍼마시는 일뿐, 전술도 별로인 데다 다른 일에도 아주 형편없었다. 대신 그는 딸들을 매우 높이 평가했다. 아들들에 비해 총명하고 재능이 뛰어났다. 그래서 칭기즈칸은 딸들을 정복한 땅의 왕들과 결혼시키고 몽골족의 이름으로 제국의 일부를 통치하는 통치자로 삼겠다고 선언했다.

칭기즈칸은 여자들이 맡아 하는 집안일이 얼마나 힘든지 잘 알았다. 그래서 집안을 잘 이끌어나갈 수 있는 사람은 나라도 잘 다스릴 수 있다고 생각했다. 딸 치체겐에게 그는 이렇게 말했다. "네가 네 아버지 칸의 딸이므로 너를 보내 오이라트족을 다스리게 할 것이다." 딸 알라카이 베키에게는 '나라를 다스리는 공주'라는 칭호를 선사했다. 사위들이 딸들을 간섭하지 못하도록 그는 사위들에게 이런저런 직책을 맡겨 멀리 유럽의 전쟁터까지 데리고 다녔다.

칭기즈칸이 직접 다스린 본국은 네 명의 아내에게 맡겼다. 딸들이 다스린 사위 나라들이 띠처럼 이 본국을 둘러쌌고, 본국과 정복한 땅을 융합시키는 일은 가족의 소임이 되었다. 물론 언제나 수월했던 것은 아니어서 점령군을 못마땅하게 생각하는 사람들의 반란도 일어났다. 모두가 금세 몽골인이 되고 싶지는 않았을 것이다. 그런 일로 딸들이 어려움을 겪으면 칭기즈칸이 군사를 이끌고 달려가 딸들을 도와주었다. 그가 그런 적군을 살살 달랬을 리 없다. 중국에서 러시아, 헝가리, 폴란드에 이르기까지 몽골의 기마부대가 가는 곳마다 폐허가 되었다. 사람들은 그들의 잔혹함과 잔인함에 벌벌 떨었다.

중국의 옹구드족이 알라카이에게 반란을 일으키자 아버지는 평소처럼 병사를 파견했다. 그는 반란군과 함께 그 일족의 남자들까지 모조리 죽이라고 명령했다. 지금껏 다른 초원의 유목민들에게는 늘 그런 식으로 벌을 내렸다. 그러나 알라카이는 자기 백성들의 편을 들어 대학살을 막았다. 반란을 일으킨 사람들에게만 벌을 내린 것이다.

훗날 권력이 안정되자 알라카이는 군대를 파견해 아버지를 돕기도 했다. 그사이 중국 의학에 대해서도 지식을 쌓게 된 그녀는 병사들뿐 아니라 의료진까지 같이 보냈다. 그 덕분에 중국 의술은 몽골족을 통해 무슬림 세계와 서방까지 널리 알려지게 되었다.

그러나 칭기즈칸이 딸들에게 막중한 책임을 맡긴 사실에 불만을 품은 세력들도 많았다. 어디서나 그랬듯 몽골족도 남녀의 자리가 딱 정해져 있었다. 남자는 전쟁터에 나가 싸우거나 전쟁이 없을 땐 가축을 살폈고, 여자는 천막의 주인이었다.

이런 질서를 하루아침에 뒤집고 싶지 않았을 것이다. 집안일과 나라 다스리는 일이 비슷하다는 칭기즈칸의 생각에 동의하는 사람도 많지 않았다. 그들은 그의 처사가 잘못되었다고 생각했다. 어쩌면 그래서 더더욱 그의 측근들이 칭기즈칸의 명성에 해를 끼치지 않으려 애썼는지 모르겠다. 몽골족 여왕들의 흔적을 추적한 한 역

사학자에 따르면, 당시의 사가들이 양피지에 여자에 대한 기록이
적혀 있으면 그 부분을 모조리 잘라냈다고 한다. 그 결과 칭기즈칸
의 딸들에 대한 기록 대부분이 사라지고 말았다.

● 왕을 만든 어머니 ●

대칸의 생각은 옳았다. 그가 세상을 뜨자 아들들은 제국을 지키
지 못했다. 자기 여형제들과 싸우고 그들을 죽이고 그들이 지배하
던 백성들을 무력으로 굴복시켰다. 자기들끼리도 맞붙어 싸웠다.

그럼에도 몽골제국이 알렉산드로스 대제의 제국처럼 순식간에
무너지지 않았던 것은 역시 한 여성의 공이었다. 칸의 며느리인 소
르칵타니는 네 명의 아들이 할아버지의 위업을 이어가도록 정성을
다해 그들을 키웠다. 그 아들들은 모두 몽골제국의 왕이 되었다.

몽골족이 세운 여러 나라 중에서도 100년 이상 러시아를 지배했
던 킵차크한국은 특히 유명하다. 이 나라는 금장한국金帳汗國으로도
불리는데, 창건자 바투의 장막이 황금빛이었던 데에서 유래했다.
또 쿠빌라이 칸 역시 한동안 세계 최강의 왕으로 불릴 정도로 엄청
난 군사력을 자랑했다. 그는 중국 송나라를 무너뜨리고 원나라를
세워 중국의 왕이 되었다.

● 마르코 폴로의 귀향을 막은 쿠툴룬 ●

소르칵타니의 아들들이 다스리던 지역은 페르시아, 러시아, 중국과 함께 삼각형을 이루었다. 칭기즈칸이 세상을 뜨고 가족이 분열되자 삼각형의 중심 부분인 몽골 본토에서 반란이 일어났다. 반란 세력은 소르칵타니와 그녀의 아들 쿠빌라이 칸에게 반기를 들었다.

쿠빌라이 칸을 괴롭힌 사람들 중에는 쿠툴룬 공주도 포함된다. 그녀는 칭기즈칸의 고손녀로 14명의 남자형제들보다 말을 더 잘 타고 싸움도 더 잘했기 때문에 아버지가 그녀를 장군으로 임명했다. 쿠툴룬 공주는 괴력을 지녔다고 전해진다. 그래서 씨름을 하면 그녀를 이기는 사람이 없었다고 한다. 그녀는 자기와 씨름을 해서 이기는 남자와 결혼하겠다고 약속했다. 반대로 자기에게 지는 남자는 그 대가로 말을 내놓아야 한다고 주장했다. 그렇게 그녀가 씨름으로 얻은 말이 1만 필에 이르렀다고 한다. 하지만 평생 결혼을 안 할 수는 없었으므로 결국 쿠툴룬은 씨름과 관계없이 결혼을 승낙했다. 그러나 아버지가 세상을 뜨기 직전 나라를 물려주려고 하자 거절했다. 결혼을 하건 안 하건 나라를 다스리는 일보다 병사들을 이끌고 싸움을 하는 쪽이 더 좋았기 때문이다.

쿠빌라이 칸은 딸들 중 하나를 페르시아 황제와 결혼시키기 위해 페르시아로 보내고자 했다. 그런데 쿠툴룬의 부하들이 반기를 드는 통에 육로가 너무 위험해져 아주 곤란한 처지에 놓였다.

베네치아에서 온 상인 마르코 폴로도 같은 처지였다. 그는 무역 상으로, 먼 나라까지 직접 가서 현지에서 거래를 튼 용감한 사람이었다. 쿠빌라이 칸은 이 젊은 이탈리아인을 총애하여 벼슬을 내리고 중국 전역을 마음대로 돌아다녀도 좋다고 허락했다. 폴로가 이탈리아로 돌아온 후 쓴 여행기는 그때까지 거의 알려진 것이 없었던 중화제국을 유럽인들에게 처음으로 소개했다.

아버지와 삼촌과 함께 중국으로 건너왔던 폴로가 집으로 돌아가려는 참에 육로가 막혔다. 그들은 쿠툴룬의 괴력을 전해 들었고, 위험이 심각하다고 느꼈다. 그런데 마침 칸이 딸을 시집보내기 위해 서방으로 가는 길을 찾는다는 소식을 듣자 폴로는 자신이 그녀를 해로로 페르시아까지 데려다주고 자신은 거기서 다시 베네치아까지 가겠다고 제안했다. 사실 그것이 쿠툴룬을 피할 수 있는 유일한 길이었다. 그러나 사나운 바다는 엄청난 대가를 요구했다. 폴로와 함께 배에 올랐던 600명 중에서 살아남은 사람은 17명뿐이었다.

● 만두하이가 다시 몽골제국을 세우다 ●

쿠빌라이 칸의 막강한 권력에도 몽골족은 실크로드를 뺏기고 말았다. 그리고 실크로드라는 돈줄이 막히자 몽골제국은 붕괴했다.

통일 몽골국가라는 칭기즈칸의 꿈을 세대에서 세대로 이어간 자손들도 여성들이었다. 그들 중 다수는 쿠툴룬이 그러했듯 한때 칭기즈칸의 딸들을 살해하고 가문을 분열시켰으며 제국을 자기들끼리 나누어먹었던 왕들과 그 후손에게 적극 반기를 들었다. 그러나 뛰어난 여왕이 등장해 몽골족을 다시 통합하기까지는 200년 이상의 긴 시간이 걸렸다.

그녀의 이름은 만두하이였다. 그녀는 남편이 세상을 뜨자 몽골 본토의 작은 나라에서 왕위에 올랐다. 권력을 안정시키기 위해 전투에 참가했고, 매우 세심하고 뛰어난 전략으로 철저하게 전투를 준비했다. 그렇게 그녀의 군사들은 적을 하나둘 무찌르고 몽골의 영토를 조금씩 손아귀에 넣었다. 실크로드마저 되찾자 무역이 되살아나고 나라의 수입도 늘어났다.

중국에서는 새 왕조가 쿠빌라이 칸의 지배를 끝냈다. 만두하이는 선대왕들처럼 그곳으로 달려가 중국군과 싸우는 대신 새 황제와 타협하는 길을 택했다.

만두하이는 재혼해서 일곱 명의 아들과 한 명의 딸을 두었다. 막내아이를 임신했을 당시 중요한 전투에 참가했는데, 그곳에서 그만 말에서 떨어지고 말았다.

당시 몽골 사람들은 말에서 떨어지는 것을 나쁜 징조로 보았다. 왕이 그 일로 신하들과 병사들의 신임을 잃는 경우도 드물지 않았다. 그러나 만두하이의 경우, 그녀의 권력이 얼마나 탄탄한지를 입증하는 상황이 벌어졌다. 수많은 병사들이 달려와서 떨어진 여왕 주위를 에워싸 위험한 상황을 막았던 것이다. 이 사건만 보아도 만두하이가 몽골족을 실제로 하나의 국가로 통합시켰다는 사실을 잘 알 수 있다. 그녀를 에워싼 병사들은 모두 다른 부족 출신이었다.

만두하이와 남편, 아들들은 왕국에 혁신의 바람을 몰고 왔다. 그리고 그것을 노래를 통해 백성들에게 알렸다. 글을 읽고 쓸 줄 모르는 백성들도 그 노래를 부르며 왕 부부가 어떻게 통치를 하는지 알 수 있었다. 두 사람은 오래오래 이어갈 튼튼한 왕국을 만들었다. 그들의 성공에는 기독교든, 이슬람교든, 불교든 종교를 따지지 않고 모두를 몽골의 백성으로 인정해준 유화정책도 아마 큰 몫을 했을 것이다.

만두하이 여왕이 이룩한 몽골제국은 칭기즈칸이 정복했던 거대한 영토에 비하면 정말로 작았다. 유럽인들과 중국인들이 전혀 위협을 느끼지 않을 정도로 작았다. 대신 너무나 건실하고 튼튼한 나라였다. 몽골은 지금도 존재하며, 100여 년 전까지만 해도 칭기즈칸의 직계 자손이 나라를 다스렸다.

그녀들은 왜 화형을 당했나

● 교회가 다른 생각을 용납하지 않다 ●

유럽에서 최초의 대학들이 생겨날 즈음, 한 신학자가 '여성이 신학 박사가 될 수 있느냐'는 질문을 던졌다. 그리고 여성이 왜 신학 박사가 될 수 없는지 네 가지 이유를 들어 자답했다. 첫째, 여자는 믿을 수 없다. 이브를 보아도 알 수 있듯 여자는 쉽게 유혹에 넘어간다. 둘째, 여자는 너무 연약하므로 비효율적이다. 셋째, 여자는 남자에게 복종해야 하므로 권위가 없다. 넷째, 여자의 말은 믿어서는 안 된다. 여자의 말은 도덕적인 삶을 살지 못하도록 유혹하기 때문이다. 교회에서 흔히 그랬듯 그 역시 여자에게 침묵을 명했다는 사도 파울로스를 주장의 근거로 삼았다.

교회 수장들의 근심거리는 여자들만이 아니었다. 중세의 여러 도시에서 새로운 형태의 공동생활을 추구하는 이들이 늘어나자 이를 허락해야 할지를 두고 교회가 고민에 빠졌다. 여자들은 '베긴회',

남자들은 '베가르드회'라고 불리던 이들은 집단생활을 하며 일종의 주거 공동체를 형성했다. 그리고 결혼도 하지 않은 채 수도생활에 몸을 바쳤다. 그러나 수녀나 수사와 달리 교회와는 별개로 활동했고, 적지 않은 숫자가 직업을 갖고 있었다. 이들은 가난과 속죄와 순결의 삶을 살았기 때문에 평판이 아주 좋아서 도시나 사제들이 아예 이들에게 집을 마련해주는 일도 있었다.

중세에는 베긴회와 비슷한 운동이 많았다. 자신들만의 신앙을 추구하며 교회 밖에서 자기들끼리 집단을 이루어 사는 사람들이었다. 교회는 그런 독자적 운동을 묵인하지 않고 종교재판이라 불린 제도를 만들었다. 신앙 문제에서 다른 의견을 가진 사람은 누구나 고발당해 재판정에 서고 유죄 판결을 받았다. 사람들이 교회의 통제를 벗어나는 것을 허락하지 않았던 것이다. 발데스를 지도자로 삼은 발도파와 영혼의 순수함을 주장했던 카타리파가 대표적이다. 카타리파로 불린 이유는 그리스어 '카타로스Katharos'가 순수하다는 뜻이기 때문이다. 이들 대부분이 종교재판을 받고 이단자로 낙인찍힌 후 죽임을 당했다. 베긴회 사람들이 그렇게 종교생활에 엄격했던 이유도 발도파와 카타리파의 운명을 직접 보았으므로 자신들의 처지가 얼마나 위험한지 알았기 때문이었을 것이다.

● 마르그리트의 위험한 책 ●

베긴회와 가까웠던 마르그리트 포레트는 작은 도시 발랑시엔에서 자랐다. 탁발수도승과 베긴회가 중세 도시에 미친 영향이 컸지만, 기사들의 궁정 문화도 그 못지않게 도시 풍경을 좌우했다. 관행처럼 사용하던 라틴어 대신 자국의 언어로 시를 짓는 것이 유행하던 시절이었으므로 포레트도 그런 시 짓기 대회에 참가했을지도 모른다. 어쨌든 그녀는 프랑스어로 신학서를 집필했다. 그것이 평범한 일은 아니었다. 그때까지 여자가 신학 책을 쓴 일이 없었고, 신학자들은 항상 라틴어로 자신들의 문제를 설명했기 때문이다. 그러나 포레트는 괘념치 않았다. 위험을 모르지 않았지만 그녀는 자신의 책 《소박한 영혼의 거울》을 자신의 이름으로 발표했다. 그리고 다른 학자들의 말을 인용해 책의 권위를 높이려 하지 않고 오직 성서만으로 자기 사상을 입증했다. 학문을 하는 남성 세계 전체를 싹 무시해버린 것이다.

그녀의 책에는 이런 구절이 등장한다. "혼돈의 상태에서 자유의 땅으로 가는 길을 묻는 이들을 위해 여기서 몇 가지를 살펴보겠습니다."

교회는 이 여성과 자유를 추구한 그녀의 용기를 묵과할 수가 없었다. 포레트가 세 명의 학자에게 책을 보여주고 모두에게서 긍정적 평가를 받았음에도 그녀는 얼마 못 가  종교재판을 받았다. 발랑시엔에서 《소박한 영혼의 거울》을 공개적으로 불에 태웠다. 포레트는 그 책에 대해 계속 다른 사람들과 토론했다는 혐의로 체포되어 파리로 압송된 후 지하 감옥에 갇혔다. 21명의 신학자가 책의 내용을 검토하는 1년 6개월 동안 포레트는 감옥에 갇혀 있었다. 그녀의 마음을 움직여 책의 내용을 철회하도록 만들려는 노력은 실패로 돌아갔다. 그녀는 정신의 자유를 포기하지 않았다. 1310년 6월 1일 그녀는 파리에서 화형당했다.

교회의 입장에서는 포레트와의 공식적인 충돌이 극도로 불편했다. 그녀가 베긴회와 접촉이 있었으므로 1년 후 주교들은 이 종교 운동마저 금지시키기로 결정했다. 그때부터 베긴회와 베가르드회도 종교재판의 대상이 되었다.

《소박한 영혼의 거울》은 대부분의 판본이 불에 타 없어졌지만 그래도 살아남았다. 아마 금서가 되기 전에 포레트의 추종자들이 널리 보급을 했던 것 같다. 수백 년 동안 그 책은 널리 읽히며 많은 여성들에게 큰 영향을 미쳤다. 물론 대부분의 독자들이 저자의 이름을 몰랐지만 말이다.

● 잔다르크, 왕을 세우다 ●

영국과 프랑스는 100년 전쟁을 치르는 중이었다. 영국 왕들이 프랑스 땅의 일부를 소유한 것이 반목의 원인이었다. 날이 갈수록 왕들과 땅이 점점 더 복잡하게 뒤엉켰으므로 어떤 때는 프랑스 왕이 영국 왕좌가 자기 것이라고 주장했고, 또 어떤 때는 영국 왕들이 프랑스 왕관도 자기가 써야겠다고 우겼다.

문제가 복잡했던 이유는 지금껏 서로 싸운 당사자가 영국과 프랑스가 아니라 땅을 두고 다투는 귀족 기사들이었기 때문이다. 그래서 나라는 생각하지 않고 자기 이익만 따져 마음대로 편을 지었다. 예를 들어 프랑스의 부르고뉴 가문은 영국 편에 붙어서 프랑스 왕에 반기를 들었다.

그런데 어느 날 갑자기 이 갈등에 잔다르크가 끼어들었다. 그녀는 사람들에게 호소했다. "영국인들을 프랑스에서 내쫓아야 합니다!" 열일곱 살도 채 안 된 소녀가 중무장을 하고 흰 깃발을 들고 영국인과 싸우자고 외쳤다. 그리고 그녀는 목표를 달성했다. 영국인은 프랑스를 떠날 수밖에 없었다. 더불어 새로운 것이 탄생했다. 프랑스가 국가가 된 것이다.

잔다르크는 로렌 지방의 작은 마을에서 농부의 딸로 태어났다. 훗날 그녀는 어릴 적에 어떤 목소리를 들었다고 주장했다. 그 목소리를 쫓아서 남들과 다른 길을 걸었던 것이라고 말이다.

당시 막 프랑스 왕좌를 빼앗은 영국 왕은 사방이 적으로 둘러싸여 있었다. 많은 프랑스인들이 샤를 7세를 진짜 왕이라고 생각했다. 잔이 들었다는 그 목소리도 어서 샤를을 구해 랭스로 동행하여 그곳에서 샤를에게 왕관을 씌워주라는 임무를 잔에게 내렸다.

잔다르크는 마을을 떠나 가장 가까운 도시 보쿨뢰르로 갔다. 초라한 붉은 옷을 입은 채 시장 관사 앞에 서서 시 주둔 사령관을 만나게 해달라고 요청했다. 그녀는 무려 9주를 기다렸다. 사령관이 두 번이나 만남을 거절했기 때문이다. 그러나 그녀는 그 시간을 활용해 신께서 자신에게 내린 임무가 무엇인지 온 사방에 알리고 다녔다. 자신이 프랑스 왕을 구하기 위해 온 성처녀라고 말이다. 사람들은 그녀의 말에 귀를 기울였다. 순식간에 그녀의 소식이 온 나라로 퍼졌다. 9주가 지나자 잔에겐 그 무엇보다 강력한 무기가 생겼다. 백성들이 열광적으로 그녀를 지지하게 된 것이다. 비록 농부의 어린 딸이라 해도 온 나라 백성이 열광하는 여자였으므로 왕도 함부로 무시할 수가 없었다. 따라서 사령관은 그녀에게 통행을 허가했다. 그녀가 안전하게 길을 나설 수 있도록 보쿨뢰르 주민들이 그녀가 입을 남자 옷은 물론 말까지 준비해주었다.

잔은 왕에게 자신의 도착을 알리는 편지를 보냈다. 그 편지에서 자신은 한 번도 왕의 얼굴을 본 적이 없지만 사람들 틈에서 왕을 알아볼 것이라고 예언했다. 그것을 보면 자신이 진실을 이야기하며 신이 보낸 사람이란 것을 알 수 있을 것이라고 말이다.

이 시각 샤를 7세는 출구 없는 상황에 처해 있었다. 그의 편인 오를레앙시가 적에게 포위됐지만 도시를 구하려는 시도는 실패로 끝났다. 프랑스를 떠나 목숨이라도 구하는 수밖에는 다른 도리가 없는 것 같았다. 이런 암담한 상황이었기에 샤를 7세도 어쩔 수 없이 잔다르크를 맞이하기로 결심했다.

그녀는 신하들 사이에 숨은 왕을 단번에 알아보았다. 그래서 왕은 그녀가 진실을 말한다고 믿었다. 이어 그녀는 영국인들에게 편지를 보냈다. "들어라! 신께서 너희들을 프랑스에서 몰아내기 위해 나를 보내셨도다."

그러나 귀족들의 입장에선 영국인들을 프랑스에서 내쫓겠다는 생각이 너무 낯설었다. 아직 국가라는 개념이 자리 잡지 못한 때였다. 왕과 귀족들은 협상을 해서 타협하려고 했다. 영국인이든 프랑스인이든 각자가 자기 것을 가져야 하며, 무기는 극단적 상황이 아니면 함부로 휘둘러서는 안 된다고 생각했기 때문이다. 그것이 유럽 기사들의 관습이었다.

그러나 잔은 기사들의 관습 따위에 신경 쓰지 않았다. 무조건 백성들을 모아 돌진했다. 많은 사람들이 그녀의 명령을 따랐고, 프랑스군의 뜻을 어기고 영국인들의 요새를 정복했다. 오를레앙이 해방되었다. 순식간에 잔은 프랑스 전역에서 유명해졌다.

그러나 아직 오를레앙의 성처녀는 목적을 이루지 못했다. 그녀는 랭스로 가서 샤를을 모든 프랑스인의 왕으로 임명하려 했다. 그러나 이 문제에서도 샤를의 장군들은 머뭇거리기만 했으므로 잔은 다시 기존의 전략을 쓸 수밖에 없었다. 엄청난 숫자의 백성들을 모아 왕과 신하들을 압박한 것이다. 많은 도시에서 시민들이 잔의 외침에 호응했다. 적군에게 넘어간 몇몇 도시들까지 편을 바꾸어 왕을 지지했다. 왕과 신하들이 지금까지의 궁중 규칙에 어긋난다는 이유로 최후까지 저항했지만 잔은 뜻을 굽히지 않고 밀고 나갔고, 결국 랭스에서 왕의 머리에 왕관을 씌웠다. 대관식이 시작된 순간 그녀는 흰 깃발을 들고 갑옷을 입고 당당하게 제단에 서 있었다.

• 마녀가 된 영웅 •

그런데 갑자기 판세가 역전되었다. 그 이유를 이해하자면 당시 사람들이 얼마나 미신적이었는지를 알아야 한다. 잔의 성공은 신이 그녀를 보냈다는 확신 때문이었다. 이런 믿음이 많은 이에게 희망을 주었기에 모두가 자발적으로 팔을 걷어부치고 전투에 나선 것이다. 그러나 영국인들은 물론이고 부르고뉴 가문처럼 영국과 동맹을 맺은 프랑스인들은 생각이 달랐다. 그들은 잔이 마녀라고 주장했다. 그녀의 힘을 무너뜨리고 싶었고, 무엇보다 정말로 그녀가 무서웠기 때문이다. 가망이라고는 없는 상황에서 벌써 몇 차례나 승리를 거둔 그녀가 아닌가. 분명히 악마가 조종을 하는 것이다!

악마와 결탁해 마법의 힘을 얻을 수 있다는 생각은 당시로서는 특별한 것이 아니었다. 그렇게 잔다르크가 마녀와 결탁했다는 미신이 퍼져나갔고, 실제로 교회가 그녀를 상대로 공식적인 재판을 진행했기 때문에 상당수의 재판 기록이 지금까지도 남아 있다. 마침 마녀로 몰려 벌을 받은 사례 중에서 지금까지 남아 있는 최초의 기록도 잔다르크가 살았던 시대의 것이었다. 피고는 남성이었는데 그역시 화형에 처한다는 선고를 받았다.

잔다르크가 마녀라는 비난은 왕에게도 불쾌한 일이었다. 영국인들이 왕이 악마의 도움으로 왕관을 썼다고 사방으로 떠들고 다녔기 때문이다. 따라서 왕은 그녀를 도와주지 않았다. 그녀는 왕의 허락도 받지 않은 채 랭스를 떠나 파리 방향으로 나아가며 차례차례 여러 도시들을 해방시켰다. 그러나 그녀의 운은 거기까지였다. 그녀는 파리를 해방시키지 못한 채 부르고뉴 사람들의 손에 붙들리고 말았다. 잔다르크가 감옥에 갇히자 영국인들과 부르고뉴 사람들은 누가 악마인지를 판단하기 위해 교회에 도움을 청했다.

잔다르크에게 적용한 범죄 행위는 몇 가지가 있었는데, 제일 중대한 범죄가 전투 기간 내내 남장을 했다는 것이었다. 당시 교회의 입장에선 그것 역시 범죄 행위였다. 전투에서 사람들을 죽인 것 역시 큰 죄였다.

잔다르크는 재판을 받았다. 재판 과정 내내 그녀가 재판관의 질문에 너무나 총명하고 순발력 있고 당당하게 대답했기 때문에 며칠 후에는 비공개 재판으로 바뀌었다. 그녀의 언변에 적의 마음마저 돌아설까 봐 우려했던 것이다. 재판이 열리는 동안 그녀는 차갑고 어두운 지하 감옥에 쇠사슬로 묶인 채 갇혀 있었다.

재판관들과 교회 성직자들은 온갖 수단을 동원해 그녀의 입에서 자백을 받아내려고 애썼다. 교회에 허리를 굽히고 신이 아니라 악마가 보냈다는 사실을 공개적으로 시인하라고 말이다. 그러나 잔다르크는 양심을 걸고 자신은 신의 명령을 받은 사람이라고 주장했다. 그 명령이 교회의 뜻과 어긋나더라도 자신은 바꿀 수 없다고 당당히 밝혔다.

잔다르크는 유죄 판결을 받았다. 재판을 뒤에서 조종한 장본인들이 영국인들과 부르고뉴 사람들이었기 때문이다. 그들은 오를레앙의 성처녀를 이단으로 몰아 화형에 처했고, 더불어 샤를이 합법적 왕이 될 수 없음을 온 프랑스에 알렸다. 장작더미에 올라 숨을 거두었을 당시 그녀의 나이는 겨우 열아홉 살이었다.

그러나 잔다르크가 거둔 군사적 승리는 판세를 바꾸어놓았다. 부르고뉴의 편이던 도시들이 하나둘 곁을 떠났다. 어쩌면 프랑스 국가라는 이상에 혹했을지도 모르겠다. 왕에게 충성을 맹세한 이들이 점차 세력을 키워가자 결국 부르고뉴 가문마저 영국에 등을 돌릴 수밖에 없었다. 채 20년도 지나지 않아 영국인들은 프랑스에서 쫓겨났다. 잔다르크의 임무가 마침내 완수된 것이다.

프랑스가 해방되고 백년전쟁이 끝나자 샤를은 잔다르크의 재판을 재개했다. 재판에 잘못이 있었고, 그녀가 "엄청난 증오로 인해 부당하고 근거 없이 매우 잔혹하게" 죽임을 당했다는 사실을 입증해야만 했다. 그래야만 그의 왕권이 악마였던 한 여자 때문이라는 영국인들의 주장을 반박할 수 있었다. 판결이 잘못되었다는 공식 발표가 나왔고, 잔다르크는 프랑스 역사에 영웅으로 기록되었다.

4

남자도 여자도,
다만 인간일 뿐이다

1400년쯤 여성을 둘러싼 공식적 논쟁인 '여성 논쟁'이 시작되다.

1405년 크리스틴 드피상이 '나, 크리스틴은'이라고 적다. 중세가 막을 내리고 새 시대가 열릴 무렵이었다.

1415년 종교개혁가 얀 후스가 이단으로 몰려 화형당하다.

1434년 중국이 세상과 담을 쌓고 세계 발견의 기회를 유럽에게 넘기다.

1453년 오스만제국이 콘스탄티노플을 정복해 수도로 삼고 이스탄불이라고 부르다. 비잔틴제국이 막을 내리다.

1455년쯤 요하네스 구텐베르크가 활판 인쇄술을 발명하다.

1486년 도미니크 수도회 수도사 하인리히 크라머가 《마녀의 망치》를 펴내다.

1487년 포르투갈들이 유럽인으로서는 처음으로 아프리카의 남쪽 끝을 돌다.

1492년 콜럼버스가 아메리카 대륙을 발견하다.

1515년~1566년 바르톨로메 데 라스카사스가 신세계 정복자들의 잔악한 비기독교적 행위를 고발하다.

1517년 마르틴 루터가 비텐베르크에서 95개조 반박문을 발표하다. 종교개혁이 시작되다.

1520년 에르난 코르테스와 말린체가 아스테카 왕국을 정복하다.

1524~25년 제국의 곳곳에서 농민봉기가 일어나다. 농민들이 루터의 《기독교인의 자유》를 근거로 군역과 농노제의 폐지를 요구하다.

1539년 마리 당티에르가 〈여성 변호〉를 발표하다.

1543년 니콜라우스 코페르니쿠스가 태양이 지구를 도는 것이 아니라 지구가 태양을 돈다고 주장하여 교회의 세계관을 뒤엎다.

1562년 아빌라의 테레사가 첫 수도원을 세우다.

1572년 파리에서 피의 결혼식이 열리던 날 수천 명의 위그노가 살해당하다.

나, 크리스틴은

● 새로운 시대의 시작 ●

"나, 크리스틴은." 1400년 무렵에 한 여성이 이렇게 적었다. 그녀
이후에도 많은 여성들이 여전히 그랬듯 남장을 하지도 않았고 남자
이름으로 가명을 써 작품을 출간하지도 않았다. "나, 크리스틴은"
이라고 그녀는 적었다. 그것으로 새 시대가 시작되었다.

어쩌면 수녀원장 보헤미아의 쿠니군데가 프라하성에서 종교서적
을 체코어로 번역시킨 사건도 새 시대의 시작을 알린 서막이었을지
모른다. 번역을 시킨 이유는 수녀원의 수녀들이 라틴어 성서를 이
해하지 못했기 때문이다. 곧 쿠니군데의 뒤를 이어 한 신학과 교수
가 성서 전체를 체코어로 번역하고 미사를 집전했다. 그러자 신도
들도 예배에서 하는 말이 무슨 뜻인지 알아듣게 되었다. 사제가 된
이 남자 얀 후스가 라틴어가 아니라 민족의 언어 체코어로 설교를
했기 때문이다. 그는 교회보다 신과 《성서》를 믿어야 한다고 주장

했다. 당연히 교회의 입장은 달랐다. 교황과 주교들이 그런 주장을 듣고 극심한 공포에 몸을 떨었다는 것은 얀 후스가 이단자로 몰려 화형을 당했다는 사실에서도 충분히 짐작할 수 있는 일이다.

어쩌면 새 시대는 시인 페트라르카와 함께 시작되었을지도 모르겠다. 그는 방투산에 올라 사방에 펼쳐진 풍경을 열정을 다해 칭송했다. 세상은 고통을 참으며 애타게 구원을 기다리는 슬픔의 계곡이 아니라고 그는 선언했다. 세상은 아름답기에 우리는 그 세상을 발견해야 하는 것이라고.

수천 년 동안 인간은 하늘만 올려다보며 신의 세상이, 신의 제국이 어떻게 생겼을까 궁금해했다. 그러던 그들이 하늘로 향한 눈길을 거두어 자신과 주변 세상을 자세히 바라보기 시작했다. 천사와 성자의 정신세계를 그렸던 화가들이, 콘스탄티노플을 구경한 후 배경 하늘을 황금색으로 칠했던 화가들이 이제 자연으로 눈을 돌렸다. 그들은 하늘을 눈에 보이는 대로 파란색으로 칠했고, 새로운 미술기법인 원근법을 개발해 자연을 비율 그대로 화폭에 옮겼다.

교회도 새 시대를 막을 수는 없었다. 이제 사람들은 창조자만 바라보는 겸손한 신의 피조물이기를 거부하고 스스로를 창조의 왕관으로, 신이 창조한 최고의 존재로 바라보기 시작했다.

이 모든 변화는 새 시대의 시작을 알리는 종소리였다. 그리고 그 새 시대는 휴머니즘, 즉 인본주의라는 이름을 얻었다. 라틴어 '호모'가 인간을 뜻했기 때문이다. 휴머니즘이 발전하자 학자들은 물었다. 인간이란 무엇인가? 인간의 사명은 무엇인가? 그러나 이미 그 이전에 그 여인은 "나, 크리스틴은"이라는 말이 자주 등장하는 책을 세상에 펴냈다. 그리고 인간성과 관련된 몇 가지를 세상에 알려주고자 했다.

많은 고통을 낳은 백년전쟁 시절이었다. 그녀는 전쟁에 반대하여 목소리를 높였다. 귀족을 비판하고 "가난한 사람들이 자기 잘못도 아닌 일을 속죄해야 하는 것이 너무도 고결한 왕국의 불행이다."라고 한탄했다.

크리스틴 드피상은 프랑스가 처한 상황을 잘 알았다. 평생을 프랑스 왕의 주변에서 살았기 때문이다. 그녀의 아버지는 베네치아 출신의 학자로, 의학과 천문학 지식이 매우 뛰어나서 프랑스 왕이 그의 가족 모두를 왕궁으로 데려왔다. 그래서 크리스틴은 왕궁에서 자랐고 열다섯 살에 결혼해 세 아이를 낳았다. 그런데 몇 년 후 남편과 아버지가 잇달아 세상을 뜨자 얼떨결에 가장이 되었다. 경제적 어려움에 시달리는 처지였지만 그녀는 재혼하지 않고 책을 번역하면서 조금씩 돈을 벌었다. 그러다 어느 날 자신도 직접 글을 쓸 수 있다는 사실을 깨달았다.

그녀의 글에는 평소 그녀가 느꼈던 분노가 담겨 있다. 그녀의 분노를 특히 자극한 것은 당시 큰 인기를 끌었던 《장미 이야기》(아름다운 여인을 장미로 의인화하여 그녀에게 사랑을 얻는 과정을 알레고리적으로 묘사한 13세기 프랑스의 궁정풍 운문소설–옮긴이)였다. 그 책은 여자를 남자에게 욕먹고 학대당하고 매 맞는 것 말고는 아무 가치도 없는 천박하고 비열한 존재로 묘사했다. 어떤 구절에서는 가까이 다가오는 남자를 모조리 독살하는 위험한 괴물이라 부르기도 했다. 크리스틴은 분노하여 외쳤다. "신은 그 어떤 것도 너희들이 여자를 그린 대로 그렇게 악하고 나쁘게 창조하지 않으셨을 것이다."

얼마 후 그녀의 책 중에서도 가장 유명한 《숙녀들의 도시》가 세상에 나왔다. 그 책에서 그녀는 여성이 주도권을 잡은 정반대의 세상을 창조했다.

물론 크리스틴의 비판은 모든 남성을 향한 것이 아니었다. 그녀의 교양은 아버지가 물려주신 유산이었고, 남편이 일찍 세상을 떴을 때 그녀는 몹시 슬퍼했다. 그럼에도 많은 여성들이 여전히 고통을 겪고 있었기에 그녀는 결혼에 대해서도 좋게 생각하지 않았다. 딸과 나눈 대화록에는 이런 구절이 있다. "인정머리 없는 남편 때문에 결혼의 굴레를 쓰고 눈물의 세월을 살면서 사라센에게 팔려간 여자 노예들보다 더한 고통을 겪는 여자들이 얼마나 많은지는 너도 잘 알 것이다."

《숙녀들의 도시》에서 크리스틴은 왜 그런지 그 이유를 설명한다. 여자를 함부로 대하고 모욕하는 남자들은 질투가 나서, 샘이 나서 그러는 것이다. 똑똑하고 능력 있는 여자가 겁나서 그러는 것이다.

크리스틴은 자신의 펜이 얼마나 날카로운 무기가 될 수 있는지도 잘 알았기에, 그 무기로 수백 년 동안 이어진 남성 세계의 굳은 확신을 공격했다. 그녀는 여성의 영혼도 남성의 영혼 못지않게 가치가 크다고 주장했다. 배우고 행동할 수 있다면 과학, 예술, 정치를 막론하고 여자들도 똑같이 잘할 수 있다고 말이다. 가끔씩 왕좌에 오른 여성들이 그 사실을 입증했다. 그리고 흔히 여자들을 꼬집어 비난하는 바로 그 결점이 많은 남자들에게서도 발견되었다.

크리스틴의 책은 열광적 호응을 얻었다. 전 유럽의 귀족들이 그녀에게 감동했고 재정적으로 그녀를 후원했다. 그러나 영국과 프랑스의 전쟁이 끝나지 않을 것이라 생각했던 크리스틴은 딸이 있던 수녀원으로 들어가 버렸다. 잔다르크가 오를레앙을 해방시키자 비로소 그녀도 다시 희망을 품었다. 잔다르크가 무장을 하고 전쟁에 참가했으므로 여성이 남성에 미치지 못하는 분야가 없다는 증거를 실제로 확보한 셈이었다. 그녀는 벅찬 감동을 느끼며 잔다르크에 관한 시를 썼다. 그러나 오를레앙 성처녀의 종말은 보지 못했다. 잔다르크가 마녀로 몰려 화형을 당하기 전에 크리스틴이 먼저 세상을 떠났기 때문이다.

오스만제국의 등장

● 황금사과를 삼키다 ●

한 번 더 세계지도를 살펴보자. 고대 로마제국은 기독교 왕국이 되었다. 중세 유럽인들이 믿었던 신의 왕국이 된 것이다. 세계의 다른 편에는 중국이 있었다. 너무 먼 곳이었기에 유럽인들은 중국과 인도를 같은 곳이라고 생각했다. 향신료와 비단이 오는 동쪽 끝의 나라라고 말이다.

그럼 유럽과 중국 사이에 펼쳐진 그 거대한 땅은 어떻게 되었을까? 그곳에 살던 민족들은 언어도 다르고 종교와 풍습도 달랐다. 유럽 땅도 아니었고 중국이나 인도 땅도 아니었지만 하나의 통일국가를 형성하지도 못했다. 알렉산드로스 대왕도, 아랍인들도, 칭기즈칸이 이끈 몽골족도 이곳에 오랜 역사를 자랑할 왕국을 세우지는 못했다.

그런데 터키의 왕 '정복자 메흐메트'가 그 위업을 달성했다. 터키족은 조상들이 그랬듯 서쪽으로 뻗어나가 거대한 영토를 손아귀에 넣었고, 14세기에 이르러 왕국을 세웠다. 유럽에선 이 왕국을 오스만제국이라고 불렀다. 오스만제국 역시 중세 최고의 보물에 탐욕의 눈길을 보냈다. 바로 터키인들이 '황금사과'라고 불렀던 보스포루스 해협의 도시 콘스탄티노플이었다.

이번에는 비잔틴제국도 버티지 못했다. 십자군의 분열과 콘스탄티노플의 약탈로 라틴계 서유럽과 그리스계 동유럽이 완전히 결별을 고했다. 비잔틴의 황제는 차례차례 영토를 잃었고, 결국 지금껏 그 어떤 이방의 권력도 해내지 못했던 일을 터키인들이 해내고야 말았다. 황금사과를 삼킨 것이다. 자신들의 승리가 자랑스러웠던 터키인들은 콘스탄티노플을 오스만제국의 수도로 삼아 이스탄불이라고 불렀다.

그리스 학자들과 사제들은 이탈리아로 도망을 쳤다. 라틴계 배신자들을 도저히 용서할 수 없었던 학자와 사제들은 러시아 정교 형제들의 품으로 달려갔다. 그래서 콘스탄티누스 황제가 보스포루스에 세운 제2의 로마가 무슬림의 손에 넘어간 상황에서, 많은 이들이 모스크바를 제3의 로마로 부르고 싶은 유혹에 빠졌다.

오스만제국은 이제 세계지도에서 무시할 수 없는 존재로 떠올랐다. 이후 몇백 년 동안 이들은 멀리 유럽까지 진출해 계속 전쟁을 일으켰고, 콘스탄티노플과 빈 사이의 넓은 영토를 손아귀에 넣었다. 그리하여 그리스, 세르비아, 크로아티아, 불가리아가 오스만제국의 영토가 되었다. 특히 오스만의 최고 정예부대 예니체리^{Yeniceri}는 두려움의 대상이었다. 대부분의 터키인들이 아랍인을 만난 후 무슬림으로 개종했기 때문에 터키의 술탄은 모든 무슬림의 수장인 칼리프 자리도 요구했다. 따지고 보면 무슬림의 다수가 그의 제국에 살고 있었으니 말이다. 정복욕에 불탄 오스만의 왕들은 또 하나의 황금사과를 노렸다. 빈이었다. 그러나 콘스탄티노플과 달리 빈은 그들의 손에 들어가지 않았다.

인간의 존재를 묻다

● 문화의 부활, 인간의 부활 ●

책이 역사를 만든다. 어쩌면 우리 생각보다 그런 일이 훨씬 더 많았을지도 모르겠다. 터키인들이 콘스탄티노플을 장악하자 수많은 책이 이탈리아로 넘어갔고, 그곳에서 다시 유럽 곳곳으로 퍼져나갔다. 모두가 비잔틴과 에스파냐에서 온 책들이었다. 그곳에서 기독교도와 무슬림이 쉬지 않고 전쟁을 벌였으므로 수많은 학자들이 도망을 치면서 책을 들고 왔던 것이다.

밀려들어온 책은 새 시대의 화가, 음악가, 철학자, 시인에게 아이디어의 토양이 되어주었다. 그리고 그 책들을 통해 그들의 관심을 끄는 많은 것들이 이미 그 옛날 그리스와 로마에 존재했다는 사실을 알게 되었다. 열광한 이들은 그 옛날의 보물상자를 다시 열어 고대 건축 양식을 연구했고, 자연에 충실한 조각의 묘사에 감탄을 보냈으며, 고대를 모방하기 시작했다. 역사학자들은 훗날 이를 두고

르네상스라고 불렀다. 프랑스어로 '부활'이라는 뜻이다. 고대 그리스와 로마의 예술이 다시 활기를 찾았고 그들의 철학과 정치적 이념도 되살아났다. 학자와 예술가들이 옛것을 발굴해 새것을 만들어 낸 것이다.

특히 인간 교육에 역점을 두었던 인본주의 학자들은 플라톤의 저서를 재발견하여 아리스토텔레스의 이론을 반박했다. 그들은 인간은 인식의 4단계를 거치며 선善을 추구한다는 플라톤의 생각을 받아들였다. 르네상스의 새로운 인간은 그 선을 자기 안에서, 자연에서 찾았다. 선은 진실한 모든 것, 아름다운 모든 것에서 나타나는 것이다.

르네상스의 화가들은 인간과 자연의 숭고함뿐 아니라 자신들의 가치도 인식했다. 그들 역시 "나, 레오나르도는" 혹은 "나, 티치아노는"이라고 말했지만 크리스틴 드피상과 달리 작가가 아니라 화가였기 때문에 그 말을 화가의 방식으로 표현했다. 즉 자화상을 그린 것이다.

지금 우리로서는 상상하기 힘들지만 중세에는 아직 작품을 창작해 명성을 얻은 화가가 존재하지 않았다. 화가는 그저 신의 도구로서 그림을 그렸을 뿐이다. 음유시인, 미네장 작가, 마리 드프랑스 같은 시인들이 살짝 밀어둔 예술의 문이 이제 완전히 활짝 열렸다. 종교적 교화가 목적이 아닌 작품들이 줄을 이었다. 작가들은 연극 작품을 썼고, 작곡가들은 모테트motet(다성 성악곡)에 이어 오페라까지 작곡했다. 종교음악 이외에도 오직 청중의 만족을 목표로 삼는 세속적 음악이 탄생했다. 문학과 미술도 마찬가지였다. 예술이 종교적 소명에서 벗어나 자신만의 삶을 키워나가기 시작한 것이다.

그러나 예술가에게 제아무리 빼어난 능력이 있어도 그것을 알아봐주고 후원해주는 사람이 없었다면 위대한 예술작품들은 탄생할 수 없었을 것이다. 이런 후원가들 중에는 여성, 특히 돈과 권력이 있어 예술가들을 궁으로 불러들였던 귀족 여성들이 많았다. 사람들은 이들의 후원 행위를 메세나(예술후원)라고 불렀다. 자기 돈으로 시인들을 후원했던 고대 로마 사람 마에케나스의 이름에서 따온 명칭이다. 후원 활동을 통해 유명세를 얻은 여성들도 생겨났다. 대표적인 인물이 페라라 공의 누이이자 북이탈리아 만토바의 후작과 결혼한 이사벨라 데스테였다. 그녀는 음악가와 시인, 화가와 철학자를 궁으로 불러들여 남편의 영지를 르네상스 문화의 중심지로 키웠다. 레오나르도 다빈치와 티치아노는 감사의 표시로 그녀의 초상화를 그렸고, 그녀가 빼어난 교양과 미모를 자랑했으므로 전 유럽의 귀족 여성들이 그녀의 패션을 따라 했다. 사람들은 그녀를 두고 '라 프리마 돈나 델 몬도La prima donna del mondo', 즉 세계 제일의 여성이라고 칭했다.

다빈치 역시 그림으로 유명했다. 특히 〈모나리자〉와 〈최후의 만찬〉이 큰 인기를 끌었다. 사실 다빈치는 다방면에 관심이 많았다. 사물의 원인을 알고 싶어 했고 세상만사에 관심을 가졌으므로 사람들은 그를 만물박사라고 불렀다. 그는 기계를 도안하고 건물과 다리를 설계했으며, 인간을 근육과 머리카락까지 정확한 비율로 그리기 위해 의사들을 찾아가 그들과 같이 해부를 했다. 아마 그는 여성의 몸속이 어떤 모양인지, 아들은 자궁 오른쪽에, 딸은 왼쪽에 있다던 아리스토텔레스의 주장이 진짜인지를 제 눈으로 직접 살핀 최초의 사람들 중 하나일 것이다. 너무나 많은 아이디어가 샘솟았으므로 그는 수천 개의 메모와 스케치를 남겼고, 그중에는 교량 건설처럼 오늘날에 와서야 현실화된 아이디어들도 많다. 어쩌면 우리는 지금도 여전히 근대라 불린 시대를 살고 있는지도 모르겠다. 다빈치와 크리스틴 같은 사람들이 문을 열었던 그 시대 말이다. 그들의 아이디어가 지금까지도 다 소진되지 않았으니까.

근대가 시작되기 전, 한 이탈리아 남자가 아라비아로 여행을 가서 그곳 사람들이 0에서 9까지 숫자를 사용하는 모습을 지켜보았다. 그들은 그 숫자를 이용해 복잡한 로마 숫자를 쓰는 유럽인들보다 훨씬 빨리 계산을 했다. 그들이 쓰던 숫자는 아랍인들이 한때 인도에서 보고 배운 바로 그 십진법이었다. 이 새 숫자를 도입하자 유럽 상인들도 훨씬 수월하게 돈을 셌고, 화가나 자연과학자는 훨씬 간단하게 측량과 계산을 해결했다. 이 역시 세상을 발견하여 변화시키려던 인문주의자들의 욕망에 날개를 달아주었다.

철학, 수학, 예술, 신에 대한 고민과 세상의 탐구. 이 모든 것은 여전히 서로 긴밀한 관계에 있었다. 그러므로 수학에서 수가 무한으로 이어진다는 사실을 깨달은 사람이 주교 니콜라우스 쿠사누스라는 사실이 전혀 어색하지 않았다. 그는 또 일찍부터 태양이 지구를 도는 것이 아니라 지구가 태양 주변을 돈다고 추정했던 여러 천문학자 중 한 사람이었다. 그러나 그의 생각은 공식적인 교회의 입장과 상반되었다. 지구는 움직이지 않는 고체의 중심이고, 그 주위를 행성과 태양이 돈다는 것이 교회의 입장이었다. 잘못된 이들의 생각을 최종적으로 바로 잡아준 과학자는 코페르니쿠스였다. 그는 움직이는 것은 태양이 아니며, 지구가 다른 행성들처럼 타원형 궤도로 태양 주변을 돈다고 주장했다.

그런 주장들은 안 그래도 갑자기 사방에서 경쟁에 몰린 교회의 권위에 큰 흠집을 냈다. 사람들에게 불현듯 의문이 생긴 것이다. 이 세상을 누가 제일 잘 설명할 수 있을까? 교회일까? 아니면 자연과 인간의 본질을 새로운 방법으로 탐구하는 과학자들일까? 모든 것을 탐구하는 만물박사가 등장하자 교회는 만능의 권리를 잃었다. 이제 더 이상 세상의 이치를 모두 깨달은 달인인 양 으스댈 수 없었던 것이다.

● 여성 논쟁의 시작 ●

지구가 태양을 돈다는 주장의 폭발력은 실로 엄청났지만, 그래도 여자가 남자와 동등하다는 생각에 비하면 받아들이기가 훨씬 수월했다. 크리스틴이 던진 여성에 대한 질문들은 지금껏 없었던 새로운 결과를 불러왔다. 여성에 대한 공식적 논쟁 '여성 논쟁Querelle des femmes'의 불을 붙인 것이다. 이 논쟁은 유례없이 열띤 토론으로 불타올랐다.

진짜 혁명은 요하네스 구텐베르크의 활판 인쇄술 발명에서 시작되었다고 주장하는 사람들도 많다. 그전까지는 책을 한 권 펴내려면 한 페이지씩 전부 나무판에 새겼다. 그래서 책 한 권을 인쇄하자면 수백 개의 나무판을 일일이 손으로 제작해야 했다. 그런데 구텐베르크가 개별 철자를 제작해 그것을 틀에 고정시킨다는 천재적인 아이디어를 냈다. 이 활자를 이용하면 몇 번의 손놀림만으로 한 페이지를 짜 맞출 수 있었다. 구텐베르크의 발명은 서적 제작의 공정을 단순화했을 뿐 아니라 가격도 엄청나게 떨어뜨렸기 때문에 서적의 보급 속도를 크게 높였다. 그 효과는 실로 엄청났다. 중세에는 대부분의 책이 라틴어로 쓰였기 때문에 소수의 식자층만 읽을 수 있었다. 그런데 이제 책이 보통 사람들의 집에도 한자리를 차지하게 된 것이다. 당연히 모두가 이런저런 주장을 비교하고 그 주장들에 비판적 의견을 내놓을 수 있게 되었다.

서적의 보급으로 '여성 논쟁'도 본격적으로 불이 붙었다. 이탈리아에서 피코 델라미란돌라라는 이름의 철학자가 인간의 존엄성이 무엇인지를 묻는 책을 출간했다. 여성이 남성과 같이 존엄한 존재인지를 묻는 질문도 당연히 뒤를 따랐다. 많은 인문주의자들이 선을 추구했기 때문에 여성에 대한 처우가 잘못되었다는 크리스틴의 비판을 인정하지 않을 수 없었다.

그래서 일군의 남성들이 여성을 변호하는 책을 펴냈다. 세상을 직접 보기 위해 방투산에 올랐던 페트라르카의 친구 조반니 보카치오는 《유명한 여자들》이라는 제목의 책을 펴냈다. 당시 보카치오는 명성이 자자한 작가였으므로 그가 여자들만 다룬 책을 썼다는 사실이 적지 않은 파문을 불러일으켰다. 또 다른 이탈리아 작가는 《여자들의 숭고함과 존엄함에 대하여》를 썼고, 독일 학자 아그리파 폰 네테스하임은 《여성의 품격과 우위에 대하여》를 썼다. 이 글은 6개국의 언어로 번역될 만큼 큰 반응을 얻었다.

여성의 우수함을 칭송한 저서들에 반박이 없을 리 없었다. 어느 날 갑자기 〈여자는 인간인가 아닌가?〉라는 제목의 팸플릿이 등장했다. 이름을 밝힐 용기가 없었던 저자는 여자는 인간이 아니라고 주장했다. 그 글의 원래 목적이 풍자였다고 생각하는 사람들도 많다. 그러나 날선 대립의 소음에 묻혀 풍자는 실종되고 말았다. 한쪽에선 분노했고 다른 쪽에선 동조했으며, 그 글을 조롱하며 즐기는 사람들도 있었다. 그러나 그 글이 많은 다른 언어로 번역되었고 200년이 지난 후에도 여전히 출간되었다는 사실로 보아 단순한 농담거리는 아니었음을 잘 알 수 있다. 그 글이 이탈리아어로 번역되자 교회는 당장 금서 목록에 올렸고, 독일에서는 목사들이 여자가 인간임을 입증한 소견서들을 발표했다.

홀로 용감하게 여성의 부당한 대우에 항거했던 크리스틴이 죽은 지 채 100년도 지나지 않았을 때였다. 여자는 자연의 실수이자 실패한 남자라는 아리스토텔레스와 토마스 아퀴나스의 주장이 옳을까? 신이 남자의 시중이나 들라고 여자를 만들었을까? 여자는 남자보다 약할까? 체력은 물론이고 정신력이나 이성도 더 떨어질까? 다시 토론이 불붙었고 기독교와 유대교 학자들은 각자의 입장을 정당화하기 위해 나름대로 경전을 인용했다. 그래서 16세기의 한 유대 작가는 여성이 남성보다 더 가치 있는 존재라고 주장하면서 그 근거로 "아담은 먼지로 만들었지만 이브는 아담의 갈비뼈로 만들었다."는 성서의 구절을 인용했다. 그는 또 여성이 남자와 똑같이 합리적이며, 특히 산고를 견딘다는 사실로 미루어 볼 때 여성이 매우 강인하다고 주장했다. 이때 시작된 논쟁은 지금까지도 끝나지 않았다.

그리고 새로운 대륙을 유린하다

● 가톨릭 부부 왕 ●

갑자기 그들이 등장했다. 세계사를 만든 여성들. 연필과 펜으로 논쟁의 불을 붙인 크리스틴 드피상, 높으신 분들의 뜻을 무시하고 용기를 통해 백성들의 마음을 움직인 잔다르크에 이어 마침내 왕좌에 오른 여왕이 나타났다. 카스티야 왕국의 이사벨 여왕이었다.

카스티야는 당시 에스파냐의 대부분을 차지하고 있었다. 남은 땅은 다른 제후들이 다스렸고, 십자군으로 인해 이베리아반도의 대부분이 기독교도의 손에 넘어왔지만 남쪽은 여전히 아랍인들이 차지하고 있었다.

이사벨은 아라곤의 페르난도 대공과 결혼했다. 두 사람의 결합으로 이베리아반도 전체가 거의 그들의 손에 들어온 데다, 결혼 이후에도 두 사람은 힘을 합쳐 무슬림의 손에 있던 지역을 모두 탈환했다. '레콩키스타Reconquista'라 불린 국토회복운동의 결과였다. 700년이 넘는 긴 시간이 지난 후 에스파냐가 다시 기독교화되면서 이제 유럽 전체에서 무슬림 왕이 완전히 사라졌다.

로마의 교황은 에스파냐가 무슬림과 전쟁을 선포하고 교회의 바람막이로 나서준 것이 마음에 들었다. 교황은 이사벨과 페르난도에게 '가톨릭 부부 왕'이라는 칭호를 하사해 이제 교황과 에스파냐가 연합해 새로운 유럽의 동맹군이 생겼다는 사실을 온 세상에 알렸다.

십자군에게 패하기 시작한 아랍인들은 다시 일어서지 못했다. 동쪽에서는 터키인들이, 서쪽에서는 유럽인들이 그들을 몰아붙였다. 더불어 그들의 문화도 쇠퇴했다. 수학과 의학, 천문학 지식을 유럽에 보급하고 유럽의 고대 서적을 잘 보존해 유럽인들에게 돌려주었던 아랍의 문화가 힘을 잃었다.

이사벨과 페르난도는 아랍인의 업적 따위엔 관심이 없었다. 무슬림과 유대인, 기독교인이 이베리아반도에서 수백 년 동안 평화롭게 공존했다는 사실도 무시했다. 오히려 정반대의 길을 걸었다. 왕 부부는 에스파냐를 하나의 종교로 통합시키려 했다. 에스파냐 국민이 되려면 기독교로 개종해야 한다고 주장했다. 무슬림의 마지막 거점인 그라나다가 함락되자마자 이사벨과 페르난도는 모든 유대인과 무슬림에게 기독교 개종을 강요하는 법을 제정했다. 거부하는 자는 나라를 떠나야 했다.

거기서 끝나지 않았다. 갈수록 요구 조건이 까다로워졌다. 이제 에스파냐 국민이 되려면 기독교인일 뿐 아니라 '순수한 피'여야 했다. 그러니까 태어날 때부터 기독교인이었던 사람만 에스파냐에 남을 수 있었다. 무슬림과 유대인은 개종을 해도 자격 미달이었다. 새

법으로 많은 사람들이 망명길에 올랐다. 에스파냐에 살던 유대인들이 발칸반도, 네덜란드, 프랑스, 독일로 떠났다. 무슬림들은 오스만제국의 땅인 북아프리카로 발길을 돌려야 했다.

에스파냐를 떠난 무슬림과 유대인들은 지식과 기존의 교역관계도 함께 들고 가서 오스만이 대국으로 성장하는 데 크게 기여했다. 터키인들은 실크로드를 이용하는 사람들에게 높은 관세를 물렸다. 이탈리아 상인들처럼 오스만의 상인들과 제때 계약을 맺어 거래관계를 확보하지 못한 이들은 상품 조달이 힘들어졌다.

● 새로운 뱃길을 찾다 ●

새 길을 찾아야 할 때가 왔다. 유럽 남서쪽 끝에 자리한 포르투갈인들은 오래전부터 아프리카를 돌아 인도로 가는 항로를 찾는 것이 더 낫지 않을까 고민해왔다. 그때까지만 해도 아프리카 대륙은 미지의 땅이었다. 물론 이집트와 그 주변 지역은 선사시대부터 알던 땅이었지만 남쪽으로는 아직 아무도 진출하지 못했다.

그래도 아프리카를 돌아 대양으로 나아가기까지는 많은 시간이 걸렸다. 남쪽 끝의 바다가 워낙 험한 바위투성이어서 운이 나쁘면 급류에 휘말려 벼랑 쪽으로 끌려 들어가 배가 산산조각이 났기 때문이다. 그런데 어느 날 포르투갈인들이 그 '폭풍의 곶'을 돌았고, 그날 이후 그들은 그곳을 '희망봉'이라 불렀다. 인도로 가는 값싼 새 길을 발견했고, 덕분에 포르투갈이 에스파냐보다 훨씬 큰 이익을 거두게 되었기 때문이다.

포르투갈 왕궁에서 선원들의 주가가 치솟았다. 그러나 이탈리아 제노바에서 온 한 선원이 더 용감한 모험을 제안했을 때는 이들도 손사래를 쳤다. 크리스토퍼 콜럼버스는 지구가 둥글다는 깨달음을 적극 활용해야 할 시점이라고 생각했다. 그냥 배를 띄워 반대 방향으로 가다 보면 인도에 도착할 수 있다고 확신한 것이다.

몇 년 동안 유럽의 궁정들을 떠돌아다니며 재정적 지원을 애걸하던 콜럼버스가 마침내 이사벨 여왕을 만났다. 물론 이사벨도 의심을 다 지울 수는 없어서 세 척 이상의 배는 내줄 수 없다고 못을 받았다. 돈을 구걸하는 일에 신물이 난 콜럼버스는 그것으로 만족하며 출항했다. 그의 목표는 인도였다. 더 정확하게 말하면 중국의 항구도시였다. 그러나 중국과 인도는 너무 멀리 있었다.

콜럼버스와 선원들은 70일의 항해 끝에 마침내 큰 섬의 해안에 당도했다. 그러나 그것이 한 번도 들어본 적 없는 대륙이라는 사실은 미처 알지 못했다. 그들은 그곳이 인도라고 믿었다. 그래서 그곳 주민들을 '인디언'이라고 불렀고 그 군도를 '서인도제도'라고 불렀다. 대륙의 원주민들 역시 목선을 타고 해안에 나타난 에스파냐 사람들의 큰 키와 하얀 피부 색깔에 깜짝 놀랐다. 그래서 그들은 유럽인들이 신과 비슷한 초인적인 존재라고 생각했다.

● 신세계 ●

신세계에서 탐색의 시간을 거친 에스파냐인들은 그 땅을 정복하여 주민들을 지배할 수 있겠다고 확신했다. 그들은 그곳에 누에바에스파냐(새로운 에스파냐)라는 이름을 붙였고, 교황은 그들에게 그나라의 소유권을 하사했다. 그 대가로 그들은 교황에게 신세계 주민들을 기독교로 개종시키겠다고 약속했다. 교황이 과연 무슨 권리로 수천 킬로미터 떨어진 대륙의 소유권을 줄 수 있었는지, 당시 기독교인들은 한 치도 의문을 품지 않았다.

몇 달 동안 배에 갇혀 바다를 떠돌다가 신세계에 도착한 남자들은 스스로를 '콩키스타도르' 즉 정복자라 불렀다. 그 이름에서 이미 그들의 의도가 무엇인지 분명히 드러난다. 이들은 원주민과 거래를 트고 상품을 교역할 의도가 아니었다. 폭력과 전술로 돈이 될 만한 것은 모조리 빼앗았다. 교황과 카스티야의 이사벨은 선원들의 만행에 당황했지만 어떻게 막을 도리가 없었다. 에스파냐의 정복자들은 신세계와 그 주민들을 정복하기 위해 바다로 나갔다.

● 말린체가 코르테스를 도와 멕시코를 정복하다 ●

아메리카 대륙이 발견된 지 12년 후 이사벨 여왕이 세상을 떴다. 에스파냐의 수중에 들어온 땅은 카리브의 섬 몇 개가 전부였다. 그들은 그 섬들을 쿠바에서 통치했다. 그 너머로 펼쳐진 육지에 대해서는 소문만 들었을 뿐이었다. 그곳에서는 힘센 왕이 거대한 왕국을 다스리고 있다고 했다. 얼마 안 되는 숫자의 정복자들이 그런 대국을 상대로 전쟁에서 이기는 것은 불가능에 가까워보였다.

베일에 싸인 왕의 이름은 몬테수마였다. 그는 아스테카 왕국의 왕으로, 주변의 수많은 작은 왕국들을 굴복시켜 그들에게서 옥수수와 콩, 호박, 카카오, 면포 등을 조공으로 받았다. 아스테카의 수도 테노치티틀란은 큰 호수에 뜬 여러 개의 섬에 건설한 대도시로, 주민 수가 유럽 최대 도시의 세 배나 되었다. 도시 중앙에는 신전과 왕궁이 있었고 그 안에는 금과 보석이 보관되어 있었다. 신전은 계단 피라미드 형태로 수천 개의 인간 두개골로 만든 해골 탑도 있었다. 아즈텍족이 자기 민족의 신 우이칠로포츠틀리Huitzilopochtli와 다른 신들에게 바친 인신공양의 흔적이었다.

아스테카의 도시들은 당시의 파리나 런던보다 면적도 넓었고, 일부는 이집트 피라미드보다 더 오랜 역사를 자랑할 정도로 유서가 깊었다. 수리시설이 갖추어져 있었고, 테노치티틀란의 경우 리본 띠처럼 운하를 따라 작고 좁은 밭을 만들어 도시 한가운데에서도 식량을 재배할 수 있었다. 아스테카 사람들은 옥수수 재배 기술을 터득했고 아마존강 지역의 원주민들은 열대우림을 파괴하지 않고도 잘 이용할 줄 알았다.

유럽인들이 오기 전 아메리카 대륙의 원주민들은 말을 본 적이 없었고 무기도 소박했다. 그러나 경험 많은 전사들이었고 무엇보다 압도적으로 수가 많았다 그러므로 에르난 코르테스가 몇 척 안 되는 배와 소수의 부대로 아스테카를 정복했다는 것은 기적에 가깝다. 그가 말린체를 만나지 않았더라면 불가능했을지도 모를 일이다.

말린체는 어릴 때 이웃 마야족의 언어를 배웠다. 에스파냐인들이 멕시코 내륙에 처음 발을 내디뎠을 때 말린체는 마침 마야족과 함께 살고 있었다. 전투가 벌어지고 에스파냐 정복자들이 승리하자 원주민들은 패배를 인정한다는 뜻으로 20명의 처녀 노예를 바쳤다. 그중에 말린체가 끼어 있었다. 정복자들은 늘 사제를 데리고 다녔으므로 먼저 처녀들에게 세례를 내린 다음 남자들에게 나누어 주었다.

그런데 말린체는 마야어는 물론이고 아스테카 말도 할 줄 알았다. 정복자들은 그녀의 도움으로 아스테카 왕국의 많은 부족들이 불만이 많고 몬테수마에 대한 충성심이 크지 않다는 사실도 알아냈다. 코르테스는 바로 그 점을 이용했다. 말린체가 통역을 하며 도와준 덕분에 코르테스는 몇몇 족장과 동맹을 맺을 수 있었다. 판세가 자신에게 유리해지자 에스파냐인들은 한 걸음 한 걸음 테노치티틀란을 향해 진군했다.

코르테스와 몬테수마가 처음으로 얼굴을 마주했을 때 말린체가 중간에서 통역을 했다. 그러나 의견의 일치는 없었다. 이제 코르테스의 원대한 모험이 실패로 끝나든가 몬테수마가 몰락하든가 둘 중 하나였다. 피비린내 나는 전투 끝에 정복자들이 승리를 거두었고, 아스테카는 멸망의 길을 걸었다. 훗날 코르테스의 부하 한 사람이 멕시코 정복과 관련해 이런 글을 적었다. "말린체가 없었다면 우리는 그들의 말을 알아듣지 못했을 것이다. 신의 가호가 있었어도 그녀가 도와준 덕에 많은 것을 이룰 수 있었다."

• 우리가 너희보다 우월하다 •

정복자들이 원주민을 정복할 수 있었던 것은 운명의 도움도 컸다. 유럽인들은 아메리카 대륙에 없던 질병을 끌고 왔다. 원주민의 면역계가 아직 그 병을 방어할 수 없는 상태였으므로 홍역과 천연두가 창궐하면서 수많은 원주민들이 목숨을 잃었다. 정복자들이 대륙의 남쪽을 정복하기 위해 중부로 진출했을 때, 바이러스는 이미 남부까지 퍼져 있었다.

남쪽의 상황도 아스테카 왕국과 비슷했다. 잉카인들이 거대한 왕국을 건설하고 이웃 부족을 정복해 지배했기에, 에스파냐인들은 그곳에서도 원주민 동맹군을 찾아 잉카와 결전을 치렀다. 정복자의 부하들 중에 프란체스코 데 오렐라나라는 이름의 남자가 있었는데 용감하게 보트에 올라 남미 최대의 강을 따라 내려갔다. 훗날 한 사제가 적은 일기를 보면 오렐라나가 돌아오는 길에 놀라운 광경을 보았다고 한다. 어떤 무리를 만나 싸움을 했는데, 제일 앞에 10명 내외의 여자들이 있었다는 것이다. 그리스인들이 말한 아마존족처럼 여전사들의 부족이었다. 그 강 이름이 아마존인 것은 그들의 이름을 딴 것이라고 추측하는 사람들이 많다.

에스파냐인들은 아메리카 대륙의 원주민들을 보고 놀라면서도 자기들이 더 우월하다고 생각했다. 원주민들의 삶이 원시적으로 보였고 사람을 제물로 바치는 풍습은 실로 충격적이었다. 잉카족의 경우 제물의 머리를 자르거나 익사시키거나 다른 방법으로 죽였고, 아즈텍족의 경우 신을 달래기 위해 젊은 사람의 심장을 산 채로 도려냈다. 제물은 이웃 부족에서 잡아왔다. 그러니 억압을 받은 이웃 부족들이 에스파냐 정복자들과 동맹을 맺은 것도 놀랄 일은 아니었다. 정복자들은 그들을 보면서 새삼 이웃 사랑을 외치는 자신의 종교가 원주민의 야만적 풍습보다 우월하다는 믿음을 정당화했다.

● 라스카사스의 실패 ●

대서양 건너편에서 정복자들이 법을 얼마나 잘 지키는지 살피기에는 에스파냐의 왕이 너무 멀리 있었다. '새로운 에스파냐'는 왕의 땅이었기에 공식적으로 따지자면 그곳에서 찾은 은과 금의 대부분은 나라에 바쳐야 마땅했다. 그렇지만 정복자들이 실제로 얼마나 많은 돈을 자기 주머니에 챙겼는지 감시할 방법이 없었다.

안타깝게도 그들이 얼마나 기독교의 이웃 사랑을 실천했는지도 살필 방법이 없었다. 왕과 교황의 명령에도 정복자들은 원주민을 노예로 삼아 짐승처럼 대했다. 그 잔악한 행실을 곁에서 지켜보았던 에스파냐의 수도사 바르톨로메 데 라스카사스는 이렇게 한탄했다. "그들은 원주민들을 길거리의 똥만큼도 대접하지 않습니다. 아니, 똥보다 더 못한 대접을 합니다."

그가 기록한 잔악한 장면은 수없이 많다.

한번은 어떤 에스파냐 지휘관이 병사들을 데리고 산에 갔는데 그곳에 꽤 많은 원주민들이 잔악무도한 기독교인들을 피해 숨어 살고 있었다. 병사들은 당장 그들을 덮쳐 눈에 띄는 대로 잡아 죽였고 7~80명의 처녀와 여자들을 끌고 갔다. 남은 원주민들이 여자들을 구출하려고 떼를 지어 기독교인들에게로 몰려갔다. 그런데 궁지에 몰린 기독교인들은 여자들을 풀어주기는커녕 모조리 칼로 찔러서 단 한 사람도 살려주지 않았다. 고통에 몸부림치던 원주민들은 이렇게 외쳤다. 이 나쁜 인간들아! 이 잔악한 기독교인들아! 여자들도 죽이느냐? 여자를 죽이는 짓은 흉악하고 잔악한 인간 같지도 않은 것들이나 저지를 범죄인 것을.

노예가 된 원주민들은 강제노역에 시달렸다. 광산 깊은 곳에 들어가 은을 캤고, 강에서 금을 채취해 체에 걸렀다. 정복자들은 자기들끼리 땅을 나눈 다음 원주민들에게 그 땅을 갈게 하고 집에 불러 시중을 들게 했다. 노예들에게 먹을 것을 주지 않아 굶겨 죽이기도 했다. 죽거나 말거나 신경도 쓰지 않았다. 죽으면 새 노예를 잡아다 일을 시키면 그만이었으니까.

물론 에스파냐 사람들 중에도 라스카사스처럼 이런 잔악한 행위를 막으려고 노력한 사람들이 있었다. 안타깝게도 그들은 늘 정복자들보다 한발 늦었다. 라스카사스가 카리브해의 섬에 도착했을 때는 거의 원주민들이 멸종한 상태였다. 그는 허겁지겁 남쪽으로 발길을 돌려 잉카족을 정복하러 떠난 에스파냐인들의 뒤를 쫓았다.

그럼에도 그의 경고는 전혀 먹히지 않았다. 라스카사스는 에스파냐를 들락거리며 여기저기 호소했고, 왕에게 정복자들이 에스파냐 왕실의 이름으로 저지른 만행을 알려 몇 가지 성과를 거두었다. 그

중 가장 큰 성과는 이사벨 여왕의 손자인 카를 5세가 공포한 '인디언에 관한 새 법령'이었다. 카를 5세는 에스파냐인들에게 아메리카 대륙 원주민의 점유를 금지하고 모든 노예를 자유인으로 선포했다. "서인도 나라의 주민들을 카스티야 왕국의 자유 신민처럼 대해야 한다. 이들과 저들은 차이가 없기 때문이다."

그러나 라스카사스의 승리는 얼마 가지 못했다. 에스파냐 기업가들의 부는 원주민을 착취해 얻은 것이었다. 에스파냐의 왕도 그들의 수입에서 이익을 얻었으니, 결국 그들의 강요를 이기지 못하고 3년 후 법령을 완전히 폐기하고 말았다.

● 왜 그들은 인간이 아닌가 ●

고대 로마에는 야누스라는 이름의 신이 있었다. 야누스에게는 정반대 방향을 쳐다보는 두 개의 얼굴이 있었다. 하나가 생명을 보면 다른 하나는 죽음을 보았다. 하나가 기쁨을 보면 다른 하나는 슬픔을, 하나가 종말을 보면 다른 하나는 시작을 보았다.

아메리카 대륙의 발견도 그러했다. 단 세 척의 배를 이끌고 큰 바다로 나갔던 콜럼버스나 작은 부대로 멕시코의 거대한 아스테카 왕국을 무너뜨린 에르난 코르테스와 말린체의 대모험은 지금 우리에게도 깊은 인상을 남긴다. 세계사에서 유례가 없었던 놀라운 모험이었고, 전 세계를 유럽화한 기나긴 과정의 시작이었다.

그러나 야누스의 한쪽 얼굴이 찬란한 승리를 바라볼 동안 다른

쪽 얼굴은 몰락을 보았다. 1492년 유럽인들이 처음으로 아메리카 대륙의 땅을 밟기 전 카리브해 섬나라 쿠바, 바하마, 자메이카, 푸에르토리코와 아메리카 대륙 본토에는 수백만 명이 살았다. 그런데 유럽인들이 도착한지 불과 40년 만에 인구는 10분의 1로 줄었다. 그러므로 우리는 콜럼버스뿐 아니라 라스카사스도 기억해야 한다. 그는 아메리카 대륙의 원주민들이 얼마나 잔악하게 정복당했는지, 어떤 착취와 억압과 학대를 받았는지 직접 목격했다. 그리고 그 모든 사실을 후대를 위해 기록으로 남겼다. 신세계의 발견이 새로운 것의 시작일 뿐 아니라 옛것의 종말이기도 하다는 사실을 우리는 그의 기록을 통해 확인할 수 있다. 실제로 오늘날 원주민들의 문화는 거의 남은 것이 없다.

라스카사스의 절망적 투쟁을 계기로 교회에서도 아메리카 대륙의 원주민이 기독교가 말하는 인간인지 아닌지를 두고 토론이 벌어졌다. 만일 인간이라면 그들에게도 똑같은 권리를 주어야 하지 않을까? 그러지 말아야 할 증거가 많지 않은가? 피부색이 다른 것부터가 그 증거가 아닌가? 그들의 원시적인 생활풍습 역시? 아메리카 대륙이 발견된 이후, 유럽에선 피부색이 다른 인간을 주제로 토론이 벌어졌다. 마치 인문주의자들이 여성의 존엄성을 두고 토론을 했듯이.

문을 걸어 잠근 제국의 상징

● 중국식 정복 ●

아프리카 희망봉을 돌아 대서양을 횡단한 사람들이 하필이면 유럽인이었던 것은 놀라운 일이다. 당시엔 중국인들의 기술력이 훨씬 뛰어났기 때문이다. 수많은 발명품이 유럽보다 100여 년씩 앞섰고, 철주물이나 손수레처럼 무려 1500년이나 앞서 사용된 물건도 있었다. 또 중국인들은 유럽인들보다 훨씬 빨리 책을 인쇄했고 골프를 쳤다. 화학 살충제와 낚시 릴 같은 실용적인 물건도 발명했고, 바다에 나갈 땐 자기 나침반을 이용해 방향을 잡았다.

중국의 선박 역시 크기와 기술, 장비 면에서 유럽의 수준을 압도했다. 포르투갈의 왕자 엔히크가 탐험대를 꾸려 아프리카 해안 탐사를 실행에 옮겼을 바로 그 무렵에, 중국 명나라의 영락제가 제독 정화에게 함대를 주며 서쪽 바다로 탐험을 떠나라고 명했다.

정화는 동남아시아 전체와 아라비아반도를 돌았고, 아프리카 동해안에 잠시 들렀다가 홍해로 가서 거의 메카까지 올라갔다. 길이가 120미터에 달했던 그의 보선寶船(중국 명나라 때 정화의 대항대가 사용한 초대형 범선-옮긴이)은 콜럼버스가 탄 산타 마리아보다 다섯 배나 더 컸다. 또 콜럼버스는 고작 선박 세 척을 구하려고 몇 년이나 이 나라 저 나라를 떠돌았지만 영락제는 정화에게 317척을 거느린 함대를 내주었다. 고층의 보선, 보급선, 말을 실은 배, 전함에 무려 2만 8000명이 나누어 타고서 도착하는 곳마다 온갖 선물을 나누어주었으니 그 중국인들이 얼마나 동화 같은 인상을 주었을지는 짐작하고도 남는다. 실제 항해의 목적도 그것이었다. 정화는 중국 황제의 권력을 보여주라는 임무를 띠고 바다로 나갔다. 감동에 겨운 야만인들이 절로 중국의 위대함에 고개를 숙이도록 만들기 위해서 말이다.

돌아오는 길에 정화는 의약품과 이국의 동물들을 데려왔다. 타조, 영양, 코뿔소, 얼룩말에 아프리카 서해안에서 실은 기린 한 마리까지 있었다. 중국인들은 그것이 전설의 동물인 일각수라고 믿었다. 일각수는 어진 정치의 상징이었으므로 황제 영락제는 몸소 나가 기린을 맞이했다.

앞에서 중국 이야기를 했던 그 지점으로 돌아가보자. 10세기에 번영하던 당나라가 무너진 후 터키와 아랍, 몽골이 연달아 침략하며 중국의 국경을 동쪽으로 밀어붙였다. 그 이후에도 몽골의 침략은 계속되었고, 칭기즈칸이 등장해 대제국을 세우며 세계의 절반을 지배했다. 중국 역시 칭기즈칸 군대를 이기지 못하고 손자 쿠빌라이의 지배를 받았다. 그러다 주원장이 몽골이 세운 원나라를 무너뜨리고 다시 한족의 명나라를 세워 명 태조가 되었다.

이런 혼란과 변혁에도 불구하고 중국은 여러 가지 관점에서 놀랄 정도로 뚝심을 발휘했다. 중국인들은 천 년이 넘어도 자기 나라를 '중화제국'이라고 생각했고 자신의 황제가 온 세상을 다스리라는 '하늘의 위임'을 받았다고 믿었다. 영락제는 자금성을 지었다. 자금성은 황가의 식구들만 출입이 가능했기 때문에 '금지된 도시'로 불리기도 했다. 북경 심장부에 자리한 이 궁의 대표적인 건물 태화전 太和殿(크게 조화하는 집), 중화전中和殿(적절히 조화를 이루는 집), 보화전保和殿(조화를 지키는 집), 건천궁乾淸宮(맑은 하늘의 집)의 이름만 보아도 명나라가 자신의 지배를 우주 질서의 중심으로 보았다는 사실을 잘 알 수 있다. 따라서 이들이 남의 나라를 정복하겠다는 생각을 아예 하지 않았던 것은 이런 믿음의 당연한 결과일 것이다. 결국 따지고 보면 만인이 우주 질서의 일부일 테니까 말이다. 물론 각자는 각자의 이해관계에 따라 중국 황제를 왕으로 인정해야만 했다.

영락제가 세상을 뜨자 중국의 정책이 급변했다. 안 그래도 이 거대한 제국을 유지하기 힘든데 해상무역으로 외부 세계의 입김이 거세지자 나라의 안정이 위태로웠다. 중국은 스스로를 보호하기 위해 외부 세상과 담을 쌓았다. 해상무역은 중지되었고 선박은 폐기되었다. 해도와 항해일지도 모조리 불에 태웠다. 대신 만리장성 축조를 속개했다. 만리장성은 완벽하게 문을 걸어 잠근 제국의 상징이 되었다.

교회에 예속되지 않는 삶

● 종교재판을 반대한 수녀 ●

다시 유럽으로 돌아가보자. 규칙을 위반하고 사회질서를 어지럽혔다는 죄목으로 마르그리트 포레트와 잔다르크가 화형을 당했다. 그때부터 마녀로 몰려 박해를 받고 고발당하는 사람이 날로 늘어났다. 수도사 하인리히 크라머는 마녀사냥을 독려하며 로마 교황의 특별 허가를 받아내기도 했다. 그는 또 《마녀의 망치》라는 제목의 두꺼운 책을 펴내 마녀를 어떻게 알아볼 수 있는지 설명했다. 간혹 남자도 마녀라는 판결을 받기는 했지만 그는 대부분 마녀는 여자이며 그 이유는 일반적으로 알려진 여자들의 나약함 때문이라고 주장했다.

에스파냐의 종교재판은 마녀사냥과 《마녀의 망치》가 비인간적이라고 판결했다. 하지만 종교재판 그 자체가 불신과 공포의 분위기를 조장했다. 누구나 이웃에게 죄를 뒤집어씌울 수 있었고 누구나 의심을 받아 고발당할 수 있었다. 사제나 주교도 예외가 아니었다. 고문으로 자백을 강요하는 일도 잦았다. 종교재판이 두려워 기독교 신자들은 자신을 엄격하고 모질게 대했다. 속죄와 자기 학대로 신앙의 굳건함을 입증하려고 애썼다.

이 시기 에스파냐에서 한 수녀가 교단을 설립하고 수많은 수도원을 세웠다. 그녀의 이름은 아빌라의 테레사로 어린 시절 수녀가 되기로 서원하였다. 그러나 막상 수도원에 들어가 보니 너무 소란스럽고 번잡스러운 데다 낭비도 심했다. 그녀는 대안을 찾아 명상을 많이 했고, 흔히 신비적 체험이라 부르는 일을 겪었다. 즉 신을 만난 것이다. 그녀는 자신의 깨달음을 기록으로 남기고 독자적으로 판단을 내렸다. 그러나 그것은 위험한 길이었다. 여자가 거리낌 없이 신학적 문제를 언급하고 독자적으로 행동한다는 증거만 있어도 이단이나 마녀로 몰려 화형을 당하던 시절이었다. 테레사는 그 위험을 알았기에 오랜 시간 체험을 점검한 후 자신의 생각을 글로 옮기기 시작했다.

수도원 생활이 마음에 들지 않았으므로 테레사는 밖으로 나가 자신의 수도원을 세우고자 했다. 그러나 그녀가 수도원 건립 허가를 얻어내자 이런 그녀의 행보가 스캔들을 일으켰다. 수녀원장은 돌아오라고 명령했고 시의회와 교회 대표들은 그녀의 독자적 행보에 분노했다. 다행히 높은 지위의 영향력 있는 후원자가 나서준 덕에 그녀는 수도원을 나갈 수 있었다.

테레사는 명상을 통해 과도한 금욕은 과도한 사치와 마찬가지로 해가 될 수 있다는 것을 경험했다. 특히 자기 몸을 학대하고 밥을

굵고 딱딱한 바닥에서 잠을 자고 고통을 가하는 행동은 바람직하지 않다고 보았다. "네 몸에게 좋은 일을 하라. 그리하여 영혼이 그 안에 깃들고 싶도록 하라." 속죄를 위해 스스로에게 가혹한 사람을 보면 그녀는 두려움을 느꼈다. 그래서 그녀는 기도했다. "울적한 표정의 성자를 보지 않도록 신께서 지켜주시기를!" 이런 말들로 그녀는 종교재판의 정신에, 한 마디 거짓으로 인간을 불태워 죽일 수 있는 암울한 시대에 등을 돌렸다. 그러나 육체적 욕망 일체를 적대시하는 태도는 기독교가 자랑하는 오랜 전통이었다. "네 몸에게 좋은 일을 하라!"라고 쓰는 것만도 상당한 용기가 필요한 시절이었던 것이다.

테레사와 같은 심정이었던 많은 기독교 신자들이 그녀의 곁으로 모여들었다. 결국엔 교회 측이 그녀에게 자체 교단을 설립하고 에스파냐 전역에 수도원을 세울 것을 지시하게 되었다.

그러던 어느 날 미망인이 된 한 귀족 여인이 조용히 지낼 곳을 찾았다. 이름이 에볼리 공주였는데 사치와 낭비를 포기하지 않고 수녀들에게 시중을 들라고 명령했다. 테레사는 수녀들을 다시 불러들였다. 그러자 기분이 상한 에볼리 공주가 테레사를 종교재판에 고발했다. 평소 그녀를 못마땅하게 여긴 사람들도 가세했다. 한 교회 남성은 그녀가 "싸돌아다니고 말을 안 듣고 고집불통인 소란스러운 여자"라고 욕을 했다. 그러나 재판부는 온갖 고발에도 불구하고 테레사의 저서를 꼼꼼하게 검토한 후 그녀를 풀어주었다. 그녀의 총명함에는 교황조차 혀를 내둘렀다. 교황은 그녀의 수도원을 공식적으로 인정했고, 테레사의 교단은 별 탈 없이 살아남았다.

● 교회의 타락 ●

불안한 시대였다. 아메리카 대륙에서는 수도사와 사제들이 정복자의 잔악함을 막기 위해 필사의 노력을 기울였다. 그러나 정작 고국에선 종교재판이 공포 분위기를 조장했고, 수많은 주교와 사제들이 기독교 도덕을 버리고 타락의 길을 걸었다.

로마에서 열린 한 성대한 결혼식이 더할 수 없이 확실한 증거였다. 어쩌나 성대했던지 결혼식을 지켜본 사람들이 왕의 결혼식이라고 생각했을 정도였다. 그러나 비싼 옷과 넘치는 보석, 상다리가 휘어질 정도로 차린 잔칫상에 돈을 댄 신부의 아버지는 왕이 아니라 교황이었다.

당연히 공식적으로 교황은 자식을 둘 수 없다. 루크레치아 보르자는 교황의 사생아였다. 그러나 다른 교황이나 교부들도 아내와 자식이 있었고, 루크레치아의 아버지처럼 돈으로 관직을 사고 권모술수로 권력을 쟁탈했다. 고위 성직자가 다른 성직자를 감옥에 가두거나 심지어 암살을 의뢰하는 일까지 있었다. 그들 중에서도 특히 돈이 많고 권력이 대단했던 루크레치아의 아버지는 교황이 되자 이름을 알렉산데르 6세로 정했다. 알렉산드로스 대왕을 상기시키고자 했던 것이다. 교황이라는 사람이 전쟁을 일삼은 정복자 왕을 자신의 모델로 삼았다. 교회라는 제도가 완전히 제 길을 벗어난 것 같았다.

루크레치아와 그녀의 아버지는 권력과 탐욕에 사로잡힌 극악무도한 인물로 역사에 기록되었다. 아마 루크레치아의 첫 남편이 암살당한 사건에 그녀의 아버지가 개입했다는 소문 탓일 것이다. 그런 사건들은 사람들의 상상력을 자극했다. 백성들은 사랑과 범죄, 배신에 얽힌 소문을 점점 더 화려한 색상으로 덧입혔다.

그러나 이런 이미지는 옳지 않다. 알렉산데르 교황은 부지런하고 능력 있는 교회 정책가였고 해외 전도에 힘을 쏟았으며 쫓겨난 유대인들을 로마에 받아들여 보호했다. 때문에 모든 이교도의 추방을 명한 카스티야의 이사벨 여왕이 무척 화를 냈다고 한다. 루크레치아 역시 교양 있고 마음이 따뜻하며 신중한 인물이었다는 기록이 있다. 아버지처럼 유대인들을 위해 애썼고 병원과 수도원에 돈을 기부했다.

그러나 결국 소문과 성대한 루크레치아의 결혼식에 관한 기억만 살아남았다. 그리고 그것이 로마 교회와 그 수장들에 대한 비판이 커지는 데 크게 기여했다.

● 루터와 카타리나 ●

종교개혁이 일어나기 한참 전, 영국에서 존 위클리프라는 남자가 교회를 비판했다. 교황은 권력을 가져서는 안 된다고, 권력이란 애당초 왕이나 군주의 것이지 교회 대표의 것이 아니라고 외쳤다. 다행히 그는 주변에 추종자들이 많아서 죽음을 면할 수 있었다. 그러나 프라하의 학자 얀 후스는 비슷한 생각을 입에 올렸다는 이유로 장작더미에 올라 화형을 당했다.

그로부터 100년 후 독일의 아우구스티누스 수도회 수사 마르틴 루터가 다시 그들의 사상을 입에 올렸다. 현재 교회가 처한 위기 상황을 벗어나는 길은 단 하나밖에 없었다. 오직 신을 향하는 길이었다. "기독교인은 모든 것 위에서 자유로운 주인이며 누구에게도 예속되지 않는다."라고 루터는 말했다. 만인은 어떻게 행동할 것인지를 스스로 결정해야 하며, 성서에 적힌 대로 따라야 한다고 말이다. 상당히 충격적인 도발이 아닐 수 없었다. 루터의 말은 곧 기독교인은 교회가 정한 대로 믿지 말고 스스로 생각해야 한다는 뜻일 수도 있으니까 말이다.

앞선 두 사람과 달리 이번에는 루터의 입을 쉽게 틀어막을 수 없었다. 구텐베르크의 발명 덕에 책을 값싸게 인쇄하고 신속하게 보급할 수 있는 시대였다. 따라서 그의 입을 틀어막는다고 해도, 아예 숨통을 끊어 찍소리도 못 내게 해도 별 도움이 안 되었을 것이다. 그가 던진 비판의 불꽃은 이미 오래전 많은 기독교인들에게로 번져 나갔다. 그는 교회에서 목격한 여러 가지 폐해를 95개조 반박문에 요약정리하고, 그것을 고향 비텐베르크에서 공개했다. 그것이 종교개혁의 시발점이었다.

95개조 반박문이 공개된 후 교황은 여러 주교들이 같이 있는 자리에서 루터에게 반박문을 철회하라고 강요했다. 그러나 루터는 끝까지 거부했다. "나는 여기 서 있다. 달리 어쩔 수 없다."고 그는 말했다. 그 말로 그는 전 세계에 이름을 알렸지만 동시에 무거운 벌을 받았다. 교황이 그를 파문한 것이다. 파문이란 누구도 그를 보호하고 재워주어서는 안 된다는 의미였다. 한 제후가 교황의 명을 어기고 루터를 아이제나흐의 바르트부르크 성에 숨겼다. 루터는 그곳에서 가짜 이름으로 죄수처럼 살았다. 그리고 몇 년 동안 이어진 은신 생활을 이용해 또 다시 금지된 짓을 저질렀다. 성서를 독일어로 번역한 것이다. 그래야 교육을 받지 못한 사람들도 성서를 읽고 신의 말씀을 따를 수 있을 것이라 여겼기 때문이다.

루터의 성서 번역은 의도치 않게 독일어를 통일시켰다. 당시만 해도 작센 사람들은 작센어를 썼고 바이에른 사람들은 바이에른어를 썼다. 얀 후스도 수많은 체코어 발음을 표기하기 위해 새 문자까지 발명했다. 두 사람은 성서를 번역하는 것으로 의도치 않게 현대어의 기초를 닦았다.

유럽 곳곳에서 수녀와 수도사들이 루터를 따르기로 결심하고 수도원을 박차고 나왔다. 작센의 그리마 근처에 있는 수녀원에서도 어느 날 부엌에서 청어가 담긴 통을 받아 실은 수레가 수녀원을 떠난 직후 12명의 수녀가 사라졌다. 수녀들이 통 뒤에 몰래 숨어서 수녀원을 빠져나간 것이다. 그중 한 사람이 카타리나 폰 보라였다.

수녀원에서 도망친 다음 카타리나는 루터를 만났고 두 사람은 결혼했다. 과거의 수도사와 과거의 수녀가 결혼을 한 것이다! 그러나 이것 역시 종교개혁가들이 요구한 사항이었다. 성직자도 가정을 꾸릴 수 있어야 한다! 교황과 주교가 이미 하고 있는 짓이니 아예 공식적으로 허락을 하는 편이 더 낫지 않겠는가? 루터는 여자를 마녀라고 생각지 않았고 결혼을 기독교적 의무의 배신으로 보지도 않았다. 카타리나는 목사의 아내가 되어 가사를 돌보고 아이를 낳았고 남편을 물심양면으로 지원했다. 치열한 투쟁의 전선에 있는 루터로

선 아내의 지원이 절실했다. 그는 카타리나를 존중하여 '박사 부인'이라고 불렀고 중요한 일은 모두 그녀와 의논했다.

목사 부인이라는 역할은 완전히 새로운 것이었다. 유명한 화가 대★ 루카스 크라나흐가 그린 카타리나와 루터의 초상화는 두 사람의 크기가 같고 방향도 서로를 마주보고 있다. 그 말은 두 사람이 똑같이 중요하며 두 사람은 파트너라는 뜻이었다. 농부의 아들로 태어나 귀족 여성과 결혼한 수도사라니! 루터와 카타리나가 초상화의 모델이 되었다는 사실도 놀라운 일이었다. 그림은 비쌌고 초상화의 모델이 될 영광은 왕이나 귀족들에게만 돌아가던 시대였다.

● 여성에게도 말할 권리가 있다 ●

교회를 비판한 사람들과 그들을 추종하는 사람들을 일컬어 프로테스탄트라고 불렀다. 프로테스탄트가 되는 것은 위험한 일이었다. 언제라도 체포되어 감금되거나 심지어 죽임을 당할 수 있었다. 그럼에도 종교개혁의 추종자는 날로 늘어났다.

개인과 신을 중재하는 것은 사제나 주교가 아니라 오직 《성서》뿐이라는 사상은 특히 여성들에게 매력적이었다. 많은 여성들이 카타리나의 뒤를 쫓아 목사와 결혼했고, 박해를 피해 은신처를 찾는 사람들을 위해 자기 집을 내놓았다. 또 가난하고 병든 사람들을 보살폈으며 종교개혁 논쟁이 벌어지면 거리낌 없이 끼어들어 목소리를 높였다. 슈트라스부르크 시민들에게 편지를 쓴 카타리나 첼, 탄탄한 지식으로 무장한 채 잉골슈타트 대학에 토론을 요구했던 아르굴라 폰 그룸바흐가 대표적 인물이다. 그룸바흐의 노력은 안타깝게도 별 성과를 거두지 못했다. 대학은 남자들의 보루였고, 많은 여성 프로테스탄트들과 편지를 주고받았던 루터도 실제로 여성들을 위해서는 큰 노력을 기울이지 않았다. 루터의 관심사는 교회였지 여성 문제가 아니었으니까 말이다.

여성들의 상황은 여전히 힘겨웠고 무슨 활동이든 결혼이라는 에움길을 돌아야 했다. 그러나 모든 여성이 결혼이 바람직한 방법이라고 생각하지는 않았다. 결혼한 여자는 가족과 가사에만 온 힘을 쏟아야 했다. 수녀원에 있으면 공부도 할 수 있었다. 물론 대학은 여전히 금녀의 장소였지만 어쨌든 원하는 것을 배우고 익힐 수 있었다. 그런데 무엇 하러 굳이 수도원의 장점을 결혼과 바꾼단 말인가? 몇몇 지방에서 프로테스탄트들이 억지로 수녀들을 수도원에서 끌어내리려고 했지만 많은 수녀들이 이를 거부했다. 특히 제네바에서 일어난 다툼은 심각한 상황으로까지 치달았다. 수녀 잔 드 쥐시와 프로테스탄트 여성 마리 당티에르가 서로 몸싸움을 벌였던 것이다.

당티에르는 기독교인은 신을 섬길 의무만 있기 때문에 여자도 남자에게 복종할 이유가 없다고 생각했다. 여자도 글 쓰고 말하는 재주를 타고났다면 그것을 활용해야 마땅하다고 생각했다. 여자는 교회나 공공장소에서 말을 해서는 안 되었지만 당티에르는 괘념치 않았고, 길가든 술집이든 가는 곳마다 설교를 했다.

많은 프로테스탄트 여성들처럼 당티에르 역시 수녀원에서 도망을 쳤다. 프랑스의 수녀원을 나온 그녀는 슈트라스부르크를 거쳐 스위스 제네바에 당도했다. 그곳에서 제네바의 시의회 의원들이 어떻게 종교개혁을 받아들였는지 그 연대기를 집필했다. 제네바에서도 프로테스탄트와 가톨릭 사이에 다툼과 열띤 논쟁이 벌어졌던 것이다. 당티에르는 이를 '시끄러운 말의 전쟁'이라 불렀다.

당티에르는 이 연대기를 몰래 남자 이름으로 발표했다. 그러다 조금 더 용기를 내어 프랑스 왕의 누이인 마르그리트 드나바르에게 편지를 썼다. 나바르가 편지를 공개적으로 유포하자 당티에르는 자신의 정체를 드러냈다. 편지에는 '여성 변호Défense pour les Femmes'라는 제목이 붙은 장이 있었다. 거기서 당티에르는 여성에게도 공개적으로 말할 권리가 있어야 한다고, 《성서》를 읽을 권리뿐 아니라 설교할 권리도 있어야 마땅하다고 주장했다. 여자는 남자보다 멍청하지 않다는 구절도 있었다. 그녀는 《성서》와 역사의 예를 들어가며 남자도 실수를 저지른다는 사실을 입증했다. 교회가 판결한 이단자들이 바로 그 증거가 아닌가?

종교개혁은 교회의 폐해와 권력 남용, 비기독교적인 사치에 반기를 들었다. 당티에르는 거기서 한 걸음 더 나아가 크리스틴 드피상이 시작했던 여성 논쟁에 다시 불을 지폈다. 나바르에게 쓴 편지 구절처럼 "이제부터는 여성이 더 이상 과거와 같이 하찮은 취급을 당하지 않을 것이라 믿으며."

당티에르의 연설과 저서는 스캔들을 불러일으켰다. 그녀의 글을 담은 1500부의 책은 대부분 압수당해 폐기되었다. 제네바 종교개혁의 지도자 장 칼뱅조차 당티에르와 거리를 두었으니 사방이 적이었다. 그러나 그녀는 불굴의 용기를 가진 사람이었던 것 같다. 그녀는 여성이야말로 억압을 받는다고 확신했고, 억압받는 사람을 해방시키는 신의 힘을 믿었다.

당티에르는 독설도 날릴 줄 알아서 한번은 제네바 시의원들을 바퀴벌레라고 불렀다. 시의원들은 심한 모욕감을 느꼈다. 그들의 말마따나 남자도 아닌 여자한테 비난을 받았다는 사실이 제일 수치스러웠다. 시의회는 검열제도를 도입하기로 결정했다. 그 말은 향후 모든 글은 까다로운 검열을 마친 후에 발표할 수 있다는 뜻이었다. 그렇게 당티에르의 입이 막힌 이후 19세기가 끝날 때까지 제네바에선 여성과 관련된 한 줄의 글도 출간되지 못했다.

제네바의 종교개혁에 지대한 역할을 했음에도, 당티에르가 세상을 뜨고 몇백 년이 흐른 후까지도 그녀를 기억하는 이는 없었다. 그녀의 이름이 종교개혁 기념비에 새겨진 때는 2002년이었다.

● 프로테스탄트의 후원자 ●

당티에르의 편지를 받았던 드나바르는 프랑스 왕 프랑수아 1세의 누이였다. 프랑수아 1세는 신성로마제국의 황제와 유럽 패권을 두고 싸우는 중이었으므로 종교개혁 때문에 서로 싸우는 독일 왕과 영주들이 내심 반가웠다. 그러나 자신이 다스리는 프랑스에는 결코 프로테스탄트를 용납하지 않았다. 그는 교황과 동맹을 맺어 엄청난 이익을 보았다. 동맹 덕분에 프랑스의 교회 그리고 교회의 재산이 왕의 것이 되었기 때문이다. 따라서 종교개혁의 편에 설 하등의 이유가 없었다.

여성들의 입장은 달랐다. 프랑스 왕의 누이는 종교개혁에 열광했고, 7개국 언어를 알았기 때문에 공식적으로도 자신의 의견을 드러냈다. 그녀의 종교시 〈죄 많은 영혼의 거울〉은 여전히 비밀리에 읽히던 마르그리트 포레트의 《소박한 영혼의 거울》에서 딴 제목이었다. 물론 모든 프로테스탄트 저서들이 그랬듯이 〈죄 많은 영혼의 거울〉 역시 곧바로 금지되었다.

그러나 나바라 왕국의 왕비인 마르그리트 드나바르는 종교개혁을 위해 힘쓸 방법이 많았다. 그녀는 프랑스 최초의 프로테스탄트 공동체를 꾸렸고 프로테스탄트 교회와 병원, 자선단체를 지었으며 프로테스탄트 저서를 번역했고 종교개혁가들을 도와 교리를 보강했다. 나아가 프랑스 왕인 동생에게 부탁해 프로테스탄트를 너무 심하게 박해하지 말라고 당부했다. 그러나 프랑스 내부에서도 갈등이 고조되자 프랑수아는 누이의 당부를 들어줄 수 없었다. 프로테스탄트(프랑스에선 위그노라고 불렀다)들에게 위험한 상황이 닥쳤다.

마르그리트 드나바르 역시 곤란한 상황에 빠졌다. 종교개혁을 계속 지지하다가는 생명이 위태로울뿐더러 다른 이들을 도와주지도 못할 것 같았다. 그래서 공식적으로 가톨릭 미사에 참석했는데, 많은 프로테스탄트들이 그것을 보고 배신감을 느꼈다. 그러나 다른 방도가 없었다. 그녀는 겉으로는 가톨릭 신자인 척하면서 몰래 위그노들을 도와주었고 피신을 온 그들을 나바라에 숨겨주거나 외국의 친한 프로테스탄트들에게 보내 보호했다.

그들 중 한 사람이 칼뱅이었다. 마르그리트 드나바르는 그를 제네바로 보냈고, 그곳에서 그는 당티에르와 함께 제네바의 종교개혁에 힘썼다. 마르그리트 드 나바라가 프로테스탄트들의 보호를 의뢰한 또 하나의 은신처는 페라라 공작의 궁이었다. 페라라 공작은 앞서 언급한 교황의 딸 루크레치아의 아들이었다. 그런데 그의 아내르네 드프랑스가 남편과 달리 프로테스탄트였다. 르네는 마르그리트의 사촌이었는데 어릴 적부터 그녀의 저서와 사상을 가까이했다. 남편은 가진 권력을 총동원하여 아내를 가톨릭으로 개종시키려 했지만 르네는 흔들리지 않고 계속 프로테스탄트들에게 피난처를 제공했다. 절망에 빠진 공작은 아내를 감금했다. 종교처럼 중요한 문제에서 아내가 자신을 따르지 않는다는 사실을 참을 수 없었던 것이다. 공작은 교황의 친한 친구였다. 마르그리트와 칼뱅, 심지어 프랑스 왕까지 페라라로 사신을 보내 르네의 구금에 항의했지만 남편은 마음을 바꾸지 않았다. 결국 그녀도 이중 전략을 구사할 수밖에 없었다. 풀려난 후에 그녀는 공식적으로는 가톨릭임을 표명했지만여전히 몰래 프로테스탄트를 도와주었다.

르네와 마르그리트 드나바르 같은 여성들이 열렬히 프로테스탄트를 지원한 것이 분란을 더 키웠다. 종교개혁이 전 유럽을 흔들었다. 교회는 분열되었고, 많은 지역에서 평범한 소요가 농민봉기로확산되었다. 사방에서 전쟁이 터졌다. 결국 프로테스탄트들끼리도의견이 갈렸다. 제네바의 칼뱅이나 취리히의 울리히 츠빙글리 같은종교개혁가들이 루터처럼 새 교리를 선포했지만 중요한 지점에서의견이 갈렸다. 결국 하나의 가톨릭 교회와 여러 개의 프로테스탄트 교회가 탄생했다.

• 피의 결혼식 •

유럽이 분열되었다. 마르그리트 드나바르의 친구들이 등장한 곳곳에서 알력이 불거졌지만 그 결과가 반드시 프로테스탄트에게 유리하지는 않았다. 그녀는 딸 잔느 달베르 역시 프로테스탄트 교육에 따라 키웠다. 달베르는 영향력 있는 귀족과 결혼해 향후 왕의 어머니가 될 기회를 잡았다. 프랑스 왕은 물론 프랑스 전체가 프로테스탄가 될지도 모른다는 두려움이 퍼져나갔다. 가톨릭 교회에서 느낀 공포가 이만저만이 아니었다. 교황과 스페인 왕, 프랑스 왕이 몸소 나서 달베르에게 가톨릭으로 개종하지 않으면 죽이겠다고 위협했다.

그러나 달베르는 흔들리지 않았다. 오히려 귀족 위그노들이 동맹을 결성해 가톨릭에 맞섰다는 소식을 듣자 병사를 모아 프로테스탄트 봉기의 선봉에 섰다.

그러나 하늘은 위그노의 편이 아니었다. 파리에서 카트린 드메디시스가 그들의 발목을 잡았다. 드메디시스는 가톨릭의 본고장 이탈리아 피렌체 출신으로 프랑스 왕과 결혼했고, 왕이 세상을 뜨자 미성년 아들을 대신해 정사를 맡아 돌보았다.

그 드메디시스가 프로테스탄트 귀족들에게 충격적인 패배를 안겨주었다. 프로테스탄트 봉기 소식을 듣자 그녀는 달베르의 아들 앙리를 자신의 딸과 결혼시키자고 제안했다. 이제 둘의 결혼식으로 가톨릭과 위그노가 화해하고 사이좋게 지내자고 말이다. 그녀는 결혼식에 위그노 편의 장군들도 초대했다. 잔혹한 밤이었다. 그 사건은 훗날 역사에 '파리 피의 결혼식'으로 기록되었다. 잔치가 열리고 있는 와중에 드메디시스는 위그노들을 체포하고 그중 많은 수를 곧바로 처형해버렸다. 저명한 인사들도 끼어 있었지만 아랑곳하지 않았다. 그날 이후 프랑스에선 100년이 넘는 긴 시간 동안 양쪽이 치열한 싸움을 이어갔다. 그러나 결국 위그노가 완전히 추방당했다. 프랑스는 가톨릭으로 남았다.

5

자유와 권리를 찾아서

1521년 하렘의 여인 휘렘이 위대한 술탄 술레이만에게 아들을 선사하다.

1534년 헨리 8세가 영국국교회를 설립하고 그 수장이 되다.

1558년 엘리자베스 1세가 영국 여왕이 되다. 무역, 문학, 연극의 황금시대가 막을 열다.

1595년 마리 르 자르 드구르네가 여성 논쟁을 이어가다.

1610년 마담 드 랑부예가 파리에서 시작한 살롱이 크게 유행하다. 살롱에 남녀가 모여 정치, 과학, 문학, 철학을 논하다.

1618년 프라하 창문 투척 사건으로 30년 전쟁이 발발하다.

1649년 청교도혁명을 통해 올리버 크롬웰이 권력을 잡다. 그러나 크롬웰이 정치를 잘 못했기 때문에 영국인들은 다시 왕을 세웠다.

1689년 영국 왕이 권리장전을 승인하다. 영국에 의회주의가 탄생하다.

1699년 마리아 지빌라 메리안이 수리남에서 열대 나비를 연구하다.

1740년부터 프리드리히 대왕이 계몽 군주를 자처하며 프랑스 철학자들을 성으로 불러들이다.

1745년 에밀리 뒤샤틀레가 아이작 뉴턴의 《수학적 원리》를 번역하기 시작하다.

1762년부터 계몽 군주 예카테리나가 프랑스 철학자들의 책을 탐독하다.

1776년 7월 4일 13개 미국 식민지가 독립선언문에 날인하다. 미합중국이 건국되다.

1788년 영국인들이 오스트레일리아를 정복하다.

1789년 7월 14일 바스티유 습격으로 프랑스혁명이 시작되다. 올랭프 드 구주가 〈여성과 여성시민의 권리 선언〉을 작성하여 인류 역사상 최초로 모든 인간의 인권을 주장하다.

1792년 메리 울스턴크래프트가 《여성의 권리 옹호》를 발표하다.

1793년 샤를로트 코르데가 혁명의 이상을 구하기 위해 혁명가 장 폴 마라를 욕조에서 살해하다.

1793년 프랑스의 루이 16세와 마리 앙투아네트가 단두대에 오르다.

1804년 나폴레옹이 프랑스 전 국민에게 시민권을 보장하는 민법을 공포하고 프랑스 황제로 등극하다.

1848년 유럽 여러 도시에서 다시 혁명의 깃발이 오르다. 사람들은 자유, 평등, 박애를 위해, 그리고 민족 국가 건설을 위해 싸웠다.

여왕의 시대

● 왕이 여자를 버리는 방법 ●

영국에서도 마르그리트 드나바르의 제자 한 명이 프로테스탄트의 세력 확장을 도왔다. 전 유럽의 귀족이 서로 친인척관계였으므로 영국 백작의 딸 앤 불린은 어린 시절 잠시 마르그리트 드나바르의 궁정에서 지냈다. 그곳에서 르네 드프랑스의 시녀 노릇을 했고 영국으로 돌아오면서 그곳에서 배운 훌륭한 교육과 프로테스탄트의 이념, 마르그리트의 시 〈죄 많은 영혼의 거울〉을 가지고 왔다.

영국에도 이미 프로테스탄트가 많았지만 그들은 그 사실을 숨길 수밖에 없었다. 루터나 칼뱅의 책을 가지고 있다가 들키는 날엔 바로 교수대로 끌려갔다. 헨리 8세는 카스티야의 이사벨이 낳은 막내딸인 아라곤의 캐서린과 결혼했고, 스페인의 '가톨릭 부부 왕'은 교황의 최고 동맹자인 시절이었다.

그런데 영국 궁정에 등장한 젊은 앤 불린이 그렇게 공들여 맺은 영국과 스페인과 교황의 연결 끈을 사정없이 잘라버렸다. 물론 그녀 자신은 그녀로 인해 어떤 일이 벌어질지 상상도 못했을 것이다. 헨리 8세가 앤에게 홀딱 반해버린 것이다. 물론 그 사건 자체는 특별한 일이 아니다. 헨리는 워낙 자주 여자한테 빠졌으니까. 그러나 앤은 애인이 되기를 거부하며 기독교도 숙녀라면 마땅히 지켜야 할 도리를 들먹였다. 사랑은 결혼을 한 후에야 가능하다고 말이다.

헨리는 무슨 대가를 치르더라도 앤과 결혼하고 싶었고, 교황에게 스페인 아내와 이혼할 수 있게 허락해달라고 청했다. 교황은 거부했다. 그러나 사랑에 눈이 먼 헨리는 교황의 결정을 무시했다. 그는 캐서린에게 이혼을 통보하고 앤과 결혼식을 올렸다. 스페인과 교황은 제멋대로 날뛴 영국 왕에게 불만을 품고 그를 파문해버렸다.

그러자 종교개혁 시대에 교회가 경험했던 그 수많은 갈등과 분열 중에서도 가장 특이한 갈등이 불거졌다. 오직 재혼을 목적으로 헨리가 교황의 파문을 받아들이고 독립적인 영국국교회를 세운 것이다. 그리고 헨리 자신을 그 수장으로 삼았다.

그러나 헨리를 미치게 한 대가로 앤은 몇 년 후 머리를 잃었다. 앤이 딸 엘리자베스를 낳자 궁정에 약간의 실망감이 감돌았다. 아라곤의 캐서린도 딸 하나만 낳았기 때문이었다. 그런 데다 앤은 더 이상 아이를 낳을 수 없었다. 후계자 자리가 비었다. 영향력 있는 귀족들이 앤을 쳐내기 위해 중상모략을 일삼았고 헨리의 마음이 앤에게서 떠나도록 옆에서 부추겼다. 앤은 런던탑에 갇혔다가 끔찍한 벌을 받았다. 왕이 아내의 목을 치라고 명령한 것이다.

헨리는 세 번째 결혼에서 마침내 그토록 원하던 아들을 얻었다.

그러나 아이의 생모는 출산 후 세상을 떠났기 때문에 헨리는 그 후로 세 명의 여성과 더 결혼을 했다. 어떻게 하면 여자를 버릴 수 있는지 이미 그 비법을 터득한 후였으니까 말이다.

● 피의 메리 ●

헨리는 여섯 명의 아내를 얻은 끝에 겨우 한 명의 남자 왕위 계승자를 얻었다. 헨리가 세상을 떠났을 때 아들은 겨우 아홉 살이었고, 워낙 몸이 약해서 6년 후 죽고 말았다. 왕의 직계 자손으로 이제 두 딸만 남았다. 메리와 엘리자베스는 한쪽은 가톨릭, 다른 쪽은 프로테스탄트였다.

아버지가 세상을 뜨자 두 사람은 왕위 계승권을 확보하기 위해 동맹을 맺었다. 두 사람이 함께 추종자들을 이끌고 런던으로 입성해 반대파를 무장해제했고, 언니인 메리가 영국 여왕이 되었다.

메리는 헨리가 잘라버린 교황과의 끈을 다시 잇겠다고 선언했다. 그리고 에스파냐의 왕위 계승자 펠리페와 결혼해 가톨릭과의 동맹을 회복했다. 영국의 프로테스탄트가 이에 저항하자 메리는 수백 명을 처형해 '피의 메리'라는 이름을 얻었다. 같은 시기에 스코틀랜드 왕비 마리 드기즈 역시 프로테스탄트를 폭력으로 억압했다. 그녀는 아직 미성년인 딸 메리 스튜어트를 대신해 섭정을 했다. 헨리 8세가 죽자 영국은 다시 가톨릭 교회의 품으로 되돌아간 것 같았다.

• 엘리자베스 여왕 •

프로테스탄트 설교가 존 녹스는 가톨릭 여왕을 피해 제네바로 달아났고 그곳에서 칼뱅의 교리를 접했다. 그리고 제네바에서 〈얼토당토않은 여자들의 집권에 반대하는 첫 나발 소리〉라는 제목의 팸플릿을 발표했다. 그 글에서 그는 영국 국민들에게 여자의 지배가 얼마나 추악한지 경고했다. 영국은 지금 적법한 수장이 없는 나라라는 것이었다. 마리 당티에르가 이 글을 보았더라면 무기를 들고 가서 녹스를 협박했을 것이다. 그러나 그 글은 익명으로 발표되었다.

그해 메리 여왕이 갑작스럽게 세상을 뜨자 엘리자베스 1세가 뒤를 이어 왕좌에 올랐다. 엘리자베스는 프로테스탄트였기 때문에 녹스의 입장에서 보면 판세가 유리하게 뒤집힌 셈이었다. 그러나 여왕은 여자를 비난하는 그의 팸플릿에 마음이 상해 녹스가 다시 스코틀랜드로 돌아가려고 했을 때 몇 달 동안이나 영국 통과를 허락하지 않았다.

하지만 엘리자베스의 궁에서도 적지 않은 영국 귀족들이 녹스와 같은 생각을 하고 있었다. 그들은 남자 왕을 원했다. 그래서 엘리자베스에게 계속 결혼을 권했고 나라 안팎에서 적당한 신랑감을 구해 그녀에게 들이밀었다. 그러나 여왕은 이런저런 핑계를 대며 교묘하게 결혼을 피했고, 약속을 했다가도 깨뜨리고 약혼을 했다가도 파혼했다. 그렇게 죽는 날까지 그녀는, 적어도 공식적으로는 한 번도 남편이 없었던 '처녀 여왕'으로 남았다.

엘리자베스는 어머니 앤에게 프로테스탄트식 교육을 받았다. 열한 살 때 벌써 프랑스어로 쓰인 〈죄 많은 영혼의 거울〉을 직접 번역했다. 따라서 그녀가 왕위에 오르자 영국은 다시 가톨릭 교회와 결별하고 프로테스탄트의 나라가 되었다.

그러자 영국 가톨릭교도들이 몰래 뭉쳐 그녀에게 반기를 들었다. 그들은 엘리자베스가 헨리 8세와 프로테스탄트 여자와의 비합법적 결혼에서 태어난 자식이라고 주장했다. 따라서 진짜 영국 여왕은 헨리의 조카딸인 스코틀랜드의 여왕 메리 스튜어트라는 것이었다.

엘리자베스의 상황이 위태로웠다. 측근들은 메리 스튜어트를 처형하라고 채근했다. 그러나 엘리자베스는 그들의 조언을 듣지 않았다. 왕실의 피를 흘리고 싶지 않았다. 그로 인해 비밀첩보국이 골머리를 앓았다. 첩보국 대장은 여왕의 반대파를 색출하고 반란 모의를 사전에 알아낼 수 있는 방법을 고심했다. 여왕을 암살하려는 모의도 몇 차례 있었지만 다 막아냈다. 결국 영국 의회가 메리의 참수를 요구하고 나섰을 때는 더 이상 빠져나갈 도리가 없었다. 엘리자베스도 어쩌지 못하고 스코틀랜드 여왕 메리 스튜어트의 참수형을 허락했다. 비밀첩보국의 활약은 대단했고, 덕분에 그 유명한 영국 첩보 시스템이 구축되었다.

● 멈추지 않는 해외 정복 ●

종교개혁으로 어수선한 와중에도 유럽인들은 해외 정복을 멈추지 않았다. 에스파냐와 포르투갈이 앞장을 섰다. 아프리카 희망봉을 돌아 인도와 아메리카 대륙에 도착한 용감한 선원들은 왕에게 상상을 초월하는 어마어마한 돈을 가져다주었다. 질투는 이웃 국가의 야망에 불을 지폈고, 네덜란드와 영국도 신세계로 가는 길을 찾아 나섰다.

그러나 탐험을 하자면 돈이 많이 들었다. 배도 마련해야 하고 선원도 고용해야 하고 온갖 기계와 무기도 장만해야 한다. 또 해외에서 무역을 하자면 생명을 걸고 모험에 뛰어들 각오가 되어 있어야 한다. 혹시라도 배가 물건을 실은 채 실종된다면 누가 위험 부담을 감수할 것이며 누가 그 엄청난 손실을 감당할 것인가?

영국은 때마침 상황이 좋았다. 얼마 전부터 왕이 권력을 독점하지 않게 된 것이다. 왕실 의회가 점차 영향력 있는 인물들의 의회로 탈바꿈하면서 중요한 결정을 모두 왕과 협상했다. 엘리자베스 1세는 국가 최고 여성이었지만 의회에서 여러 진영을 형성한 영향력 있는 귀족들을 무시할 수는 없었다.

도시의 시민들 역시 자치권을 쟁취했다. 런던에선 상인들이 '미지의 지방, 지역, 섬, 마을을 발견하기 위한 상인 모험가들의 비밀 회사The Mystery and Company of Merchant Adventurers for the Discovery of Regions, Dominions, Islands and Places unknown'라는 긴 이름의 회사를 설립했다. 이름은 거창했지만 아이디어는 단순했다. 최대한 많은 수의 상인들이 돈을 추렴하여 러시아를 지나 중국까지 나아가면서 그 경로에 최대한 많은 무역 거점을 구축하자는 생각이었다. 그러니까 모험의 경제적 위험 부담을 최대한 많은 사람이 나누자는 취지였다. 그러면 설사 모험이 실패로 돌아가더라도 각 개인은 큰 타격을 입지 않을 것이다.

혹시라도 성공하면 이익은 모두에게 돌아갈 것이고 말이다. 나중에 사람들은 이런 형태의 모임을 주식회사라 불렀다. 주식회사는 개인보다 많은 돈을 모을 수 있기 때문에 왕이나 국가가 감히 뛰어들지 못하는 활동에도 과감하게 도전할 수 있었다.

'비밀 회사'는 헨리의 딸 메리가 왕좌에 있을 당시 이미 첫 성과를 올려 러시아와 무역관계를 맺었다. 그리고 얼마 후 성가신 긴 이름을 버리고 짧게 '모스크바 회사'로 개명했다. 여왕 메리는 이들에게 러시아와 거래할 수 있는 유일한 영국 회사라는 특권을 하사했다. 그런 특권은 엄청난 가치가 있었다. 어떤 영국 회사도 '모스크바 회사'와 경쟁할 수 없다는 뜻이었으니까 말이다.

● 부흥의 시대 ●

엘리자베스가 메리의 뒤를 이어 왕좌에 오르자 에스파냐는 영국 궁정에서 힘을 잃고 말았다. 그러나 그보다 더 에스파냐 사람들의 심기를 건드린 것은 그들의 뒤를 따라 신세계로 달려가기 시작한 영국 선원들이었다.

엘리자베스 1세는 프랜시스 드레이크라는 영국 선원이 에스파냐의 선박을 습격해 약탈했다는 소식을 들었다. 그는 정확히 말하면 해적이었지만 에스파냐인들을 약탈했기 때문에 영국 정부는 모른 척 눈을 감았다. 드레이크는 에스파냐인들에게 막대한 손실을 입혔다. 그 성공에 힘을 얻은 그는 곧 아메리카 대륙 앞바다에서도 약탈을 저질렀다. 그런 후 인생 최대의 모험을 감행했다. 세계에서 두 번째로 세계일주에 나서 남쪽의 해협을 지나 아메리카 대륙 서쪽에 당도했고, 거기서 항해를 계속해 중국에 도착한 후 희망봉을 돌아 영국으로 돌아온 것이다.

엘리자베스는 공식적으로는 해적행위를 벌렸지만 뒤로는 소위 약탈허가증Letter of Marque을 발행했다. 선원들에게 적의 배에 쳐들어가서 약탈을 해도 좋다는 허가증이었다. 또 드레이크가 고향으로 돌아온 후에는 몸소 해적의 배에 올라 구경을 했다고 한다.

에스파냐와 영국의 갈등이 격화되었다. 펠리페는 유럽 곳곳에서 동맹군을 찾았다. 함대로 영국을 공격해 엘리자베스를 왕좌에서 끌어내리려던 것이다. 거대한 전함을 거느린 에스파냐의 무적함대는 영국 함대의 전력을 월등히 앞질렀기 때문에, 엘리자베스도 사활이 걸린 게임이라는 사실을 잘 알았다. 그래서 에스파냐의 배가 영국으로 다가오자 그녀는 신하들의 만류를 뿌리치고 틸버리에 있는 영국군 진영으로 달려가 몸소 병사들의 사기를 북돋았다.

에스파냐 함대는 도버 해협에서 격한 폭풍을 만났다. 갖은 애를 써서 겨우 영국 해안에 당도했지만 가파른 벼랑 앞 해안에서는 놀랄 정도로 민첩한 영국의 작은 배들이 더 유리했다. 그래서 영국군이 압도적으로 우세한 적을 상대로 불가능한 일을 이루어냈다. 에스파냐의 전함에 대패를 안긴 것이다. 엘리자베스는 승전 행렬과 함께 런던으로 돌아왔다.

엘리자베스는 큰 위험을 막아냈고 그보다 더 중요한 성과를 얻어냈다. 에스파냐에게서 대서양 최강 해군의 자리를 빼앗은 것이다.

엘리자베스가 대부분의 유럽 전쟁에 끼어들지 않았고 경제와 무역 발전에 힘쓴 덕분에 영국은 무리 없이 해상 패권을 넓혀나갔다. 그리고 북아메리카 이주를 시작했다.

지금껏 에스파냐는 북아메리카에 별 관심을 쏟지 않았다. 넓은 땅덩어리만 있을 뿐 금이 나오는 것도 아니고 사람도 거의 살지 않는 곳이었기 때문이다. 그런데 영국인들이 그곳에 식민지를 건설했다. 엘리자베스가 세상을 떠난 직후 세운 아메리카 대륙 최초의 식민지에 영국인들은 처녀 여왕을 기리는 뜻에서 '버지니아'라는 이름을 붙였다.

엘리자베스의 재임 기간 동안 영국은 크게 부흥했다. 모험가와 선원들이 시대를 주름잡았지만 훌륭한 학자와 작가, 예술가들도 많이 나왔다. 영국 최고의 작가 윌리엄 셰익스피어는 훗날 엘리자베스 시대라 불린 이 시대에 그의 작품들을 세상에 내놓았다. 엘리자베스 여왕은 45년간 영국을 통치했다. 거의 반세기에 이르는 긴 시간이었다.

바다를 타고 온 변화

● 해상무역 ●

영국인들이 해상무역을 확대하기 시작했을 때 포르투갈은 이미 인도 북부에 식민지를 소유하고 있었고, 교황은 중앙아메리카와 남아메리카 전체를 에스파냐와 포르투갈에게 나누어주었다. 유럽인들 사이에서 아직 발견되지 않은 땅을 먼저 차지하기 위한 경쟁이 불붙었다. 이제 네덜란드와 영국도 그 경주에 끼어들었다. 런던의 상인들이 동인도회사를 설립했고 엘리자베스 여왕은 이 회사에 독점권을 부여해 15년간 아시아 전체의 무역권을 보장해주었다. 불과 2년 후 암스테르담에서도 네덜란드 동인도회사가 문을 열었다. 그와 함께 변화의 바람이 휘몰아쳤다. 나라 밖으로 나가 기독교 제국을 위해 땅과 사람을 정복하는 위업이 기사와 모험가들만의 특권이던 시대가 저물었다. 이제는 전문적으로, 가장 효율적으로 무역을 꾸려나갈 상인들이 그 대열에 합류했다. 그들이 영국과 네덜란드의 국기를 걸고 바다로 나갔고, 그곳에서 거둔 수익을 왕과 나누어 가졌다.

당시 아시아 여러 도시의 항구에는 교역소Factory라 부른 유럽 상인들의 해외영업소가 줄에 꿴 진주처럼 나란히 열 지어 있었다. 네덜란드와 영국의 뒤를 이어 덴마크와 스웨덴 동인도회사도 교역소를 열었고, 에스파냐와 포르투갈과 함께 프랑스 상인들도 등장했다. 그들은 그곳에서 중앙아메리카와 남아메리카의 광산에서 채굴한 은을 차나 비단, 도자기 같은 인기 높은 중국 상품과 바꾸었다.

중국인들도 무역에 참여했지만 유럽인들이 자기 나라 땅으로 들어오는 것은 허락하지 않았다. 외국인들은 정해진 곳에서만 거래를 할 수 있었다. 일본도 똑같았다. 유럽 기독교인들의 전도 열정이 너무 과하다고 느껴지자 일본은 그마저 문을 걸어 잠그고 외부 세계와 완전히 담을 쌓았다.

유럽인들이 아시아 구석구석에 손을 뻗치는 동안 아메리카 대륙에선 농장에 필요한 일꾼의 숫자가 급감했다. 은광과 사탕수수 농장에 투입된 원주민들이 가혹한 노동조건과 창궐하는 바이러스 질환 탓에 추풍낙엽처럼 쓰러졌다. 그러자 포르투갈인들이 아프리카 해안에서 잡은 노예들을 사들이기 시작했다. 수백만 명의 아프리카 사람들이 큰 배에 실려 비단과 설탕, 향신료와 담배처럼 다른 대륙으로 이송되었다. 상품처럼 주인이 바뀐 사람들, 그들이 아메리카 대륙까지 배로 이동하는 데는 무려 3개월이나 걸렸다. 설사 그 뱃길에 목숨을 부지한다 해도 그들에게 돌아온 것은 더 열악한 환경의 농장과 광산 노동이었다.

● 자유를 찾은 사람들, 자유를 뺏긴 사람들 ●

유럽 상인들을 연결하는 수송망 및 무역망이 지구 전체를 에워쌌다. 거대한 상품의 강이 흘렀고, 지구를 돌고 도는 상품의 양이 많아질수록 무역회사는 더욱 부자가 되었다. 특히 영국과 네덜란드 동인도회사의 활약이 컸다. 돈의 강물이 흐르고 상품이 돌고 돌았으며, 점점 더 많은 사람들이 움직이기 시작했다.

종교개혁은 많은 사람들을 난민으로 만들었다. 영국의 경우 급진 프로테스탄트들은 국교회마저 너무 가톨릭식이라고 생각했다. 그들은 교회뿐 아니라 정부에도 반감을 품고 있었다. 그렇게 생각한 많은 청교도들이 박해를 두려워했다. 청교도라는 이름은 순수하고 깨끗한 교리를 믿는다는 뜻에서 붙여진 이름이었다. 몇 사람이 네덜란드로 피신했지만 그곳도 안식처가 되어주지 못하자 그들은 아예 유럽을 떠나기로 결심했다.

1620년 메이플라워호가 북아메리카 해안에 당도했다. 메이플라워호는 종교 이민자를 태운 최초의 영국 배였다. 그들의 목표는 버지니아였지만 바람과 날씨 탓에 더 북쪽으로 떠밀려갔고, 덕분에 그곳에 새 영국 식민지가 건설되었다. 바로 매사추세츠의 보스턴이다.

그들을 따라 더 많은 종교 이민자들이 바다를 건너 새 고향을 찾았다. 그들은 폭력으로 원주민의 땅을 빼앗았지만 그것이 필요악이라고 생각했다. 메이플라워호가 도착하기 전에도 이미 프랑스인들이 북아메리카에 발을 내디뎠다. 그들의 뒤를 이어 영국과 네덜란드 이민자들이 북아메리카로 건너왔고, 도시를 세워 잔다르크의 도시 이름을 딴 '뉴올리언스'나 '뉴암스테르담' 같은 이름을 붙였다. 마치 제2의 유럽을 건설하려는 것 같았다. 실제로 그들은 유럽 왕의 충직한 신민을 자처했다. 자기들의 땅을 영국 왕 찰스 1세를 기리는 뜻에서 '캐롤라이나', 그의 아내 헨리에타 마리아를 기리는 뜻에서 '메릴랜드', 프랑스 왕 루이 14세에게 충성하는 의미에서 '루이지애나'라고 불렀다.

종교 이민자들은 조국에서 도망친 사람들이었지만 어쨌든 자유인의 신분으로 신대륙에 발을 들여놓았다. 자유의 땅에서는 모든 것이 가능했다. 그러나 그 자유는 이번에도 만인에게 주어진 선물이 아니었다. 그들의 배에는 여성들도 있었지만 종교 이민자는 '필그림 파더스'라는 이름으로 역사에 기록되었다. 늘 그랬듯 역사에 이름을 남긴 '필그림 마더스'는 극소수에 불과했다.

그중 가장 유명한 여성인 앤 허친슨은 보스턴에서 남자들과 힘을 합쳐 청교도 공동체를 만들었다. 예배가 끝난 후에는 자기 집으로 사람들을 불러 종교 문제를 토론했다. 그녀가 독창적인 아이디어를 많이 내놓았기 때문에 시간이 가면서 추종자들이 늘어났다. 그러나 허친슨이 점점 더 청교도에 비판의 목소리를 높이자 공동체 책임자들이 그녀를 재판에 회부했고, 죄를 물어 추방해버렸다.

허친슨은 생각이 같은 측근들과 함께 공동체를 떠나 로드아일랜드로 가서 그곳에 새로운 식민지를 건설했다. 몇 년 후 남편이 세상을 뜨자 허친슨은 다시 로드아일랜드를 떠나 자식들과 함께 뉴욕 쪽으로 갔다. 그러나 그곳에서 원주민의 습격을 받아 온 가족이 숨지고 자식 한 명만 살아남았다. 보스턴에 있던 허친슨의 적들은 신이 그녀를 벌했다고 믿었다. 그러나 그녀의 비판적 주장들은 이후 세대의 토론에 큰 영향을 미쳤다.

　메이플라워호와 거의 동시에 네덜란드 해적들이 우연히 생포한 아프리카 노예 몇 명을 버지니아로 끌고 왔다. 북아메리카 남부가 목화 재배에 적임지였으므로 그 노예들은 목화 농장에 투입되었다. 그 후 수백만의 아프리카인들이 북아메리카로 끌려와 상품처럼 판매되었다. 목화 생산은 거대한 사업으로 발전했다.

　필그림 파더스와 달리 노예는 포로였다. 그들은 집을 짓지도, 도시와 국가를 건설하지도 못했고 새 고향에 이름을 지어 부르지도 못했다. 중앙아메리카와 남아메리카에선 에스파냐와 포르투갈 사람들이 다양한 인종의 사람들과 뒤섞였지만 북아메리카 이주민들은 원주민, 아프리카인, 유럽인을 엄격히 구분했다.

하렘의 벽을 넘어서

● 발리데 술탄의 통치 ●

1453년 콘스탄티노플을 정복한 후 오스만제국은 막강한 대국으로 성장했다. 물론 그사이 유럽인들이 인도와 아메리카로 가는 해로를 발견했으므로 예전처럼 실크로드에서 많은 관세를 받아낼 수는 없었다. 그럼에도 터키는 두려움의 대상이었다. 그리스와 발칸, 헝가리를 정복했고, 아프리카 북부는 물론이고 근동에서는 바그다드까지, 흑해 북쪽에서는 러시아까지 영토를 확장했다.

콘스탄티노플은 오스만제국의 수도가 되었다. 이제는 교회들의 황금지붕 대신 하렘의 철통같은 벽이 유럽 사신들의 상상력을 자극했다. 왕의 사실로 들어갈 수 없었던 유럽 사신들은 온갖 상상력을 동원해 하렘에서 벌어지는 일들을 그려보았다. 모자이크로 장식한 터키탕에서 왕의 후궁들이 비싼 오일과 향료로 몸을 닦은 다음 왕에게 즐거움을 선사하기 위해 기다린다고 말이다.

현실은 그렇게 낭만적이지 않았다. 물론 하렘에는 술탄의 후궁들이 살았다. 그리고 그들의 거처에는 하맘이라는 이름의 터키식 목욕탕이 있었다. 하지만 유럽인들의 상상처럼 그 모든 것이 방탕한 사랑 놀음의 도구였던 것은 아니다. 그 모든 것의 목적은 하나였다. 오스만 사람들은 후계자 자리가 빌까 봐 노심초사했고, 사망률이 높았던 시대인 만큼 술탄은 최대한 많은 아들을 낳아야 했다.

오스만제국의 여러 술탄 중에서도 오스만군대의 빛나는 승리와 제국의 놀라운 번영에 특히 많은 공을 세운 술탄이 한 사람 있다. 바로 위대한 술탄 술레이만이었다. 왕위에 오른 그는 노예 휘렘을 선물로 받았다. 크림반도의 타타르족이 그녀를 폴란드에서 붙잡아 이스탄불로 데려와 팔았던 것이다. 그런데 그만 휘렘을 사랑하게 된 술레이만은 규칙에 위배되는 짓을 저지르고 말았다. 그녀를 자유의 몸으로 풀어준 뒤 성대한 결혼식을 올린 것이다. 외국에서 잡아온 노예와 말이다! 왜 위대한 왕이 그런 실정을 저질렀을까? 불안에 휩싸인 백성들이 생각할 수 있었던 이유는 한 가지밖에 없었다. 휘렘이 술레이만에게 마법을 건 것이다. 나라의 장래가 어떻게 될 것인가?

실제로 휘렘이 술탄의 총애를 받는 왕비가 되면서 오스만제국은 많은 변화를 겪었다. 그녀는 술탄 주위의 여성들을 정치적 영향력이 큰 인물로 만들었다. 그것도 커튼이나 문 뒤에 숨지 않고 당당하게 공식적으로 정치를 할 수 있는 상황을 만들었다. 아들이 아버지의 뒤를 이어 왕위에 오르면서 그녀가 왕의 어머니, 즉 발리데 술탄이 되자 그녀의 위상은 왕비 시절보다 더 높아졌다. 모후의 지위가 국가에서 두 번째로 높은 관직이 되었고, 백성들은 그녀에게 존경을 바쳤다. 발리데 술탄은 화려한 사원을 짓고 기부금을 나누어주었으며 빈민 구제 시설을 만들어 자신의 권력을 과시했다.

휘렘과 그녀의 뒤를 이어 발리데 술탄이 된 여성들은 가족 네트워크를 구축해 권력의 중심으로 만들었다. 그들은 정부와 군의 최고 실력자들을 자기 딸들과 결혼시켜 가까이에 두었고, 대제상과 같은 높은 관직에는 자신들이 원하는 사람이 선출되도록 심혈을 기울였다. 시간이 가면서 사람들은 아들이 아직 미성년일 경우 국가 최고 여성이 직접 나라를 통치하는 것도 용인하게 되었다. 그리하여 몇 차례에 걸쳐 여성이 직접 오스만제국을 통치했다.

이슬람인은 같은 이슬람인을 노예로 삼지 못했으므로 술탄의 후궁들은 대부분 외국 출신이었다. 휘렘은 폴란드 출신이었고, 그녀의 며느리 누르바누는 열두 살 때 고향 베네치아에서 납치되어 하렘으로 끌려왔다. 베네치아 사람들은 누르바누의 출신을 이용해 이익을 꾀했고, 그녀 역시 베네치아의 사신 및 왕과 긴밀하게 접촉했다. 발리데 술탄이 되었을 때는 담당 제독에게 명령을 내려 오스만의 군대가 베네치아의 식민지를 공격하지 못하도록 막아주었다. 베네치아 사람들은 감사의 표시로 누르바누에게 많은 선물을 보냈다.

하렘에 사는 왕의 여인들은 다각도로 유럽과 접촉했다. 한번은 터키 여성 두 명이 프랑스인들에게 붙들려 프랑스 왕비 카트린 드메디시스의 궁정 시녀가 되었다. 누르바누와 그녀의 며느리 사피예는 강력하게 항의했다. 그들이 무려 20년 동안이나 이 문제를 외교적 분쟁거리로 삼자 결국 프랑스인들은 굴복하고 붙잡은 여인들을 고국으로 돌려보냈다.

그사이 콘스탄티노플 주재 영국 대사가 사피예의 총애를 얻는 데 성공했다. 사피예가 엘리자베스 1세 여왕에게 보낸 편지 한 통에는 여왕에게 전하는 선물의 목록이 적혀 있었다. 옷 한 벌, 장식 띠 하나, 금으로 장식한 큰 목욕타월 두 장, 손수건 세 장, 진주와 루비로 장식한 왕관 하나였다. 그런데 왕관이 여왕에게 전달되지 못했다. 아마도 사피예의 대리인이 그 왕관을 핑계로 직접 영국 여왕을 만나고자 슬쩍 숨겼던 것 같다. 이 사건으로 영국과 오스만제국 사이에 정치적 긴장이 조성되었지만 왕관이 다시 나타나면서 문제는 원만하게 해결되었다.

오스만 왕궁의 고위 여성들은 제국의 국내외 정책에도 개입했다. 에스파냐 무적함대가 영국으로 출정하자 누르바누와 사피예는 베네치아 대사를 불러들였다. 두 여성이 영국과 친밀한 관계를 맺고 있었기에 대사는 베네치아가 에스파냐에게 단 한 척의 배도 지원하지 않겠다는 다짐을 할 수밖에 없었다.

휘렘, 누르바누, 사피예 및 그들의 뒤를 이은 다른 여성들이 오스만제국에서 맡았던 역할은 과거에서도 그 비슷한 모델을 찾을 수 있다. 가장 먼저 떠오르는 인물이 유명한 칼리프 하룬 알라시드의 어머니 카이주란이다. 또 칭기즈칸의 후손이었던 쿠툴룬과 만두하이도 손꼽히는 여성들이다. 이 두 여인의 명성은 몽골제국의 국경 너머까지 멀

리멀리 뻗어나갔다.

　그럼에도 오스만제국의 역사에서 왕비와 왕의 어머니가 고위 관직을 차지하던 시대는 특별한 에피소드로 남고 말았다. '여성의 지배'는 역사의 특수 사례였다.

● 허용되지 못한 세 가지 ●

　종교 전쟁으로 분열된 유럽과 달리 오스만제국은 넓은 영토와 강한 군사력을 자랑했다. 실크로드를 따라 며칠씩 걸어도 국경을 만나지 못했고, 여전히 그 길을 따라 값비싼 천과 비단, 향신료가 거래되었다.

　이러한 번영에도 불구하고 오스만제국의 왕들은 유럽 이웃 나라들과 비슷한 갈등을 겪었다. 무슬림 학자들이 특히 열띤 토론을 벌였던 주제는 세 가지였다. 첫째, 여자에게 얼마만큼의 자유를 주어야 할 것인가? 둘째, 현대 과학을 지원할 것인가 금지할 것인가? 셋째, 아랍에서 새롭게 유행하는 풍습이 이슬람 율법에 맞는 것일까? 그 유행이란 바로 메카와 카이로, 콘스탄티노플에서 큰 인기를 끌고 있던 커피와 커피하우스였다.

　이슬람 학자들은 여성의 지배를 못마땅하게 여겼다. 기독교인들이 수백 년 동안 여성의 입을 막기 위해 아담과 이브의 이야기와 사도 파울로스의 말을 들먹였듯, 무슬림들은 학자 부카리마저 '진짜' 하디트라고 인정했던 무함마드의 그 말을 늘 인용했다. "여자의 힘을 믿는 민족은 절대 번영하지 못할 것이다."

오스만제국의 술탄은 칼리프를 자처했기 때문에 무슬림 성직자들의 조언에 귀를 열었다. 그리고 성직자들은 대부분 여성의 문제에 부정적인 대답을 내놓았다. 여자를 공적 활동에서 추방해야 하며 자기 친척 이외의 남성과는 접촉하지 못하게 해야 한다고 말이다. 한 학자는 이런 글을 쓰기도 했다. "친척이 아니라면 남자는 젊은 여성이 재채기를 하더라도 그녀에게 몸조심하라는 말도 해서는 안 된다."

과학을 대하는 태도도 비슷했다. 성직자들 중에는 과학이 종교를 위태롭게 할 것이라고 여기는 사람들이 있었다. 그래서 16세기 초한 술탄은 명을 어기면 사형에 처하겠다는 무시무시한 협박과 함께 인쇄를 금지시켰다. 그런 식의 현대식 기술이 얼마나 큰 위험을 낳을 수 있는지를 유럽 나라들에서 이미 목격했던 것이다. 종교개혁이 큰 호응을 얻어 기독교 교회가 분열된 것도 따지고 보면 인쇄술이 발달해 책이 대량생산되면서부터였으니 말이다.

무슬림과 기독교인은 몇백 년 동안 지식을 쌓아 서로 나누었다. 따라서 오스만제국과 신성로마제국에서 각각 거대한 천문대가 동시에 세워진 것은 결코 우연이 아니었다. 두 명의 천문학자, 즉 아랍 학자 타키 알딘과 덴마크 천문학자 티코 브라헤는 새 망원경으로 하늘의 별을 관측했다. 덴마크 왕은 천문학자에게 관측소를 지을 수 있는 섬과 돈을 주며 적극 후원했다. 티코는 21년 동안 그 섬에서 여동생 소피 브라헤와 함께 연구를 진행했다. 당시 많은 여성들이 천문학에 열광했고, 소피는 오빠와 함께 수천 개 항성의 위치를 목록으로 작성했다.

콘스탄티노플의 천문대도 몇 년 동안은 잘 운영되었다. 그러나 성직자들이 술탄에게 하늘을 과학적으로 관찰하는 것은 신성모독이라고 경고했다. 완공된 지 불과 5년 만에 그 비싼 건물은 왕의 명령으로 허물어지고 말았다. 아마 혜성을 발견한 알딘이 술탄에게 전쟁에서 승리할 것이라고 예언했는데 그 예언대로 되지 않았던 것도 한 가지 이유였을 것이다.

마지막 커피하우스 역시 문을 닫았다. 백성들이 모여 정치 토론을 벌일까 봐 지레 겁을 먹었기 때문이다. 그러나 금지 명령은 오래가지 못했다. 커피는 합법적인 마약으로 성장해 '악마의 터키 음료'라는 이름을 달고 유럽으로 수출하는 최대 효자상품이 되었다.

나는 여성이다, 고로 존재한다

● 여성 논쟁이 계속되다 ●

유럽은 변했다. 인문주의와 르네상스, 종교개혁 이후 쉼 없이 토론의 주제로 떠오른 문제들도 그 변화에 큰 몫을 했다. 올바른 신앙과 올바른 생활방식의 추구는 계속해서 새로운 프로테스탄트 운동을 불러일으켰고 여성 논쟁 역시 끝날 줄을 몰랐다. 이번에도 논쟁의 불씨가 된 주인공은 한 프랑스 여성 작가였다.

마리 르 자르 드구르네는 자기 성의 탑에 앉아서 글을 쓰는 한 남자에게 감명했다. 그 남자 미셸 드 몽테뉴는 자신이 기록한 생각들을 '에세Essais'라고 불렀다. 그의 글은 큰 인기를 얻었다. 드구르네는 탑에 있는 그 남자를 만났다. 몽테뉴는 그녀의 총명함에 감탄했고 그녀가 자신보다 35세 어렸기 때문에 양녀로 삼았다.

몽테뉴가 세상을 뜨자 드구르네는 그의 '에세'를 정리하여 인쇄하는 데 정성을 쏟았다. 그녀는 결혼이나 수녀원을 택하지 않고 파리로 가 여성작가로 살아남았고, 당시의 풍습과 반대되는 행동을 했음에도(혹은 그랬기 때문에) 인정을 받았다. 프랑스 왕이 그녀에게 한동안 작은 숙소를 마련해준 적도 있다고 한다.

여성 사상가 드구르네에게 고민의 주제는 하나밖에 없었다. 바로 여성 문제였다. 그녀는 자신의 운명에, 교육받은 여성의 운명에 불만을 품고 이렇게 한탄했다.

무지와 노예생활, 멍청이 연기 능력이 여성의 유일한 행복인 양, (……) 여성의 최고이자 유일한 장점인 양 취급한다.

한 사제가 여자는 성서에 담긴 지혜를 이해할 수 없다고 주장했다. 그녀는 남자들 중에도 그런 사람이 많은데 그 사제가 남자는 수염을 달고 다닌다는 이유를 들어 그 사실을 거론도 하지 않았다고 꼬집으며 이렇게 외쳤다. "그러나 신을 남자나 여자로 상상할 만큼 멍청한 사람이라면…… 그것은 곧 그가 철학도 신학도 공부할 능력이 없다는 확실한 증거이다."

그때까지만 해도 여성 논쟁은 남자가 우월하냐 여자가 우월하냐를 따졌다. 그러나 드구르네는 논쟁에 새 국면을 열었다. 누가 더 낫고 더 못한 것을 따질 이유가 없다고, 둘은 동등하다고 주장한 것이다.

거의 같은 시기에 네덜란드 여성 아나 마리아 판 스휘르만도 널리 이름을 날렸다. 총명함과 드높은 교양으로 인해 사람들은 그녀를 '위트레흐트의 별', '네덜란드의 사포'라고 부르며 마치 자연이 낳은 기적인 양 호들갑을 떨었지만 사실 그녀는 그저 운이 좋아 다른 여성들보다 교육을 많이 받았을 뿐이었다. 친한 학자 한 사람이 그녀에게 대학 강의를 들을 수 있는 기회를 주었던 것이다. 물론 남학생들과 똑같은 대우를 받았던 것은 아니어서 그녀를 위해 특별히 강의실에 설치한 나무 칸막이 안에서 커튼으로 몸을 가린 채 강의를 들을 수 있었다. 남학생들이 그녀에게 딴눈 파는 것을 방지하기 위한 조치였다. 이런 여러 정황은 그녀의 박사학위 논문 제목이 〈여자의 배움이 필수적인가 아닌가라는 유명한 문제〉였던 이유를 무엇보다도 잘 설명한다.

몇 년 후 프랑스의 한 프로테스탄트 신학자가 조금 더 급진적인 글을 발표했다. 프랑수아 풀랭 드라바르라는 이름의 그 학자는 여성이 천성적으로 남성보다 약하다고 주장하는 사람들을 반박하며 그런 말은 전부 헛소리라고 외쳤다. 자연은 자연이고 남녀의 몸은 번식에 기여하지만 인간의 정신과 능력은 그것과 하등 상관이 없다고 말이다. 그러나 드라바르와 같은 목소리는 그 후로도 오랫동안 예외였을 뿐이다.

● 또 다른 전쟁 ●

17세기 초반은 싸움이 말로 그치지 않았다. 프랑스에서 여성 문제와 다른 인문주의의 이념을 두고 설전이 벌어질 동안 프로테스탄트와 가톨릭의 알력은 더 먼 동쪽에서 전쟁으로 비화했고, 그로 인해 유럽의 중심은 완전히 초토화되었다.

그곳에는 여전히 신성로마제국이 건재했다. 신성로마제국은 세력 있는 주요 제후들이 힘을 합쳐 황제를 선출했는데, 그런 이유에서 그들을 선제후라고 불렀다. 당시 황제의 왕관은 합스부르크 가문으로 넘어갔고, 그들은 스페인 왕가와 결혼하여 새로운 가톨릭 권력의 중심이 되었다.

그런데 종교개혁이 일어나면서 프로테스탄트 제후들이 곤란한 상황에 빠졌다. 자신은 프로테스탄트이면서 자신의 황제로 가톨릭 신자를 선출할 것인가를 고민하는 처지가 된 것이다. 1618년 5월 23일 프로테스탄트 귀족들이 이 고민에 충격적일 정도로 명확한 대답을 내놓았다. 그들이 프라하성에 들어가 황제의 섭정 셋을 창밖으로 던져버린 것이다. 세 사람은 중상을 입었지만 다행히 목숨은 구했다. 가톨릭 측에서는 신이 자신들의 편이어서 그들을 구했다고 주장했고, 프로테스탄트 측에서는 창문 밑에 거름더미가 있어서 충격을 완화한 덕에 그들이 살았다고 주장했다.

이 소위 '프라하 창문 밖 투척 사건'으로 보헤미아의 프로테스탄트 귀족들은 황제의 권력을 용인하지 않겠다는 뜻을 전달했다. 양측의 무장 충돌이 뒤를 이었고, 이내 유럽 전체가 전쟁에 휘말렸다. 그것이 바로 30년 전쟁의 시작이었다.

프로테스탄트 동맹군과 합스부르크 왕가가 이끄는 가톨릭군 양측 모두 동맹의 가지를 사방으로 뻗었기 때문에 전 유럽이 얼기설기 그 전쟁에 엮여들었다. 스웨덴에서 에스파냐까지, 폴란드와 보헤미아 국가들에서 네덜란드까지 유럽 전체가 전쟁의 소용돌이에 휘말렸다. 그 중심에 수많은 독일 제후국들이 있었고 그곳이 전장이 되었다.

그렇게 30년이 흘렀고, 그제야 모두는 이 전쟁이 누구에게도 득될 것이 없다는 사실을 깨달았다. 1648년 마침내 역사상 처음으로 유럽 열강들이 한 탁자에 둘러앉았다. 프랑스, 에스파냐, 스웨덴, 네덜란드, 신성로마제국의 황제와 제후들이 뮌스터와 오스나브뤼크에서 만나 베스트팔렌조약에 합의했다.

평화는 늦게 찾아왔고 30년 전쟁은 폐허를 남겼다. 도시는 약탈당했고 사람들은 재산을 잃고 죽임을 당했다. 엎친 데 덮친 격으로 페스트까지 번지면서 인구가 거의 절반 가까이 줄어든 지역도 적지 않았다.

● 과학혁명과 여성 과학자들 ●

창문 투척 사건이 터지기 몇 년 전, 신성로마제국의 황궁은 여전히 프라하에 있었다. 황제는 궁에 유명한 천문학자 두 명을 불러들였는데, 앞서 소개한 덴마크인 티코 브라헤와 독일인 요하네스 케플러였다. 케플러는 행성이 태양 주위를 어떻게 도는지 계산했는데, 그것이 케플러 법칙이다. 그러나 흔히 '루돌프표'라고 불리는 그의 행성 운동 도표는 극도로 복잡했기 때문에, 응용을 하려면 골머리를 이만저만 앓아야 하는 것이 아니었다. 그런데 30년 전쟁의 와중에 여성 수학자 마리아 쿠니츠가 이 도표를 단순화하는 데 성공했다. 과학적으로 너무나 의미 있는 업적이었건만 한심한 인간 몇몇이 그녀가 밤에 하늘을 쳐다보느라 낮에 집안일을 안 하고 잠만 잔다고 비난했다.

쿠니츠와 케플러만이 아니었다. 많은 이들이 하늘을 올려다보았다. 《성서》가 아니라 자연의 책을 읽어야 세상을 더 잘 이해할 수 있다는 생각이 자연과학을 향한 열광의 봇물을 터뜨렸다. 렌즈의 성능이 날로 높아진 새로운 광학기기들이 출시된 것도 과학의 앞길을 밝히는 데 한몫했다.

망원경 덕분에 아무리 멀리 있어도 보지 못할 것이 없다. 현미경 덕분에 아무리 작아도 연구 못할 것이 없다. 이렇게 우리는 볼 수 있는 새로운 세계를 발견할 것이다. 하늘이 열리고 엄청난 숫자의 새 별과 고대 천문학자들은 까맣게 몰랐던 천체의 움직임을 볼 수 있을 것이다. 우리가 발 딛고 선 너무나 친근한 지구 자체도 완전히 새로운 것을 보여준다.

한 영국 학자는 이런 말로 물리학과 수학에 건 희망을 표현했다. 그리고 덧붙였다. "우리는 자연의 비밀스러운 모든 과정을 인식할 수 있는 상황에 도달할 것이다." 런던의 학자들은 '자연과학진흥을 위한런던왕립학회'를 설립했다. 설립자들은 국경을 초월해 인류의 지식 증진이라는 공동의 목표를 추구하는 과학 공동체의 일원이라는 사실에 자부심을 느꼈다. 이제 상인이나 선원뿐 아니라 자연과학자들까지도 세계 정복의 길에 오른 것이다.

교회는 눈에 띄게 영향력을 잃었다. 그러나 한마디 저항도 못한 채 그대로 물러설 수는 없었다. 교회는 절망의 몸짓으로 태양이 우리 행성계의 중심이라는 주장을 반박했다. 특히 물리학자이자 수학자인 갈릴레오 갈릴레이의 종교재판은 큰 물의를 일으켰다. 갈릴레이는 신앙심이 깊은 기독교인이었다. 결코 교회에 해를 입히려는 의도가 없었다. 그러나 과학적 인식을 철회하라는 교회의 강요는 자연과학자인 그에게 심각한 양심의 갈등을 불러일으켰다.

교회가 아직 갈릴레이와 논쟁을 벌이고 있을 당시 벌써 교회를 공격할 다음 타자가 타석에 섰다. 프랑스 철학자 르네 데카르트는 신이나 아리스토텔레스가 없어도 자신의 이성과 경험을 믿기만 하면 충분히 세상을 이해할 수 있다고 주장했다. 당시 흔한 풍습대로 그는 라틴어를 써서 이렇게 주장했다. "코기토 에르고 숨cogito ergo sum(나는 생각한다. 그러므로 나는 존재한다)." 그것으로 족하다고 데카르트는 말했다. 그가 세상을 뜨자마자 교황은 그의 저서를 금서목록에 올렸다.

그러나 철학자들에게 데카르트의 저서는 혁명이었다. 인식의 길이 이제 신이 아니라 인간에게로 나아가기 때문이었다. 어떻게 인식이 가능한지의 질문으로 나아가기 때문이었다. 우리가 세상을 인식하는 도구는 이성인가? 아니면 눈이나 귀 같은 감각인가? 과학자들은 더욱더 자연 연구에 대한 열정을 불태웠다. 이제는 망원경이나 현미경 같은 광학기기만이 아니라 연필과 종이를 이용해 직접 눈으로 본 것을 기록했다. 그리고 세상을 측량하기 시작했다. 인간, 동물, 식물 등 모든 것을 정확히 연구하고 기록했으며 이름을 붙이고 분류체계를 만들어 정리했다.

우리의 예상대로 여성은 지식을 추구하는 이 공동체의 일원이 아니었다. 극소수만이 용기를 내 당당히 남자들에게 말했다. 나는 생각한다. 그러므로 나는 존재한다. 그중 한 사람이 마리아 지빌라 메리안이었다.

메리안의 비범한 재능은 일찍부터 눈길을 끌었다. 그녀는 모든 것을 매우 세밀하게 관찰했고 본 것을 그림으로 옮겨 주변 사람들의 감탄을 자아냈다. 어린 시절부터 꽃 그림을 그렸던 그녀는 성인이 되어 첫 곤충 책《애벌레의 경이로운 변태》를 펴냈다.

메리안은 신세계에 가면 유럽에는 없는 미지의 종이 많다는 사실을 알았다. 그것들을 보고 그리기 위해 고령의 나이를 무릅쓰고 몇 달이 걸리는 뱃길에 올랐다. 그러나 목표와 달리 네덜란드의 남아메리카 식민지인 수리남에 도착했고, 그로부터 6년 후 최고의 걸작《수리남 곤충의 변태》가 세상에 나왔다. 그 책은 애벌레가 나비로 변태하는 과정을 그림으로 담았고 나비와 나방을 구분했다. 나방과 나비의 구분은 지금까지도 쓰이는 분류법이다.

왕과 권리를 나누다

● 새로운 국가관의 탄생 ●

유럽 중심부가 30년 전쟁의 소용돌이에 휘말려 서서히 가라앉고 있을 동안 영국인들은 멀찍이 떨어져 남 일 보듯 그 광경을 바라보았다. 따라서 해소되지 않는 가톨릭과 프로테스탄트의 갈등이 자신들의 사회 질서를 약화시켰다는 생각은 추호도 하지 못했다. 그 거대한 갈등은 그 안에 품고 있던 문제를 전면에 드러나게 했다. 그것은 바로 가톨릭교도인 왕과 프로테스탄트가 다수인 의회의 알력이었다. 영국 섬 전체가 순식간에 내전에 휘말렸다.

왕과 그 추종자들은 의회가 주제넘다고 생각하며 왕에게는 신이 주신 지배의 권리가 있다는 왕권신수설을 주장했다. 의회파는 정반대 입장이었다. 왕은 의회의 합의하에 행동해야 하며 의회의 동의 없이는 어떤 결정도 내려서는 안 된다고 주장한 것이다.

찰스 1세는 무력으로 자신의 권리를 되찾으려 했다. 왕에게 극심하게 저항하는 의원 몇 명을 체포하기 위해 400명의 무장 병사를 의회로 보낸 것이다. 그러나 의원들은 무사히 몸을 피했고, 시민들까지 왕의 의회 공격에 분노하면서 오히려 찰스 1세가 런던에서 도망쳐야 할 처지가 되었다. 양측은 서둘러 군사를 모았고, 격렬한 전투가 벌어지면서 아일랜드와 스코틀랜드까지 전쟁에 휘말렸다. 7년 후 의회파와 프로테스탄트가 승리를 거두었다. 의회파 지도자 올리버 크롬웰이 국가의 수장이 되었고 상상도 할 수 없었던 일이 일어났다. 영국 왕 찰스 1세의 머리가 잘린 것이다! 그것이 영국의 청교도혁명이었다.

크롬웰은 공화정을 선포했지만 그 공화정은 제대로 작동하지 않았고 그는 점점 1인 독재자의 모습을 닮아갔다. 결국 영국인들은 독재자처럼 행동하는 공화국 최고 지배자보다는 의회와 다투는 왕이 더 낫다는 결론을 내렸다. 따라서 크롬웰이 세상을 뜨고 얼마 지나지 않아 의회는 참수당한 왕의 아들을 다시 영국의 왕좌에 올렸다.

● 명예혁명 ●

돌아온 왕의 아들 찰스 2세는 포르투갈의 공주 카타리나 드 브라간사와 결혼했다. 영국에 도착한 그녀를 보고 찰스는 너무 놀라 '보내라는 여자를 안 보내고 박쥐를 보냈다'고 외쳤다고 한다. 신부의 화려한 머리장식을 보고 놀랐던 것 같다.

영국인들을 놀라게 한 것은 헤어스타일만이 아니었다. 브라간사는 차를 마셨다. 궁중의 신하들이 곧 그녀를 흉내 냈고 갑자기 귀족들 사이에 차가 엄청난 인기를 끌었다. 훗날 전형적인 영국 풍습이 된 유행은 이처럼 포르투갈 여성이 전한 것이었다. 영국에서 티타임이 시작된 것이다.

브라간사는 포르투갈 여성답게 엄격한 가톨릭 신자였고 죽기 직전 남편까지 가톨릭으로 개종시켰다. 역시나 가톨릭교도인 찰스 2세의 남동생 제임스 2세가 왕위에 오르자 다시 내전의 위험이 커졌다. 왕은 의회에 맞서 자신의 지배권을 주장했고, 다시 다수의 프로테스탄트 의원들이 왕의 주장에 저항했다.

의회는 궁여지책으로 왕의 사위이자 프로테스탄트인 네덜란드 왕자 오렌지 공 윌리엄에게 관심을 돌렸다. 이번에도 빠른 합의를 도출해 '명예혁명'을 일으키자는 목적이었다. 윌리엄은 군대를 이끌고 영국으로 달려와 영국의 마지막 가톨릭 왕을 왕좌에서 끌어내리고 스스로 그 자리에 올랐다. 그전에 그는 '권리장전'을 승인하겠다고 밝혔다. 권리장전이란 앞으로 왕이 의회에게 보장할 여러 권리를 밝힌 문서이다. 두 번의 혁명은 영국에게 지금껏 없었던 새로운 정부 형태를 선사했다. 이제 왕은 의회와 합의를 해야 하며, 필요하다면 의회의 의지를 따라야 했다.

철학자들도 이 사건에 대해 많은 생각을 했다. 참혹한 내전으로 그렇게 짧은 시간 안에 국가 질서가 무너질 수 있다는 사실에 큰 충격을 받은 것이다. 그래서 토머스 홉스는 강한 국가만이 그런 불행을 막을 수 있다고 주장했다. 국가는 용과 악어, 뱀과 고래가 뒤섞인 《성서》 속의 바다괴물 리바이어던처럼 거인이어야 한다고 말이다. 또 다른 철학자 존 로크는 국가 권력을 상호 견제하는 다수의 힘으로 분산하자고 제안했다. 영국 철학자들의 이런 이념과 권리장전의 새로운 의회주의 모델은 곧 전 유럽에서 모방하게 되었다.

이성의 빛은 여자를 비추지 않는다

● 아직도 권력은 왕에게 있다 ●

영국에서는 권리장전이 왕의 권력을 영원히 제약했지만 프랑스
에선 루이 14세의 권력이 절대적이었다. 그의 나라에는 왕을 견제
할 의회가 없었다. 오히려 온 백성이, 특히 귀족들이 태양을 맴도는
행성처럼 그의 주변을 맴돌았다. 사람들은 그를 '태양왕'이라고 불
렀다. 그는 프랑스 제후들과 고위 귀족들을 파리의 궁으로 불렀다.
그곳에서 그들은 오직 왕의 시중을 들었다. 아침마다 왕이 의복을
갖출 때 양말을 신기거나 조끼를 묶어주는 것을 최고의 영예로 생
각했다. 그런 식의 의례에 열중하느라 프랑스 귀족들은 자신의 이
해관계를 살필 시간이 없었다.

루이는 막대한 권력을 이용해 프랑스를 개혁했다. 능력 있는 장
관을 등용해 조세제도를 바꾸었으며 역사상 처음으로 부자들한테
서도 세금을 거두었다. 새로운 조세 체계가 원활하게 돌아간 덕분

에 루이는 에스파냐와 전쟁을 하고도 돈이 남아돌아 베르사유궁을 확장하기 시작했다. 유명한 건축가와 원예가들이 베르사유를 유럽 최대의 궁으로 넓혀나갔다. 그곳보다 더 많은 돈이 흘러들어간 곳은 없었다. 그곳보다 더 비싼 천으로 여자들의 옷을 만든 곳도, 그곳보다 더 화려한 파티가 열린 곳도, 그곳보다 더 고급 음식이 나온 곳도 없었다. 전 유럽의 제후들이 베르사유를 모방했고, 나무와 울타리와 숲을 각종 기하학적 형태로 자르고 미로 모양으로 조성한 대칭의 정원을 흉내 냈다. 그들도 루이처럼 자신이 가진 권력과 호화로운 생활을 만방에 과시하고 싶었던 것이다.

● 빛의 시대 ●

프랑스 철학자 볼테르는 골칫덩이였다. 어릴 때부터 아버지가 하지 말라는 짓만 골라서 했다. 아버지는 야단도 치고 벌도 주고 심지어 외국으로 쫓아 보내기도 했지만 소용이 없었다. 아들은 성인이 되기도 전에 비판적이고 풍자적인 시를 써서 당국의 분노를 샀다. 왕의 신하들은 아버지만큼 아들을 사랑하지 않았기에 볼테르를 체포해 11개월 동안 파리에서 가장 악명 높은 감옥 바스티유에 가두었다.

그래도 볼테르는 꿋꿋했다. 바스티유를 나오자마자 또 국가와 교회를 비판하는 신랄한 풍자시를 써서 이름을 날렸다. 이번에는 왕(그사이 루이 15세가 왕위에 올랐다)이 직접 나섰다. 왕은 그를 바스티유 대신 외국으로 보냈다.

영국으로 간 볼테르는 존 로크의 저서와 영국인들이 명예혁명으로 얻어낸 의회 제도를 만났다. 직접 목격한 영국의 현실에 그는 열광했고, 프랑스의 상황이 바람직하지 않다는 확신을 더욱 굳히게 되었다. 볼테르는 새로운 이념을 안고 고향으로 돌아왔다.

그동안 루이 15세는 파리에서 몇 킬로미터나 떨어진 베르사유궁에서 아무 걱정 없이 편안하게 살았다. 그래서 볼테르를 비롯한 젊은 사상가들이 파리의 커피하우스에 모여 프랑스의 상황을 토론하고 비판적 의식을 키워가고 있다는 사실을 전혀 몰랐다.

볼테르는 신이 인간을 위해 최고의 세상을 창조했다는 교회의 주장을 비판했다. 그의 소설에서는 캉디드라는 이름의 주인공이 신이 약속했다는 그 행복을 이 세상에서 찾기 위해 길을 나선다. 그러나 발길 닿는 곳마다 참혹한 전쟁과 불행, 가난과 질병을 목격한다. 볼테르가 내린 결론은 이러하다. 내가 그것을 눈으로 보고 곰곰이 생각해보니 이성은 교회와 다른 말을 한다. 이성은 지금보다 더 공평해야, 사람들이 자유롭고 평등해야 세상이 아름답고 좋아질 수 있다고 말한다. 따라서 인간은 교회의 말을 조금 덜 듣고 이성의 명령을 조금 더 믿어야 할 것이다.

볼테르의 신랄한 유머와 계속되는 저항은 열광의 불씨를 지폈고, 그 불씨는 유럽 전역으로 퍼져나갔다. 이성의 빛이 어둠에 묻혀 있던 많은 것들을 환하게 밝혀주었다. 세상을 바꿀 수 있는 방법이 갑자기 무한히 많은 것처럼 느껴졌다. 프랑스인들은 계몽의 빛이 길을 가르쳐주는 새 시대를 뤼미에르, 즉 '빛의 시대'라고 불렀다. 독일에서는 이를 계몽주의라고 불렀다.

많은 이들이 책을 써서 계몽주의를 지지했다. 이제는 아무도 신이 백성들에게 왕을 데려다준다고 믿지 않았으므로 국가를 꾸려나갈 새로운 길을 찾아야 했다. 장 자크 루소는 사람들이 계약을 체결해야 한다고 주장했다. 사회계약을 체결해 백성들이 정부에게 통치권을 선사하는 것이라고 말이다. 이어 샤를 드 몽테스키외는 정부에 많은 지배자가 존재해 서로를 견제해야 한다고 주장했다. 가장 좋은 방법은 권력을 셋으로 나누는 것인데, 판결을 내리는 권력, 법을 만드는 권력, 법이 잘 준수되도록 살피는 권력이 바로 그것이다. 또 드니 디드로는 당시의 모든 지식을 수집해 35권의 책에 기록하기 시작했다. 그것이 바로 그 유명한 《백과전서》로, 디드로 이외에도 볼테르와 루소, 몽테스키외 등 많은 사람들이 글을 실었다. 그들 중에는 여성도 있었다. 유일한 여성인 그녀의 이름은 에밀리 뒤샤틀레였다. 《백과전서》의 항목은 7만 개가 넘었다. 그들은 가능한 모든 지식을 모아 기록으로 남기고자 했다. 설명할 수 없는 것이 없어야 한다고, 단 하나도 없어야 한다고 생각했기 때문이다. 계몽주의자들은 마침내 이 세상을 최고의 세상으로 만들 수 있는 도구를 찾았다고 믿었다. 그 도구는 이성과 지식이다.

이성의 빛은 어두운 감옥의 감방에도 환한 빛을 밝혀주었다. 지나치게 잔혹한 처벌들이 순화되었다. 러시아에서는 최초의 여왕인 옐리자베타 페트로브나가 사형 제도를 폐지했다. 이탈리아와 다른 나라들이 러시아의 뒤를 따랐고, 영국은 더 이상 화형을 집행할 수 없게 되자 실질적인 해결책을 찾았다. 죄수들을 배에 태워 아메리카 대륙의 식민지로 보내버린 것이다.

● 지식인의 이중성 ●

당연히 사람들은 여성에 대해서도 고민했다. 계몽주의의 이념이 누구보다 여성들에게 새 가능성을 열어주지 않았을까?

실제로 많은 여성들이 이미 오래전에 세상의 닫힌 문을 여는 길을 찾아냈다. 자신이 공적 활동을 할 수 없었기에 거꾸로 공적 생활을 자기 집으로 불러들였던 것이다.

1610년에 이미 마르키스 드 랑부예가 살롱을 열어 세간의 이목을 가장 많이 받는 남녀를 자신의 성으로 초대했다. 100년이 흘러 계몽주의 시대가 되자 이런 살롱이 크게 유행했다. 사회적 신분이 높고 경제적으로 윤택한 여성들이 자리를 마련해 사람들을 불러 모았다. 그 자리에서 교양이 풍부하고 박식한 손님들이 만나 친분을 쌓았다. 문학, 음악, 과학, 철학 혹은 정치 분야에서 어느 정도 업적을 쌓은 사람들만 출입이 허락되었다. 그러나 그것만 있으면 충분했다. 신분이나 출신 따위는 문제 삼지 않았다. 따라서 교회나 대학 같은 공적인 장소에서는 상상도 못할 일이 이런 사적인 자리에서는 가능했다. 남자와 여자, 빈자와 부자, 귀족과 평민이 사회 장벽이 사라진 것처럼 자유롭게 만나 토론을 했던 것이다.

여성도 교양을 쌓고 책을 많이 읽어야 한다는 목소리가 높아졌다. 《여성을 위한 세계지식 개요》, 《여성을 위한 논리학》 같은 제목의 책들이 쏟아졌다. 유명한 《로빈슨 크루소》의 작가 대니얼 디포가 이미 1697년에 영국에서 제안했던 여성 학교와 교육 기관도 등장했다. 고틀리프 코르비누스라는 이름의 한 시인은 《유용하고 우아하며 흥미로운 여성 사전》이라는 제목으로 여성이 알아야 할 모든 지식을 담은 두꺼운 책을 펴냈다. 이 책에는 집이나 주방에서 볼 수 있는 온갖 물건이 소개되어 있었다. 위대한 남성들이 지식의 백과사전을 편찬하는 동안 여성은 뜨개질과 요리에 관련된 책들을 읽었던 것이다.

라이프치히에선 크리스티아나 마리아나 폰 치글러가 살롱을 열어 도시 최고의 지성인들을 불러 모았다. 그녀는 또 직접 시와 논문을 썼으므로, 저명한 문학 모임인 라이프치히 '독일 협회'가 처음이자 유일한 여성 회원으로 그녀를 가입시켰다. 그 직후 비텐베르크 대학은 그녀에게 명예 학위를 수여했다.

다른 대학들도 비범한 능력을 지닌 여성에게 명예 학위를 선사했다. 할레에서는 도로테아 크리스티아네 에르흘레벤이 아버지에게 의술을 배워 아버지의 병원을 물려받았지만, 정식 교육을 받지 못했으므로 사이비라는 비난을 받았다. 에르흘레벤은 프로이센 왕에게 편지를 써서 하소연했고, 왕은 대학 측에 그녀의 공부를 허락하라는 명령을 내렸다. 그녀는 여성 최초로 독일 대학에서 박사 학위를 받았다.

이성에는 성별이 없다. 몽테뉴의 양녀 마리 르 자르 드구르네와 그녀의 아군 프랑수아 풀랭 드라바르가 반세기 전에 한 말이다. 많은 여성들이 그 주장의 정당성을 입증했다. 그럼에도 단단한 성차

별주의의 벽에는 계몽주의라는 대포마저 겨우 몇 군데 총알만 한 자국을 내는 데 그쳐야 했다.

특히 살롱의 여성 주인이 보였던 자의식은 많은 이들에게 거부감을 느끼게 했다. 그들은 팜므 사방트^{femme savante}, 즉 학식 있는 여성을 위험한 존재로 여겼다. 여성에게도 남성과 동등한 권리와 가능성을 인정해야 하냐고 물어봤더라면 아마 다수의 계몽주의자들이 절대 안 된다고 대답했을 것이다. 그렇게 되면 가사와 육아는 누가 책임진단 말인가? 그들은 그런 우려를 표했다. 여성을 배척하는 논리는 그것만이 아니었다. 많은 이들이 그냥 여성에겐 강인함과 용기와 이성이 애당초 없다고 주장했다. 누구보다 루소가 앞장서 외쳤다. "공화국엔 남자가 필요하다."

개인의 살롱에서는 여러 가지 규칙을 무시할 수 있었다. 하지만 여성에게 커피하우스 출입을 허용하는 것은 공식적인 질서를 허물어뜨린다는 뜻이었을 것이다. 따라서 여성은 커피하우스에 들어갈 수 없었다. 뒤샤틀레도 파리의 카페 그라도에 들어가려다가 입장을 거부당했다. 카페 안에서는 수학자 모로 드 모페르튀이가 그녀를 기다리고 있었다. 뒤샤틀레가 반세기 전부터 유럽 전역에서 논의되던 아이작 뉴턴의 《수학적 원리》를 프랑스어로 번역 중이었기 때문에 그녀보다 더 뛰어난 대화 상대가 없었던 것이다. 그러나 뒤샤틀레는 카페 문 앞에서 출입을 거부당했다. 그녀는 남자 옷으로 갈아입고 카페에 들어갔지만 잠시 후 카페 주인이 그녀가 경비를 속였다는 사실을 알아차렸다. 카페 주인은 즉시 그녀에게 그 사실을 알리고 두 사람 분의 돈을 달라고 경고했다고 한다. 한 번은 남성용,

한 번은 여성용으로 말이다. 그러자 그녀는 그렇다면 자신에게 커피 두 잔을 달라고 요구했다. 한 잔은 남성용, 한 잔은 여성용으로.

뒤샤틀레는 유명한 철학자 볼테르의 애인이었다. 그녀가 직접 상세한 해석을 곁들여 번역한 《수학적 원리》는 이 책의 가장 바람직한 번역서로 꼽힌다. 그럼에도 여성 역시 이성적으로 생각하는 존재인가를 묻는 질문은 계속해서 논쟁을 몰고다녔다. 라이프치히의 한 시인은 여성이 "생명 없는 기계는 아니"라는 이유로 여성을 생각하는 존재로 보아야 한다고 주장했다. 물론 그의 말도 딱히 설득력 있는 논리는 아니다. 따지고 보면 동물도 생명 없는 기계는 아니지만 개구리를 이성적으로 생각하는 존재라고 말하지는 않으니까 말이다. 그러나 토론은 아직 지극히 초보적인 수준이었다. 그 시절엔 인간의 신체가 기계 같다고 생각한 학자들이 많았다는 사실을 잊으면 안 된다. 우리 몸속이 시계와 비슷해서 장기와 뼈와 림프와 혈액이 톱니바퀴, 태엽, 추, 멈춤쇠를 대신해 몸이라는 기계를 작동시킨다고 말이다.

계몽주의자들은 신이 아니라 이성을 믿어야 한다고 주장했다. 따라서 여자는 양육을 담당하라고 신이 지시하셨다는 교회의 주장을 가져다 쓸 수 없었다. 그래서 여성을 집 안에 가두기 위해 새로운 논리를 만들어냈다. 자연이 여성을 어머니이자 집 안의 하녀로 정했다고 주장한 것이다.

● 루소가 '자연으로 돌아가라'고 한 까닭은 ●

　이런 논리의 무게는 대단했다. 계몽주의 시대엔 자연과 자연성이 이상으로 추앙받았기 때문이다. 너무 인위적인 것은 무조건 거부했다. 시작은 루소가 어떤 잡지에서 발견한 현상금 문제였다. 과학과 예술이 도덕 및 풍습을 해치는가? 그것이 질문이었다. 루소는 그렇지 않다는 내용의 논문을 잡지사로 보냈다. 그는 인간이 독립적이고 자유롭게 살았던 시기는 인류 역사의 가장 초기단계인 자연 상태뿐이었다고 주장했다. 그 후 주거지가 생기고 더 큰 공동체가 탄생하고 집과 도로, 도시가 건설되고 마지막으로 국가가 만들어지면서 인간도 사회의 노예가 되었다고 말이다. 루소는 인류가 몇천 년 동안 이룩한 모든 것에 불신을 표했다. 선사시대의 사냥꾼과 채집꾼, '고귀한 야만인'이 현대의 문명인보다 결코 뒤떨어지지 않으며 인류의 역사는 진보가 아니라 지속적 타락이라고 말이다.

　그의 대답은 도발이었다. 인류가 더 나아졌고 더 많은 지식과 교양을 축적했다고 모두가 믿어 의심치 않았다. 그런데 어떻게 그는 텅 빈 자연이 인간이 창조한 문명보다 더 낮다고 주장할 수 있단 말인가?

　루소는 다른 저서들에서도 두드러진 의견을 피력했다. 올바른 아동교육을 다룬 소설 《에밀》에서 그는 여자는 피아노를 연주하고 노래를 부르고 바느질을 하고 요리를 해야 하며, 여성의 호기심은 억눌러야 한다고 주장했다. 더 많은 자유와 권리를 기대했던 여성들에게 그런 그의 입장은 가혹한 것이었다. 어쨌든 루소는 당대의 가장 유명한 철학자 중 한 사람이었으니 말이다.

그럼에도 계몽주의와 더불어 많은 것이 변했다. 교회는 신의 질서를 해치는 사람에게 악마가 씌었다는 누명을 씌워 마녀로 몰아 화형에 처했지만 계몽주의는 그런 미신을 완전히 몰아냈다. '자연'을 거스르는 행동을 하는 여성이 있어도 예외라고 치부해버리면 그뿐이었다. 그 말은 곧 '정상적인' 여성은 철학책이나 수학책을 쓰지 않는다는 뜻이었으니까. 볼테르 역시 뒤샤틀레에 대해 이렇게 말했다. "그녀는 여성이라는 유일한 결점을 가진 위대한 남성이다."

계몽 군주들

● 새로운 철학의 구심점 ●

파리에서 25킬로미터 떨어진 베르사유궁에선 계몽주의의 낌새도 알아채지 못했지만, 유럽 다른 왕들은 훨씬 더 개방적이었다. 이들은 볼테르와 몽테스키외, 루소의 이념을 배워 새로운 통치 사상으로 발전시켰다. 이런 태도를 가장 멋지게 표현한 왕이 바로 프로이센의 프리드리히 대왕이었다. 할레 대학에 지시를 내려 도로테아 에르홀레벤이 의학공부를 할 수 있도록 도와준 바로 그 왕이다. 자신의 진심을 보여주기 위해 그는 다 떨어진 옷을 입고 철학자와 예술가들을 곁으로 불러들였으며 왕관이란 그저 모자와 다르지 않고, 더구나 비가 오면 새는 모자라고 주장했다. 그러니까 한마디로 왕은 사치스러운 생활을 멀리하고 백성에게 봉사하며 백성의 행복을 위해 애써야 한다는 생각이었다. 볼테르가 다시 프랑스를 떠나야 할 처지가 되자 프리드리히는 그에게 거처를 마련해주었다. 계몽주의의 가장 위대한 철학자를 자기 곁에 두는 것보다 더 좋은 일이 어디 있겠는가. 프랑스 사상가들이 볼테르의 뒤를 따르면서 프랑스 철학이 프로이센으로 건너왔다. 프리드리히가 개인 관저로 쓰기 위해 포츠담에 지은 상수시궁이 새로운 철학의 구심점이 되었다. 물론 프리드리히의 후계자들은 선대왕의 소박한 생활방식에 전혀 동조하지 않았다. 그래서 상수시성을 제2의 베르사유라고 불릴 정도로 크고 화려하게 확장했다.

프리드리히 대왕은 만인이 생명과 신체의 위협을 느끼지 않고도 자기 종교를 고백할 수 있도록 하라고 명령했다. 따라서 그는 종교로 인해 박해받는 사람이나 다른 나라의 이민자들이 프로이센에 정착하도록 도와주었다. 또 예술가, 과학자, 건축가들을 후원했고 살롱이나 토론 모임뿐 아니라 언론에서도 자신의 의견을 마음껏 펼치도록 허락했다. 프로이센에선 누구나 종교와 국가, 문학을 주제로 토론을 했고, 모두가 개방적이고 관용적이었다.

프로이센의 변방에서 프리드리히를 모방하는 사람이 나타났다. 러시아 국경 근처에서 카롤리네 폰 카이절링이 대형 살롱이라 부를 만한 무젠호프Musenhof를 열었다. 그녀는 화가였고 뛰어난 재능을 인정받아 '프로이센왕립예술기계과학아카데미'의 회원이 되었다. 카이절링의 작품 중에는 그녀의 살롱의 구심점 역할을 한 손님을 모델로 삼은 초상화도 있었다. 주인공은 바로 철학자 임마누엘 칸트였다. "계몽주의가 무엇이냐?"는 질문에 칸트는 대답했다. "계몽주의는 마땅히 스스로 책임져야 할 미성년 상태로부터 벗어나는 것이다." 생각을 하지 않으려는 사람은 미성년 상태이고 스스로에게 책임이 있다. 그러므로 그는 점점 더 많은 사람이 이성을 이용하기 시작한다면 전 인류가 성장할 것이라고 주장했다.

● 러시아의 여황제 ●

계몽주의 이념은 프로이센에서 멈추지 않고 더 멀리 퍼져나가 러시아에 다다랐다. 이는 당연한 일이 아니었다. 중세 이후 유럽에 변화의 바람을 몰고 온 그 많은 것들도 러시아 땅까지는 좀처럼 밀고 들어가지 못했다. 오랜 세월 러시아엔 성당학교도, 대학도 없었다. 학교와 대학이야말로 유럽에 자연과학과 교회 비판, 종교개혁을 선사한 현장이었다. 수백 년이 흘렀지만 러시아에선 여전히 땅은 귀족 지주의 것이었고 농부는 농노였으며 수도사들은 세상과 담을 쌓고 수도원에 들어가거나 은둔 생활을 했다.

표트르 대제는 이런 현실을 바꾸고자 했다. 1000년 전 무함마드가 유대교와 기독교를 모델로 삼아 무슬림들에게 종교를 선사하려 했듯 표트르 대제 역시 유럽을 모델로 삼아 러시아를 개혁해야 한다고 믿었다. 그는 거의 모든 것을 바꾸었다. 교육에서 군대, 무역에 이르기까지 손대지 않은 영역이 거의 없을 정도였다. 당시는 프랑스가 만물의 척도였으므로 그는 백성들에게 프랑스인처럼 옷을 입고 프랑스에서 유행하는 헤어스타일을 하라고 명령했다. 러시아 특유의 수염을 그대로 유지하려는 사람들에겐 특별세를 물렸다.

표트르 대제는 급진적인 개혁을 알리기 위해 늪지대 한가운데에

도시를 건설하라고 명령했다. 네바강이 발트해로 흘러드는 지점이었다. 그 도시가 바로 상트페테르부르크이다. 차르의 명령은 상상을 넘어서는 프로젝트였다. 엄청난 숫자의 건설노동자, 석공, 농노들이 동원되어 늪지대에서 물을 빼고 40개가 넘는 섬에 집과 도로를 건설하고 이 섬들을 베네치아처럼 운하와 다리로 연결시켰다.

목숨이 위태로울 정도로 힘든 늪지 노동을 피해 달아나는 사람도 부지기수였다. 공사가 다 끝나고 표트르가 수도를 모스크바에서 이곳으로 옮기려 했을 때는 귀족들이 머뭇거렸다. 그러나 결국 도시는 원래의 목적을 달성했다. 위치도 유럽과 더 가까울 뿐 아니라 그 아름다움도 유럽 대륙의 최고 도시들과 견주어 손색이 없었다. 표트르 대제는 러시아가 항상 서구를 주시할 수 있기를 바랐다.

표트르가 세상을 떠난 후 러시아엔 기나긴 '여성 지배'의 시대가 찾아왔다. 이후 75년 동안 주로 여성들이 나라를 다스렸기 때문이다. 그러나 오스만제국과 달리 이들이 왕좌에 오른 것은 우연이었고 아무도 그 사실에 불쾌감을 느끼지 않았다. 표트르에겐 아들이 없었으므로 딸 엘리자베타가 여황제가 되었다. 앞에서 사형 제도를 폐지했던 바로 그 엘리자베타이다.

그녀의 후계자 예카테리나 2세는 원래 이름이 조피 아우구스테 프리데리케 폰 안할트-체르프스트이고 프로이센에서 성장했는데, 엘리자베타의 조카이자 왕위 계승자였던 표트르 3세와 결혼하면서 러시아로 건너왔다.

예카테리나는 러시아어를 배웠고 계몽주의 정치, 철학 서적을 열심히 읽었다. 그녀는 자신의 능력을 썩히지 않았다. 왕위에 오른 남편이 아무짝에도 쓸모가 없다는 사실이 분명해지자 몇몇 고위 귀족과 군인들이 힘을 모아 불과 6개월 만에 왕을 폐위시켰다. 그리고 예카테리나 2세가 러시아의 여황제가 되었다.

볼테르, 몽테스키외, 디드로의 사상으로 무장한 그녀는 표트르 대제에 이어 다시 한번 러시아를 철저하게 개혁하기 시작했다. 행정구역을 나누고, 학교와 병원을 지었으며, 빈민과 노숙자 구호에 팔을 걷어붙였다. 볼테르와 디드로는 열광했다. 마침내 러시아 북방에서 철학자가 왕위에 올랐기 때문이었다. 예카테리나는 그들과 접촉했다. 볼테르에게 돈을 보냈고 디드로를 상트페테르부르크로 초대했다. 그리고 볼테르의 전집과 디드로의 장서들을 사들였다. 프랑스 계몽주의가 머나먼 러시아까지 도착했다는 사실을 입증할 이보다 더 명확한 증거가 또 있었을까?

한 위원회가 그녀의 이름 앞에 '대제'라는 호칭을 붙였을 때(그녀는 이런 명예를 누린 유일한 여성이다), 이런 공경이 너무 지나치다며 반대한 이는 근대적으로 사고한다던 철학자들뿐이었다. 예카테리나는 군사적으로 큰 성공을 거둔 왕이었다. 터키를 필두로 사방의 적과 전쟁을 치러 러시아 영토를 눈에 띄게 넓혔다.

● 프로이센과 오스트리아의 갈등이 시작되다 ●

예카테리나만 전쟁을 잘한 것이 아니었다. 프리드리히 대왕도 전쟁을 아는 왕이었다. 예를 들어 그는 폴란드를 한 잎 한 잎 뜯어먹어야 하는 아티초크에 비유했다. 그의 아버지는 아들이 말도 못 타고 활도 못 쏘고 더럽고 머리 모양은 '바보 같다'며 한탄하곤 했다. 군사적 판단에서는 틀리는 일이 없었던 아버지가 아들을 보는 눈은 틀렸던 것 같다.

프리드리히의 아버지는 프로이센군을 전 유럽의 모범이 되도록 개혁했다. 덕분에 프로이센은 강성했고, 이후 100년 동안 수백 개의 작은 지방으로 찢어져 있던 독일을 두고 오스트리아와 패권 경쟁을 벌였다. 이들의 갈등으로 가장 피해를 본 곳은 폴란드였다. 세 번이나 프로이센, 오스트리아, 러시아가 폴란드 아티초크의 잎을 나누어 먹었다.

오스트리아와 신성로마제국을 다스린 여제 마리아 테레지아는 권력과 자기 나라에는 관심이 많았지만 철학에는 별 흥미를 느끼지 못했다. 아마 프리드리히 대왕이 군사를 이끌고 슐레지엔으로 진군했을 때 계몽주의 사상이 그녀에게 별 영향을 끼치지 못했던 것 같다. 프리드리히 대왕이 '왕좌에 앉은 여자는 그 지역을 요구할 권리가 없다'는 꼬투리로 침략을 정당화했으니 말이다. 프리드리히 같은 계몽 군주의 입에서 나왔다고 하기에는 놀랄 정도로 고리타분한 꼬투리였다. 그러니 그 사건으로 프랑스인들이, 특히 볼테르가 자신의 후원자에게 등을 돌린 것도 놀랄 일은 아니다.

차를 버리고 독립을 얻다

● 자유의 차 ●

포르투갈의 공주 카타리나 드 브라간사는 영국에 차를 전했다. 이후 차는 영국인의 국민 음료로 자리 잡았다. 그러니 차를 왕창 바다에 집어 던지는 것보다 영국을 향한 적대감을 더 잘 표현할 수 있는 방법이 있을까?

바로 그런 일이 영국 식민지 보스턴에서 일어났다. 1773년 12월의 어느 날 밤 인디언으로 변장한 남자들이 동인도회사의 선박 세척에 잠입해 배에 실린 차를 전부 바닷속으로 집어던졌다.

북아메리카의 영국 식민지와 모국인 영국은 오래전부터 갈등을 겪었다. 식민지 주민들은 영국 의회에서 그들을 대변해줄 사람이 없었으므로 먼 모국 땅에서 통과된 결정을 무조건 받아들이는 수밖에 없었다. 영국인들은 그런 점을 이용해 식민지에 높은 세금을 물려 전쟁 비용을 충당했다. 그것도 모자라 동인도회사의 파산을 막기 위해 식민지 주민들에게 차 수입을 강요하고 높은 관세까지 물렸다. 모국의 횡포에 신물이 난 식민지 주민들은 자신들이 동의한 적 없는 세금을 거부했다.

'보스턴 차 사건'은 갈등을 겪던 양측을 완전히 갈라놓았다. 영국과 영국 식민지가 전쟁을 하게 된 것이다. 전쟁이 길어지자 식민지 지도자 토머스 페인은 팸플릿을 돌려 13개 식민지가 영국으로부터 독립해야 한다고 주장했다. 그의 주장은 순식간에 퍼져나갔고 불과 몇 달 후 식민지는 공동위원회를 설치해 독립선언문을 작성했다. 그리고 1776년 7월 4일, 모두가 그 선언문에 날인했다. 13개 식민지가 모여 미합중국을 건국한 미국 역사상 가장 중요한 날이었다. 그러나 영국 왕은 참지 않고 군대를 보냈다. 식민지의 독립을 무력으로 막으려는 심산이었다. 그로 인해 미합중국은 그로부터 7년을 독립전쟁에 바쳐야 했다.

전쟁을 기점으로 여성들도 처음으로 정치 행동에 나서기 시작했다. 차를 반대하는 동맹을 결성해 외국 차를 마시지 않겠다고 맹세하고 식민지 토착 식물로 만든 '자유의 차'를 달였다.

영국 차를 마시지 않는 것만으로 만족하지 않는 여성들도 많았다. 고위층 여성들은 말로도 싸웠다. 대표적인 여성이 훗날 미국 제2대 대통령 부인이 된 애비게일 애덤스였다. 전쟁 중에 이미 그녀는 미합중국의 새 헌법을 만드는 남성들이 여성의 권리를 빼먹을 수 있다고 우려했다. 그래서 남편에게 이렇게 경고했다. "여성을 특별히 배려하지 않는다면 우리는 폭동을 일으킬 작정이에요." 애덤스의 걱정은 괜한 것이 아니었다. 펜을 쥔 토머스 제퍼슨은 독립

선언문에 이렇게 적었다. "All men are created equal(모든 인간은 평등하게 태어났다)." 그리고 모든 인간은 생명권, 자유권, 행복추구권을 갖는다. 그러나 실제로 All men은 '모든 남성'이라는 뜻이었다. 여성에게는 그 권리들이 해당되지 않았다. 노예에게는, 아메리카 대륙의 원주민에게는 해당되지 않았다. 이런 상황이 길어질수록 여성들은 뚜렷이 깨달았다. 한 번의 폭동으로는 상황이 바뀔 수 없다는 것을.

결국 식민지가 승리를 거두었다. 프랑스가 군대를 파병해 식민지를 지원한 것도 큰 도움이 되었다. 프랑스는 숙적 영국의 국력이 약해지기를 원했다. 7년에 걸친 독립전쟁이 끝나고 평화조약이 체결되었다. 영국은 미국을 인정할 수밖에 없었다. 마침내 미국인들이 헌법을 가결했다. 그리고 다시 몇 년 후 조지 워싱턴이 초대 대통령으로 선출되었다.

•

● 또 다른 침략 ●

아메리카 대륙 식민지의 상실은 영국인들에게 큰 타격이었다. 갑자기 자기 소유였던 거대한 영토가 사라져버린 것이다. 그러나 다행히 영국 해군이 전 세계에서 가장 우수한 함대로 거듭나는 중이었다. 덕분에 누구도 발견하지 않았던 대륙을 손에 넣음으로써 미국에서의 패배를 만회할 수 있었다. 그 대륙의 이름은 오스트레일리아였다. 물론 그들보다 앞서 네덜란드 선원들도 배를 대고 육지로 들어간 적은 있었지만 대륙을 철저하게 탐사한 것은 영국인 제임스 쿡이 처음이었다. 영국인들은 이 땅을 무주지Terrae nullius로 선포하고 누구의 땅도 아니라고 주장했다. 당연히 오스트레일리아 원주민들에겐 천인공노할 짓이었다. 그러나 영국인들은 개의치 않았다. 따지고 보면 미국 원주민들에게도 똑같은 짓을 저지른 사람들이었다. 영국인들은 죄수들을 배에 실어 이 새로운 땅으로 데려갔다. 당시 내무부장관의 이름이 시드니 경이었기 때문에 첫 유형지에는 시드니라는 이름이 붙었다.

올랭프 드 구주의 여성 권리 선언

● 자유, 평등, 박애 ●

미국인들은 계몽주의 사상으로 독립국가를 세웠다. 제일 높은 자리에 오를 사람은 전 국민이 선출했기 때문에 왕이 아닌 대통령이라 불렀다. 여성들은 선거권이 없었으므로 제일 꼭대기 자리에 올라갈 수도 없었지만 많은 사람들이 이런 제도를 진보라고 여겼다. 여기 이곳 신세계에서 최초의 근대 민주주의가 탄생한 것이다.

프랑스의 사정은 달랐다. 귀족에게는 많은 권리를 주고 농민에게는 조금밖에 주지 않는 신분제도와 화려한 궁전을 그대로 유지한 프랑스의 왕정은 너무나 구식이었다. 대서양 건너편의 새로운 출발과는 너무나 멀리 떨어져 있었다.

프랑스는 전쟁을 하느라 돈을 너무 많이 썼다. 국고가 텅 비자 루이 16세는 어쩔 수 없이 성직자, 귀족, 평민 의원으로 구성된 삼부회를 소집했다. 세금을 올리려면 그들의 동의가 필요했기 때문이다.

삼부회는 그 기회를 이용해 자신들의 요구조건을 내걸 수 있었으므로 이런 상황이 크게 나쁘지 않다고 보았다. 그들이 원한 것은 더 큰 공동발언권이었다. 왕이 절대권력을 그들과 나누기를 원했다.

루이 16세는 거부했다. 재정 상황을 생각한다면 절대 그러면 안 되었지만 미처 그 사실을 깨닫지 못했던 것 같다. 삼부회도 물러서지 않았다. 그들은 파리의 한 테니스 코트에서 만나 국민의회를 구성하고 헌법을 제정하기 전까지는 결코 해산하지 않겠다고 서약했다. 또 국민의회에서는 모든 의원이 같은 권리를 누려야 한다고 주장했다.

안 그래도 이미 백성들 사이에서는 왕에 대한 원성이 높았다. 국고가 텅 비자 빵값이 올랐고 백성들은 가난과 배고픔에 시달렸다. 그러나 베르사유궁은 백성의 고통을 전혀 모르는 것 같았다. 왕비 마리 앙투아네트는 백성들이 빵이 없어서 힘들어한다는 말을 듣고 놀라서 이렇게 외쳤다고 했다. "빵이 없으면 케이크를 먹으면 되지!"(실제로는 그녀가 한 말이 아니며, 왕가의 무능을 강조하기 위해 루소의 저서에 실린 말을 악의적으로 차용해 퍼뜨렸을 가능성이 크다고 한다—옮긴이)

백성은 그런 무관심에 분노했고 배고픈 사람들이 빵집 앞에서 자주 소란을 피웠다. 그리고 마침내 쌓인 분노가 폭발했다. 시민들이 무장을 하고 파리에서 가장 악명 높은 감옥 바스티유를 습격한 것이다. 간수들은 분노한 폭도의 손에 죽었다. 간수장은 목이 잘렸다.

배고픈 사람들이 바리게이트를 향해 달려갔다. 과연 이들이 계몽주의 사상을 위해서도 그렇게 했을까? 빵 가격이 천정부지로 치솟지 않았더라면 바스티유 습격 사건이 일어났을까? 아무도 모를 일이다. 국민의회 의원들은 폭동을 지지하며 외쳤다. "자유, 평등, 박애!" 그러자 가난과 베르사유의 사치를 향하던 분노가 방향을 틀었다. 프랑스 국민이 인권과 시민권을 위해 싸우기 시작한 것이다.

● 혁명을 주도한 여성들 ●

바스티유 습격으로 프랑스혁명이 시작되었다. 모든 것이 뒤죽박죽되었다. 루이는 여전히 파리에서 족히 25킬로미터는 떨어진 베르사유에서 국민의회를 인정하지 않겠다고 우겼다.

파리의 국민의회는 열정을 다해 헌법을 만들었지만 왕은 여전히 이 모든 사태가 곧 해결될 수 있을 것이라고 믿었다. 그러는 사이 자유, 평등, 박애에 열광하는 시민들이 날로 늘어났다. 이들은 집회를 열고 팸플릿을 뿌리고 잡지를 발행하고 정부와 교회를 맹렬히 비판했다.

자체적으로 신문을 만들고 클럽을 꾸린 여성들도 있었다. 지금이야말로 그들이 나서야 할 때였다. 여성의 권리는 여전히 가장 신분이 낮은 남성보다도 적었다. 마침내 여성들도 조직을 꾸리고 집회에 참석하고 논쟁에 참여했다. 직접 무기를 들고 선봉대에 선 여성들도 적지 않았다.

혁명에 참가한 사람들은 모든 것을 새롭게, 다르게 만들고 싶었다. 그들은 이성을 과도하게 강조하며 신처럼 숭배하는 축제를 열었고, 교회의 재산을 몰수하고 파리 노트르담 대성당을 '이성의 전당'으로 삼았다.

바스티유 습격 사건 이후 루이 16세와 국민 의회의 권력 투쟁은 긴 정전 상태에 들어갔다. 그러다가 엄청난 수의 사람들이 걸어서 베르사유로 진격했다. 생필품 부족으로 누구보다 큰 고통을 받았던 시장의 여자들이 무리를 이끌었다. 궁 앞에 도착한 이들은 그 자리에 앉아 밤을 새웠다. 다음 날 그들은 왕에게 가족을 데리고 파리로 가라고 요구했다. 가서 백성의 요구를 따르라고 말이다.

이 여성들은 영웅으로 추앙받았다. 많은 여성들이 무기를 들고 혁명을 위해 죽을 각오도 되어 있었다. 그러나 그들의 관심사는 혁명의 깃발에 적히지 못했다. '자유, 평등, 박애'의 구호는 다시금 국민의 절반에게만 가 닿았고 여전히 '자매들'은 따돌림을 당했지만 아무도 그것을 문제라고 생각하지 않았던 것 같다.

● 여성 권리 선언 ●

거의 대부분의 사람들이 문제라고 생각하지 않았다. 그러나 연극 극본을 쓰던 올랭프 드 구주는 〈여성과 여성시민의 권리 선언〉을 발표해 인류 역사상 최초로 모든 인간의 인권을 주장했다. 선언문에서 그녀는 양성평등의 논거로 사형 제도를 지적했다. "여성은 교수대에 오를 권리가 있다. 마찬가지로 연단에 오를 권리도 있어야 한다." 따라서 구주는 국민의회가 이제 막 가결한 헌법도 어머니, 딸, 자매를 국가의 대표로 삼아 국민의회로 들여보내지 않는다면 헌법이 아니라고 외쳤다. 남성이 여성을 무조건 배제한다면 새 정부 역시 독재일 것이라고 말이다.

영국 여성 메리 울스턴크래프트 역시 그렇게 외쳐댄 시민권과 인권이 남성의 권리일 뿐이라는 사실을 목격한 후 《여성의 권리 옹호》라는 제목의 책으로 인권선언에 응답했다.

구주는 날카로운 비판으로 남성들에게 맞섰다. 그녀의 그런 태도는 귀족이던 아버지가 어머니와 그녀를 버렸다는 사실을 알고 나면 그리 놀랄 일이 아니다. 법은 그에게 그럴 권리를 주었다. 그는 남자였으니까. 그런데 울스턴크래프트는 거기서 멈추지 않고 여자들도 비판의 대상으로 삼았다. 그녀는 자신들의 미성년 상태에 저항하지 않고 묵묵히 받아들이는 여성들도 비난했다. 그녀는 말했다. "여성의 이성을 교육시켜 갈고 닦는다면 맹목적 복종은 끝날 것이다."《여성의 권리 옹호》로 그녀는 하루아침에 유명인사가 되었다. 책은 여러 나라의 언어로 번역되었고 외국에서도 출판되었다. 영국인들은 그녀를 조롱했다. 한 유명 문인은 그녀를 '치마 입은 하이에나'라 부르기도 했다.

그러나 늘 그렇듯 인류의 역사에는 여성을 위해 투신한 남성들도 있었다. 마르키 드 콩도르세는 이렇게 말했다. "여성이 시민권을 행사할 능력이 없다는 사실을 입증하기란 힘들 것이다. 겨울마다 통풍에 시달리고 감기에 잘 걸리는 사람들한테서도 결코 빼앗지 않을 권리를 왜 여성들은 임신을 할 수 있고 잠시 기분이 좋지 않다는 이유로 행사하지 말아야 한단 말인가?" 콩도르세는 여성의 선거권을 지지했고, 나아가 노예제도 철폐를 주장했다. 구주 역시 노예제도의 부당함을 알린 희곡을 쓴 적이 있다. 그러니까 콩도르세와 구주는 역사상 처음으로 보편적 인권선언이 무슨 의미인지를 끝까지 고민한 사람들이었다. 인권이란 모두에게, 여성은 물론 노예에게도 적용되어야 하는 것이니까 말이다. 그러나 프랑스혁명 당시 그들과 생각을 같이한 사람은 절대적 소수에 머물렀다. 구주의 연극은 너무 큰 스캔들을 불러일으키는 바람에 공연을 몇 번 하지도 못하고 무대에서 내려야 했다.

● 왕과 왕비를 처형하다 ●

프랑스혁명이 진행되던 당시에는 여성의 권리를 두고 세세한 토론을 벌일 시간이 없었다. 모두가 너무 허둥거리고 너무 흥분한 상태여서 소동이 꼬리를 물었고, 언제라도 사소한 일이 큰 폭동으로 번질 수 있는 상황이었다. 너무 많은 것이 걸려 있었다. 권력이 왕의 손을 벗어났지만 아직 국민의회로 넘어가지는 않았다. 이런 상황에서 과연 누가 질서를 담당해야 할 것인가?

지금껏 국민의회에선 왕을 그대로 두자는 온건파 지롱드당과 왕정을 폐지하려는 급진파 자코뱅당이 말싸움을 벌였다. 그러나 루이 16세는 지롱드당이 이길 것이라고 기대하지 않았다. 어차피 권력을 의회와 나눌 마음도 없었다. 그래서 그는 프로이센과 오스트리아 왕에게 몰래 도움을 청했다. 어쨌든 오스트리아 여제 마리아 테레지아는 아내 마리 앙투아네트의 어머니였다.

국민의회가 토론에 여념이 없는 동안 프로이센-오스트리아 군대가 프랑스를 공격했다. 두 나라의 왕은 프랑스 왕과 친구 사이는 아니었지만 혁명의 불똥이 자기들 나라로 튈까 봐 잔뜩 겁을 집어먹었다. 프로이센군의 사령관은 파리 시민들에게 강력한 경고를 날리며 겁을 주었다. 왕이 털끝만큼이라도 모욕을 당한다면 파리를 지진을 당한 것처럼 만들어주겠다고 말이다.

이 외국 군대의 협박이 혁명의 전환점이 되었다. 혁명가들은 지금껏 힘들여 얻은 것을 전쟁으로 다 잃게 될까 봐 겁이 났다. 모두가 공포에 휩싸였고, 왕이 대놓고 배신을 했기 때문에 급진 세력의 목소리가 힘을 얻었다. 분노한 군중이 다시금 감옥을 습격했다. 그 사이 감옥에는 귀족과 교부, 혁명의 적들도 많이 잡혀 들어갔지만 일반 죄수들도 많았다. 수천 명이 학살을 당했다.

역사에 '9월 대학살'로 기록된 이 사건 이후 혁명가들은 왕을 폐위시키고 프랑스가 공화정이 되었음을 알렸다. 루이는 프랑스의 적국과 한패가 되었으므로 대반역죄로 기소되었다. 그러나 그는 여전히 왕이었다. 감옥에 갇혔어도 의원들은 헌법을 통과시키기 위해 그의 동의를 얻으려 노력했다. 루이와 앙투아네트는 계속해서 거부했고 사람들은 그들을 무슈 베토Véto(거부권이라는 뜻)와 마담 베토라고 불렀다. 결국 그들은 타협을 모르는 인간의 말로를 온 세상에 보여주었다. 왕과 왕비는 단두대의 이슬로 사라졌다.

● 단두대에 오른 여성 혁명가들 ●

왕과 왕비가 처형된 후 계몽주의와 혁명의 모든 선의는 정반대로 돌아섰다. 자코뱅당의 지도자 막시밀리앙 드 로베스피에르와 조르주 당통이 권력을 잡으면서 공포정치가 시작되었다. 이들은 혁명과 그 지도자들에게 눈곱만큼이라도 의혹을 제기하는 자는 무조건 잡아 처형했다.

많은 사람들이 두려움에 떨며 그 광경을 지켜보았다. 혁명에 열광하며 파리로 달려왔던 샤를로트 코르데도 로베스피에르와 당통이 혁명 완수를 위해서는 다른 방법이 없다는 믿음으로 수천 명을 처형하는 광경을 속수무책 바라보았다. 그러나 코르데는 문제의 주범은 그 두 사람이 아니라고 판단했다. 그녀가 보기엔 선동의 글로 폭력을 부채질하는 기자 장 폴 마라가 제일 큰 문제였다. 그래서 그 자를 죽여야만 프랑스를 구할 수 있고 공포정치를 멈출 수 있다고 확신했다. 그녀는 그와 접촉을 시도했고, 중요한 정보가 있다는 미끼를 던져 그의 집으로 들어가는 데 성공했다. 집에 발을 들여놓은 코르데는 마라가 있는 목욕탕으로 들어갔고 한동안 그와 이야기를 나누었다. 그러다 돌연 칼을 빼들더니 욕조에 앉아서 놀라 소스라친 혁명가를 찔렀다. 그녀는 체포되었고 법정에 섰다. 살인을 저지른 지 불과 나흘 만에 그녀는 단두대에 올라 처형당했다.

혁명의 이상을 구하고 싶었던 코르데의 바람은 물거품이 되었다. 오히려 그녀의 범행으로 애꿎은 여성들만 피해를 입었다. 여성 클럽과 집회가 금지되었다. 환영받았던 여성의 동참과 투쟁이 이제 비난의 대상이 되었다. 여자는 집에 있어야 한다는 주장이 다시 힘을 얻었다.

구주 역시 마라와 로베스피에르, 당통이 9월 대학살의 책임자라고 비난했다. 또 왕을 처형하는 것은 잘못이며 나아가 왕을 보호하라는 주장을 펼쳤다. 그녀는 자코뱅 정부에 반대하는 플래카드를 내걸고 팸플릿을 발행했고, 겁 없이 로베스피에르를 개인적으로 공격했다. 그런 행동이 단두대로 가는 길이라는 사실을 그녀도 알았을 것이다. 단두대에 오르기 직전 그녀는 혁명재판소에 이런 편지를 보냈다. "헌법은 의견의 자유와 언론의 자유를 가장 소중한 인간의 자산으로 정하지 않았습니까? 이 법률과 법이, 헌법 전체가 공허한 미사여구에 불과했더란 말입니까? 내가 이런 비극적 경험을 한 것이 너무도 원통합니다."

그러나 혁명가들은 여성들의 말에 귀 기울이지 않았다. 오히려 여성들을 협박했다. "이 뻔뻔한 여자 올랭프 드 구주를 잊지 마라. 여성단체를 꾸리고 집안일을 내팽개치고 정치에 개입하고 범죄를 저질렀던 이 여자를 기억하라. 그런 비도덕적 여자는 도끼날을 맞고 죽었다. 너희들도 따라할 테냐?" 구주가 죽은 지 5일 후 롤랑 부인이 단두대에 올랐다. 그녀는 유명한 살롱을 운영했고, 자코뱅파와 지롱드파가 오랫동안 그녀의 집에서 만났다. 그러나 이제는 그녀마저 그들의 비위를 거슬렀다. 단두대 앞에 서서 롤랑 부인은 이렇게 외쳤다고 한다. "오, 자유여, 너의 이름으로 저들이 얼마나 많은 범죄를 저지른단 말이냐!"

후퇴한 시간

● 나폴레옹의 등장 ●

자코뱅당의 당수 로베스피에르는 자신의 동지 당통마저 단두대로 보내며 활시위를 너무 잡아당겼다. 불과 몇 달 후 그도 재판을 받았다. 그리고 코르시카 출신의 키 작은 남자가 앞을 내다볼 수 없는 혼돈의 정국을 이용해 새 정부의 최고 자리에 올랐다.

나폴레옹 보나파르트는 꾀가 많고 운이 좋았으며 과대망상이었다. 운명의 여신은 일반 병사였던 그가 출세의 사다리를 올라 결국 정부를 손에 넣을 수 있도록 도와주었다. 프랑스는 여전히 공화국이었지만 나폴레옹은 고대 로마를 모델로 삼아 일단 10년 동안만 집정관이 되겠다고 선언했다. "시민들이여! 혁명은 혁명이 시작된 그 원칙으로 돌아갔습니다. 혁명은 끝났습니다." 그는 국가를 정비하고 시민권을 보장하는 민법을 공포했다.

첫 행보에서부터 그의 뛰어난 전략이 드러났다. 영국과 네덜란드, 포르투갈이 해외무역으로 엄청난 돈을 긁어모은 것에 샘이 난 그는 프랑스도 식민지가 필요하다고 선언했다. "큰 명예는 동양에서만 얻을 수 있다. 그러기에 유럽은 너무 작다." 그는 해양탐험대를 꾸려 북아프리카로 출발했고 이집트를 점령했다. 그 과정에서 프랑스혁명의 적자 행세를 했다. 계몽의 빛을 동양으로 전하고 싶었던 것이다.

안타깝게도 나폴레옹은 유럽의 정부, 조직, 행정 형태가 이집트인들에게 얼마나 생소한 것인지를 간과했다. 제아무리 계몽주의 같은 멋진 이념도 억지로 강요하면 설득력이 없다는 것을 깨닫지 못했다. 결국 이집트 모험은 프랑스인들이 저항하는 이집트인들을 진압하고 그들의 이슬람 사원을 부수는 것으로 끝을 맺었다. 프랑스 역시 폭력이라는 인류의 가장 오래된 정복 수단으로 겨우 최초의 식민지를 지킬 수 있었던 것이다.

고향으로 돌아온 나폴레옹에게 운명의 여신이 다시 한번 미소를 보냈다. 혁명을 피바다로 만들었던 자코뱅당의 충격이 아직 프랑스 국민의 뼛속 깊이 남아 있었다. 그래서 많은 이들이 다시 왕을 원했다. 헌법을 인정하고 시민권을 보장해주는 왕이라면 더할 나위가 없을 것이다. 혼란을 수습할 강력한 인물을 바라는 민심을 포착한 나폴레옹은 큰 반발 없이 자신의 머리에 프랑스 황제의 관을 씌울 수 있었다.

● 나폴레옹을 비판한 여인 ●

나폴레옹의 과대망상이 서서히 모습을 드러냈다. 그는 인류의 역사를 쭉 살펴볼 때 자신과 필적할 만한 위대한 장군은 알렉산드로스 대왕과 카이사르 정도라고 생각했다. 그리고 그들의 발자취를 따라 유럽 정복에 나섰다. 강한 군대를 이끌고 동쪽으로 나아간 그는 하나둘 이웃 나라들을 손아귀에 넣었다. 독일 제후국들, 프로이센, 오스트리아가 프랑스의 손에 떨어졌다. 그의 진군을 멈출 수 있는 자는 없었다. 프랑스 황제와 그의 대군은 천하무적이었다.

나폴레옹은 유럽을 뒤엎었다. 1000년 역사의 신성로마제국을 해체시켰고 교회와 수도원의 재산을 몰수했다. 기존의 나라들을 재편하고 가는 곳마다 민법을 법의 기초로 삼았다. 민법은 곧 나폴레옹 법전으로 이름이 바뀌었다. 유럽은 프랑스화되었고, 비록 정복자였지만 시민권을 선물로 가져왔기에 적지 않은 사람들이 그를 환영했다. 그들은 나폴레옹이 계몽주의를 완성하고 구체제를 무너뜨린 영웅이라고 생각했다.

폴란드 사람들도 그랬다. 프로이센, 오스트리아, 러시아에게 이미 세 차례나 갈가리 찢겼던 터라 폴란드 사람들은 나폴레옹이 조국을 해방시켜 그들의 품으로 되돌려줄 것이라 기대했다. "아직 폴란드는 패하지 않았다." 폴란드 군인들은 이렇게 노래하며 프랑스 편이 되어 싸웠다. 나폴레옹에 대한 그들의 이런 전폭적 신뢰에는 그의 애인이 폴란드 여성이라는 사실도 작용했다. 마리아 발레프스카 백작부인이 바로 그 주인공이었다. 권력자의 사랑이란 항상 정치적 사안이기도 했으므로 폴란드 귀족들은 발레프스카 백작부인에게 폴란드를 위해 힘써줄 것을 은근히 채근했다.

나폴레옹은 유럽 전부를 원했고 유럽 전부를 정복했다. 그리고 마침내 러시아 국경을 넘었다. 그러나 그곳에서 황제의 군대보다 더 센 복병을 만났으니, 바로 혹독한 러시아의 겨울이었다. 광활한 러시아의 평원을 통과하는 동안 그의 병사들은 동사하거나 굶어죽었다. 나폴레옹은 하는 수 없이 퇴각을 선택했고, 유럽의 절반이 동맹을 맺어 그를 공격했으므로 결국 라이프치히 전투에서 최초로 대패했다.

프랑스의 위대한 지성 마담 제르멘 드 스텔은 황제의 패배 소식을 듣고 아마 안도의 한숨을 쉬었을 것이다. 그녀는 바스티유 습격에 참여했고, 살롱을 열어 영향력 있는 인사들을 불러 모았으며 출중한 글을 썼다. 또 독일 여행길에는 뛰어난 학식으로 실러와 괴테까지도 깜짝 놀라게 했다. 그러나 나폴레옹에 대해서는 실망을 감추지 않았다. 그녀는 그를 '겉치레에 민권을 이용하는, 권력에 굶주린 구태의연한 지배자'라고 보았다. 가장 중요한 작품으로 꼽히는 《독일론》에서 그녀는 이웃 나라 독일을 '시인과 사상가의 나라'라고 부르며 독일에선 프랑스보다 자유로운 공기를 마실 수 있다고 말했다. 때문에 나폴레옹의 검열당국은 《독일론》의 출판을 즉각 금지했고, 그녀는 자신의 성에 가택 연금되어 감시를 받았다. 그러나 마담 드 스텔은 남편과 아이를 데리고 몰래 성을 빠져나와 빈과 키예프, 상트페테르부르크, 모스크바, 스톡홀름을 거쳐 런던으로 도망쳤다. 그리고 런던에서 책을 출간했다. 나폴레옹이라는 별이 떨어지고 유럽 연합군이 라이프치히에서 그를 무찌른 바로 그해였다.

나폴레옹은 붙잡혀 엘바섬으로 귀양을 갔다. 그러나 그곳을 탈출해 파리에서 100일 동안 정권을 잡았다. 연합군이 다시 그와 맞섰고, 그는 워털루에서 다시는 일어설 수 없을 만큼 대패했다. 이번에는 영국인들이 그를 세인트헬레나섬으로 쫓아 보냈다. 프랑스는 다시 루이라는 이름의 왕을 맞아 왕국의 대열에 재합류했다.

• 빈 회의 •

나폴레옹이 첫 패배의 충격을 딛고 서서히 정신을 차릴 동안 오스트리아 외무상 메테르니히 후작이 과거의 유럽 열강들을 빈으로 초대해 회의를 열었다. 이 자리에서 유럽 국가와 국경을 다시 정했는데, 당연히 격론이 벌어졌다. 오스트리아는 프로이센보다 강하고 싶었고, 러시아는 폴란드의 대부분을 원했으며, 프로이센은 작센을 원했고, 프랑스는 독일이 통일해 대국으로 성장하는 것을 원치 않았으며, 영국은 러시아가 너무 강성할까 봐 겁을 냈다. 영국과 러시아가 동시에 힘을 잃어가는 오스만제국에 눈독을 들이고 있던 참이었기 때문이다.

회의의 분위기를 돋우기 위해 연일 화려한 환영식과 연극, 사냥, 썰매타기 행사가 열렸고 불꽃놀이와 경주 같은 오락거리를 구비한 축제가 열렸다. 1만 명의 관객을 초대해 7000개의 초를 밝힌 무도회도 열렸고, 1000명에 육박하는 음악가들이 연주에 동원된 대형 음악회도 열렸다. 한번은 피아노만 무려 100대에 달한 적도 있었다. 그 광경을 목격한 사람들이 빈회의는 일은 안 하고 춤만 춘다는 소식을 자국으로 전하기도 했지만 아마 그것은 오해였을 것이다. 비밀 협상, 사전 접근, 숨은 동맹과 연합은 여성들의 중재로 이루어지는 경우가 적지 않았기 때문이다. 그리고 그 여성들을 만나기 위해서는 공식적인 정치 협상 자리보다는 무도회나 음악회, 연극 공연장, 살롱, 거실을 찾아야 했다.

어쨌든 유럽 지배자들은 한마음 한뜻이었다. 프랑스혁명 전의 상태로 되돌아가 왕이나 제후가 신의 은총을 받아 백성을 다스리는 왕정을 복고하자는 것이었다. 빈회의가 끝나자 복고의 시대가 시작되었다.

● 혁명은 끝났다 ●

계몽주의, 자유, 평등, 박애의 의지는 사람들의 머리와 가슴에 깊이 뿌리내렸다. 따라서 유럽인들은 마담 드 스텔이 느꼈던 실망에 젖어들기 시작했다. 메테르니히를 필두로 왕정복고시대를 연 각국은 시민권을 제약하고 출판을 검열했으며 공개적 의견을 처벌했다. 자유사상가의 시를 들고 있다가 들키면 체포돼 감옥살이를 했다.

독일, 이탈리아, 체코, 폴란드, 헝가리 사람들에겐 새로운 목표가 생겼다. 나폴레옹 치하에서 프랑스 병사들이 유럽 각국의 마을에 숙영을 하는 동안 자신들이 프랑스인이 아니라 독일, 이탈리아, 체코, 폴란드 사람이라는 사실을 깨닫게 된 것이다. 그래서 그들은 자국의 언어의 관심을 가졌고 동화를 수집하고 민요를 기록했으며 자기 고향의 지형을 지도에 담았다.

갑자기 모두가 민족국가를 염원했다. 나폴리, 시칠리아, 로마, 토리노, 베네치아의 주민들은 통일 이탈리아의 일부가 되기를 바랐다. 뷔르템베르크, 작센, 바이에른, 헤센에서도 독일 국민의회를 꿈꾸었다. 폴란드인들은 오래전부터 러시아, 프로이센, 오스트리아의 점령군과 싸워온 터였지만, 이제는 헝가리와 체코, 슬로바키아, 독일, 이탈리아, 슬로베니아, 크로아티아 사람들까지도 오스트리아의 국민이기를 거부했다. 그러나 빈회의의 결과로 그렇게 원치 않았던 그 오스트리아 국민이 되고 말았다. 오스트리아는 전통을 자랑하는 합스부르크 가문이 다스리는 다민족국가였다.

다음 혁명이 시작되기까지는 30년이 걸렸다. 파리에서 바르샤바까지 수많은 도시의 시민들이 봉기했고, 바리케이드를 치고 군이나 경찰과 시가전을 벌였다. 몇 주 후 독일인들이 프랑크푸르트 파울 교회에서 첫 국민의회를 개최했다.

일단 혁명은 성공적이었다. 오스트리아에서 메테르니히가 물러났고 프로이센의 프리드리히 빌헬름 4세는 프랑크푸르트에서 속수무책으로 사건의 추이를 지켜보았다. 1년 후 파울 교회의 의원들이 프로이센 왕에게 왕관을 하사했다. 독일을 영국처럼 입헌군주국으로 만들어 왕과 헌법을 둘 다 가지려는 계획이었다. 그러나 프리드리히 빌헬름은 거부했다. 백성이 씌워준 왕관을 받을 수는 없다고 판단한 것이다. 자신의 권력은 신이 내리신 것이었으니까.

프리드리히 빌헬름과 다른 제후들이 무력으로 혁명군을 무찌르기 위해 군사를 모았다. 1년 후 반란군이 제압되면서 두 번째 혁명도 실패로 돌아갔다. 국민의회가 파울 교회에서 구상했던 통일 독일 국가는 아직도 요원했다. 그 대신 30년 후 프로이센 정부가 독일 제국을 세웠다.

6

누구도 누구를
억압할 수 없다

1434년부터 중국에서 항해가 금지되다. 중국은 향후 400년 동안 외부세계와 담을 쌓았다.

1630년 예수회 교단 선교사들이 중국 황제의 왕궁에 정착하다.

1644년 만주족이 중국의 지배권을 넘겨받다. 청 왕조의 지배가 시작되다.

1718년 메리 몬터규가 오스만제국에서 영국으로 돌아와 천연두 예방주사 도입에 힘쓰다.

1764년부터 산업혁명이 시작되다.

1798년 인류가 처음으로 인구 증가를 고민하다. 100년 후 최초의 산아제한 클리닉이 문을 열다.

1804년 아이티의 노예들이 해방투쟁을 통해 독립 국가를 건국하다. 그 투쟁의 불꽃이 남아메리카 전역으로 번져나가다.

1823년 미국 대통령 제임스 먼로가 먼로 독트린을 발표하다.

1848년 카를 마르크스와 프리드리히 엥겔스가 《공산당 선언》을 발표하여 노동자들에게 자본가에 맞선 계급투쟁을 요구하다.

1848년 엘리자베스 캐디 스탠턴과 루크리셔 모트가 미국 최초의 여성권리대회를 개최하다.

1849년 노예 해리엇 터브먼이 무사히 도망을 치다. 훗날 그녀는 언더그라운드 레일로드의 제일 유명한 조직원이 되었다.

1852년 해리엇 비처 스토가 소설 《톰 아저씨의 오두막》을 출간해 미국 전역에 노예제도 문제의 심각성을 알리다.

1859년 찰스 다윈이 《종의 기원》에서 진화론을 펼치다.

1861~65년 남북전쟁이 발발하다. 전쟁이 끝나자 대통령 에이브러햄 링컨이 노예제도를 폐지하다.

1964년 케네디 대통령이 인종분리정책을 폐지하다.

2008년 미국 최초로 흑인 대통령 버락 오바마가 당선되다.

기계의 발전과 출산의 문제

• 제니 방적기 •

라틴어 Texere는 '직조하다, 짜다'라는 뜻이다. Text는 이야기의 실로 짠 천이다. 바느질이나 뜨개질을 할 때처럼 우리는 어떤 사건을 실타래 삼아 어떤 무늬와 모양을 만들지 선택한다. 모든 이야기가 그렇듯 끝없이 많은 실로 짠 텍스트, 세계사도 마찬가지다.

텍스틸(섬유)과 텍스트는 세계에서 가장 오래된 제품들이다. 수천 년 전부터 인간은 섬유를 실로 가공하고 그 실로 천을 짰다. 이야기를 짜는 우리의 풍습도 역시나 긴 역사와 전통을 자랑한다. 그중 하나가 바로 여자는 열등하고 무능한 존재라는 그 위대한 역사적 서사이다. 남자들의 머리에서 탄생한 직조물인 것이다. 대부분의 여성들은 상인들이 천 두루마리를 사들이듯 그 직조물을 군말없이 받아들였다. 여자의 자리는 집 안의 물레 앞이며, 여자의 할일은 베틀로 천을 짜는 것이라는 남자들의 말을 굳게 믿었다.

이제 달라져야 했다. 미국과 유럽 사람들이 자유와 시민권을 위해 싸우는 동안 혁명 중에서도 최대의 혁명이 시작되었다. 바로 산업혁명이었다. 산업혁명은 기계 발명으로 새 시대의 문을 열었고, 세계의 얼굴을 완전히 바꾸어놓았다.

산업혁명의 초기 발명품 중에 제니 방적기가 있었다. 4~8개의 실패로 실을 짰기 때문에 여덟 명의 여자가 할 일을 동시에 해치울 수 있는 방적기였다. 커의 동시에 증기기관이 세상에 나왔고, 그 결과 기술적으로 생산된 에너지가 인간의 근력을 대체했다. 이 에너지는 사람의 힘보다 수백 배 더 강했기 때문에 곧 증기기관을 이용해 8개가 아니라 100개의 실패를 돌리는 방적기가 선을 보였다. 방적기 한 대가 100명의 여자가 할 일을 해치우게 된 것이다.

산업혁명은 영국에서 시작되었다. 실을 잣는 여성들의 방에서, 무엇보다 광산에서 제일 먼저 시작되었다. 그때까지만 해도 난방에 사용하는 석탄은 남자와 아이들이 저 아래 막장으로 들어가서 퍼날랐다. 워낙 고된 일이었으므로 많은 사람이 병이 들어 일찍 죽었다. 그런데 이제 석탄으로 증기력을 생산할 수 있게 되자 그 증기력으로 다시 더 많은 석탄을 채굴할 수 있게 되었다.

증기기관으로 갑자기 엄청나게 큰 힘이 생겼다. 발명된 농기계는 농부들의 일손을 덜어주었다. 증기선은 엄청난 속도로 대양을 누볐고, 최초의 열차가 영국 소도시들을 수도 런던과 연결시켰다.

기계를 돌리자면 공간과 그것을 움직일 사람이 필요했다. 그래서 최초의 공장이 탄생했고, 공장 주변으로 노동자들이 사는 주거지가 형성되었다. 도로와 건물 아래의 지하도 다양한 방식으로 이용할 수 있게 되었다. 파리나 런던 같은 대도시에선 하수관을 매설해 분뇨와 하수를 처리했다. 건축가와 도시 설계자들이 팔을 걷어붙이고 나서 런던과 파리, 빈의 옛 도심을 허물고 거의 완전히 탈바꿈시켰다. 공장과 배수시설을 설치하고 지하철을 만들고 목욕탕과 화장실을 갖춘 큰 집을 지었다. 영양, 위생, 의료 상황이 개선되자 갑자기 인구가 폭발적으로 늘었다. 인류가 처음으로 산아제한을 고민하게 되었다. 누구보다 여성에게 닥친 현안이었다. 여성들은 고민했다. 쉬지 않고 아이를 임신하는 것이 옳고 필요한 일일까? 출산의 결정권이 누구에게 있을까?

다윈도 마르크스도 깨닫지 못한 것

● 신도 이루지 못한 과업 ●

다시 한번 역사의 맨 앞으로 돌아가보자. 석기시대의 사냥꾼과
채집꾼들이 농업을 알게 되어 정착했을 때 그들 주변의 자연에는
신들이 가득 깃들어 있었다. 그러다 약 2~3000년이 지난 뒤 세계
곳곳에서 세상과 인간을 창조한 한 분의 신이 계시다는 관념이 힘
을 얻었다. 그리하여 유대교, 힌두교, 기독교, 이슬람교 같은 세계
종교가 탄생했다.

다시 시간이 흐른 후 유럽에서 근대가 시작되었다. 사람들은 어
려운 문제가 생길 때마다 하늘을 쳐다보던 습관을 버렸다. 어쩌면
신은 아예 존재하지 않는 것이라는 생각이 서서히 퍼져나갔다. 신
의 자리를 과학이 차지했다. 과학이 모든 질문에 답을 할 것이라고
믿었다. 그리고 얼마 후 한 자연과학자가 창조의 신이 존재한다는
관념에 최후의 일격을 날렸다.

찰스 다윈은 돛단배를 타고 5년 동안 세계 곳곳을 떠돌며 여러 지역의 동식물을 연구했다. 그는 이 연구 결과들을 가지고 진화론을 정립했고, 그것을 《종의 기원》이라는 제목의 책에서 설명했다. 다윈은 환경에 특히 잘 적응한 식물이 훨씬 더 넓게 분포하고 동물의 경우에는 새끼를 더 많이 낳는다는 사실을 깨달았다. 이런 장점이 없는 생물은 번식을 하지 못한다. 이런 방식으로 자연도태가 일어나 '약한' 것은 멸종하고 '강한' 것은 계속 진화한다.

다윈의 이론은 물의를 일으켰다. 성서의 창세기에 적힌 대로 신이 인간, 동물, 식물을 7일 만에 창조한 것이 아니라 지구상의 모든 생명이 수백만 년에 걸친 진화의 결과물이라고 주장했기 때문이다. 그 과정에서 생명체가 꾸준히 변화를 겪었고 서서히 지금의 형태를 띠게 되었노라고 말이다. 그것으로는 부족하다고 생각했는지 다윈은 더 충격적인 말을 덧붙였다. 인간 역시 단순한 생명체에서 더 능력 있는 고등 생명체로 나아가는 이런 진화를 거쳤다고, 인간은 원숭이 조상에게서 진화한 것이라고!

마음 편히 듣고 고개를 끄덕일 만한 소식은 아니었다. 인간이 신이 만드신 최고의 작품이 아니라 원숭이 친척이라는 주장은 많은 이들이 인간의 존엄성을 향한 공격으로 느꼈다. 다윈은 신과 인간을 동시에 모독한 것이다. 그러나 당시 사람들은 금세 마음을 추슬렀다. 진화론도 결국엔 인간이 진화의 제일 높은 단계에 있다는 결론을 내리지 않았는가? 그러니까 인간은 여전히 '창조의 왕관'이지 않은가?

이제 막 본격 궤도에 오른 산업혁명이 바로 그 증거인 듯했다. 기술 발전은 자연과학에도 날개를 달아주었다. 더 우수한 기술 장비로 더 발전한 새로운 실험을 할 수 있었기 때문이다. 그리고 화학의 시간이 도래했다. 화학자들이 모든 것을 점점 더 작은 입자로 분해해 그것의 무게를 달고 치수를 쟀다. 흙 알갱이 하나이건 인간의 숨결이건 연구할 수 없는 것이 없어 보였다. 이런 최초의 혁신적 실험은 화학자인 마리 라부아지에와 앙투안 라부아지에 부부의 업적이었다. 이들은 모든 것을 세세하게 기록해 현대 화학의 밑돌을 놓았다. 특히 마리는 그림에 뛰어난 재능이 있었으므로 작업 과정을 세밀하게 그림에 담았다.

화학은 미립자, 원자, 원소 등 맨눈으로는 볼 수 없는 물질들의 세상을 열어주었다. 마침내 인간은 물론이고 동식물까지 몸 안에서 무슨 일이 일어나는지 더 확실히 이해할 수 있게 되었다. 그리고 마침내 의학은 박테리아와 바이러스, 병원균을 쫓아 추격전을 벌일 수 있게 되었다.

작은 것을 향한 관심이 큰 것을 향한 관심을 앞질렀다. 망원경보다 현미경이 더 중요해졌고 신이 사는 곳이라 믿었던 하늘도 물리학과 화학으로 비밀을 풀 수 있는 장소, 우주가 되었다.

삶의 모든 영역에서 혁신의 바람이 휘몰아쳤다. 산업혁명은 낙원에 대한 기대를 깨웠다. 굶주림과 질병, 사회 부정 등 인류의 모든 문제는 앞으로 기술이 발전하면 다 사라질 것이라며 흥분했다. 계몽주의 초기에 볼테르가 비웃었듯, 그것은 신도 이루지 못한 위대한 과업이었다.

● 새로운 노예 ●

기술이 발전하면 황금시대가 찾아올 것이라고 확신했지만 산업혁명은 예상치 못한 새로운 문제를 동반했다. 방적기 한 대가 100인분의 일을 처리할 수 있게 되자 수천 명이 일자리를 잃은 것이다. 몇백 년 동안 품질 좋은 직물을 생산해왔던 영국에선 온 나라가 가난의 수렁에 빠졌다. 들판에서도 농부의 일손이 필요치 않게 되었고, 도시에서도 성실하던 수공업자들이 일을 잃고 가족을 부양할 수 없는 처지가 되었다. 공장에서 일자리를 구하지 못하면 굶어죽었다. 같은 문제가 유럽전역으로 확산되었다. 그 결과 대량 이주 사태가발생했다. 수천 명의 사람들이 고향을 떠나 미국으로 향했다.

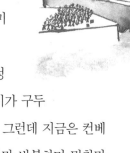

설사 공장에서 일자리를 구했다고 해도 사정이 힘들기는 마찬가지였다. 예전에는 구두장이가 구두밑창에서 구두 골까지 전부 도맡아 제작했다. 그런데 지금은 컨베이어벨트에 서서 몇 시간 동안 똑같은 손동작만 반복하며 밑창만 붙였다. 공정이 끝나 완성된 제품은 아예 구경할 수도 없었다. 그런 작업 공정이 노동자를 노동으로부터 소외시켰다.

작업 조건도 열악하기 그지없었다. 노동자들은 접착제에서 나오는 독가스나 다른 물질을 아무런 보호 장치 없이 그대로 들이마셨고, 영양 상태도 부실했으며 의료 혜택도 받지 못했고 겨우 굶어죽지 않을 만큼의 임금만 받았다. 공장이 지금껏 없던 새로운 시설이

었으므로 그 누구도 노동자들을 위험으로부터 보호하자는 생각을 하지 못했다. 그들에겐 아무런 권리가 없었다. 공장주는 이런 현실을 한껏 이용했다. 착취당하고 싶지 않으면 나가면 그만 아닌가? 최악의 조건도 감수하고 가족을 부양하기 위해 공장에 오겠다는 노동자는 널려 있으니 말이다. 모두가 서서히 깨닫기 시작했다. 산업혁명이 바꾸어놓은 것이 집과 도로, 도시와 철도, 전선과 수로, 배만이 아니라는 것을. 산업혁명은 인간 공동체마저 완전히 뒤바꾸어놓았다는 것을.

철학자 카를 마르크스가 이런 변화를 설명했다. 공장에서 기아임금을 받으며 죽도록 착취당하는 사람에게 자유, 평등, 박애는 없을 것이다. 그런 현실이 그들을 노예로 만든 건 아닐까? 노동자를 노예로 삼은 부유한 공장주를 마르크스는 '자본가'라고 불렀다.

그는 또 신분제도에 변화가 생겼다는 것을 깨달았다. 귀족, 시민, 수공업자, 농부로 구분되던 자리에 주인과 노예라는 새로운 질서가 들어왔다. 주인은 자본을 가지고 노동자를 지배하는 공장주이다. 이들은 집과 공장, 엄청나게 많은 돈을 갖고 있지만 다른 사람들은 자신의 노동력 말고는 가진 것이 아무것도 없다. 그렇게 사회는 서로 다른 계급으로 나뉘었고, 국민의 대다수는 노동자 계급이었다. 이들을 마르크스는 '프롤레타리아트'라고 불렀다.

마르크스는 계급의 다툼, 즉 계급투쟁이 미래를 결정할 것이라고 예언했다. 그리고 노동자들에게 모든 구성원이 평등해 노예도 주인도 없는, 계급 없는 사회를 위해 투쟁하라고 호소했다. 무계급 사회에선 소유와 재산도 평등하고 공평하게 분배될 것이라고 말이다. 그렇게 그는 공산주의라는 새롭고 거대한 사상 체계를 구상했다.

그의 대표 저서 《자본론》은 이런 관찰과 이념을 담은 책이다. 또한 그는 친구 프리드리히 엥겔스와 함께 《공산당 선언》을 작성했다. 이 선언문은 유럽 여러 도시에서 다시 혁명의 불길이 타오른 바로 그해에 세상에 나왔다. 《공산당 선언》은 이런 문장으로 시작한다. "유령이 유럽을 떠돌고 있다. 공산주의라는 유령이." 당연히 자본가들은 큰 공포를 느꼈을 것이다.

위대한 사상가 마르크스는 튀어나온 이마와 숱 많은 머리카락, 수염으로 뒤덮인 얼굴 탓에 외모부터가 인상적이었지만, 그가 정립한 사상의 효력 역시 그 못지않게 인상적이었다. 그의 사상은 사회를 변화시켰다. 마르크스는 산업혁명이 프롤레타리아트라는 새로운 사회계급을 낳았다는 사실을 설명했다. 그리고 계급투쟁이 미래의 쟁점이 될 것이라고 예언했다. 이제부터 모든 정치 사상은 경제 상황에 좌우될 것이라고 말이다.

실제로 사람들은 산업화를 저지하게 위해 필사의 노력을 기울였다. 기계를 습격해 파괴하고, 직조 기계 탓에 일자리를 잃은 직조공들이 무장봉기를 일으키기도 했다. 그러나 이내 기술에 맞설 수는 없다는 것을 깨달았다. 따라서 노동자 단체를 결성해 정부에 압박을 가했고 노동자들의 권리를 위해 싸웠다. 많은 이들이 공산주의를 해결책으로 보았다. 소유와 재산이 공평하게 분배된다면 억압과 부정은 사라질 것이라고 믿었다.

● 집 안의 노예 ●

정말 놀라운 일이다. 무슨 혁명이든 혁명이 끝나고 나면 여성들은 대대로 내려오던 부엌의 자리로 돌아갔다. 기독교 교회가 여성에게 일체의 공동 발언권을 빼앗았을 때도 그랬다. 프로테스탄트가 마리 당티에르 같은 여성 사상가의 입을 틀어막았을 때도 그랬다. 루소처럼 계몽주의의 대표들이 자유와 권리는 여성에게는 해당하지 않는다고 주장했을 때도 그랬다. 마지막으로 프랑스혁명 역시올랭프 드 구주를 처형해 여성들에게 경고장을 던지는 것으로 마침표를 찍었다. 여자가 집을 나와 정치에 끼어들면 어떻게 되는지 너희 눈으로 똑똑히 보아라!

그리고 이제 자유와 정의를 위한 기나긴 투쟁에서 또 한 명의 위대한 사상가가 등장했다. 마르크스였다. 그러나 공장에서수백만 노동자가 노예가 되었다고 비판하던 그 역시 여성이 집에서 추가로 무임금 노동을 하고 있다는 사실은 보지 못했다. 밥과 빨래, 청소와 육아의 노동에는 아무런 대가가 지급되지 않으며적지 않은 남성이 아내를 노예 취급한다는 사실은 전혀 그의 정의감을 건드리지 않았던 것 같다.

여전히 남성이 여성의 모든 것을 결정했다. 나폴레옹 역시 민법전으로 그런 현실을 정당화했다. 나폴레옹 민법전에는 이런 조항이있다. "미성년자, 결혼한 여성, 범죄자, 정신박약자는 법적 권리가없다." 민법전은 여성이 남편의 소유물이라고 정했다. 따라서 남편에겐 아내를 때릴 권리가 있었다. 법적으로 여성은 범죄자나 정신박약자와 동등한 지위였으므로, 어찌 보면 당연한 규정인 듯했다.

종교개혁과 계몽주의, 프랑스혁명은 인간에게 자유를 선사했다. 그런 변화가 의회를 탄생시켰고 시민권을 법으로 보장했다. 그러나 여기서 말하는 '인간'은 남자였다. 그럼 여자들은 어디에 있었을까? 왜 마리 당티에르, 올랭프 드 구주, 메리 울스턴크래프트와 연대하여 함께 싸우지 않았을까? 마르크스가 집 안의 노예였던 여성의 처지에도 분개했더라면 어떤 일이 일어났을까? 다른 노동에게 하듯 가사노동에도 임금을 지급해야 하지 않을까?

물론 여성이 노예가 된 노동자들보다 더 나쁜 대접을 받는다는 사실을 깨달은 남자들도 있었다. 철학자 존 스튜어트 밀이 대표적 인물이다. 그는 영국 의회에서 최초로 여성들에게도 선거권을 주어야 한다고 주장했다. 그러나 의회 전체가 그의 말을 비웃었다.

마르크스는 저작 활동 탓에 외국으로 추방당했을 때 독자들에게 여성 혁명가 마틸데 프란치스카 안네케의 신문을 읽으라고 권했다. 여성의 집안일은 제대로 평가할 줄 몰랐던 마르크스도 뛰어난 여성 활동가의 노동은 제대로 평가할 줄 알았다. 그러나 그 직후 작센과 프로이센을 비롯한 다른 나라들은 여성의 신문사 운영을 금지하는 법을 통과시켰다. 안네케는 신문 발행을 중단했고 남편과 함께 무기를 들고 혁명군의 편에서 투쟁했다. 1849년 여름에 혁명이 결국 실패로 돌아가자 두 사람은 동지들과 함께 미국으로 피신했다.

기회를 놓치다

● 무지를 고집한 나라 ●

우리는 현대에 산다. 그 말이 무슨 뜻이며 현대가 과연 언제 시작되었는지는 쉽게 대답할 수 없는 문제이다. 다른 시대가 그러하듯 현대 역시 논란이 많은 개념이기 때문이다. 그럼에도 그런 개념들은 특정한 것을 인식하고 이해하는 데 도움을 준다. 현대라는 개념의 경우는 기술과 과학, 계몽주의와 산업혁명이 세계를 뒤바꾸어 완전히 새로운 시대가 열렸다는 사실을 이해할 수 있도록 도와줄 것이라는 뜻이다.

중세에는 중국과 아랍이 많은 면에서 유럽을 앞질렀다. 그러나 현대에는 이런 관계가 역전되었다. 유럽이 새로운 형태의 기술과 이념과 무역을 쉬지 않고 만들어내면서 오스만제국이나 중국 같은 강성 제국들이 서서히 무대 밖으로 밀려났다.

많은 이들은 그 이유가 오스만제국이 종교 지도자들의 말만 듣고

과학의 발전을 막았기 때문이라고 주장한다. 프랑스 철학자 샤를
드 몽테스키외는 이런 문제점을 남들보다 일찍 파악해 알린 사람이
다. 물론 그 말투는 상냥하지가 못하다.

야만인들은 전술까지 소홀히 할 정도로 모든 기술을 포기해버렸
다. 유럽 국가들이 매일 발전하는 동안 이들은 과거의 무지를 고집
했고 새로운 발명품도 유럽인들이 벌써 수천 번이나 그들에게 사용
한 후에야 겨우 받아들일 생각을 한다.

그러나 몽테스키외가 너무 일방적인 이미지를 전한 것인지도 모
른다. 영국 외교관의 아내인 메리 몬터규는 몽테스키외와 거의 같
은 시기에 콘스탄티노플에서 살았다. 그녀는 그와 달리 하렘에 들
어갈 수 있었다. 그리고 글솜씨가 빼어났으므로 유럽인들은 그녀의
편지로 오스만제국의 전혀 다른 모습을 접하게 되었다. 그녀는 이
렇게 적었다. "내가 보기에 터키의 여성들은 이 제국에서 유일하게
자유로운 종족이었다." 몬터규는 또 한 가지 중요한 사실을 전했
다. 그녀는 어릴 때 천연두를 앓고 나서 얼굴에 생긴 흉터 때
문에 늘 괴로워했다. 그런데 놀랍게도 터키인들은 예방접
종으로 천연두를 예방했다. 영국으로
돌아오자마자 그녀는 의학자들과 교
회 및 정계 대표들에게 예방접종의 필
요성을 역설했다. 그러나 그들은 의심을 거두지 않았고
몬터규는 목표를 이루기 위해 열심히 투쟁했다. 영국 왕가

사람 두 명이 사람들이 보는 앞에서 예방접종을 하고 나서야 겨우 천연두 예방접종이 본격적으로 시행되었다.

몽테스키외가 터키인들을 비판하던 시기는 계몽주의 사상이 이제 막 자리 잡기 시작하던 때였다. 섬유산업의 혁명을 불러온 제니 방적기는 아직 발명되기 전이었다. 그럼에도 몽테스키외의 판단은 옳았다. 오스만제국은 과학과 기술의 진보를 막는 바람에 현대로 도약할 기회를 놓치고 만 것이다.

● 바뀌되 바뀌지 않다 ●

중국 명나라의 황제들은 진보와 과학을 막지는 않았지만 외부세계와 담을 쌓았다. 그리고 이후 400년에 이르는 긴 시간 동안 단단히 문을 걸어 잠갔기 때문에 우리가 이 시대의 중국을 주로 값비싼 도자기로 먼저 알게 되는 것도 그리 놀랄 일은 아닐지 모른다.

이 시대의 가장 중요한 사건은 명에서 청으로의 왕조 교체였다. 17세기 초 명나라의 힘이 약해지자 명나라를 무너뜨리기 위해 이자성이 이끄는 반란군이 봉기했다. 이에 명나라 황제군의 사령관들은 중국 동북쪽의 만주족과 동맹을 맺었다. 그러나 얼마 지나지 않아 도움을 주러 온 만주족이 오히려 명을 위협하는 적이 되고 말았다.

반란군과 황제군과 만주족의 이런 밀고 밀리는 접전의 와중에 한 여장수가 두각을 드러냈다. 진양옥은 남편과 사별한 후 남편의 직무를 넘겨받아 군사들을 지휘했다. 그녀의 병사들은 하얀 물푸레

나무 창으로 싸웠기 때문에 '백간병白杆兵'이라 불리며 이름을 날렸고, 단 한 번의 전투도 패한 적이 없다고 소문이 날 만큼 대단한 전투력을 자랑했다.

그러나 진양옥의 백간병도 명의 멸망을 막지는 못했다. 수명을 다한 나라의 위기는 더 이상 누구도 막을 수 없는 상태였다. 명나라를 구하기 위해 달려온 만주족이 패권을 넘겨받고 청나라를 세웠다. 그러나 그들은 중국 백성의 충성심을 확신할 수 없었으므로 중국 사람들에게 완벽한 복종의 증거를 요구했다. 즉 모든 남성에게 앞머리와 옆머리를 깎아내고 남은 머리를 뒤로 땋아 늘이는, 만주족의 변발을 강요한 것이다. 한 독일 중국학자의 말마따나 '머리냐 변발이냐'를 선택해야 할 판이었다. 실제로 많은 사람들이 변발을 거부하고 죽음을 택했다.

청나라는 명 왕조 때보다 두 배 가까이 영토를 확장시켰다. 국경에는 평화가 찾아왔고, 가내수공업 공장이 생기고 유럽과 무역이 활발해지면서 나라는 부강해졌으며, 백성들의 생활조건은 나아졌다. 중국인들은 외국인에게 물건을 팔 때 은화로만 대금을 받았기 때문에 청의 국고는 아주 튼튼했다.

이렇듯 중국은 변화를 이루어냈지만 실제로 바뀐 것은 아니었다. 여전히 우주 질서를 논한 공자의 가르침이 통했고, 공자는 여자에게도 자리를 딱 정해주었다. 통치 형태와 국가 철학이 수천 년 동안 그대로 유지된 곳에서 여성 문제가 거론될 리 만무했다. 예로부터 돈 많은 남자는 첩과 정부情婦를 두었고, 한나라의 황제들이 그랬듯 청의 황제들 역시 수천 명의 여성에게 에워싸여 살았다. 정부는 남성의 소유물이어서 사고팔고 선물로 주었다. 유명한 한 학자는 여성은 남성의 욕망을 채워주어야 하지만 남성은 그러지 않아도 되는 이유를 다기 세트에 비유했다. "찻잔 넷에 다관은 하나이다. 찻잔 하나에 다관이 넷인 경우를 보았는가?"

10세기 당나라 시대에 유행하던 미의 기준이 이때도 통했다. 당나라 마지막 황제의 여인이었던 무희가 발이 특히 작았다고 한다. 그 이후 작은 발은 완벽한 미인의 필수요건이 되었다. 그래서 여자의 발을 어릴 때부터 헝겊으로 칭칭 동여매거나 부러뜨려 자랄 수 없게 만들었다. 그런 잔혹한 풍습 탓에 여성들은 일생 동안 고통을 당했고 옆에서 도와주지 않으면 잘 걷지도 못했다. 이 전족 풍습은 정숙한 여자는 집 밖으로 나가지 않는다는 생각과 어우러지면서 천 년 가까이 이어졌다. 그러나 집에 가만히 앉아 집 꾸미는 일이나 하며 시간을 보낼 수 있으려면 돈이 많아야 했다. 일반 백성들은 경제적 이유 때문에 여자도 남자와 똑같이 일해야 했으므로 하는 수 없이 전족을 포기했다.

청나라에선 여성의 지위도 달라졌다. 만주족에겐 전족 풍습이 없었다. 또 나라가 부강해지자 여성에게도 새로운 가능성이 주어졌다. 여성들도 집 밖으로 나가 사회생활에 참여하기 시작한 것이다.

● 커지는 차이 ●

중국이 문을 닫아걸었기 때문에 유럽인들은 아시아의 대국에 대해 아는 것이 거의 없었다. 영국 철학자 프랜시스 베이컨은 1620년에 세 가지 발명품, 즉 서적 인쇄, 화약, 나침반이 세계의 얼굴을 바꾸었다고 말했다. 그러나 그는 그 발명품들이(거기다 책을 인쇄할 때 필요한 종이까지 포함해서) 모두 중국의 작품이라는 사실을 몰랐다. 그러던 것이 점차 사정이 변했다. 바로 그 시기에 한 무리의 예수회 교단 선교사들이 장벽을 넘어 중국에 정착했기 때문이다. 황제는 선교사들이 들고 온 학문과 기술에 관심을 보였고, 선교사들은 중국인들에게 기독교를 전파하고자 했다. 그 선교사들을 통해 마침내 중국의 소식이 다시 유럽으로 날아왔고, 덕분에 유럽인들도 중화제국의 이미지를 그릴 수 있게 되었다. 멀리 있는 것은 아름다워 보이는 법, 계몽주의 사상가들은 중화제국을 완벽한 국가의 모델로 삼았다.

많은 계몽주의자들이 조화를 지향하고 자연과 우주와 어우러져 평화로운 삶을 추구하는 중국의 철학에 감탄했다. 그러나 시간이 가면서 그들도 번영하는 중국이 완벽한 이상 국가는 아니라는 사실을 서서히 깨달았다. 중국인들이 여전히 과거의 전통에 얽매여 살았기 때문이다. 유럽과의 차이가 그보다 더 클 수 없었다. 유럽에서는 이제 막 현대의 막이 올랐다. 진보를 특징으로 하는 현대의 막이.

노예에게 해방을, 여성에게 해방을

● 아메리카 대륙에 울려퍼진 혁명의 외침 ●

신지식과 기술로 무장한 학자들은 인간 두뇌를 측량하고자 나섰다. 그리고 간단한 결론에 도달했다. 여자의 뇌가 남자의 뇌보다 작고 가볍다는 것이었다. 그리고 그 사실은 여성이 제대로 생각할 수 없다는 증거라고 주장했다. 여성 인권 운동가 릴리 브라운이 그 논리를 뒤집어 여성의 뇌는 몸무게 차이를 감안하면 남자보다 더 무겁다는 사실을 확인했지만 여성을 경시하는 사람들을 설득하지는

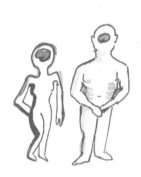

못했다. 현대 과학자들이 뇌의 성능은 질량과 관계가 없고 신경세포의 연결지점, 즉 시냅스의 숫자에 좌우되며 그 숫자는 남녀의 두뇌가 다르지 않다는 사실을 밝혀내기까지는 오랜 시간이 필요했다.

신의 이름으로 그랬듯 이번에는 과학의 이름

으로 수많은 만행이 저질러졌다. 인종주의 옹호자들이 저지른 짓만 보아도 잘 알 수 있는 사실이다. 이들은 흑인은 '고귀한 백인 주인'보다 진화의 단계가 낮다고 주장했다. 당연히 그 '백인 주인들'은 여성뿐 아니라 출신과 피부색이 다른 인간, 즉 아메리카 원주민, 아시아인, 아프리카인, 오스트레일리아 원주민을 경시했다. 그리고 그 증거를 인종주의에서 찾았다. 자신들이 더 우월하기 때문에 어디서나 땅은 자기 마음대로 차지할 수 있고, 저항이 거의 없는 곳은 무주지라고 선언할 권리가 있다고 말이다.

프랑스에서 혁명이 불을 뿜던 1792년에도 《브리태니커 백과사전》의 한 항목은 아프리카 사람들을 이렇게 설명했다. "이 불행한 종족의 운명은 끔찍한 악덕인 것 같다. 게으르고 믿을 수 없고 복수심에 불타며 잔인하고 뻔뻔하고 도둑질과 거짓말을 서슴지 않고 불경하고 방탕하며……."

당시 《브리태니커 백과사전》이 가장 권위 있는 백과사전이었음에도, 이미 많은 사람들이 그런 설명은 인간을 경시하는 것이며 노예제도는 인권에 위배된다고 생각했다. 올랭프 드 구주는 자신의 편지에 서명을 할 때 '노예제도의 숙적'이라는 문구를 집어넣었다. 마르키 드 콩도르세와 함께 그녀는 프랑스혁명 중에 이미 노예제도 폐지를 요구했다. 실제로 혁명가들은 의회를 구성하자마자 노예 거래와 해외 노예제도를 금지했다.

자유, 평등, 박애를 향한 혁명의 외침은 히스파니올라섬에서도 메아리쳤다. 프랑스와 스페인이 이 섬을 나누어 가진 후 노예를 데려다 커피와 설탕을 생산해 상당한 수익을 올렸다. 그런데 그곳에서 노예들이 반란을 일으켰다. 아메리카 대륙 정복 이후 처음으로 노예들이 식민지 주인들을 물리치고 자유를 되찾은 것이다. 이들이 독립국가 아이티를 세웠다. 혁명의 불씨는 이웃 지역으로 튀었다. 용감하고 총명한 독립투사 사이먼 볼리바르가 추종자들을 규합했고 베네수엘라, 콜롬비아, 파나마, 에콰도르, 페루, 볼리비아(이 이름은 볼리바르를 기리는 뜻에서 지었다고 한다)가 연이어 스페인으로부터 독립했다.

북아메리카에서는 미국이 땅을 사거나 정복해 영토를 확장하기 시작했다. 미국 대통령 제임스 먼로는 먼로 독트린을 발표하고 미국의 독립은 되돌릴 수 없는 일이라고 선언했다. 앞으로는 아메리카 대륙 전체에서 유럽의 간섭이 있어서는 안 될 것이라고, 어떤 유럽 국가도 아메리카 대륙 어디서나 식민지를 재탈환하려고 시도해서는 안 된다고 말이다. 먼로 독트린은 아메리카 대륙 전체에서 식민지 지배의 종식을 요구했다.

● **언더그라운드 레일로드** ●

유럽인들도 점차 잔인하고 부당한 상황들에 촉각을 곤두세웠다. 아직 자유 시민 사회의 꿈은 실현되지 못했다. 프랑스, 오스트리아, 프로이센의 지배자들이 1848년의 혁명을 진압했기 때문에 더 많은 시간을 인내할 수밖에 없었다. 유럽인들은 부러움과 감탄이 섞인 눈으로 '자유의 땅' 미국을 바라보았다. 미국 헌법은 이런 말로 시작했다. "우리는 이 진리를 당연한 것으로 간주한다. 모든 인간은 평등하게 태어났고 창조주로부터 양도할 수 없는 권리를 부여받았다. 이 권리는 생명권, 자유권, 행복추구권이다."

그러나 미합중국 남부의 몇몇 주에서는 여전히 노예 거래가 한창이었다. 목화농장에서 일할 값싼 흑인 노동자가 필요했기 때문에 남부 주에선 노예를 '동산'으로 취급하는 법이 통용되었다. 인권이 물건에는 해당되지 않기 때문이 주인은 물건을 자기 마음대로 할 수 있었다. 누가 봐도 미국 헌법이 국민에게 약속했던 내용과 모순되는 현실이었다.

미국과 영국에서 점점 노예제도 철폐의 목소리가 커졌고, 노예제도 철폐 운동도 시작되었다. 출발은 퀘이커교도들이었다. 퀘이커교는 17세기 영국에서 탄생한 기독교 공동체이다. 퀘이커교도들은 모든 인간에겐 신의 빛이 반짝이기 때문에 인간에게 저지른 일체의 부당한 행동은 신을 모독하는 것과 같다고 생각했다. 영국의 마거릿 펠과 해나 피크 보운 같은 여성 신학자들은 퀘이커교도들이 평등의 원칙을 절대적으로 지키려 했다는 사실을 입증했다. 이들이 노예제도를 거부한 것은 당연한 결과였다.

노예제도의 찬반 갈등은 미합중국을 분열시켰다. 의회에서 격론이 벌어졌다. 각 주의 입법권이 우선인가, 헌법에 명시된 자유권과 인권이 우선인가? 남부의 주들은 자치를 고집했고 미합중국에서 탈퇴하겠다고 협박했다. 북부의 주들이 어떤 대가를 치르더라도 국가의 분열만은 막으리라는 것을 알고 있었던 것이다.

북부의 시민들은 남부에서 도망친 노예를 보면 신고를 해야 할 의무가 있었다. 그런데 많은 사람들이 그 의무를 지키지 않고 도망친 노예가 문을 두드리면 먹을 것을 주고 숨겨주었다. 시간이 가면서 이들을 캐나다로 도피시켜주는 비밀 조직망이 생겨났다. 캐나다는 아직 영국의 영토였고 영국 의회는 노예제를 철폐했으므로, 노예들이 캐나다에 가면 자유인이 될 수 있었기 때문이다.

탈출하는 노예의 숫자가 날로 늘어났다. 한번은 켄터키에 사는 한 노예 주인이, 자기 노예 하나가 도망을 쳤는데 강 건너 노예제도가 없는 오하이오주로 넘어간 순간 갑자기 땅으로 꺼져버렸다고 주장했다. 마치 지하로 기차가 다니다가 그 노예를 태워간 것 같았다고 말이다. 실제로 그렇게 정류장을 정해둔 노예 지원 네트워크가 있었다. 그래서 그 지원 조직을 '언더그라운드 레일로드', 즉 지하철도라고 불렀다.

여자 노예 해리엇 터브먼은 다섯 살의 나이에 가족과 생이별을 하고 광활한 농장으로 끌려가 일했다. 훗날 그녀는 어린 시절을 돌아보며 이렇게 말했다. "불 앞의 바닥에 누워 잤다. 거기 누워서 울고 울고 또 울었다. 내내 집으로 돌아가 엄마가 누운 침대로 기어들어갈 수 있다면 얼마나 좋을까 생각했다. 우습게도 우리 엄마는 평생 한 번도 침대에서 자본 적이 없는데도 말이다."

한번은 노예 감독이 터브먼에게 도망친 노예를 잡으라고 명령했다. 그녀가 말을 듣지 않고 꼼짝도 하지 않자 도망치는 노예를 향해 쇳덩이를 던졌다. 그런데 빗나간 쇳덩이가 그 노예 대신

터브먼의 머리에 떨어졌다. 기적처럼 목숨은 구했지만 그녀는 심각한 뇌손상을 입었다. 그래도 그녀는 결국 캐나다로 도망을 쳤고, 언더그라운드 레일로드의 조직원이 되어 목숨을 걸고 평원과 강과 은신처를 거쳐 수도 없이 남부로 돌아왔다. 그리고 먼저 자기 가족들을, 그 다음엔 수많은 다른 노예들을 자유의 땅으로 데리고 갔다.

● 내전을 일으킨 책 ●

언더그라운드 레일로드는 남부 농장주들에게 큰 손실을 입혔다. 그래서 이들은 미국 의회에 그런 조직적 활동을 막을 방안을 세우라고 요구했다. 노예제도에 반대하는 의원들이 압박에 시달렸고, 결국 다수가 도망노예송환법Fugitive Slave Act에 찬성했다. 도망친 노예를 돕는 행위에는 무조건 벌을 주는 법이었다. 언더그라운드 레일로드의 운행이 날로 위험해졌다.

많은 미국인들이 분노했다. 그래서 법을 지키기는커녕 더욱더 노예들의 탈주를 도왔다. 해리엇 비처 스토는 이 새 법에 어찌나 분노했던지 책상에 앉아 몇 달 만에 노예제도를 다룬 소설 한 편을 썼다. 그리고 곧바로 그 소설《톰 아저씨의 오두막》을 한 잡지에 연재했다. 비처 스토는 아프리카에서 끌려온 미국 노예들의 고통을 기록했고 노예제도의 실체를 독자들에게 알렸다. 그녀는 남편과 함께 자주 남부로 여행을 다녔기 때문에 그곳의 실상을 정확히 알고 있었다.《톰 아저씨의 오두막》이 그려낸 목화농장, '깜둥이 시장', 노예 창고와 경매장에서 고객과 가격을 흥정하는 상인. 착취와 채찍질은 독자들에게 큰 충격을 안겼다.

책은 베스트셀러가 되었고 노예제도 폐지 운동은 큰 호응을 얻었다. 결국 의회는 자타가 공인한 노예제도 반대자인 에이브러햄 링컨을 대통령으로 선출했다. 남부에서는 도저히 받아들일 수 없는 도발이었다. 남부 사람들은 합중국 탈퇴를 선언하고 자기들끼리 뭉쳐 '아메리카 남부 맹방'을 세웠다. 미국이 둘로 갈라질 위기에 처했다.

내전이 발발했고, 오랜 전투 끝에 북군이 승리했다. 남부는 다시 미합중국의 일부가 되었다. 이제는 그들도 의회의 노예제도 폐지를 막지 못했다. 노예들에게 시민권과 선거권이 주어졌다. 비처 스토를 직접 만난 에이브러햄 링컨은 그녀에게 이렇게 말했다고 한다. "그러니까 이 작은 여인이 내전을 일으키셨군요."

● 노예제도에서 인종분리로 ●

남북전쟁은 끝났지만 미합중국은 여전히 완전하지 못했다. 동부의 여러 주와 서부 해안의 캘리포니아 사이엔 아직 개척하지 못한 광활한 땅이 펼쳐져 있었다. 반대로 유럽의 도시들은 밀려드는 인구로 포화 상태였다. 굶주림과 가난에서 벗어나고 싶었던 많은 이들이 새 삶을 시작할 수 있다는 희망을 품고 남은 돈을 탈탈 털어 북아메리카로 가는 여객선에 몸을 실었다. 이민자의 물결이 쉬지 않고 밀려들었고, 미국 도시들은 하루가 다르게 성장했다. 곧 마천루가 하늘을 찔렀다.

해안 도시를 떠나고 싶은 이들도 내륙으로 진출했다. 철도가 조금씩 숲과 대평원을 갉아먹었고 점점 더 원주민들의 지역으로 밀고 들어갔다. 프런티어(19세기 미국에서 개척지와 미개척지의 경계선을 이르던 말-옮긴이)가 점점 더 서쪽으로 이동했고 사람들은 고독한 카우보이와 카우걸, 용감한 거주민과 모험가, 노다지꾼의 전설을 이야기했다. 두려움을 모르고 그림자보다 더 빨리 총을 뽑을 수 있다는 총잡이 버펄로 빌과 캘러미티 제인도 사람들의 입에 오르내렸다. 이런 주인공들이 노래를 부르고 심지어 직접 무대에 오르기도 하는 쇼 프로그램도 생겼다. 물론 이 중에서 여성은 극소수였다. 공중에 던진 포커카드를 명중시키는 명사수 애니 오클리가 대표적 여성 인물이다.

예전의 식민지들이 미합중국의 일원이 되었다. 그런 식민지가 없는 곳에선 미국 정부가 땅을 사들이거나 무조건 자기 땅으로 만들어버렸다. 원주민들은 이주민들에게 대적할 힘이 없었다. 남북전쟁이 끝나고 해체의 위험이 사라지자 미합중국은 한 걸음 한 걸음 성장을 거듭해 50개의 연방주를 거느린 지금의 크기에 도달했다.

전 세계에서 온 이주민들은 용광로처럼 뒤섞였다. 그러나 특정 집단은 엄격하게 배척했다. 그 결과 남북전쟁 이전의 불평등한 노예제도는 이제 인종분리라는 불평등한 제도로 변질되었다. 인종분리 역시 법의 뒷받침을 받았다. 유색인과 백인은 결혼을 할 수도, 같은 학교를 다닐 수도 없다고 정한 법이었다. 늘 그랬듯 나라의 운명은 백인 남성이 결정했고 유색인은 정치 및 공적 영역에 전혀 발을 들여놓을 수 없었다.

터브먼은 남북전쟁 동안 북군의 편에서 싸웠다. 워낙 남부 지리에 훤해서 북군에게 중요한 정보를 제공했다. 전쟁이 끝나고 노예제도가 폐지되자 그녀는 인종분리 반대 투쟁을 이어갔다. 그런 그녀의 업적은 한 여성 권력자의 관심을 끌었다. 영국 여왕 빅토리아가 그녀를 즉위 60주년 기념행사에 초대해 실크 스카프를 선물한 것이다. 고위 정치인들 역시 그녀에게 경의를 표했다. 어떤 이는 그녀의 뛰어난 전략을 존중하는 뜻에서 그녀를 '터브먼 장군'이라고 불렀다. 그러나 많은 백인들이 특권을 포기하려 하지 않았다. 심지어 버스에서 유색인 옆에 앉는 것조차 꺼렸다. 미국인들이 터브먼을 걸출한 인물로 인정하기까지는 오랜 시간이 걸렸다.

속도는 더뎠지만 어쨌든 사회는 변했다. 노예제도가 폐지되고 100년 후, 터브먼의 활동을 계승한 위대한 민권 운동들이 탄생했다. 제일 손꼽히는 지도자 마틴 루터 킹 목사는 "나는 꿈이 있습니다."라는 말로 그 유명한 연설을 시작했다. 그는 인종분리의 극복을 꿈꾸었다. 그로부터 몇 달 후 미국 대통령이 인종분리를 철폐하는 법안에 서명했다. 때는 1964년, 거의 우리가 사는 현대에 접어들어서였다. 그리고 미국 최초의 흑인 대통령이 탄생하기까지는 그로부터 다시 50년쯤의 시간이 더 필요했다.

● 여전히, 여성은 인간이 아니다 ●

인간이 있다. 여성이 있다. 남북전쟁이 끝난 후 역사는 다시 한번 그 둘이 같은 것이 아님을 확인시켜주었다. 노예제도가 폐지되면서 과거의 노예들에게도 시민권이 주어졌지만 남성에 한정되었다. 그러니 어찌 보면 상황이 더 열악해졌다고도 볼 수 있었다. 남북전쟁 전이나 전쟁 중에 힘없는 이들의 권리를 위해 열심히 싸웠던 많은 사람들이 이제 와서 여성의 일은 전혀 중요하지 않다고 생각했기 때문이다. 종이와 연필로만 싸워서는 안 될 때가 온 것이다.

전쟁 전에도 미국 여성들은 자체 조직을 결성했다. 엘리자베스 캐디 스탠턴과 루크리셔 모트가 미합중국 최초의 공식적인 여성권리대회를 개최했다. 물론 대회가 끝날 무렵 선언문에 서명한 숫자는 68명의 여성과 32명의 남성으로 아직 미미했다. 그러나 스탠턴이 수전 브라우넬 앤서니와 함께 미국여성참정권협회를 설립하자 상황이 달라졌다. 두 사람은 전국을 돌며 곳곳에서 집회를 열었다.

과거 노예였던 여성들도 이런 집회에 참석했다. "그렇다면 나는 여성이 아닌가요?"(1851년 열린 여성권리 집회에서 소저너 트루스가 한 연설의 유명한 어구-옮긴이)라고 물었다는 소저너 트루스가 대표적 인물이다. 노예제도는 폐지되었지만 여자였기에 그녀는 여전히 힘없는 약자였다.

한번은 집회에서 어떤 남자가 일어나 자연이 남

자보다 여자를 더 작고 연약한 존재로 만든 데에는 이유가 없지 않을 것이라고 주장했다. 그러자 옆자리에 앉아 있던 독일 망명 혁명가 마틸데 프란치스카 안네케가 자리에서 벌떡 일어섰다. 그녀는 방금 발언한 그 남성보다 키도 머리 하나는 더 컸고 체격도 훨씬 컸다. 모두들 웃음을 터뜨렸다.

집회를 개최하는 것으로 만족하지 않았다. 앤서니는 선거사무소에 달려가 대통령 선거권을 주지 않으면 고발하겠노라고 직원들을 협박했다. 그러나 선거권을 얻기는커녕 협박을 한 죄목으로 재판을 받았다.

앤서니는 물러서지 않았다. 1876년 7월 4일은 미합중국 독립선언 100주년 기념일이었다. 나라의 헌법이 국민의 절반을 무시하는데도 당시엔 극소수의 행동가들을 빼면 아무도 그런 현실에 관심을 두지 않았다. 그래서 앤서니는 필라델피아 축제 행사 도중에 무대로 올라가 여권선언문을 낭독했다. 그런 행동이 사람들의 관심을 불러일으켰다. 점차 여론도 여성참정권 운동가들에게 귀를 기울였다.

여성들은 당연한 것을 요구했다. 여자도 남자와 똑같이 착하거나 못될 수 있고, 정직하거나 거짓말할 수 있으며, 똑똑하거나 멍청할 수 있고, 남을 먼저 생각하거나 이기적일 수 있다. 그럼에도 여자가 용기를 내서 해당 권리를 요구할 때면 오히려 남자들보다 다른 여자들이 그녀에게 등을 돌렸다. 메리 울스턴크래프트도 그랬다. 영국 귀족 여성들이 그녀를 비웃었고 남자들에게서는 '치마 입은 하이에나'라는 말까지 들었다. 빅토리아 우드헐도 그랬다. 그녀는 미합중국의 대통령 선거권을 요구하는 차원을 넘어 직접 대통령 후보로 출마했다.

우드헐은 미국 대중에게 다채로운 모습으로 기억되었다. 주식투자로 돈을 많이 벌었기 때문에 여성에게 꼭꼭 닫혀 있던 남자들의 세계에 발을 들여놓았다는 것만으로 큰일을 한 여성이었다. 그러나 대통령 출마는 너무 앞선 시도였다. 물론 해프닝이었다. 선거권도 없는 사람이 어떻게 대통령에 당선될 수 있겠는가? 그런데도 비난이 쇄도했고 특히 비처 스토가 그녀에게 가혹했다. 두 사람의 다툼은 진흙탕 싸움으로 변질되어 우드헐이 비처 스토 남동생의 불륜 사실을 폭로하는 지경에 이르렀다. 남동생의 불륜이 미국 여성 대통령과 무슨 상관이 있단 말인가? 어쨌든 비처의 가문은 영향력이 컸다. 그들의 눈 밖에 난 우드헐은 결국 감옥에 들어갔다. 여성 참정권의 바람이 이루어지기에는 아직 때가 일렀다. 하물며 미국 여성 대통령이야 더 말해 무엇 하겠는가.

7
정해진 길을
가지 않을 권리

1793년 영국 사절단이 중국으로 건너와 값진 선물로 통상을 청하였으나 건륭제가 거절하다.

1810년 아프리카 여성 사라 바트만이 유럽으로 끌려와 '호텐토트의 비너스'라는 이름으로 전시되다.

1842년과 1860년 두 번의 아편전쟁에서 중국이 패하다. 제1차 아편전쟁 후 중국은 홍콩을 영국에게 양도하고 여러 가지 '불평등조약'에 서명하다.

1858년 최초의 전신용 해저 케이블이 유럽과 미국을 연결하다.

1877년 영국 여왕 빅토리아가 '인도 여황제'가 되다. 대영제국이 탄생하면서 영국인들이 아시아와 아프리카를 지배하다.

1880년 유럽인들이 아프리카 쟁탈전에 돌입하다.

1888년 독일에서 헬레네 랑게가 여성의 교육 기회를 위해 투쟁하다. 로자 룩셈부르크와 클라라 체트킨이 유명한 사회주의자가 되다.

1889년~1890년 여성 기자 넬리 블라이가 72일 만에 세계일주에 성공하다.

1899년 러디어드 키플링이 시 〈백인의 짐〉을 발표하다. 많은 이들이 이 시를 유럽 제국주의를 정당화하려는 시도로 해석하다.

1900년 서태후가 외국인들을 몰아내기 위해 의화단을 지원하다. 8개국 열강이 힘을 합쳐 의화단 운동을 진압하다.

1900년~1914년 영국에서 서프러제트가 여성 참정권을 요구하며 투쟁하다.

1903년과 1911년 마리 퀴리가 노벨 물리학상과 화학상을 수상하다.

1909년쯤부터 여성 작가 할리데 에디브가 현대 국가 터키의 모습을 고민하다. 훗날의 해방전쟁에서는 무스타파 케말의 편에 서서 싸우다.

1912년 중국의 마지막 황제가 폐위되고 공화국이 되다. 타이타닉호가 빙산에 부딪혀 침몰하다. 영국과 독일이 군비경쟁에 돌입하다.

제국주의가 시작되다

● 그레이트 게임 ●

힘이 남아도는 나라의 지배자들이 약한 나라의 땅을 하나둘 먹어 치우더니 본격적으로 약탈의 본색을 드러내기 시작했다. 프리드리 히 대왕은 폴란드를 "한 잎 한 잎 먹어야" 하는 아티초크에 비유했 고, 영국 장군들은 벌써 오래전부터 눈독 들였던 인도 북부의 부유한 지방을 "농익어 어느 날 입으로 떨어질" 체리라고 불렀다. 유럽 열 강들이 서로 중국을 두고 다툴 때는 '멜론 나누기'라는 말도 했다. 먹 잇감이 된 나라가 그들의 약탈에 저항할 수 있는지의 여부는 아예 관 심의 대상도 아니었다. 유럽인들은 그 정도로 상대를 얕잡아보았다.

얻을 것이 많았다. 증기기관, 기관차, 집, 도로, 배수시설, 지하 케이블, 전신주를 설치하려면, 하다못해 카메라나 신발 밑창을 만 들려고 해도 천연자원이 필요했다. 경제가 왕성한 식욕을 자랑하며 이 소중한 자원들을 향해 달려들었다. 한 줌도 안 되는 유럽 국가들이 왕성한 식욕으로 나머지 세상을 향해 달려들었다. 미국이 손아귀에서 빠져나가자 식욕을 채울 다른 장소가 필요했다. 아시아와 아프리카에는 목재, 석재, 금속, 석탄, 석유, 가스 등 천연자원이 넘칠 만큼 많았다. 그래서 프랑스는 베트남을, 네덜란드는 자바를, 영국은 미얀마를 차지했다. 러시아 차르 제국은 중앙아시아에서 식민지를 하나둘 집어삼키며 몽골과 중국 국경까지 뻗어나갔다.

제국주의의 시대가 시작된 것이다. 유럽인들이 세계를 정복해 자기들끼리 나누어 먹었다. 영토와 무역 거점, 천연자원을 두고 경쟁을 벌였다. 러시아와 프랑스와 네덜란드를 한참 앞지른 영국이 선두를 달렸다. 영국은 과거에도 이미 유럽 최초로 먼 동방까지 무역회사를 보낸 나라였다. 이제는 전 세계를 품에 안은 대영제국으로 성장했다. 영국은 미얀마와 인도 아대륙 전체를 손에 넣었고, 선두에 서서 중국의 만리장성을 넘었다.

끝없는 성공은 끝없는 자신감을 불러왔다. 중앙아시아와 아프리카에서 러시아와 맞서서 150년 동안이나 치렀던 전쟁을 영국인들은 '그레이트 게임'이라고 불렀다. 이집트와 아프가니스탄 전 지역을 전쟁터로 만들었던 것이 마치 아무 일도 아니라는 듯이, 한바탕 신나게 즐기면 되는 놀이라는 듯이.

같은 시기 오스만제국은 내부에서 무너지기 시작했다. 한때 발칸에서 바그다드까지, 흑해에서 아프리카까지 뻗었던 터키인들의 거대하고 '숭고한 국가'는 산산조각이 났다. 유럽 식민지 열강들은 약해진 오스만의 국력을 이용해 그곳을 장악하고 지배했다. 위대한 무슬림의 이웃 나라 페르시아의 사정도 크게 다르지 않았다. 국토 곳곳에서 영국, 러시아, 프랑스가 '그레이트 게임'을 벌이며 패권을 다투었다.

빅토리아 여왕이 왕좌를 지킨 기간은 64년에 달했다. 그 긴 재위 기간 동안 영국인들은 세계의 주인으로 성장했다. 왕좌에 오른 지 40년 만에 빅토리아는 '인도의 여황제'가 되었다. 그리고 다시 50년 후 전 세계의 4분의 1이 대영제국의 영토가 되었다.

● 제국에 저항한 여인 ●

유럽인들은 게임이라고 생각했겠지만 아시아들에겐 큰 충격이었다. 유구한 역사를 거치며 어마어마한 문화유산을 남긴 자랑스러운 위대한 조국이 불과 몇십 년 만에 경쟁에서 패배해 사냥감과 상금의 신세로 전락했으니 말이다.

특히 중국의 추락이 격심했다. 18세기 말엽에만 해도 건륭제는 유럽인들을 멸시했다. 영국 사절단이 갖은 노력 끝에 겨우겨우 자금성에 들어갔다. 그리고 양국이 정식 무역관계를 맺었으면 좋겠다는 왕의 뜻을 전했다. 그들은 귀한 선물을 잔뜩 들고 왔다. 망원경, 대형 돋보기, '과학의 원리를 설명하고 보여주는' 값비싼 도구들, 플라네타륨(천체의 위치와 운동을 나타내는 장치-옮긴이)을 비롯한 수많은 정교한 기계들이 들어 있었다. 그러나 늙은 건륭제는 통상을 거절하며 영국 왕에게 이렇게 전하라고 일렀다. "우린 부족한 것이 없다. 너희 나라의 신기하거나 정교한 물건을 대단하게 여기지 않으며 그 물건들이 필요하지도 않다."

그러나 불과 반세기 만에 그 '정교한 물건들', 특히 그들의 군사 기술이 영국을 강대국으로 만들었고, 결국 중국도 그들의 요구에 손을 들 수밖에 없었다.

영국의 성장은 인도에서 시작되었다. 동인도회사가 일찍부터 인도의 몇몇 지방을 손아귀에 넣었다. 영국은 인도 아대륙 전체를 한 조각씩, 제국주의자들의 표현을 쓰자면 체리 한 알씩 먹어치웠다.

저항은 크지 않았다. 아대륙의 넓은 지역으로 퍼져나갔던 대규모 저항은 단 한 차례뿐이었다. 그 저항의 상징적 인물이 락슈미바이다. 그녀는 잔시 지방의 토후국 왕 마하라자와 결혼해 라니, 즉 왕비가 되었다. 그런데 남편이 일찍 세상을 떠나면서 영국인들의 만행을 몸소 겪게 되었다. 그들이 락슈미바이와 왕자인 양아들을 무시하고 동인도회사의 대표를 최고 통치자로 임명한 것이다.

그로부터 얼마 후 곳곳에서 영국 점령군에 항거하는 항쟁이 일어났다. 락슈미바이는 왕좌를 되찾고 병사를 모아 항쟁군을 지원했다. 그녀의 부대가 패하자 그녀는 몇몇 측근과 함께 도망을 친 다음 다른 곳에서 영국군에게 대패를 안겼다. 그러나 그들을 추적한 영국군과 다시 전투가 벌어졌고, 그녀는 남장을 하고 열심히 싸웠지만 부상당해 숨을 거두고 말았다.

항쟁을 진압한 영국인들은 인도의 드넓은 지역에 아편을 재배했다. 그리고 막강한 군사력을 동원해 굳게 닫힌 중국의 문을 강제로 열었다. 영국인들은 진즉부터 상품의 대가로 은만 받는 중국인들이 못마땅했다. 한번 중국 땅으로 들어간 은은 두 번 다시 유럽 경제의 순환 시스템으로 되돌아오지 않았기 때문에 늘 은이 부족했다. 그래서 영국인들은 이제 중국인들에게 상품을 아편과 교환할 것을 강요했다. 두 나라의 전세가 역전되었다. 중국의 국고가 순식간에 텅비었다. 중국 정부로서는 대재앙이 아닐 수 없었다. 국가의 경제는 무너졌는데도 그 대가로 들여온 물건이 백성을 편안하게 하기는커녕 아편 중독자로 만들었으니 말이다.

중국 정부는 아편을 금지시키고 아편도구들을 부숴버리려고 애썼다. 그러나 영국인들은 아편 수입을 강요했다. 중국의 한 관리는 영국 여왕 빅토리아에게 편지를 써 이렇게 읍소했다. "그대들은 양심이 있는가?"

영국 상인들은 양심이 없었다. 그들은 아편전쟁이라 불린 두 번의 전쟁을 일으켰다. 프랑스와 미국이 영국을 지원하고 그 대가로 '멜론'의 일부를 보장받았다. 전쟁에서 패한 중국은 어쩔 수 없이 높은 배상금을 지불하고 항구의 대부분을 개방했으며 홍콩을 영국에 양도했다. 중국의 패배를 확인한 그 기록을 두고 훗날 사람들은 '불평등조약'이라고 불렀다.

● 진보의 그림자 ●

유럽인들의 무자비한 폭력으로 삶이 엉망진창이 된 식민지 주민들은 큰 충격에 빠졌다. 페르시아와 인도의 농부와 수공업자들은 대규모 농장과 현대식 배수시설, 도로와 철도에 밀려 가난뱅이가 되었다. 유럽인들은 아시아의 산업은 외면한 채 아시아에서 뽑아낸 이익과 도둑질한 천연자원으로 자국의 뱃속만 채웠다.

그러나 또 한편으로 아시아인들은 자신들의 후진성에 큰 충격을 받았다. 이런 후진성의 원인을 두고는 의견이 엇갈렸다. 유럽의 군사적 우위라면 아편전쟁을 통해 이미 뼈저리게 느꼈다. 그러나 교육과 기술, 건축과 과학도 유럽의 수준이 압도적으로 높지 않은가? 전 분야에서 인간의 생활방식을 월등히 개선한 문명은 유럽의 근대가 이룬 업적인 것일까?

유럽인들에게 물어보았다면 대답은 뻔했을 것이다. 문명을 선사한 것이 계몽주의 사상이라고, 따라서 그 사상이 아직 전파되지 못한 지역의 사람들은 문명화되지 못한 것이라고 대답했을 것이다.

아시아의 사상가들은 쉽게 대답을 내놓지 못했다. 물론 계몽주의 사상이 중요하고 추구할 만한 것이라는 점에는 이견이 없었다. 그래서 그들은 자국민들에게 유럽의 문명을 따라잡아야 한다고 외쳤다.

이슬람 사상가 자말 알딘 알아프가니는 종교와 계몽이 충돌하지 않는 현대적 이슬람을 만들고자 했다. 그는 페르시아, 인도, 아프가니스칸, 터키, 이집트, 유럽 등지를 돌아다니며 이슬람 세계 전체에서 자신과 생각이 같은 후원자들을 모았다. 신학자, 여권 운동가, 돈 많은 자본가, 영향력 있는 정치가들이 그에 동조하여 인도에서 콘스탄티노플까지 그의 이념이 널리 퍼져나가도록 도움을 아끼지 않았다.

알아프가니는 여성의 권리에도 관심을 보였다. 그는 "여성은 기초교육과 도덕의 밑바탕을 담당하는 어머니이기에, 여성이 권리가 없고 의무를 모른다면 어리석음을…… 벗어나는 일은 불가능하다."고 말했다.

인권, 개인의 자유는 유럽의 것이 아니라 인간의 보편적 가치이다. 따라서 이슬람과도 충돌하지 않는다고 알아프가니는 확신했다.

인도의 사상가이자 시인 라빈드라나트 타고르와 저항의 전사 마하트마 간디도 인권을 위해 투쟁했다. 현대 유럽 사회가 여러 면에서 아시아와 차이가 나지만 특히 두드러지는 부분이 여성의 지위였다. 타고르는 미망인 화형 의식인 '사티'를 금지시켜야 한다고 외쳤다. 당시까지도 인도에는 남편이 죽으면 시신을 태울 때 아내를 함께 태우는 종교적 풍습이 존재했다. 남편과 함께 불타 죽은 아내는 성녀로 추앙받았다. 물론 결정은 자발적이었고 실제로 거의 일어나지 않는 일이었다. 그럼에도 타고르와 간디는 그런 식의 잔혹한 행동들을 근본적으로 뿌리 뽑아야 한다고 외쳤고 그런 짓을 정당화하는 종교 역시 옳지 않다고 비판했다.

알아프가니, 타고르, 간디는 유럽의 인권과 의회주의, 법치국가에 감탄했다. 그러나 이런 의문도 들었다. 유럽의 문명이 모두에게 어울리는 옷인가? 모두가 그 가치를 존중하고 그들을 따라 살아야 할까? 꼭 유럽인처럼 생각하고 입고 살아야 하는 것일까?

● 공공연한 범죄 ●

유럽인들은 아시아의 모든 것을 비난하고 욕했다. 심지어 '덜 문명화된 민족들에게 법과 질서'를 가져다주는 것이 자신들의 의무라고 믿었다. 《정글북》의 작가 러디어드 키플링은 〈백인의 짐〉이라는 제목의 시를 쓸 정도였다. 이런 구실로 제국주의자들은 아시아에서 저지른 자신들의 범죄를 은폐하려 했다.

그러나 구실은 너무 얄팍했고 범죄는 너무 공공연했다. 질서와 법은커녕 파괴를 일삼았고 식민지 주민을 자립시켜 자유로운 인간을 육성하기는커녕 그들을 노예로 삼았다. 수백만 인도인과 중국인들이 농장과 공장, 광산에서 뼈 빠지게 일했고, 그렇게 만든 제품과 수익금이 유럽으로 흘러갔다. 유럽인들의 야만적 행동에 충격과 실망을 느낀 사람이 아시아인들만은 아니었다. 식민지를 오가는 수많은 영국인들이 그곳에서 목격한 참상을 편지에 적어 고국으로 보냈다. 루시 더프 고든이 대표적인 인물이다. 그녀는 몇 년 동안 이집트에 살면서 아랍어를 배웠고 그곳 주민들에게 큰 인기를 얻었다. 그런 그녀도 자국민들의 행태에 크게 분노했다. "아랍인을 다루는 방법은 몽둥이찜질밖에 없다고 말하는 영국인들을 보면 숨이 멎습니다. 벌하지 않고 일을 시킬 수 있다면 그것이야말로 모든 민족을 대하는 가장 간단한 방법일 텐데 말입니다."

유럽 문명에 감탄했던 타고르마저 유럽이 아시아에서 도덕적 명성을 완전히 잃었노라고 말했다. "이제 유럽은 최고의 원칙을 대변하는 공정한 행동의 세계적 달인이 아니다. 유럽은 국경 바깥에 사는 사람을 착취하고 서구의 인종적 우월을 옹호하는 자들이다."

넬리 블라이의 세계일주

● 세계일주 경쟁 ●

현대가 시작된 이후 세계는 지속적 가속 상태에 놓이게 되었다. 철도 여행은 말을 타고 울퉁불퉁한 돌길을 달렸던 마차 여행보다 훨씬 더 빠르고 편했다. 17세기만 해도 영국 플리머스에서 런던까지 약 350킬로미터 거리를 완주하는 데 3주가 걸렸다. 그런데 철도를 이용하면 하루 만에 당도했고, 1883년이 되자 6시간 만에 도착했다.

시간과 공간이 축소되었다. 세계일주도 3개월 만에 가능해졌다. 쥘 베른의 소설 《80일간의 세계일주》에선 그렇다고 주장했다. 뉴욕 일간지의 여성 기자 넬리 블라이는 그 말이 맞는지 직접 확인해보고자 했다. 80일 안에 세계일주를 하겠다고 나선 것이다. 그녀의 고용주 조지프 퓰리처가 모험 비용을 댔다. 그런데 여행 준비에 1년이 걸리는 바람에 경쟁 일간지에서도 같은 기획을 해서 여성 기자를 파견했다. 엘리자베스 비스랜드는 반대 방향으로 출발해 넬리 블라이보다 더 빨리 세계일주를 마치겠다는 목표를 세웠다. 구간 대부분은 증기선과 열차로 이동했다. 블라이는 1889년 11월 뉴욕에서 배에 올라 프랑스, 이탈리아, 수에즈 운하, 실론, 홍콩, 중국, 일본, 샌프란시스코를 거칠 예정이었다. 비스랜드는 반대 방향으로 출발했다. 블라이가 악천후 탓에 샌프란시스코에 예정보다 늦게 도착하자 퓰리처는 전용 기차를 보내 잃어버린 시간을 만회해주었다. 덕분에 그녀는 출발한 지 72일 만에 뉴욕에 도착했다. 비스랜드는 나흘 반나절 늦게 도착하는 바람에 경주에서 패하고 말았다.

블라이와 비스랜드가 기록적인 시간 안에 세계를 한 바퀴 돌 수 있었던 것은 철로와 증기선으로 촘촘하게 짜인 교통 및 무역망 덕분이었다. 여기에 새로운 발명품이 등장해 초고속으로 뉴스를 전 세계에 전했다. 바로 전신 기술이었다. 세계 최초의 해저 케이블이 도버 해협에 매설되어 도버와 칼레를 연결했다. 두 번째 케이블은 대서양을 건너 미국과 유럽을 연결시켰다. 이제 곧 '서구'라는 이름으로 하나가 될 양대 열강을 묶어준 것이다.

전신 기술 덕분에 신문 독자들은 블라이와 비스랜드의 경주를 거의 실시간으로 추적할 수 있었다. 게다가 사진 기술 덕분에 사진을 복사해 세계 곳곳으로 전파할 수 있게 되었으므로 두 여성의 얼굴도 알아보았다. 독자들은 날마다 경주의 시시콜콜한 내용까지 다 전해 들었다. 예를 들면 프랑스에서 블라이가 베른을 만났다거나, 그녀가 중국에서 원숭이 한 마리를 샀다는 이야기까지 사람들의 입에 오르내렸다.

저항의 몸짓

● 이슬람 세계 ●

변화의 속도는 눈이 빙빙 돌 지경이었고, 서구는 나머지 세계가 도저히 따라잡을 수 없을 만큼 멀찍이 앞장서 달려갔다. 중국, 일본, 인도, 이슬람 세계 사람들의 자부심이 무너졌다. 국가의 힘이 약한 것은 말할 것도 없고, 자신들의 문화를 깔보고 배척하는 유럽인들을 그냥 두고 볼 수밖에 없었기 때문이다. 분노한 그들은 제국주의자들에게 저항하기 시작했다.

앞에서 언급한 정치가 알아프가니도 처음에는 서구에 마음을 열었고 이슬람 계몽주의를 꿈꾸었지만 태도를 바꾸었다. 그가 보기에 유럽의 침략을 막을 방법은 하나밖에 없었다. 바로 무장투쟁이었다. 그는 이슬람인들이 단결해 하나의 이슬람국가를 세워야 한다고 주장했다. 그렇게 하지 않으면 침략자들을 물리치지 못할 것이고 이슬람인으로 살아남지 못할 것이라 여겼다. 알아프가니는 수많은 아시아 국가에서 제국주의자들이 저질렀던 만행과 억압에 저항해 성전에 나서자고 호소했다.

지금과 달리 당시엔 종교의 이름으로 서구인들을 배격하기가 훨씬 쉬웠던 것 같다. 그래서 유럽의 침략자들이 저지른 만행을 비판하는 데 그치지 않고 그들의 가치와 생활방식, 그러니까 유럽적인 모든 것을 배격했다. 그러나 이슬람인들은 여러 국가에 나뉘어 살았다. 터키의 술탄과 아라비아 및 페르시아의 왕들, 아프가니스탄의 부족장과 인도 토후국의 왕들은 모든 이슬람인이 단결하여 하나의 국가를 건설하자는 외침에 무관심했다. 그렇게 모두 뭉쳐 하나의 국가가 되면 그 국가는 누가 다스릴 것인가? 콘스탄티노플에서 카불에 이르는 그 광활한 영토에 각양각색의 사람들이 살았다. 그들은 이슬람인이었지만 터키인, 페르시아인, 파슈툰인, 인도인이기도 했다. 이들을 큰 용광로에 한데 집어넣고 뒤섞을 수는 없었다. 그래서 나라별로 각자의 길을 걸었다.

터키 사람들은 모든 이슬람인의 종교 국가 대신 헌법이 있고 국가와 종교가 분리된 터키 민족 국가를 원했다. 서구가 걸어간 길을 따르고자 한 것이다.

그 목표를 추구한 많은 터키인들이 서구의 생활방식을 모방했고 독일과 프랑스의 정치가, 사상가들과 막역하게 지내며 생각을 나누고 서로 조언을 아끼지 않았다. 이들은 교육과 개방적 자세를 높이 평가했고 아들은 물론 딸들에게도 교육의 기회를 주었다.

할리데 에디브 같은 여성들이 수혜자였다. 그녀는 이스탄불에 있는 미국 학교를 나와 수학자이자 작가가 되었다. 이슬람 여성으로는 최초로 공식석상에서 정치 연설을 했고, 남녀가 평등하고 오스만제국의 모든 민족이 평화롭게 공존하는 현대 터키의 꿈을 그린 소설을 썼다. 이것이 터키인들의 실존적 문제라고 그녀는 주장했다. 오스만제국이 무너지고 나면 어떻게 될 것인가? 새로운 터키 국가가 아르메니아인, 그리스인, 아랍인들까지 감싸 안을 수 있을까? 이 국가는 어떤 가치와 전통을 지향할 것인가? 특히 여성들에겐 매우 현실적인 문제였다. 만일 이슬람인들이 현대와 담을 쌓고 전통으로 돌아간다면 에디브 같은 여성들이 독립적인 삶을 살기가 힘들어질 것이기 때문이다.

에디브는 외국어를 잘했기 때문에 외국 사절과 정부 인사들이 협상을 하는 자리에 자주 동석했다. 그곳에서 유럽인들이 그렇게 자랑하는 그들의 가치를 배신하고 현대화에 동참하려는 모든 이들의 희망을 짓밟는 광경을 직접 목격했다. 영국인들과 프랑스인들은 결코 터키에 우호적이지 않았다. 실망과 나라 걱정에 빠진 에디브는 무스타파 케말이라는 이름의 젊은 장교를 알게 되었고, 그가 주도하는 터키 민족 해방 투쟁에 동참했다.

• 중국과 일본 •

일본에선 유럽을 모방하고자 하는 정치가와 사상가들이 실권을 잡았다. 따라서 교육, 기술, 과학을 막론하고 전 분야에서 서구를 따라잡겠다는 목표로 개혁을 실시했다. 이런 방식으로 일본은 서구를 모델로 삼아 헌법이 있는 새로운 왕국으로 변신했다.

이들의 추격전이 큰 성공을 거두었다는 것은 일본이 서구와 똑같이 제국주의적 야망을 품고 이웃 영토를 넘보았다는 사실에서도 잘 드러난다. 이들은 중국과 경쟁하던 조선을 집어삼켰고, 급기야 중국에 선전포고를 했다. 작은 일본이 무장을 하고 큰형을 제압한 뒤 타이완을 포함한 중국의 영토를 먹어치웠다.

영국에 이어 일본에게마저 패한 중국인들은 모욕감에 치를 떨었다. 황제의 미망인으로 중국을 다스리던 서태후는 절망적인 심정에서 비정상적 행보를 결심했다. 보통의 정부라면 반란을 진압하기 위해 모든 조치를 다해야 하겠지만, 그녀는 서구 사람들이 '복서'라고 불렀던 의화단을 오히려 지원했다. 따라서 의화단은 자국 정부에 저항하지 않고 외국에서 온 모든 것을 배격했다. '청조를 받들고 외국을 멸망시킨다'는 부청멸양扶淸滅洋의 구호를 외쳤고 기독교인을 사냥했다. 그것이 손님을 환대한다는 외교의 규칙을 어기는 행위였음에도 서태후는 이들의 배외투쟁을 용인했다. 상황은 극단으로 치달아 의화단이 독일 대사를 저격하고 정부가 모든 외국인은 북경을 떠나라고 공식 선언하는 사태에 이르렀다. 그러나 가만히 당하고 있을 제국주의자들이 아니었다. 영국, 미국, 러시아, 독일, 프랑스, 이탈리아, 오스트리아에 일본까지 8개국이 공동으로 군대를 파견해 보복에 나섰다.

서태후는 의화단을 지원하는 바람에 또 한 번의 참패를 청에 안겼다. 중국 정부는 어쩔 수 없이 필요한 개혁에 나섰다. 도입한 지 2000년 만에 과거제를 폐지했고 현대식 헌법의 적용 여부도 고민했다. 그러나 다시 혁명이 터지면서 청의 이런 노력은 실패로 돌아갔다. 중국은 공화국이 되었고 이제 새 국가엔 황제가 없었다. 그러나 제국주의자들의 입김 탓에 중국의 고통은 계속되었다. 불평등조약의 무역 규정들이 여전히 적용되었기 때문이다.

멈추지 않는 약탈과 경쟁

● 가장 열등한 인종 ●

1810년쯤에 런던에서 한 젊은 아프리카 여성이 쇼 무대에 올랐다. 사라 바트만은 자기 피부처럼 검은색 옷을 몸에 딱 달라붙게 입었고 진주와 깃털로 장식을 하고서 파이프 담배를 피웠다. 돈을 내는 사람에겐 개인적으로 공연을 해주기도 했는데, 원하면 그녀를 만져볼 수도 있었다. 특히 관객들의 탄성을 자아낸 것은 그녀의 풍만한 엉덩이였다. 그 엉덩이가 당시의 미적 이상에 딱 맞았기 때문에 그녀는 '비너스'로 불렸다. 그 말 앞에 다른 설명이 붙지 않았더라면 바트만도 그 많은 관심에 기분이 좋았을지 모르겠다. 그러나 그녀는 그냥 비너스가 아니라 '호텐토트의 비너스'였다.

'호텐토트'라는 말은 남아프리카 네덜란드 식민지에 사는 몇몇 종족을 유럽인들이 깔보며 부르는 호칭이었다. 바트만의 유럽 모험도 그곳에서 네덜란드 주인을 모시며 시작되었다. 그녀에게 관심을 보인 한 영국 상인이 그녀를 사서 영국으로 데려온 후 명물로 전시를 했다. 인종차별 철폐 운동가들이 그 쇼를 보고 분노해 공연 기획자를 비난했고 재판까지 열렸지만 바트만은 주인 편을 들었다. 그녀의 자발적인 선택이었는지 주인이 무서워서 그랬는지는 아무도 모를 일이다.

얼마 후 바트만은 파리로 팔려갔다. 이번에 그녀를 산 주인은 동물 공연으로 돈을 많이 번 사람이었다. 화가들이 그녀의 그림을 그렸고 학자들이 그녀를 연구했다. 바트만은 동의했다고 말했지만 그런 꼴을 당한 그녀의 기분이 좋았을 리는 없다. 그녀는 담배를 피우고 술을 많이 마셔대다가 2년 후 젊은 나이에 세상을 뜨고 말았다. 그러나 죽은 후에도 그녀의 몸에 대한 관심은 식지 않았다. 사람들은 그녀의 두개골과 두뇌, 성기를 정성껏 방부 처리해 1974년까지도 박물관에서 전시했다. 사람들은 호텐토트의 비너스가 오랑우탄 단계의 가장 열등한 인종이라고 믿었다. 당시 바트만의 사체 해부는 인종 연구를 목적으로 한 최초의 과학적 조사였다. 조사의 목적은 당연히 유럽 식민지 지배의 정당화였다.

● 가장 우월한 인종 ●

상당히 오래전에 포르투갈 사람들이 아프리카에 발을 들여놓은 적은 있었지만, 19세기 아프리카 대륙은 서구 열강의 관점으로 볼 때 아직 주인 없는 땅이었다. 그 말은 곧 그곳에는 아무런 산업시설이 없고 현대식 문명도 없으며 아시아처럼 쉽게 정복할 수 있는 땅이라는 의미였다.

유럽이 아프리카 정복 경쟁에 돌입했다. 그곳의 땅과 천연자원이 목표였다. 이번에도 영국이 가장 앞장섰으므로 기업가 세실 로즈는 영국인이 세계에서 제일가는 인종이라고 주장하기에 이르렀다. 그런데 이 아프리카 쟁탈전에는 영국에 버금가는 자부심으로 똘똘 뭉친 새 주자가 둘이나 더 등장했다. 독일과 이탈리아였다. 독일 소국들이 그사이 독일제국으로 통일되면서 프로이센의 왕 빌헬름 1세가 독일제국의 황제가 되었다. 또 비슷한 시기에 이탈리아의 소국들도 힘을 합쳐 비토리오 에마누엘레 2세를 왕으로 삼아 이탈리아 왕국을 세웠다.

마침내 통일을 이룬 독일과 이탈리아가 이미 앞서 많은 것을 얻어낸 네덜란드, 영국, 프랑스, 포르투갈의 뒤를 쫓았다. 아시아에서는 큰 활약을 못했지만 적어도 아프리카에선 '양지'를 차지하고 싶었다. 그 경쟁의 도가니에서 아프리카 대륙 전체가 유럽 식민지의 조각이불이 되기까지는 채 몇십 년도 걸리지 않았다.

천연자원을 채굴하려면 일꾼이 필요했고 도로와 운하, 집과 생필품이 필요했다. 그래서 식민지 주인들은 무기와 더불어 기독교 선교사들을 동원했다. 기업가와 군인들이 땅을 훔치는 동안 교회는 아프리카의 가난한 죄인들을 받아들여 기독교로 개종시켰다. 아프리카에 이런 속담이 생겼을 정도이다. "너희들이 왔을 때 너희에겐 성경이 우리에겐 땅이 있었다. 그러나 우리 손에 남은 것은 성경뿐, 땅은 너희의 것이 되었다."

● 치명적 경쟁 ●

인도와 아프가니스탄, 러시아 남부와 아프리카. 유럽인들은 어디서나 땅을 차지하려고 전쟁을 벌였다. 따라서 그 포화가 자신들의 땅 유럽으로 되돌아오는 것은 시간문제일 뿐이었다. 안 그래도 유럽에는 이런저런 갈등이 들끓었다. 그곳에는 체코인, 폴란드인, 헝가리인, 슬로바키아인, 슬로베니아인, 크로아티아인 등 수많은 민족이 살았다. 그런데 그들 대부분이 신성로마제국이 남긴 마지막 다민족국가 오스트리아-헝가리제국에서 살았다. 그리고 모두가 독립국가를 쟁취하기 위해 싸웠다. 게다가 이웃 국가들, 특히 강국인 영국과 러시아가 언제 또 침략할지 몰라 늘 노심초사했다.

독일인들은 대영제국의 힘이 크고 빠른 선박들로 구성된 해군 함대 덕분이라고 확신했다. 그래서 열정을 다해 무적함대를 만들기 위해 노력했다. 빌헬름 1세와 독일 수상 오토 폰 비스마르크가 지지를 호소하자 어린 소년소녀들까지 해군 제복을 입고 거리에 나올 정도로 독일인들이 그 호소에 부응했다. 영국이 독일의 그런 대응을 도전으로 받아들이면서 두 나라는 군비경쟁에 돌입했다. 누가 더 빠르고 더 큰 배를 지을 것인가? 대서양을 제일 빠른 속도로 횡단한 기선에겐 승리의 표식으로 파란 리본을 수여할 것이라는 소문

이 무성했다. 물론 리본이 수여된 적은 한 번도 없었다.

1912년 4월 10일 영국 사우샘프턴을 출발한 호화 여객선 타이타닉호가 5일 후 빙산과 충돌해 침몰하자, 독일인들은 충격을 감추지 못하면서도 한편으로는 반색하는 눈치였다. 이미 독일 조선소에서 더 크고 더 빠른 배가 한 척 건조되고 있었기 때문이다.

여성에게 참정권을!

● 서프러제트 ●

타이타닉호가 대서양에서 빙산을 만나 침몰할 당시 마리 퀴리는 이미 두 번의 노벨상을 받았다. 한 번은 물리학상, 또 한 번은 화학 상이었다. 그녀는 러시아의 지배를 받던 폴란드에서 태어났지만 그곳에선 여자가 대학을 갈 수 없었기 때문에 파리로 떠났다. 결혼 후 남편 피에르와 함께 미립자 실험을 하던 그녀는 부서진 원자핵에서 나오는 광선에 '방사능'이라는 이름을 붙였다. 또한 화학원소 폴로늄을 발견했다. 폴로늄은 조국 폴란드에서 따온 이름이었다.

마리 퀴리, 넬리 블라이, 할리데 에디브처럼 점점 더 많은 수의 여성들이 기자, 작가, 학자가 되었다. 물론 여전히 드문 경우였지만 그 드문 경우의 숫자가 날로 늘어났다. 현대의 변화는 옛 질서를 흔들었고, 여성도 정해놓은 길을 벗어나 남들과 다른 행보를 걷기가 과거보다 쉬워졌다. 한편으로는 그랬다.

그러나 드문 경우가 되는 것만으로는 절대 해결되지 않는 차별이 만연했다. 마리 퀴리가 프랑스과학아카데미에 가입 신청을 하자 사람들은 그녀를 그리스 신화에 나오는 마녀 키르케에 빗대어 '라듐 키르케'라고 조롱했다. 그녀가 파리 대학에서 공부할 때는 여학생의 비율이 남학생 100명당 한 명 꼴이었다. 적었다. 적어도 너무 적었다. 게다가 선거권의 문제에선 여전히 여성의 요구에 귀를 틀어막았다.

아무도 내 말을 안 들어주면 어떻게 하겠는가? 소리를 높이다가 끝내 주먹으로 탁자를 내리칠 것이다. 거리엔 탁자가 없으므로 창문에 돌을 던질 것이다. 최초로 돌을 던지며 여성 참정권을 요구했던 여성들은 유감스럽게도 전혀 목표물을 맞히지 못했다.

에멀라인 팽크허스트는 돌팔매질이 형편없기로 유명했다. 그러나 그녀의 집 거실에서 결성된 '여성사회정치동맹Women's Social and Political Union'에는 돌을 잘 던지는 추종자들이 충분히 많았다.

투쟁은 거기서 그치지 않았다. 여성들은 정치집회를 급습해 의자에 올라가 "여성에게 참정권을!"이라고 적힌 플래카드를 펼쳤다. 잘 가꾼 골프장 잔디에 산을 부어 글자를 새겼고 편지함을 폭파했으며 열차의 좌석을 칼로 긋고 불을 지르고 폭탄을 던지고 창문을 부수었다. 다우닝가 10번지 영국 수상 관저의 창문도 무사하지 못했다. 단 하나, 사람을 향한 폭력만은 절대 쓰지 않았다.

여성 작곡가 에설 스미스가 팽크허스트에게 돌 던지기를 가르쳤지만 소용없었다. 대신 스미스가 작곡한 〈여성 행진곡〉은 서프러제트(여성 참정권 운동가) 여성들의 열광적 호응을 얻었다. 점점 더 많은 여성들이 그들의 호소에 동참했다. 점점 더 많은 영국 여성들이 무기휴대허가증을 신청했고 다우닝가 10번지의 난간을 타고 올랐으며 집회와 거리에서 소동을 일으켰다.

영국 정부는 시위에 참가한 많은 여성들을 체포해 감옥에 집어넣었다. 그러나 여성들을 지지하는 여론도 만만치 않았다. 제임스 머레이 의원 같은 유명 인사들이 팽크허스트를 지지하고 나섰다. 머레이는 런던 사보이 호텔에서 코스 요리를 주문한 후 그 음식을 전부 그녀가 갇힌 감옥으로 배달시켰다. 시중을 들어줄 웨이터까지 같이 보냈다. 사보이 호텔 지배인도 뒷짐만 지고 있지 않았다. 그날의 음식 값은 지배인이 부담했다.

지휘자 토머스 비첨 역시 여자 감옥을 찾아갔다. 그리고 그곳의 풍경을 이렇게 전달했다. "고귀한 여성 순교자 한 무리가 (……) 행진을 하며 마음을 다해 투쟁가 〈여성 행진곡〉을 부르면 그 곡을 지은 작곡가가 위쪽 창문에서 흐뭇한 표정으로 그 광경을 지켜보며 칫솔로 박자를 맞추었다."

서프러제트 여성들은 감옥에서도 단식을 하며 투쟁을 멈추지 않았다. 정부는 강제 음식 투여를 지시했다. 코에 관을 집어넣어 액체 형태의 음식물을 집어넣었다. 극도로 고통스러운 일이었기에 많은 사람들이 그 조치를 고문이라고 불렀다.

그래도 여성들은 물러서지 않았다. 팽크허스트의 추종자 몇 사람은 유도를 배워 경찰이 팽크허스트를 체포하려고 할 때마다 경찰과 맞서 그녀를 경호

했다. 팽크허스트의 딸 크리스타벨은 엄마와 함께 체포되자 법정에서 변론을 맡았다. 그녀의 변론이 어찌나 대단했던지 마담 튀소 박물관은 그녀의 밀랍인형을 만들어 전시했다.

야단법석과 밀랍인형 하나. 여성 참정권 투쟁이 남긴 결과는 그게 전부인 것 같았다. 제1차 세계대전이 발발하자 지금까지와는 다른 규칙이 적용되었다. 몇몇 여성운동가들이 평화시위를 조직해 영국의 어머니들에게 아들을 군에 보내지 말라고 외쳤다. 그러나 영국 국민의 다수는 외부의 적에 대항하기 위해 단결했다.

● 독일의 여성 정치가 ●

유럽 대륙의 여성들도 해방을 위해 노력했다. 그러나 그들의 목표는 참정권만이 아니었고 그로 인해 상황이 조금 더 복잡했다. 선거를 하고 공적 활동에 참여하기를 원하는 마음은 모든 여성이 같았다. 그러나 그 외에는 처한 상황에 따라 의견이 갈렸다. 유복한 시민 계급의 아내들은 남편이 밖에 나가 정치를 하고 사업을 할 동안 집에 앉아 하인의 시중을 받으며 뜨개질이나 하고 악기나 연주하는 것이 못 견딜 일이라고 생각했다. 공장에서 일하거나 돈 많은 시민 계급의 집에서 가사를 담당하던 노동자 계급 여성의 시름은 전혀 종류가 달랐다. 사정이 그러했으므로 여성운동도 분열되었다.

한쪽에선 헬레네 랑게(독일의 교육자이자 여성운동가-옮긴이)처럼 여교사들이 교육을 받고 직장생활을 할 수 있는 여성의 권리를 외쳤다. 다른 쪽에선 클라라 체트킨과 로자 룩셈부르크 같은 여성들이 모든 여성의 상황을 걱정한다면 여권 운동가이자 동시에 사회주의자가 되어야 한다고 주장했다. 사회주의자들은 카를 마르크스의 사상을 더욱 발전시켰다. 그래서 완전히 새로운 사회질서, 소수의 부자가 아니라 노동자가 지배하는 국가를 원했다.

사회주의는 인류가 그동안 늘 놓쳤던 바로 그 지점을 건드렸다. 마침내 여성을 끌어안는 혁명을 계획한 것이다. 독일 사회민주주의자 아우구스트 베벨은 이렇게 말했다. "여성과 노동자는 둘 다 억압받는 사람이라는 공통점이 있다."

공산주의자와 사회주의자들은 노동자들에게 구시대 정치를 무너뜨리고 직접 권력을 장악하자고 호소했다. 혁명이 성공하기 위해서는 만국의 노동자가 단결해야 했다. 그래서 마르크스와 엥겔스는 《공산당 선언》에서 외쳤다. "만국의 노동자여, 단결하라!" 실제로 수많은 나라의 사회주의자들이 연합해 '사회주의 인터내셔널'을 결성했다. 대회에 참석한 그들은 노래했다. "들어라, 최후 결전 투쟁의 외침을…… 인터내셔널 깃발 아래 전진 또 전진!"

체트킨과 룩셈부르크는 사회민주당을 이끈 지도자들이었다. 사회민주당은 독일에서 여권을 위해 투쟁한 최초의 정당이었다. 이들은 인터내셔널 결성에 참여했고 여성 잡지를 발간했으며, 정치 연설을 하고 초대 의회에 의원으로 선출되어 국제적으로 유명한 여성 정치가가 되었다.

그러나 여성운동은 이들 두 여성 사회주의자에게 미온적인 반응을 보였다. 독일여성협회연맹은 아예 이들을 제명했다. 남녀는 완벽하게 평등해야 한다는 체트킨과 룩셈부르크의 주장을 아직 많은 여성들이 과하다고 느꼈던 것이다. 또 그들은 노동자 문제에 관심이 없었다. 실제로 여성뿐 아니라 많은 독일인들이 노동자 계급의 지배는 또 다른 불평등을 야기할 것이라는 생각에서 사회주의에 등을 돌렸다.

8

평화와 평등을 꿈꾸다

1854년과 1865년 플로렌스 나이팅게일이 간호의 혁명을 일으키다. 적십자가 탄생하다.

1889년 베르타 폰 주트너가 반전 소설《무기를 내려놓으라!》를 발표하다.

1914년 사라예보 사건으로 제1차 세계대전이 발발하다.

1915년 헤이그에서 1000여 명의 여성들이 국제여성평화회의에 참석하다.

1917년 러시아에서 10월 혁명이 일어나 레닌과 볼셰비키당이 권력을 장악하다.

1918년 미국 대통령 우드로 윌슨이 14개조 평화원칙을 제안하여 제1차 세계대전의 종전과 유럽 평화를 주창하다.

1920년~1922년 영국과 프랑스가 국제연맹과 합의해 오스만제국의 영토에 새 국가들을 건설하다. 시리아, 팔레스타인, 레바논, 이라크가 탄생하다.

1923년 무스타파 케말 아타튀르크가 오스만제국의 남은 영토에 터키를 세우다.

1939년 9월 1일 새벽 독일이 폴란드를 침공하다. 제2차 세계대전이 발발하다.

1941년~1945년 독일인들이 유럽 유대인들을 대량학살하다.

1941년 히틀러가 불가침조약을 깨고 소련으로 진군하다. 일본이 진주만의 미국 함대를 공격하다. 미국이 제2차 세계대전에 참전하다.

1945년 8월 독일이 항복하여 유럽에서 제2차 세계대전이 끝나다. 미국이 일본 히로시마와 나가사키에 원자폭탄을 투하하다.

1945년 포츠담 회의가 열리다. 승전국들이 독일을 4개 지역으로 분할 점령하다.

1947년 마하트마 간디와 자왈할랄 네루가 무폭력 저항운동으로 인도의 독립을 이룩하다.

1949년 마오쩌둥이 중화인민공화국을 건설하다. 냉전으로 미국과 소련을 필두로 동구권과 서구권이 대립하다.

1957년 유럽경제공동체가 설립되다. 훗날 이것이 유럽연합으로 발전하다.

1961년 '평화를위한여성파업'이 핵실험 반대를 외치다.

1963년 워싱턴 행진에서 마틴 루터 킹이 "나에겐 꿈이 있습니다."로 시작하는 그 유명한 연설을 하다.

1968년 68 운동이 전 세계에서 전쟁과 부정에 항의하다. 러시아군이 장갑차를 몰고 프라하로 들어가 프라하의 봄을 진압하다.

등불을 든 여인

● 병원을 변화시키다 ●

유럽은 과학을 이용해 군사기술을 꾸준히 개선했다. 여기서 '개선'이라는 말은 점점 더 적은 비용으로 점점 더 많은 수의 인간을 살상할 수 있다는 뜻이었다. 바람직한 일이 아니었다. 더군다나 적군도 똑같이 고도로 발달한 기술을 갖추었다면 말이다.

영국은 오스만제국과 러시아의 전쟁을 통해 처음으로 그 사실을 체감했다. 흑해 북쪽 크림반도에서 두 나라 사이에 전쟁이 벌어지자 러시아의 세력 확장을 우려한 영국과 프랑스가 오스만제국을 지원했다. 그러나 전쟁이 터지자마자 돌아온 건 부상병을 가득 실은 전함이었다.

영국군은 그런 상황을 미처 예상치 못했다. 야전병원은 그 수많은 군인들을 치료할 준비가 전혀 되어 있지 않았고 위생 상태는 실로 처참했다. 오죽하면 영국 신문들이 적과 싸우다 죽는 군인보다 병원에서 죽는 군인이 더 많다고 보도할 지경이었다. 영국의 여론이 분노했다. 전쟁부 장관은 플로렌스 나이팅게일을 영국군 야전병원으로 파견했다. 그녀는 38명의 여성과 함께 그곳에서 부상병 간호 임무를 맡았다.

나이팅게일은 젊은 시절 부상자를 치료하고 간호하는 법을 배웠다. 부모가 여행 삼아 그녀를 영국 식민지로 보냈는데, 나이팅게일은 유적지를 관람하는 보통의 관광객들과 달리 병원을 찾아다녔다. 감염을 막아줄 위생 조치란 것이 아직 보급되기 전이었으므로 매우 위험한 행동이었다. 그녀는 바로 그런 열악한 병원의 환경을 바꾸어보고자 했다.

크림전쟁이 그녀에게 기회를 주었다. 그녀는 야전병원의 간호 조직을 완전히 개편했다. 부상병을 보살피는 한편으로 돈을 모으고, 붕대, 이불, 약품, 수술대 등 시급하게 필요한 물품을 확보하는 데 힘을 쏟았다. 훗날 누군가 그녀를 '등불을 든 여인'이라 불렀는데 그것이 많은 사람들의 눈에 비친 그녀의 모습이었다. 밤마다 등불을 들고 병상을 누비며 부상자들을 살피는 간호사!

불과 몇 년 후 미국에서 남북전쟁이 터지자 간호사 클라라 바턴은 전장의 부상병을 치료할 조직을 창설했다. 그런데 그녀는 아군과 적군을 가리지 않고 도움이 필요한 사람이면 무조건 도움을 주었다. 지금껏 볼 수 없었던 행동이었다. 유럽에서도 스위스 의사 앙리 뒤낭이 비슷한 생각을 실천에 옮겼다. 두 사람의 목표가 동일했기에 두 사람의 조직이 협력했다. 그렇게 해서 탄생한 것이 국제적 십자이다.

나이팅게일, 바턴, 뒤낭이 시작한 현대식 부상병 구호는 시의적절한 발걸음이었다. 전쟁이 날로 참혹해지면서 부상병의 수가 급증했기 때문이다.

세계대전의 소용돌이

● 노벨상을 제안한 소설가 ●

또다시 한 권의 소설이 여론을 뒤흔들었다. 소설의 제목은《무기를 내려놓으라!》로, 작가는 오스트리아 여성 베르타 폰 주트너였다. 그녀 역시 러시아에서 전쟁의 얼굴을 만났다. 크림전쟁 이후에도 터키와 러시아의 분쟁은 멈출 줄 몰랐다.

주트너는 전쟁이란 '인간의 망상'이라고 선언했다. 전술이 갈수록 효율적으로 발전하는 상황에서 인류는 전쟁을 막을 방도를 찾아야 한다고 주장했다. 그러나 평화는 많은 나라가 힘을 합쳐야 달성할 수 있는 목표였다. 그래서 그녀는 여러 개의 평화단체를 설립해 국내외의 평화주의자들과 적극 협력했다.

평화주의자들은 계몽주의 철학자 칸트의 국제 평화 사상을 이어 갔다. 칸트는 외국의 침략을 무조건 부당하다고 선언하는 국제법의 필요성을 피력했다. 그러나 국제법은 최대한 많은 나라가 인정해야만 가능하다. 따라서 평화주의자들은 각국 정부에 국제사법재판소의 설치를 제안했다. 국제법을 지키지 않는 나라를 세계 공동체가 그곳에 고발하여 재판을 받게 하자는 것이었다. 주트너 역시 국제법 구상에 동참해 그 제안서를 오스트리아 황제 프란츠 요제프 1세에게 직접 전달했다.

주트너는 자신의 명성을 이용해 전 세계에 평화 사상을 홍보했다. 미국으로 건너가 대통령 시어도어 루스벨트를 만났고 미국 평화운동에 열광적인 호응을 보냈다. 미국은 퀘이커교를 비롯한 여러 기독교 공동체와 노예제도 철폐 운동 등 평화운동의 뿌리가 깊은 나라였다. 주트너는 또 스웨덴 발명가 알프레드 노벨에게 노벨평화상을 제정할 것을 제안했다. 그리고 1905년에 노벨평화상을 받았다. 여성으로서는 최초였다.

● 팽팽한 긴장 ●

그러나 유럽의 분위기는 세계 평화의 외침에 호의적이지 않았다. 국가에 대한 소속감이 막 싹트기 시작하면서 모두들 자국과 타국을 저울질하고 비교하느라 바빴다. 과학과 기술과 철학은 만인의 것이 아니라 특정 민족의 자산이었다. 예술도 마찬가지였다. 프랑스에선 프랑스 음악이 독일 음악보다 우아하다고 우겼고, 독일에선 자국 음악은 진지하고 알찬데 이탈리아 음악은 경박하다고 비웃었다. 오랜 세월 공생하면서 언어도 서로 주고받던 이웃이 갑자기 외국어를 배격하며 모국어를 순화해야 한다고 주장했다. 폴란드인과 체코인들은 독일어 단어를 부끄럽게 여겼고, 독일인들은 프랑스어나 이탈리아어 단어를 수치로 생각했다. 때로 체코에서 독일어라고 내쫓긴 단어가 독일에서는 프랑스어라는 이유로 구박받는 일도 일어났다. 단어뿐 아니라 사람도 출신을 구분하기가 쉽지 않았다. 그럼에도 애국자들은 괘념치 않았다. 국가는 이성의 문제가 아니라 마음의 문제였기 때문이다. 국민감정은 뜨겁게 불타올랐고 모두가 조국을 위해서라면 목숨도 기꺼이 바치겠다는 각오를 다졌다.

조국을 사랑하는 자는 자국의 언어나 문화는 물론이고 군대에 대해서도 자부심을 느꼈다. 승자와 패자가 갈리는 전쟁보다 한 나라의 국력을 더 확실히 보여주는 것이 무엇이겠는가?

대부분의 유럽 정부는 지속적 평화에 관심을 보이지 않았다. 오랜 세월 전쟁을 정치의 수단으로 생각해왔기 때문이다. 따라서 국제평화조약과 국제법보다는 군사동맹에 더 사활을 걸었다. 두 나라가 제3의 나라에 맞서기 위해 조약을 체결하면 자신의 입지는 강해지고 적의 입지는 약해진다. 어떤 나라도 약골 나라가 되고 싶지 않았기에 짧은 시간 안에 셀 수도 없을 만큼 많은 조약이 체결되었다. 때로는 공공연하게, 때로는 은밀하게, 누가 적이고 동지인지를 분간할 수 없을 만큼의 조약이 맺어지고 깨졌다. 모두가 이익을 기대하면서도 서로를 불신했다. 승낙과 조약은 언제라도 깨질 수 있는 것이었기 때문이다.

주트너는 무기거래상, 사업가, 군이 사람들을 부추긴다고 외쳤다. 이들이 전쟁을 돈벌이 수단으로 삼아 큰 이익을 거두었다고 말이다. 그녀는 동맹정책의 핵심을 꿰뚫어보고 세계대전의 위험을 경고했다. 유럽은 극도의 긴장으로 팽팽했다. 민족주의자들은 전쟁을 염두에 두었다. 심지어 전쟁을 갈망한 사람도 적지 않았다.

● 제1차 세계대전 ●

주트너를 비롯한 많은 사람들의 우려대로, 동맹정치는 단 한 번의 갈등으로 세계대전을 일으켰다. 갈등의 주범은 사라예보가 오스트리아-헝가리제국의 일부인 것에 불만을 품은 한 세르비아 청년이었다. 그는 세르비아 민족국가를 건설하기 위해 싸우는 저항단체에 소속되어 있었다. 1914년 6월 28일 그는 오스트리아-헝가리제국 황태자 프란츠 페르디난트와 황태자비 조피를 대로에서 암살했다. 그 사건은 위기로 치달았다. 암살 사건이 터진 지 4주 후 오스트리아와 독일이 세르비아, 러시아, 프랑스에 선전포고를 했다. 그 뒤를 따라 다른 나라들도 도미노처럼 줄줄이 선전포고를 했다. 오스트리아의 편도 있었고 반대편도 있었다.

열광한 애국자들이 전선으로 달려갔다. 조국을 지키고 전장에서 영웅이 될 것이라고 기뻐한 이들도 적지 않았다. 앞으로 어떤 일이 닥칠지 그들은 까맣게 몰랐다.

공장에서 제작한 현대식 무기가 무슨 짓을 저지를 수 있을지 아무도 몰랐다. 제품번호 08/15 기관총이 제1차 세계대전에서 사용된 대표적인 현대식 무기였다. 격전이 벌어지면 단 하루 만에 2만 명의 군인이 목숨을 잃었다.

병사들은 60킬로미터 떨어진 목표물을 맞히는 수류탄도 난생처음 보았다. 장갑차도 몰랐고, 하늘에서 폭탄을 투하할 수 있는 전투기도 처음 보았다.

갑자기 잠수함이 나타나 전함과 여객선을 가리지 않고 배를 침몰시켰다. 유명한 패션 디자이너 레이디 더프 고든도 하마터면 잠수함 때문에 목숨을 잃을 뻔했다. 그날 그녀는 뉴욕에서 영국으로 가는 루시타니아호의 표를 샀지만 몸이 아파 배에 타지 못했다. 루시타니아호는 독일 잠수함의 공격을 받아 침몰했고, 약 1200명의 승객이 물고기 밥이 되었다.

영웅이 되기는커녕 엄청난 숫자의 병사들이 전쟁의 제물이 되어 이름도 없이 집단 매장되었다. 전쟁을 시작한 지 채 1년도 안 지났건만 적을 무력화할 수 있는 모든 방법이 총동원되었다. 과학자들은 양심의 가책에 시달렸다. 무기의 성능이 날로 좋아진 것은 다 그들의 지식 탓이었다. 그나마 총알의 궤도를 더 정확하게 계산하는 수준은 질끈 눈감아줄 수도 있었다. 그러나 독가스를 제조해 1개 대대 병사 전체의 폐를 망가뜨려 고통스럽게 죽이는 것은 전혀 다른 문제였다.

여성 화학자 클라라 임머바르가 화학무기의 치명적 효과를 세상에 알리자 남편은 조국 독일을 배신했다며 그녀를 비난했다. 임머바르가 프리츠 하버와 결혼한 이유는 화학을 향한 열정이 자신 못지않게 뜨거웠기 때문이었다. 그러나 그녀가 임신을 하자 남편은 그녀를 실험실에서 내쫓았고 대학도 그녀를 받아주지 않았다. 여성 핵물리학자 리제 마이트너 역시 물리학연구소의 출입 허가는 얻어 냈지만 옆문을 이용해야 했다.

하버는 자신의 능력을 군수산업에 제공했고 아내는 경악했다. 그가 군을 도와 제조한 독가스는 실전에 투입되어 5000명의 영국과 프랑스 병사를 죽음으로 몰아넣었다. 하버는 황제의 훈장을 받았다. 임머바르는 승전 기념 파티가 열리던 중 남편의 권총을 꺼내 정원으로 나가 자살했다. 유언장을 남겼지만 그녀가 숨을 거둔 직후 유언장은 흔적도 없이 사라졌다.

그런 임머바르도 예상치 못했을 것이다. 독가스의 무시무시한 파장이 전장에 머물지 않았다는 사실을. 남자들은 전선으로 끌려갔고 여자들은 군수공장에서 폭탄과 전쟁물품을 만들었다. 그러느라 많은 여성들이 병들었고 독가스 때문에 얼굴이 누렇게 떴다.

전쟁 초기만 해도 독일인들은 이번 전쟁을 '그레이트 게임'의 연장선쯤으로 생각했다. 식민지, 자원, 해로, 빠른 배를 놓고 식민지 열강들이 벌인 내기 정도로 가볍게 여겼다. 그러나 그들 역시 신무기가 전쟁을 대재앙으로 만들었다는 사실을 인정하지 않을 수 없었다. 화학무기 공격으로 제1차 세계대전의 잔혹함은 최고조에 달했다. 유럽에서 시작된 전쟁은 서아시아, 동아시아, 아프리카를 넘어 미국으로까지 확대되었다. 40개국 이상에서 7000만 명이 넘는 사람이 전쟁에 끌려 나갔다. 그중 1700만 명이 목숨을 잃었고 많은 수가 부상을 당했다.

● 나라에서 제일 위험한 여자 ●

현대식 무기는 제1차 세계대전을 무의미한 학살의 지옥으로 만들었다. 어떻게 해야 이 잔혹한 전쟁을 끝낼 수 있을까?

미국 여성 제인 애덤스와 네덜란드 여성 알레타 야콥스는 전쟁 발발 직후 헤이그에서 국제여성평화회의를 주도했다. 불과 이틀 만에 1000명이 넘는 참가 여성들이 구체적 해결 방안을 가결했다. 이들은 전 세계 권력자들에게 대표단을 보내 평화 중재 노력을 기울였지만 소용이 없었다. 3년 후에야 미국 대통령 우드로 윌슨이 참전국 모두에게 승리 없는 평화안 체결을 요청하는 연설을 했다. 그 연설문은 헤이그에서 여성들이 제안했던 내용을 많이 수용했다. 애덤스가 윌슨에게 결의안을 건네자 윌슨이 감탄하며 이렇게 말했다고 한다. "지금껏 작성된 의견들 중에서 단연코 최고군요."

그러나 종전은 쉽게 찾아오지 않았다. 무엇보다도 윌슨의 14개조 평화원칙은 다민족국가 오스트리아의 해체를 제안했으므로 독일과 오스트리아가 거부했다. 미국은 이미 1년 전에, 그것도 오스트리아와 독일의 적국으로 참전한 상태였다. 미국인들은 대통령의 참전 결정을 지지했고, 참전을 비판한 애덤스는 반역자로 욕을 먹었다. 누군가는 그녀를 "나라에서 제일 위험한 여자"라고 부르기도 했다.

그런 비난에도 애덤스와 그녀를 따르는 여성 평화운동가들은 꿋꿋하게 계획을 밀고 나갔다. 세계 공동체를 한 테이블에 불러 모아 함께 해결책을 찾도록 만들기 위해 꾸준히 투쟁했다. 그러나 그들의 노력은 성공하지 못했다.

● 10월 혁명 ●

사회주의자들은 세계 곳곳에서 새로운 사회질서를 위해 투쟁했다. 그런데 러시아에선 비밀경찰까지 동원한 차르가 이들을 혹독하게 박해하고 처벌했다. 그러던 중 전쟁이 발발하자 굶주림에 지친 군인과 노동자의 아내들이 시위에 나섰다. 프랑스혁명 때와 사정이 비슷했다. 빵이 부족하자 사람들이 거리로 나섰고 항의가 터져 나왔으며 결국 러시아혁명이 일어났다.

사회주의자들은 이 기회를 이용해 혁명의 선봉에 섰다. 그들은 소비에트, 즉 평의회를 구성했다. 저항이 특히 거셌던 곳곳에서 소비에트가 정권을 넘겨받았고 결국 러시아제국의 구체제를 무너뜨렸다. 차르는 왕위에서 물러났고 온 가족이 암살당했다. 새 권력자들은 스스로를 볼셰비키라고 불렀고 그들의 지도자는 블라디미르 일리치 레닌이었다. 그의 영도하에 볼셰비키당은 소비에트연방을 건설했다. 역사상 최초로 새 사회질서인 사회주의가 한 국가에서 실제로 시험대에 오른 것이다. 사회주의 이념이 '현존하는 사회주의'가 된 것이다.

● 종전을 외치다 ●

독일 사회주의자들은 러시아와 긴밀한 관계에 있었다. 다들 사회주의 인터내셔널 조직원이었으므로 서로 잘 알았고, 러시아혁명의 지도자 레닌은 클라라 체트킨과 오랫동안 편지를 주고받은 사이였다. 그러나 전쟁이 터지자 독일 사회민주주의 진영이 분열되었다. 사회민주당 당원 대다수가 정부 편이 되었고, 로자 룩셈부르크와 카를 리프크네히트, 체트킨을 중심으로 결집한 작은 무리만 전쟁을 날카롭게 비판했다. 그들은 스파르타쿠스단과 독일 공산당을 결성했다. 체트킨은 종전을 요구하는 내용의 전단지를 뿌렸다가 반역자라는 죄목으로 체포당했다. 그러나 체트킨은 국민들에게 인기가 많았다. 그녀의 체포에 항의하는 목소리가 커지자 당국은 금방 그녀를 풀어주었다.

시간이 흐르면서 독일 국민도 전쟁에 염증을 느꼈다. 많은 이들이 황제와 군에 반대하며 휴전을 재촉했다. 사회주의자들은 그 기회를 잡았다. 혁명이 터졌고, 혁명군은 러시아의 소비에트를 모방한 레테를 구성하고, 레테 공화국을 건설하기 위해 노력했다. 그러나 불과 몇 주 후 그들의 노력은 허사로 끝났다. 사회주의 국가 대신 바이마르 공화국이 탄생했다. 다수 정당을 허용하는 의회 민주주의가 시작된 것이다.

미국, 영국, 프랑스가 강하게 버티는 데다 국내에서 혁명까지 터지자 독일과 오스트리아는 패배를 인정할 수밖에 없었다. 그들이 휴전에 동의하자 평화가 찾아왔다. 황제 빌헬름 1세는 퇴위했다.

● 화약이 된 조약 ●

제1차 세계대전을 시작한 나라는 독일과 오스트리아였다. 그래서 적국이었던 영국, 프랑스, 이탈리아는 자신들을 자유와 민주주의를 수호한 착한 나라로 포장하기가 쉬웠다. 전쟁이 끝나자 이들이 파리 베르사유궁에서 만나 세계 평화안을 협상했다. 그러나 단순한 선악 이분법의 문제는 이곳에서도 다시 한번 확인되었다.

미국 대통령 윌슨은 숭고한 뜻을 품고 파리로 날아갔다. 그의 14개조 평화원칙은 세계의 "민주주의를 안전하게 만들겠다는" 목표였고 실제로 연합국들은 제일 우선적으로 국제연맹과 국제법을 논의했다. 그러자 순식간에 아시아 전체에서 윌슨의 인기가 치솟았다. 중국 대학생들이 미국 대통령에 열광했고 조선과 베트남 사람들도 감격에 겨워 파리를 쳐다보았으며, 타고르는 윌슨에게 책을 한 권 헌정하겠다고 마음먹었다. 모두가 윌슨이 주창한 '민족자결권'이 유럽의 지배로부터 그들을 해방시켜줄 것이라고 믿었다.

현실은 달랐다. 물론 회의에 참석한 나라들이 실제로 국제연맹을 결성하고 국제법을 제정하기는 했다. 그렇지만 회의가 진행되는 와중에도 '착한 나라'는 사실상 강국이며 이들은 국제법보다 자국의 이익 챙기기에 더 여념이 없다는 사실이 드러났다. 예를 들어 일본의 제안을 두고 표결을 할 때였다. 일본은 국제연맹규약에 '만국 동등권'이라는 문구를 집어넣으려고 했다. 사실상 그 의미는 여전히 많은 이들이 무시하는 인종의 평등이었다. 일본의 제안은 통과되었고 동등권은 가결되었다. 그런데 윌슨 대통령이 그 결정을 무효라고 선언했다. '주요 국가들'이 반대했다는 말도 안 되는 이유로 말이다. 그가 말한 주요 반대국들이란 미국, 프랑스, 영국이었다. 그리고 그들은 인종 평등에 관심이 없었다.

미국은 막무가내로 표결 결과를 무효라고 선언했다. 식민지를 잃고 싶지 않은 영국과 프랑스의 검은 속내도 차츰 뚜렷해졌다. 이렇게 국제법은 탄생의 순간 이미 국제무법으로 변질되었다. 그나마 일본은 운이 좋았다. 아예 회의에 참석조차 못한 나라들이 훨씬 더 많았다. 윌슨이 미국으로 돌아오자 미국 의회는 대통령의 제안을 외면하고 국제연맹 가입을 거부했다. 국제연맹의 꿈이 물거품으로 돌아갈 것만 같았다.

아직 회의가 진행 중인 상태에서 연합국은 독일과 오스트리아를 상대로 평화 협상을 시작했다. 그들이 두 나라에 요구한 조건은 가혹했다. 독일은 식민지를 영국과 프랑스에 양도하고 군축에 들어가야 했다. 또 국경 지역의 영토를 잃었고 높은 배상금을 물어야 했다. 게다가 독일은 국제연맹에 가입시켜주지도 않았다.

다민족국가 오스트리아는 해체되어 여러 민족국가로 나뉘었다. 체코슬로바키아, 폴란드, 헝가리, 유고슬라비아가 건국되었고 나머지 땅은 오스트리아로 남았다. 사실 엄밀히 따지면 오스트리아는 민족국가가 아니었다. 그곳에는 독일인들이 살았다. 민족국가라고 부를 수 없는 나라는 그곳만이 아니었다. 헝가리는 전쟁 후 거대한 영토를 양도할 수밖에 없어 모욕감에 치를 떨었다. 체코엔 체코인, 슬로바키아인, 독일인이 나란히 살았고 유고슬라비아엔 크로아티아인, 세르비아인, 보스니아인이 함께 살았다. 그렇게 베르사유 평화회의는 전 세계인에게 실망과 모욕과 충격을 안겨준 채 막을 내렸다. 국제평화운동에 참가한 여성들 역시 실망감을 감추지 못했다. 취리히에서 두 번째로 만난 여성들은 베르사유 조약에 대해 강력하게 항의했다. 모두가 그러했듯 그들 역시 그 조약이 평화를 가져오기는커녕 또 다른 전쟁의 불을 지필 화약이라는 점에 우려를 표했다.

갈등을 불러온 국경선

• 국경선을 그은 여인 •

아직 전쟁이 끝나지 않은 상황에서 오스만제국이 무너지자 영국 정치가들은 서아시아 지도를 펴놓고 연필로 선을 그었다. 그리고 프랑스인들과 협상해 선의 북쪽은 프랑스가, 남쪽은 영국이 나누어 먹기로 합의했다. 이들은 러시아까지 계획에 동참시켰다. 이 사이크스-피코협정(협정 대표인 마크 사이크스와 조르주 피코의 이름을 땄다-옮긴이)은 당연히 엄격한 기밀 사안이었다. 그들이 서아시아 지역을 나누어 먹은 모양새가 민족자결을 인정하는 정의로운 세상의 이념에 역행하는 것이었기 때문이다.

서아시아의 국경선과 그에 합의한 사이크스-피코협정은 한 여성의 운명과도 관련이 깊다. 영국 여성 거트루드 벨은 옥스퍼드 대학에서 역사를 전공하고 우수한 성적으로 시험을 마쳤다. 그러나 여자가 대학 공부를 할 수는 있어도 공식적인 졸업장을 받지는 못하

던 시절이었다. 대학 공부는 그저 여성의 지성을 입증하
는 장식품에 불과했다. 그마저 귀족 사회 무
도회의 남성들은 높이 쳐주지도 않는 장식
품이었다. 어쨌든 벨은 그렇게 느꼈다. 남
편감을 열심히 구해보았지만 허사로 돌아
가자 그녀는 실망하여 영국 땅을 떠났다. 테헤
란으로 건너간 그녀는 아랍 곳곳을 여행하며 사람들
을 사귀었고 페르시아어와 아랍어를 배웠다. 아랍
사람들은 벨을 '사막의 딸', '여왕'이라 부르며 호의를 보였다.

비밀리에 국경선을 그을 당시 영국인들은 이중 게임을 했다. 예
전의 메소포타미아 지역은 아직 오스만제국의 땅이었다. 영국은 프
랑스와 그 땅을 나누기로 해놓고 아랍인들에게도 똑같은 약속을 던
졌다. 이들과 오스만제국을 이간질하기 위해서였다. 처음에 영국군
은 벨을 작전에 끌어들일 생각이 없었다. 그러나 그녀가 워낙 아랍
어에 유창하고 지리에 밝았기 때문에 결국엔 그녀를 정보장교로 임
명했다. 몇몇 사람들이 그녀를 두고 명성으로 따지자면 남자에 버
금간다고 말했는데, 아마 벨은 그런 칭찬이 흡족했을 것이다. 영국
귀족이 주최한 무도회에서 모욕을 당한 후 조국의 여자들을 깔보았
기 때문이다.

메소포타미아에서 벨은 세계사를 다시 쓸 수 있는 기회를 얻었
다. "하루 종일 사무실에 앉아서 남쪽 사막의 이라크 국경을 정했
습니다." 1912년 12월 그녀는 아버지에게 이런 편지를 보냈다. 영
국인들이 고대 메소포타미아에 세운 국가가 어떤 모습일지를 그녀

가 종이와 연필로 결정했던 것이다.

벨은 군사령관을 압박해 이라크와 요르단이 계속 독립을 유지하도록 도왔고 이라크에서 아라비아 왕이 왕좌에 오르도록 힘썼다. 그녀의 그런 노력이 과연 아랍의 친구들에게도 도움이 되었을까? 영화 〈아라비아의 로렌스〉로 유명한 토머스 에드워드 로렌스도 이집트에서 벨과 비슷한 임무를 맡아 처리했다. 그는 영국의 비밀협정과 이중 게임이 발각되자 무척 부끄러워했다.

로렌스와 벨은 아랍 세계에 대한 심오한 지식으로 세상을 놀라게 했다. 그러나 그들마저도 이슬람 사람들의 갈등을 진심으로 이해하지는 못했다. 그래서 인위적으로 국경을 정한 국가에 수니파와 시아파를 함께 살게 하면 '민족'이 될 수 있다고 믿었다. 그때까지 그곳에 살던 대부분의 사람들은 쿠르드족이거나 아랍족이었다. 그런데 어느 날 갑자기 런던과 파리의 유럽인이 그렇게 결정했다는 이유로 '시리아인', '이라크인', '요르단인', '팔레스타인인'이 되었다. 당연히 새로운 갈등을 낳을 수밖에 없는 결정이었다.

하나의 세계, 두 개의 이념

● 자유 민주주의와 사회주의 ●

1917년에 미국은 민주주의를 수호한다는 명분으로 제1차 세계대전에 참전했다. 그해 러시아에선 레닌과 볼셰비키당이 차르를 실각시키고 소비에트연방을 건설했다. 2년 후 패전국인 독일과 오스트리아를 제외한 강대국들이 베르사유에 모였을 때, 미국과 소련은 서로 적국이었다. 양국은 최대한 많은 나라를 자기 이념의 편으로 끌어들이려 노력했다. 서방은 민주주의와 최대의 자유를, 소련은 사회주의를 추구했다. 두 개의 정치권이 탄생했고, 이는 훗날 동구와 서구로 굳어졌다.

아시아인들은 여전히 미국 대통령 윌슨의 국제법에 기대를 걸었다. 그들을 향해 레닌이 미국의 탐욕을 알렸다. 미국 역시 유럽 제국주의자들과 똑같은 탐욕으로 지하자원과 땅을 노린다고, 미국인들 역시 착취하고 억압하는 제국주의자들이라고 선언했다. 나아가 그는 자본주의라는 서구 경제의 시스템은 제국주의를 불러올 수밖에 없다고 외쳤다.

러시아 지도부는 사회주의만이 정의롭고 평화로운 세상을 만들 수 있다고 주장했다. 그리고 자신의 주장을 실천으로 입증했다. 먼저 러시아는 서아시아 분할 협정을 공개해 영국과 프랑스에 망신을 주었다. 중국과의 불평등조약도 폐기했다. 나아가 중국, 인도, 인도네시아, 베트남의 해방운동을 지원했고 혁명 조직과 공산주의 코뮌의 건설을 도왔다. 소련의 이런 행동에 서구는 심한 압박감을 느꼈다. 자유 민주주의가 사회주의 못지않게 정의롭다는 증거를 보여주어야 했기 때문이다. 자신들의 식민지 지배를 정당화하기가 날로 힘에 부쳤다.

터키 민족주의자들은 양쪽 모두를 믿지 않았다. 서구 열강에게도, 소비에트연방에게도 선의를 기대하지 않았다. 그래서 무스타파 케말은 영국, 프랑스, 이탈리아, 그리스, 아르메니아를 상대로 해방 전쟁을 했다. 전쟁에서 승리한 후엔 현대적 국가를 건설하여 위대한 오스만제국을 잃은 터키인들을 위로했다. 국민들은 그를 터키의 아버지라는 뜻으로 '아타튀르크'라고 불렀다.

야만의 시대

● 파시스트의 행진 ●

"자유는 항상 다르게 생각할 자유이다." 로자 룩셈부르크는 이렇게 말했다. 그녀는 클라라 체트킨과 마찬가지로 자유 사상가였다. 두 사람 모두 레닌을 존경하고 독일 혁명을 꿈꾸었지만 소련이 건설된 이후 그곳에서 목격된 각종 폐해들에 대해선 비판의 칼날을 세웠다. 새 러시아 지도부 역시 자신들과 생각이 다른 사람들을 인정하려 하지 않았다. 자신들의 권력과 아직 자리 잡지 못한 사회주의 실험이 위험해질 수도 있다는 두려움 때문이었다.

독일에서도 국가의 미래를 둘러싼 다툼이 날로 폭력적으로 변해갔다. 한 의용단이 독일 사회주의의 두 지도자인 룩셈부르크와 카를 리프크네히트를 베를린 한복판에서 암살했다.

갑자기 유럽 곳곳에서 유니폼을 입고 무장을 한 의용단 무리가 등장했다. 그들이 무거운 장화를 신고 도로를 행진하면서 겁을 주었기 때문에 감히 그들에게 맞서려는 사람들이 없었다. 시작은 스스로를 '파시스트'라고 불렀던 이탈리아 전투부대였다. 이들이 지도자 베니토 무솔리니를 이탈리아 총리로 만들었다. 유럽 곳곳에서 파시즘이라는 이름의 새로운 운동이 사람들의 입에 오르내렸다.

파시즘의 황당한 점은 사실상 아무 이념이 없다는 사실이었다. 파시스트들은 정의와 평등과 인류애와 평화를 꿈꾸지 않았다. 그저 피와 땅으로 하나가 되었다고 느끼는 '우리', 민족, 공동체를 원했다. 민주적 토론 따위는 필요 없었다. 강력한 지도자를 쫓아 그가 이끄는 대로 나아가기만 하면 그만이었다.

갑자기 이탈리아에선 모든 것이 이탈리아 것이어야 했고, 독일에선 모든 것이 독일, 폴란드에선 폴란드, 헝가리에선 헝가리 것이어야 했다. 한마디로 모든 것이 '민족적'이어야 했으며 그 와중에서 다시 인종론까지 고개를 내밀었다.

'민족'은 순혈이어야 했다. 절대로 다른 피와 섞여서는 안 되었다. 500년 전 카스티야의 이사벨이 그런 주장을 하며 에스파냐에서 유대인들을 몰아냈다. 그 이후 유럽에선 반인종주의가 대세였다. 그런데 이제 파시즘이 등장하면서 인종주의가 그 어느 때보다 격렬한 형태로 퍼져나가기 시작했다. 영국, 프랑스, 네덜란드, 폴란드, 소련을 막론하고 곳곳에서 유대인 박해가 시작되었다. 그러나 어디보다도 지도자와 민족 숭배 및 유대인 증오가 최고조에 달한 곳은 아돌프 히틀러와 국가사회주의독일노동자당, 즉 나치스가 권력을 잡은 독일이었다.

● 히틀러의 전성시대 ●

제1차 세계대전이 끝나고 10년이 지나자 심각한 경제 위기가 서구 사회 전체를 뒤흔들었다. 많은 사람들이 일자리를 잃었고 공포와 기아가 퍼져나갔다. 그 타격이 특히 심한 나라가 독일이었다. 독일은 패전국이었으므로 베르사유조약에 따른 막대한 배상금을 물고 있었다. 독일 국민들은 그 조약을 심한 모욕으로 느꼈다. 그래서 독일이 나치스에게 열광한 이유가 그 때문이라고 생각하는 사람들이 많다. 배상금 때문이라고 주장하면 독일이 가난한 이유를 간단하게 설명할 수 있었기 때문이다. 자신들에게 고통을 주는 죄인이, 희생양이 필요했다. 히틀러는 유대인을 그 희생양으로 삼았다.

나치스의 구호는 싸구려였다. 이념도 논리도 없었기에 파시스트 민병대와 나치스 친위대, 돌격대는 사람들의 마음을 얻기 위해 거친 폭력을 동원했다. 유대인들과 정치적 사상이 다른 사람들을 노상에서 습격해 두들겨 팼다. 유대인의 가게를 약탈하고 기자들을 '사기꾼'으로, 언론을 '가짜 언론'으로 매도했으며 예술가들에게는 '타락했다'는 딱지를 붙이고 그림을 압수하고 책을 불태웠다. 그들의 정당인 국가사회주의독일노동자당은 자기편이 아닌 사람들을 가장 잔인하게 모욕하는 언어를 사용했다. 자기편은 독일 '군주적 인간'이며 자기편이 아닌 사람들은 '더럽고' '불순'한 '해충'이고 '열등 인간'이었다. 그래서 그들의 가게에 나치 문양을 그리고 돌을 던져 쇼윈도를 깨고 유대 사원에 불을 질렀다.

독일인의 대다수는 나치스에 동조하여 그들을 제국의회로 보냈다. 그 결과 히틀러는 결정적 걸음을 내디딜 수 있게 되었다. 그는 의회를 해산시켜 바이마르 공화국의 민주주의를 끝장냈고 스스로를 전 독일인의 지도자로 선포했다.

권력을 잡자마자 나치스는 유대인을 향한 공격을 강화했다. 유대인의 삶을 제약하는 각종 법안이 통과되었다. 평생 독일인으로 살았던 사람들이 조국을 잃고 자기 땅에서 적이 되었다. 학교와 대학, 공직, 오케스트라, 박물관에서 내쫓겼고 가게와 기업을 빼앗겼다.

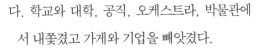

거기서 멈추지 않았다. 나치스는 유대인들을 게토(유대인 강제 거주 지역 - 옮긴이)로 몰아넣고 집단수용소로 끌고 가서 강제노역을 시키거나 총살했다. 나치에게 생명권을 빼앗긴 사람들은 유대인에 그치지 않았다. 공산주의자, 집시, 동성애자. 장애인 역시 수용소에 붙잡혀 들어가서 살해당했다.

나치는 무가치하다고 판단한 사람들을 박해하고 살해하는 한편 독일 '군주적 인간'의 세를 불리는 정책도 펼쳤다. 이 임무를 맡은 여성들은 어머니와 주부라는 낡은 역할로 돌아가야 했다. 금발이어야 하며 파란 눈동자여야 했고 '순수혈통'을 많이 낳아 그 수를 늘려야 했다.

역사학자들은 지금까지도 왜 그렇게 많은 사람들이 나치스와 그

지도자를 쫓았는지 고개를 갸웃거린다. 왜 소녀들은 '독일소녀동맹'에, 소년들은 '히틀러유겐트'에 들어가 박자에 맞춰 행진을 하고 열광하며 나치 깃발을 흔들어댔을까? 왜 남자들은 맹목적으로 지도자를 쫓았고 여자들은 자발적으로 출산 기계가 되었을까? 히틀러를 쫓지 않은 사람들마저 왜 입을 꾹 다문 채 히틀러가 민주국가를 독재로 바꾸도록 내버려두었던가?

이 문제를 처음으로 고민한 사람들 중에 유대인 여성 철학자 한나 아렌트가 있었다. 철학자 마르틴 하이데거처럼 그녀와 친하게 지내던 지성인들마저 나치의 어리석은 외침에 빠져드는 광경을 그녀는 처참한 심정으로 지켜보아야 했다. 그 이유가 정말로 제1차 세계대전의 패전과 수치스러운 베르사유조약, 경제 위기로 인한 배고픔과 가난이었을까? 심혈을 기울인 나치스의 선전 때문은 아니었을까?

극장에서 유성영화가 막 선을 보인 시점이었다. 히틀러는 젊은 여성 감독 레니 리펜슈탈을 만나 나치 당 대회를 소재로 장편영화를 만들어달라고 의뢰했다. 리펜슈탈은 횃불과 나치 깃발을 펄럭이며 지도자에게 환호하는 군중의 영상을 창조했다. 그녀의 영화들은 해외에서도 열광한 예술의 기준이 되었다. 그녀에게 영화상을 안겨준 〈의지의 승리〉는 40년이나 지난 후에 나온 영화 〈스타워즈〉 시리즈 중 한 편에 등장한 대규모 군중 장면의 모델이 되었다.

리펜슈탈은 나치의 대대적인 지원을 받았다. 그녀 말고도 악마와 계약을 맺은 예술가, 학자, 기업가들이 많았다. 그러나 나치와 생각이 다른 사람들에겐 하루하루가 줄타기처럼 위태로웠다. 히틀러의 비밀경찰 게슈타포가 수많은 예술가, 영화감독, 학자, 작가들을 체포하고 활동을 금지시키거나 재산을 몰수하자 상당수가 독일과 오스트리아를 떠나기로 결심했다. 대다수는 영국과 미국으로 향했다. 여성 철학자 한나 아렌트, 할리우드에서 인기를 얻어 훗날 미군 위문 공연을 위해 전선을 찾았던 마를레네 디트리히도 그 대열에 끼어 있었다.

● 안네의 일기 ●

히틀러는 '천년 왕국'을 건설하고자 했다. 이 목표를 이루기 위해 그는 오랫동안 준비했다. 경제를 전시경제로 전환하고 장갑차를 만들고 그 장갑차가 다닐 수 있는 고속도로를 닦았다.

전쟁 준비가 끝났다고 생각되자 나치는 체코슬로바키아와 오스트리아로 진격했다. 다민족국가 오스트리아-헝가리제국이 무너진 후 남아 있던 수많은 독일인들을 '고향 제국'으로 데려가겠다는 명분이었다. 영국과 프랑스 정부 수반은 속수무책으로 그 광경을 지켜보며 나치를 달래려 노력했다. 어떤 대가를 치르더라도 전쟁만은 막고 싶었던 것이다. 그러나 히틀러는 전면전을 원했다.

히틀러는 스스로를 무적이라고 믿었다. 그의 군대가 폴란드와 프랑스를 침략했고 몇 개월에 걸쳐 영국의 도시들을 맹공격했다. 당시 영국 공습의 작전명은 번개라는 뜻의 독일어 '블리츠Blitz'였다.

그와 나란히 나치 지도부는 체계적으로 인류 최악의 범죄를 계획

하기 시작했다. 모든 유대인을 학살하려 한 그 계획을
그들은 '최종해결'이라고 불렀다. 전 유럽의 유대인
을 모조리 죽여 씨를 말리고자 한 것이다.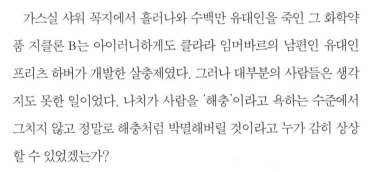

　나치는 눈에 잘 띄지 않는 숲속에 절멸 수용소
를 지었고 최단 시간에 수천 명을 죽일 수 있는
가스실을 갖추었다. 그런 다음 독일과 점령 지
역의 유대인들을 모아 열차에 우겨넣고 제국
철도로 아우슈비츠, 트레블링카, 소비보르의 가
스실 코앞까지 곧바로 실어 날랐다.

　가스실 샤워 꼭지에서 흘러나와 수백만 유대인을 죽인 그 화학약
품 지클론 B는 아이러니하게도 클라라 임머바르의 남편인 유대인
프리츠 하버가 개발한 살충제였다. 그러나 대부분의 사람들은 생각
지도 못한 일이었다. 나치가 사람을 '해충'이라고 욕하는 수준에서
그치지 않고 정말로 해충처럼 박멸해버릴 것이라고 누가 감히 상상
할 수 있었겠는가?

　나치에게 부모를 잃은 루마니아 태생의 시인 파울 첼란의 시에는
이런 구절이 있다. "죽음은 독일에서 온 거장." 그 죽음에서 빠져나
오기가 얼마나 힘들었는지, 사람들은 전쟁이 끝나고 안네 프랑크의
일기가 출간된 후에야 알았다. 그녀의 가족은 2년 동안 암스테르담
의 어느 집 뒤채에 숨어 지냈다. 안네의 나이는 열세 살이었다. 아
버지의 예전 회사 동료가 먹을 것과 소식을 전해주었다. 그러나 은
신처는 결국 나치에게 발각되었고 안네와 가족은 각기 다른 수용소
로 끌려갔다. 그곳에서 가족 대부분은 목숨을 잃었다. 안네는 아마

영양실조와 발진티푸스 때문에 죽었을 것이다. 유일하게 살아남은 아버지는 전쟁이 끝나자 딸의 일기장을 세상에 공개했다.

● 저항 ●

전쟁이 터지자, 저항을 하기엔 때가 너무 늦었다. 저항에 몸을 던진 모든 사람들이 실패했고 목숨을 내놓아 용기의 대가를 치러야 했다. 바르샤바 게토의 5만 유대인들도 그러했다. 그들이 반란을 일으키자 나치는 한 사람도 남기지 않고 그들을 모조리 살상했고 게토에 남은 모든 것을 불태워 없앴다.

게오르크 엘저나 클라우스 폰 슈타우펜베르크 대령 같은 암살범들의 계획도 모두 실패로 돌아가고 말았다. 이들은 폭탄을 던져 히틀러를 죽일 계획을 세웠지만 히틀러는 간발의 차로 목숨을 구했고 두 사람은 처형당했다. '백장미단'을 결성해 히틀러에 저항했던 뮌헨 대학 학생 한스 숄과 조피 숄 남매도 빼놓을 수 없다. 이들은 수천 장의 전단지를 인쇄해 독일인들에게 히틀러와 맞서 싸울 것을 호소했다.

한 장교가 그 전단지 몇 장을 숨겨 영국으로 빼돌렸다. 영국군에게 전해진 그 전단지는 전투기에 실려 독일 상공에 뿌려졌다. 그러나 결국 조피와 한스도 발각되어 체포되었고 며칠 후 처형당했다.

● 또 다른 대형 범죄자 ●

이 시기엔 또 다른 대형 범죄가 저질러지고 있었다. 유럽의 계몽주의가 야만의 나락으로 곤두박질치는 동안 러시아 사회주의자들의 꿈도 악몽으로 변했다. 러시아 공산당의 새 지도자 이오시프 스탈린이 소비에트연방을 공포와 충격의 사회주의 독재국가로 만들었던 것이다. 권력을 잃을까 늘 노심초사하던 스탈린은 숙청을 단행했고 비평가, 예술가, 지식인 등 조금이라도 의심스러운 사람은 모조리 잡아들였다. 많은 이들이 판결 결과가 애당초 정해진 공개재판을 받았다. 공개재판을 실시한 이유는 국민들에게 공포를 조장하려는 것이었다. 수백만 명이 체포된 후 처형당하거나 시베리아 강제노동수용소로 끌려갔다. 그곳에서 그들을 기다린 것은 참혹할 정도의 위생 상태와 식량 부족, 강제 노역이었다. 적지 않은 사람들이 그곳을 살아서 나오지 못했다.

스탈린은 소련을 농업국에서 산업국으로 변화시키려 했다. 강압적으로 시행된 이런 조치는 여러 곳에서 심각한 기아를 불러 사람들이 집단으로 굶어죽는 사태가 벌어졌다. 캅카스에서 반란이 일어나자 화가 난 스탈린은 그곳의 전 주민을 시베리아 수용소로 보내버렸다. 그 과정에서 많은 칼미크인, 인구시인, 체첸인, 크림타타르인 등이 목숨을 잃었다.

• 대재앙 •

파시즘의 지도자 무솔리니와 히틀러가 만나 동맹을 맺었다. 히틀러와 스탈린 역시 전쟁이 터지기 전 불가침조약을 맺어 두 나라 사이의 영토인 폴란드와 발트해 연안국을 자기들끼리 나누어 먹었다. 그러나 전쟁이 터지자 히틀러가 전략을 바꾸었다. 조약을 깨고 소련으로 진군한 것이다. 동맹이던 히틀러와 스탈린이 적이 되었다.

독일은 유럽에서 다시 한번 전쟁을 일으켰다. 이 갈등이 세계대전으로 비약하게 된 것은 히틀러의 아시아 동맹국이 전쟁에 뛰어들었기 때문이다. 일본이 아시아 전체의 지배자가 되겠다는 야심만만한 목표로 전쟁을 일으킨 것이다. 그 과정에서 일본은 미국과 갈등을 겪게 된다. 미국은 야만적으로 중국을 짓밟은 일본을 비난했지만 그것 역시 자국의 이익을 위해서였다. 미국 국민들은 다수가 참전에 반대했다. 그러나 일본이 하와이의 해군기지 진주만을 폭격하자 상황이 돌변했다. 그 다음 날 미국은 독일과 일본을 상대로 선전포고를 했다.

미국의 참전으로 전쟁은 새 국면을 맞이했다. 미국과 동맹한 프랑스, 영국, 소련 연합군이 독일을 무찌르고 야만적 전쟁에 종지부를 찍었다. 독일이 패배를 인정하고 항복문서에 날인하기 일주일 전 히틀러는 스스로 목숨을 끊었다. 유럽의 절반이 폐허가 되었다.

그나마 독일은 운이 좋았다. 미국이 핵폭탄

테스트에 처음으로 성공했을 때는 독일이 이미 패배를 인정한 후였다. 그러나 일본은 끝까지 저항하며 전쟁을 끝내지 않았다. 그 정도면 신무기 투입 근거로 충분했다. '리틀보이'라는 이름의 첫 번째 핵폭탄이 히로시마에, '팻맨'이라는 이름의 두 번째 핵폭탄이 나가사키에 투하되었다. 20만 명 이상의 일본인이 목숨을 잃었다. 제2차 세계대전의 끝자락에서 다시 한번 인류의 군사기술은 지금껏 없었던 새로운 살상의 수준에 도달했다.

냉전

● 전쟁이 끝난 후 ●

　제1차 세계대전 중, 독일 마지막 황제는 아들을 위해 포츠담에 체칠리엔호프궁을 지었다. 불과 30년 후 제2차 세계대전이 끝나자 러시아군대가 도시를 점령했다. 그리고 스탈린이 친히 미국과 영국 정부 수반을 체칠리엔호프로 초대해 회의를 개최했다. 그들은 독일을 네 개 점령지역으로 나눴고, 승전국인 미국, 영국, 러시아, 프랑스가 각기 한 지역씩 통치하기로 결정했다.

　그날의 회의는 두 번째 만남이었다. 그전에도 이들은 러시아 얄타에서 이미 한 번 만난 적이 있었다. 그런데 만나보니 많은 지점에서 서로 의견이 달랐다. 이들은 독일, 폴란드, 우크라이나의 가운데에 있는 땅을 어떻게 나누느냐를 두고 설전을 벌였다. 결국 국경이 몇백 킬로미터 이동했고, 수백만 명의 폴란드인과 독일인이 추방되었다. 무엇보다 영국과 미국의 심기를 건드렸던 점은 소련이 독일 동쪽의 나라들에 공산정권을 수립했다는
사실이었다. 그 결과 다시 소련과 미국
을 둘러싼 두 개의 정치권이 형성되었
고, 그것이 굳어지면서 세계가 동구권
과 서구권으로 확실히 나뉘었다. 서구
권은 북대서양조약기구, 즉 나토^NATO를
결성했고 동구권은 바르샤바조약기구를
설립했다. 냉전이 시작된 것이다.

유럽은 양쪽의 열강이 치열하게 대립한 냉전의 주요 무대였다.
소련은 미국에게 독일을 중립 지역으로 선포할 것을 요구했다. 그
러나 미국은 독일을 재건한 후 나토 회원국으로 삼을 생각이었다.
대립은 날로 격해졌고 결국 독일은 둘로 나뉘었다. 러시아 점령 지
역에선 모스크바의 지휘하에 사회주의 국가인 독일민주공화국^DDR
이 건국되었다. 나머지 세 지역에선 독일연방공화국이 탄생했다.

소련과 미국은 핵무기 개발에도 열을 올렸다. 서로를 괴멸시키겠
다는 목표가 아니라 겁을 주려는 의도였다. 어떤 공격에도 즉각 가
공할 무기로 반격할 것이라고 상대에게 과시하고 싶었던 것이다.
그러나 위험한 전략이었다. 모두가 언제라도 제3차 세계대전이 발
발할 것 같아 마음을 졸였다.

각국 정부들이 핵전쟁 대처법을 배포했다. 핵무기가 터지면 서류
가방을 머리에 뒤집어쓰거나 바닥에 납작하게 엎드려야 한다고 말
이다. 그러나 그 대처법은 조롱만 받았다. 핵전쟁이 일어나면 온 나
라, 전 지구, 어쩌면 전 인류가 멸망할 것이라는 사실을 다 아는데

그런 서류가방 따위가 무슨 도움이 되겠는가?

공포는 커져갔다. 나토가 중거리탄도미사일을 터키로 옮기자 소련은 위협을 느꼈다. 그에 대처하기 위해 소련은 같은 무기를 사회주의 국가인 쿠바에 배치했다. 긴장은 고조되었고 위기로 치달았다. 그것이 '쿠바 미사일 위기'다. 제3차 세계대전이 임박한 듯했다. 그러나 다행히 마지막 순간 양측 모두 핵무기를 공격용으로 사용하지 않는다는 원칙을 되새겼고, 쿠바 위기는 평화적으로 해결되었다.

● 평등인가? ●

냉전은 군사적 갈등으로 그치지 않았다. 양측 모두 자신들이 더 나은 정치 시스템을 만들었다고 믿었다. 자신들의 세상이 인류가 오래토록 꿈꾸었던 바로 그런 정의로운 사회질서라고 확신했다.

사회주의 나라들은 스스로를 '노동자와 농민의 국가' 혹은 '인민공화국'이라 불렀다. 그 말은 곧 평범한 백성이 지배 계급으로 격상되었다는 뜻이었다. 당은 노동자당 하나밖에 없었다. 그 노동자당이 국가기구의 핵심으로 모든 것을 규제하며 전 국민이 최대한 동등한 생활조건에서 생활할 수 있도록 보살폈다.

사회주의 국가들은 옛 체제와 결별하고 새롭게 시작하려 했다. '박사님'도 제과점 판매원보다 더 잘났다는 생각을 하지 못하도록 서로를 부를 때는 동지라는 호칭만 썼다. 기업은 국영이었고 전 인민의 것이었기에 협동조합 혹은 콤비나트라고 불렀다.

사회주의 정부는 5개년 혹은 10개년 계획을 세워 향후 5년 혹은 10년 동안 무엇을 얼마나 생산할지를 정했다. 그런 계획 탓에 사회주의 경제는 '계획경제'라고 불렸고, 국민이 먹고 사는 데 필요한 것만 생산하고 사회주의 형제 나라들하고만 무역을 했다. 이 시절 사회주의 국가들의 사진을 보면 똑같은 옷을 입고 똑같은 집에서 사는 사람들이 등장한다. 자동차도 동독에선 모두가 트라반트를, 체코슬로바키아에선 모두가 스코다를, 폴란드에선 모두가 폴란드 피아트를 탔다. 피아트가 네모난 소형차였기 때문에 '코끼리 운동화'라고 부르며 폴란드인들을 조롱하기도 했다.

사회주의 국가들의 동맹도 온전히 자발적 의지는 아니었다. 제2차 세계대전이 끝나자 러시아 정부는 체코슬로바키아, 발트해 연안 국들, 폴란드, 헝가리, 유고슬라비아에 공산정권을 세워 모스크바에서 지령을 내렸다. 헝가리와 동독에서 저항 운동이 일어났을 때는 소련이 장갑차를 보내 진압했다.

사회주의 정부들은 개인의 자유를 제한했다. 그것이 차이를 최소화한 사회질서의 대가였다. 그로 인해 점점 더 많은 사람들이 서쪽으로 넘어가자 동구권은 국경에 울타리와 철조망을 둘러 경계를 강화했다. 베를린시도 동서로 분할되었기 때문에 한가운데로 장벽이 지나갔다. 이 베를린 장벽은 동구권과 서구권을 가른 철의 장막의 상징이 되었다.

● 자유인가? ●

서구권에선 사회주의 체제에서 가장 부족한 것, 바로 자유를 주겠다고 약속했다. 서구는 자유주의를 찬양했다. 그 말은 모두가 자기 마음대로 살 수 있고, 최대한의 자유를 누릴 수 있다는 뜻이었다. 배를 타고 뉴욕항으로 들어오는 여행객의 눈에 가장 먼저 띄는 것이 자유의 여신상인 것도 우연은 아니다. 자유의 여신은 미국에서 가장 유명한 여성이다.

서구 민주주의에선 누구에게나 여행의 자유, 의견의 자유가 있었다. 라이프스타일, 정치적 견해, 식생활, 성적 취향, 종교 등 무엇이든 개인이 선택할 수 있었다. 정의는 평등이 아니라 다양성을 통해 이루어지는 것이라고 주장했다. 다양성은 자유의 본질이 되었다.

이 다양성의 보증인이 시장경제였다. 시장경제에선 구매자만 있다면 기업이 모든 것을 원하는 양만큼 생산할 수 있다. 따라서 경쟁을 해서 소비자를 자기편으로 만들어야 한다. 경쟁은 최대한의 창의력을 발휘해 경쟁사보다 우수한 제품을 만들도록 모든 시장 참여자들을 자극한다. 이런 방식으로 시장 법칙은 모든 것을 인간에게 유익하도록 조절한다. 이것이 시장경제 옹호자들의 논리다.

잘 돌아가는 시장경제가 최대의 정치적 목표이기 때문에 미국과 서유럽 나라들의 정부는 특히 무역의 자유가 보장되도록 공을 많이 들였다. 상품 흐름을 막거나 방해하는 일체의 장애물을 제거하는 데 역점을 두었다. 그리하여 다양한 국제통상조약들이 체결되었다.

유럽에선 프랑스, 이탈리아, 독일, 벨기에, 네덜란드, 룩셈부르크가 유럽경제공동체EWG를 설립했고, 여러 나라들이 뒤를 이어 줄줄이 가입했다. 경제공동체는 유럽국가공동체인 유럽연합EU으로 발전했고, 유럽연합은 단순히 거대한 무역의 장을 넘어 평화 보장과 전쟁 방지에 힘쓰고 있다.

그러나 자유주의 역시 문제가 없지 않았다. 서구의 국제통상조약과 협정들은 대부분 부유한 산업국가들에게는 이롭고 아시아와 아프리카의 가난한 나라들에겐 불리한 내용이다. 전쟁이 끝나자 과거의 식민제국들이 자유무역을 수단으로 삼아 예전의 식민지를 계속 착취했던 것이다.

아시아에서도 몇몇 나라가 독립해 산업국가로 성장하기 시작했다. 중국에선 제2차 세계대전 직후 공산지도자 마오쩌둥이 중화인민공화국을 설립했다. 인도에서는 간디가 영국을 상대로 무폭력 저항운동을 이끌었다. 결국 영국은 인도에게 독립을 허용했고 인도는 민주주의 국가가 되었다. 인도 초대 수상 자왈할랄 네루가 세상을 뜨자 그의 딸 인디라 간디가 세계 최초의 여성 수상이 되었다.

중국과 인도는 동구권과도, 서구권과도 손을 잡지 않고 나름의 길을 찾아 경제 성장을 이루었다. 브라질과 한국도 서구의 뒤를 추격했다. 그러나 대다수의 나라들은 여전히 성공의 길에서 멀리 떨어져 있다. 아이티에서 아프리카 대륙 대부분에 이르기까지, 많은 나라에선 지금도 사람들이 가난에 허덕인다.

● 사회주의의 여성 ●

20세기 초가 되자 여성 참정권 운동을 향한 지지와 응원의 목소리가 크게 높아졌다. 결국 법을 바꾸어 여성 참정권을 인정하는 나라가 늘어났다. 시작은 뉴질랜드와 오스트레일리아였고, 그 뒤를 따라 대부분의 유럽 국가들, 그리고 소련과 미국이 여성 참정권을 허용했다. 마침내 모든 장벽이 무너졌다. 학교와 대학, 법정과 기업, 병원과 박물관, 오케스트라, 정당, 의회 등 모든 곳이 여성에게 문을 열었다.

사회주의 국가들에선 남녀평등이 특히 신속하게 진행되었다. 직장의 장벽이 무너진 것은 물론이고 여성이 많은 교육을 받고 열심히 일을 해서 사회주의에 기여하기를 바라는 분위기가 형성되었다. 그러나 마르크스는 가사를 전혀 '노동'으로 보지 않았다. 그래서 많은 여성, 특히 자녀가 있는 여성들이 가사와 일의 이중고에 시달렸다.

중화인민공화국을 세운 마오쩌둥과 중국 공산당 역시 남녀평등을 주장했다. 그로부터 70년이 지난 지금도 중국에선 여전히 공산당이 집권하고 있다. 그러나 여성들은 여전히 과거의 역할을 강요받는다. 최근 중국 정부는 27세 이상의 미혼여성에게 '잉여여성(남자에게 선택받지 못해 남겨진 여성이라는 뜻-옮긴이)'이라는 꼬리표를 붙였다. 이런 비하로 여성들이 결혼과 가족 대신 독립적인 인생을 택하지 못하도록 막으려는 것이다.

• 평화운동 •

서구 민주주의 사회에서는 여성의 지위가 매우 천천히 변화했다. 여전히 많은 여성들이 정치는 남자들에게 맡겨두고 자신들은 집안일과 육아에 신경 써야 한다고 생각했다. 그러나 소련과 미국이 계속해서 핵무기 실험을 강행하자 미국의 주부와 어머니들도 손 놓고 있어서는 안 되겠다는 생각에 반대 운동에 나서기로 결심했다. 일러스트 작가인 다그마 윌슨은 여성의 강력한 항의만이 핵무기 경쟁을 끝낼 수 있다고 확신한 몇몇 여성들을 모았다.

다그마와 그녀의 여성 동지들은 미국 전역의 여성들에게 파업을 호소했다. 몇 주 동안 편지를 보내고 친구와 지인들에게 전화를 걸어 자신들의 뜻에 동참하자고 외쳤다. 5만 명의 여성이 워싱턴과 몇몇 도시에 모여 핵무기 실험 반대 시위를 벌였다. 개 한 마리도 목에 항의 깃발을 두르고 여성들과 함께 백악관을 지나 행진했다. 그것이 '평화를 위한 여성파업Women Strike for Peace'의 탄생이었다.

이 단체의 여성들은 재클린 케네디와 니나 흐루쇼프 등 각국 정부 수반의 아내들에게 편지를 보내 남편의 생각을 바꾸어달라고 요청했다. 또 다른 시민운동과도 연대해 코레타 스콧 킹 같은 여성도 만났다. 그녀는 마틴 루터 킹의 아내였다. 2년 후 워싱턴 행진에서 그 유명한 연설을 하게 되는 바로 그 마틴 말이다.

'평화를위한여성파업'의 항의는 놀라운 결과를 낳았다. 실제로 미국과 러시아 정부가 오랜 협상 끝에 군축 조약을 체결한 것이다. 두 나라는 이제 책임을 지고 어마어마한 가격의 핵무기를 없애기로 약속했다.

많은 이들이 목표를 달성했으니 이제 여성들은 정치 무대를 떠나 다시 가정으로 돌아가야 한다고 생각했다. 그러나 그토록 바라던 평화가 보장된다는 확신이 없었다. 평화는커녕 미국 정부는 또 다시 베트남 전쟁에 휘말렸다. '평화를위한여성파업'의 여성들은 다시 반전을 외치기 위해 거리로 나섰다.

미국인들은 늘 평화와 인권의 지킴이를 자처하며 세계의 "민주주의를 안전하게 만들겠다."고 호언장담해왔다. 그런데 바로 그들이 자국의 이익을 위해 베트남 내부 갈등에 끼어들었다. 전투기가 미국에 맞서 싸운 북베트남으로 날아가 네이팜탄을 투하했고, 아홉 살 소녀 판티 킴푹의 사진이 전 세계로 펴져나갔다. 아이는 불타는 옷을 벗어던지고 화상을 입은 몸으로 벌거벗은 채 마을에서 탈출하는 중이었다. '소녀의 절규'라는 제목을 단 그 사진이 여론을 흔들었다.

'평화를위한여성파업'의 여성들은 미군의 베트남 철수를 호소했다. 선구적인 그들의 행보를 따라 미국에서 더 큰 규모의 시민운동이 시작되었다. 대학생들이 반전시위에 뛰어들었고, 반전운동은 유럽으로 확산되어 전 세계에서 반향을 불러일으켰다.

68 운동(1968년 5월 프랑스에서 학생과 노동자가 주축이 되어 일어난 사회변혁운동으로, 이후 독일 · 미국 · 일본 등 세계 곳곳으로 펴져나갔다-옮긴

이)의 추종자들 역시 베트남 반전시위에 동참했다. 그러나 그들의 시위는 반전으로 그치지 않았다. 68운동은 부자 나라가 가난한 나라를 착취하는 경제 질서 자체를 비판했다. 늘 세계를 지배하고 인종분리를 지지하는 백인 남성에 항의했고, 여성을 부엌으로 내몰고 동성애자를 모욕하고 처벌하는 불평등한 사회를 비판했다. 그들은 아시아, 멕시코, 유럽, 아프리카를 가리지 않고 모든 형태의 폭력과 억압, 배척에 저항했다.

68 운동은 또 큰 기대를 품고 체코슬로바키아를 바라보았다. 그곳 사람들이 공산정권에 맞서 싸우고 있었기 때문이다. 모두가 해빙을 입에 올렸고 사회주의를 "인간의 얼굴을 한 사회주의"로 바꾸려는 프라하의 봄을 이야기했다. 그러나 소련 지도부는 이런 변화를 원치 않았다. 그래서 장갑차를 보내 프라하의 봄을 진압했다.

시민운동과 평화운동이 진행되면서 사회주의보다는 자유주의의 장점이 더 부각되었다. 자유 세계에선 누구나 정치에 참여할 수 있다. 또 국제엠네스티처럼 자유와 인권을 위해 노력하는 독립 기구를 창설해 새로운 형태의 시민 참여를 만들어낼 수도 있다.

국가와 정부의 수반들 역시 전쟁과 군사 위협의 전략을 버리고 세계 공동체를 만들려는 노력을 게을리하지 않았다. 미국과 영국은 과거의 평화주의 이념을 다시 채택해 새롭게 국제연합UN을 설립했다. 최초의 참가국은 소련과 중국이었고, 설립 서류에 날인을 할 시점에 이미 50개국이 가입을 했다. 국제연합의 가장 중요한 임무는 세계 평화, 국제법과 인권 보장이다.

물론 국제연합만으로는 평화의 사명을 달성하기에 턱없이 부족하다. 그러나 어쨌든 많은 국가들이 국제연합의 울타리 안에서 모여 거듭 대화를 시도하고 있다. 그렇게 되기까지는 '평화를위한여성파업'의 여성들이 최초로 미국 여러 대도시에서 시위를 한 이후 여러 시민운동이 기울인 노력의 공이 컸다.

9

그렇게 우리는
역사가 된다

1843년 에이다 러브레이스가 최초로 컴퓨터 프로그램을 개발하다. 컴퓨터가 발명되기 100년 전이었다.

1900년 지그문트 프로이트가 《꿈의 해석》을 출간하여 정신분석의 기초를 닦다.

1942년 여성들이 세계 최초의 컴퓨터 에니악을 프로그래밍하다.

1949년 '여성 논쟁'이 페미니즘이 되다. 시몬 드 보부아르의 책 《제2의 성》이 페미니즘의 기본서가 되다.

1957년 러시아가 최초의 인공위성 스푸트니크를 우주로 쏘아 올리다.

1962년 레이첼 카슨의 《침묵의 봄》이 출간되다. 전 세계인이 충격에 빠졌고 수많은 환경운동이 태동했다.

1969년 미국인들이 달에 착륙하다.

1989년 11월 9일에 베를린 장벽이 무너지다. 그 직후 소련이 붕괴되면서 냉전이 끝나다.

1990년 주디스 버틀러가 《젠더 트러블》을 출간하다. 우리의 언어가 어떻게 현실을, 그리고 남녀의 관념을 형성하는지 가르쳐주는 책이다.

2001년 9월 11일 뉴욕 세계무역센터가 테러로 무너지면서 3000명에 가까운 사람들이 목숨을 잃다.

앞으로 가야 할 길

● 해묵은 갈등과 새로운 갈등 ●

1989년, 베를린 장벽으로 가로막혔던 동독과 서독의 국경이 열리고 분단된 독일이 다시 하나가 되었다. 장벽이 무너진 것은 동구권 국가들이 실패했기 때문이다. 계획경제는 작동하지 않았고 바르샤바조약기구의 국가들은 경제적으로 서구를 따라잡지 못했다. 말 그대로 돈이 다 떨어진 것이다. 1989년 동구권은 해체되었고 철의 장막이 걷혔다.

세계는 자유에 취했다. 그토록 염원하던 평화가 손에 잡힐 듯 다가왔다. 유럽연합이 잘 돌아가는 평화로운 경제권으로 성장했으니 서구의 경제 모델을 전 세계로 널리 보급하기만 하면 될 것 같았다. 모두가 전쟁의 종말을 예언했고 심지어 '역사의 종말'을 거론하는 사람들도 있었다.

그러나 세계는 예상과 다른 방향으로 나아갔다. 유고슬라비아가 내전으로 해체되었다. 유럽의 끝자락에서 시작된 갈등은 서아시아로 이어졌다. 아프가니스탄에서는 전쟁이 도무지 끝날 줄을 몰랐다. 이스라엘에선 몇십 년 동안 팔레스타인 사람들과 유대인들이 치열하게 싸우고 있다. 베를린 장벽이 붕괴된 직후 미국은 이라크 문제에 끼어들었고 결국 이라크를 황폐하고 분열된 국가로 만들었다. 새천년 초기인 2001년 9월 11일에는 테러범을 태운 두 대의 비행기가 뉴욕 세계무역센터를 향해 돌진했다. 3000명 가까운 사람들이 목숨을 잃었다. 그날 이후 테러의 현장은 서아시아와 중동에서 서구로 이동했다.

그사이 중국, 한국, 브라질, 인도가 경제적으로 크게 성장했다. 세계의 권력 중심이 이동하기 시작했다. 동서의 양 극이 저물고 여러 개의 극이 생겨났다. 미국과 유럽이 약해지고 중국이 지도적 역할을 맡을 것이라는 예상도 나왔다.

• 러브레이스의 고민 •

20세기 이후 우리 생활을 가장 격심하게 바꾼 기술 혁신은 바로 디지털 혁명이다. 산업화 이전에는 소식이 전 세계로 전달되려면 몇 달씩 걸렸다. 지금은 스위스에서 작성한 뉴스를 거의 동시에 오스트레일리아에서 읽을 수가 있다. 인터넷은 세계를 시공간이 사라진 것 같은 소통의 장소로 변신시켰다.

제2의 현실, 가상현실이 탄생했다. 연애 스캔들에서 전쟁에 이르기까지 물리적 세계에서 일어나는 거의 모든 일이 사이버 공간에서도 가능해졌다. 아니, 오히려 물리적 세계가 점점 더 디지털에 종속되고 있다. 자동차, 냉장고, 전기 공급 등 많은 것을 우리는 디지털로 조종할 수 있다.

인간이 정확한 명령만 내린다면 컴퓨터는 무엇이든 할 수 있다. 그러나 사람들은 오랜 시간 컴퓨터의 가능성을 과소평가했다. 여성 수학자 에이다 러브레이스는 19세기 중반에 벌써 이 문제를 고민했다. 그녀는 친구인 영국 수학자 찰스 배비지에게 앞으로는 컴퓨터가 모든 것을 할 수 있을 것이라고 주장했다. 물론 그녀도 컴퓨터가 생각까지 할 수 있을 것이라고는 예상치 못했을 것이다. 어쨌든 아직 컴퓨터도 없던 시절에 그녀가 그런 주장을 했다는 사실은 실로 놀라운 일이다.

러브레이스는 열일곱 살 때 배비지가 운영하던 살롱에 드나들었다. 배비지는 증기로 돌아가는 거대한 '해석 기관'을 설계했다. 그러나 투자자를 찾지 못해서 그 기계를 만들지는 못했다. 러브레이스는 수학적 언어를 이용하면 그 기계에게 명령을 내릴 수 있다고 주장했다. 그러니까 그런 프로그램들을 설계한 사람은 배비지였지만 세밀한 부분까지 컴퓨터 프로그램을 개발한 최초의 인물은 러브레이스였다. 그녀가 하드웨어, 즉 컴퓨터가 개발되기도 전에 소프트웨어를 개발한 것이다.

최초의 컴퓨터가 만들어지기까지는 그 후로 거의 100여 년의 시간이 걸렸다. 당시 수학자 앨런 튜링은 기계는 절대로 생각을 할 수 없다는 러브레이스의 주장을 반박하고자 했다. 한 논문에서 그는

"러브레이스 백작부인의 반론"을 거론하여 그 반대를 입증하겠다
고 선언했다. 그러나 지금까지도 그의 주장은 이루어지지 못했다.

● 새로운 고민 ●

러브레이스가 프로그램을 개발했던 해석 기관은 길이가 20미터,
높이가 3미터에 달했고 5만 5000개의 부품이 필요한 거대한 기계
였다. 제작에 성공하지 못한 이유도 아마 그 때문이었을 것이다. 증
기의 힘으로 가동해야 할 경우 기계는 어쩔 수 없이 덩치가 크고 제
작비용도 높을 수밖에 없다. 그런데 전기가 상황을 바꿨다. 어느 날
인간은 기술로 생산한 에너지를 가느다란 구리선을 통해 어디로든
수송할 수 있게 되었다. 평범한 각 가정에서도 전기소켓에서 에너
지를 길어낼 수 있게 된 것이다. 덕분에 우리는 빨래를 세탁기에 집
어넣고 음식을 전기오븐에서 익히고 재봉기로 바느질을 하고 청소
기로 청소를 할 수 있게 되었다. 전기를 이용해 라디오를 틀면 말소
리와 음악이 안방까지 흘러오고, TV를 틀면 세계
곳곳의 영상이 거실로 전달된다.

인류가 달에 처음으로 발을 디뎠을 때 전 세
계 시청자들이 TV 앞에 앉아서 달 착륙을 실시
간으로 지켜보았다. 인류의 오랜 숙원이 이루
어지는 광경을 직접 눈으로 목격한 것이다. 그
것은 5000년도 더 전에 바빌론 사람들이 별에 닿

기 위해 탑을 쌓았던 그날 이후 인류가 내내 품었던 꿈이었다.

그러나 우주 공간에 처음으로 발을 내디딘 사람들은 미국인이 아니었다. 냉전의 와중에 미국은 소련과 우주 경쟁을 벌였고 두 번이나 소련에게 추월당했다. 소련은 세계 최초의 인공위성 스푸트니크를 우주공간으로 쏘아 올렸다. 서구 사람들은 큰 충격에 빠졌다. 계획경제체제인 소련이 더 우수한 항공우주기술을 갖추다니, 어떻게 그럴 수 있단 말인가? 그리고 불과 몇 년 후 최초의 우주인 유리 가가린과 발렌티나 테레시코바가 우주로 날아갔다. 이번에도 소련 사람들이었다. 미국이 달 착륙을 TV로 생중계한 이유도 아마 그 때문이었을 것이다. 달에 내려 "인류를 위한 위대한 걸음"을 내디딘 닐 암스트롱이 미국인이라는 사실을 만천하에 알리고 싶었던 것이다.

여성 수학자 마거릿 해밀턴은 우주 비행사들이 달에 안전하게 착륙할 수 있도록 도와주는 소프트웨어를 개발했다. 그 코드의 이름은 'Forget it'이었다. 그것이 필요 없는 날을 기대했기 때문이었을 것이다. 그러나 정작 잊힌 것은 코드가 아니라 개발자였다. 해밀턴이 달 착륙에 기여한 공을 인정받은 것은 무려 30년이나 지난 후였으니까 말이다.

우주항공이 시작된 이후 수많은 인공위성이 우주로 날아갔다. 지금 우리는 우주 공간으로부터 신호를 붙잡는 스마트폰을 사용한다. 또 날로 작아지는 PC, 노트북, 태블릿, 스마트폰으로 각종 데이터를 거대한 서버로 보낸다.

과학과 기술은 삶을 변화시켰고 더불어 철학의 질문도 바꾸어놓았다. 이제 철학은 세계를 '글로벌 마을'로 축소시켜버린 인터넷에 대해 고민한다. 영상의 홍수가 우리 인식을 어떻게 변화시키고 어떻게 말을 소통에서 몰아내는지를 고민하며, 유전기술의 가능성을 고민한다. 난자를 인공적으로 수정시켜 시험관에서 배양할 수 있다면 어떻게 될까? 인간이 창조자가, 말하자면 신이 되는 것일까?

● 침묵의 봄 ●

두 차례의 세계대전은 인간이 기술을 통제하지 못할 경우 얼마나 무서운 결과가 초래될 수 있는지를 똑똑하게 보여주었다. 그러나 기술의 가능성에 대한 믿음은 흔들리지 않았다. 진보에 대한 신뢰는 깨지지 않았다. 그 믿음에 금이 가기 시작한 것은 미국 여성 생물학자 레이첼 카슨의 《침묵의 봄》이 세상에 나오면서부터였다.

1960년대엔 특히나 독한 살충제와 제초제가 해충 박멸을 목적으로 많이 사용되었다. 카슨은 우리가 그런 식으로 거침없이 경작지와 지하수에 독을 뿌려댄다면 어느 날 봄을 알리는 새가 모두 사라질 것이라고 경고했다.

전쟁만이 기술의 어두운 면이 아니라는 사실을 한 여성 생물학자가 처음으로 대중에게 알린 것이다. 제초제와 살충제로 제거한 '해충'은 먹이사슬의 일부이다. 경작지와 모래, 꽃과 수풀, 나무와 곤충, 포유류와 새, 물고기……. 지구는 그 모든 것이 한데 얽혀 살아가는 복잡한 생태계이다. 이 생태계를 건드려 생긴 결과는 결국 인간에게 되돌아온다. 인간은 건강한 생태계에서만 생존할 수 있기 때문이다.

이보다 더 큰 충격을 안겨준 책은 없었다. 전 세계 사람들이 자연 보호를 위해 일어서기 시작했다. 그린피스 같은 자연보호단체와 기구가 탄생했다. 학교와 대학에서 환경보호를 가르쳤다. 녹색당이 결성되어 환경 문제를 정치로 끌어들였다. 그러나 천연자원을 낭비하면 지구 생태계가 파괴된다는 깨달음이 자리를 잡기까지는 오랜 시간이 필요했다. 우리는 여전히 청동과 석유, 가스와 금속, 희토류를 채굴하고 물을 펑펑 쓰고 숲과 우림을 벌목하고 물고기를 닥치는 대로 잡는다. 심지어 요즘엔 그 흔하던 모래마저 점점 사라져간다.

지금 전 세계엔 천연자원의 소비를 연구하는 기관들이 있다. 그 기관들의 연구결과를 보면 2008년 북아메리카 사람들은 유럽인에 비해 거의 2배나 많은 양의 자원을 소비했다. 아시아인에 비하면 3배, 아프리카인에 비하면 족히 5배는 더 많이 소비했다. 19세기 제국주의 시대에도 그랬듯이 지금도 부자 나라들은 가난한 나라에서 자기들이 필요한 천연자원을 채굴하고 있다. 여전히 세계 질서가 그리 크게 바뀌지 않았음을 절감하는 대목이다.

● 여자가 못할 것은 없다 ●

근대 초기에 크리스틴 드피상은 "나, 크리스틴은"이라는 말로 여성 논쟁에 불을 붙였다. 그녀는 주장했다. 여자가 못할 것은 없다.

그러나 그녀의 주장을 입증할 수 있기까지는 500년이라는 긴 시간이 필요했다. 제1차 세계대전이 일어나고 처음으로 전투기가 출격하자 여성들도 파일럿 면허를 따서 하늘로 날아올랐다. 찰스 린드버그가 세계 최초로 대서양 횡단에 성공한 지 5년 후에 여성 조종사 아멜리아 에어하트가 여성으로서는 처음으로 홀로 미국을 출발해 유럽까지 날아갔다. 하늘에 떠 있지 않은 시간에도 그녀는 여자가 할 수 없는 '남자 직업'이 있다는 편견을 무너뜨리기 위해 열심히 싸웠다.

그녀처럼 하늘로 도전장을 날린 여성들은 많았다. 항공 개척 시대부터 미국에는 '분첩 경주'라는 조롱을 딛고 여성만 참가할 수 있는 비행 경주가 열렸다. 한 여성 조종사가 추락해 목숨을 잃자 언론은 이것이야말로 여자가 하늘을 날 수 없다는 증거라고 떠들어댔다. 말도 안 되는 헛소리였다. 그런 추락 사건은 흔한 일이었다. 큰 바다에서, 남극의 얼음에서, 중미의 우림에서, 수많은 비행기가 실종되었다. 아멜리아 에어하트가 탄 엘렉트라 역시 어느 날 태평양 상공에서 사라졌다. 비행기는 발견되지 않았다.

같은 시기 클레레노레 슈티네스는 여성으로는 처음으로 자동차 경주에 참가했다. 그리고 얼마 후 자동차를 타고 세계일주를 감행했다. 세계 곳곳에 차가 다닐 수 없는 오지가 많았지만 그녀는 도전을 멈추지 않았다. 그보다 40년 전에는 베르타 벤츠가 여성으로서는 최초로 자동차 장거리 여행에 도전해 약 100킬로미터를 주행했다. 그녀는 도중에 모자 핀과 가터(스타킹이 흘러내리지 못하게 여미도록 고안된 것의 총칭으로 고리 모양으로 된 고무나 벨트-옮긴이)로 차를 수리해가며 무사히 여행을 마쳤다.

20세기가 되자 마리 퀴리 같은 여성들이 위대한 발견으로 물리학과 화학의 기초를 닦았다. 평화주의자 베르타 폰 주트너, 제인 애덤스, 다그마 윌슨과 그녀의 조직 '평화를위한여성파업'은 위대한 평화운동을 탄생시켰고, 레이첼 카슨은 사람들의 생각을 바꾼 책으로 사회적 논쟁에 불을 지폈다. 한나 아렌트는 나치 범죄를 공론화한 철학으로 토론을 불러일으켰다.

또 인도의 인디라 간디, 파키스탄의 베나지르 부토, 필리핀의 코라손 아키노처럼 정부 수반과 수상이 된 여성들도 나왔다. 영국 정계의 '철의 여인' 마거릿 대처와 독일의 앙겔라 메르켈도 빼놓을 수 없는 여성 정치가이다. 나아가 여성들은 우주 비행사도 되고 축구선수도 되었다. 세계 많은 나라에서 여성이 하지 못할 것이 사라졌고, 이루지 못할 일은 없어졌다. 그런데도 왜 우리는 여전히 여성의 역할을 두고 논쟁을 벌이는 것일까?

● 여자 직업, 남자 직업 ●

19세기에는 비서가 각광받는 직업이었다. 교육을 많이 받은 젊은 남성들이 사주의 오른팔로 경력을 시작했다. 당연히 높은 자리에 오를 가능성이 가장 높은 직업이었다. 사주를 대신해 편지를 쓰고 회계 장부를 적으면서 밑바닥부터 기업 운영을 배웠고, 그 경험을 바탕으로 훗날 직접 회사를 경영할 수 있었다. 그러다 20세기가 되면서 여성들이 비서가 되었다. 그러자 그 여성들의 명성이 커진 것이 아니라 그 직종의 명성이 추락했다. 출세의 전망도 사라졌다. 여비서는 사무직 직원이 되거나 타이피스트로 전락했다.

프로그래머라는 직종은 정반대의 길을 걸었다. 요즘 프로그래머는 전형적인 남성 직종으로 수입도 좋고 인기도 높다. 그러나 원래부터 그랬던 것은 아니었다. 제2차 세계대전 당시 미군이 여러 총기의 탄도를 계산하기 위해 100여 명의 여성을 고용했다. 그리고 작업 속도를 높이기 위해 기밀 프로젝트로 최초의 컴퓨터 에니악 ENIAC을 개발했다. 컴퓨터의 프로그래밍에는 여섯 명의 여성이 선발되었다. 수학 공부가 필수적인 일이었는데도 당시 사람들은 프로그래밍을 타이핑 작업쯤으로 보았던 모양이다. 남자가 할 일이 아니라고 생각해서 여자들을 뽑았다니 말이다.

제2차 세계대전 후 에니악이 기술 혁신 제품으로 일반에 공개되자 컴퓨터 제작자들은 칭송을 받았고 과학사에 이름을 올렸다. 그러나 프로그래밍을 담당했던 여성들은 까맣게 잊혔다. 프레젠테이션 사진에 왜 그녀들이 함께 찍혔는지 그 이유를 아는 사람이 없을 정도였다. 그래서 많은 사람들이 광고 목적으로 여자들을 끼워 같이 사진을 찍었을 것이라고 추측했다.

여자가 지시를 내리면, 여자가 축구장에서 뛰어난 공격력으로 두각을 보이면 여자답지 못하다고 생각한다. 지금도 여성 공학자, 정치가, 조종사, 축구선수는 여성의 진정한 본성을 배신했다는 오해를 사곤 한다.

그러기에 여성 문제는 여성이 마침내 참정권을 가졌다고 해서 결코 끝날 수 없었다. 아니 오히려 이제부터야말로 여성 스스로가 '여성의 진정한 본성'을 따져보아야 할 시간이다. 그 서막은 프랑스혁명의 와중에 여성의 역할에 의문을 제기한 올랭프 드 구주와 메리 울스턴크래프트가 열었다. 그러나 여성 문제가 이론으로 정립되기까지는 참으로 긴 시간이 필요했다. 제2차 세계대전이 끝나고 프랑스 여성 철학자 시몬 드 보부아르가 페미니즘의 막을 올렸다.

● 제2의 성 ●

"사람은 여자로 태어나지 않는다. 여자가 되는 것이다." 보부아르는 이렇게 말했다. 우리가 여자답다고 생각하는 것이 실제로는 수백 년 동안 사람들이 만들어온 이미지라는 사실을 그녀는 이 한마디로 설명했다. 여성이 약하고 귀엽고 수줍음을 많이 타는 것은 여성의 생물학적 본성이 아니라 교육의 결과인 것이다.

여성은 귀여운 생명체로 자라야 한다고 배운다. 여자아이는 엄마를 관찰하며 모방한다. 세상으로 나온 그들의 눈엔 온통 남자들뿐이다. 거리를 걸으면 유명한 남자의 이름을 딴 도로 표지판을 읽는다. 학교에 가면 세계사를 쓴 남자들의 이름을 배운다. 위대한 화가, 작곡가, 시인, 사상가, 수학자, 발명가는 모두가 남자이다. 오랜 세월 여자들은 그렇게 살았다.

보부아르는 프랑스어를 사용했고 프랑스어로 '인간'은 l'homme

이다. 남자와 똑같다. 영어도 비슷해서 man은 '남자'이자 '인간'을 의미한다. 그러니까 남자는 동시에 인간이며 정상이지만 여자는 다른 표현 'la femme'로 지칭한다. 그래서 보부아르는 여자를 '제2의 성'이라고 불렀다.

여성은 타자이며 비정상적인 것이었다. 아리스토텔레스도 여성은 불완전하고 무능력하며 무가치하다고 말했다. 2000년 동안 인류는 파울로스의 말이라고 알려진 그 성경 구절을 되뇌었다. "여자는 일체 순종함으로 조용히 배우라. 여자가 가르치는 것과 남자를 주관하는 것을 허락하지 아니하노니 오직 조용할지니라." 원죄의 이야기, 뱀의 꾐에 넘어가 인식의 나무에서 선악과를 따먹은 이브의 이야기는 더 자주 입에 올렸다. 그런 다음 남자는 강하고 여자는 약하다는 결론을 내렸다. 이런 생각이 수천 년 동안 사람들의 머리에 뿌리내렸다. 몸으로 밀고 들어와 피와 살이 되었고 우리의 행동방식, 말하고 생각하고 행동하는 방식을 결정했다.

그런 현실을 설명하기 위해 페미니즘 이론은 '젠더'라는 개념을 찾아냈다. 젠더란 그렇게 생각하도록 길이 들었기 때문에 우리가 여성적 혹은 남성적이라고 생각하는 것이다. 젠더는 생물학적 본성이 아니라 어떤 사람은 남자로, 또는 여자로 만드는 행동방식이다.

여성은 태어날 때부터 주부와 엄마가 아니다. 돌아보면 우리 주위엔 주부와 엄마의 의무를 진심으로 좋아하지 않는 여성도 많다. 그러나 수백 년에 걸친 사회 교육은 대부분의 여성을 주부와 엄마로 만들었다. 그런 관념은 남자들에게도 마찬가지로 걸림돌이 된다. 예를 들어 남자가 주부와 아빠가 되려면 출세를 포기하지 않으면 안 된다.

미국 여성 철학자 주디스 버틀러는 여성 논쟁에 또 하나의 새 장을 열었다. 그녀는 자신의 저서 《젠더 트러블》에서 여자와 남자가 무엇인지에 대한 우리의 관념이 우리의 언어와 사고를 통해 어떻게 현실이 되는지를 분석했다. 언어가 의식을 규정한다는 사실은 이미 카를 마르크스도 인정한 바 있다. 그래서 사회주의자들은 구시대의 시민 질서를 바꾸기 위해 제일 먼저 언어에 손을 댔다. 예를 들어 사회주의 국가에선 서로를 '씨'나 '양' 대신 '동지'라고 불렀다.

버틀러는 언어가 한편으로는 공통성을 강조하지만 또 한편으로는 개인과 문화의 차이를 지운다고 주장했다. 그 주장이 나온 이후 우리가 여성과 남성에 대해 얼마나 올바르게 말할 수 있는지를 두고 지금껏 많은 논쟁이 벌어지고 있다. 젠더 트러블, 참으로 복잡한 문제이다.

● 세계사의 여성 ●

밤에 잠을 잘 때면 낮에 우리가 의식에서 내쫓았던 것들이 꿈에 나타난다. 위험해 보이는 것, 두려움을 주는 모든 것들이 꿈에 등장한다. 오스트리아 의사 지그문트 프로이트는 20세기를 연 책 《꿈의 해석》에서 그 사실을 설명했다.

세계사가 전 인류의 의식의 일부라면, 분명 인류의 꿈에는 헤아릴 수 없이 많은 추방된 여성들이 등장할 것이다. 우리가 이 책에서 기록한 숫자보다 훨씬, 훨씬 더 많을 것이다. 우리는 그저 몇몇 여성을 꿈의 왕국에서 세계사의 의식으로 불러오기 위해 시작의 문을 열었을 뿐이다.

이 길에서도 이미 많은 일이 일어났다. 최근 들어 최초의 컴퓨터 프로그램을 개발한 러브레이스가 다시 사람들의 입에 오르내리고 있다. 교회는 초기 300년 동안 기독교를 널리 알린 테클라나 니노 같은 성녀들을 재발견했다. 2016년에는 교황이 수백 년에 걸친 논쟁에 마침표를 찍고 파울로스가 감탄하며 '여성 사도'라고 불렀던 그 사람이 실제로 여성이며 이름이 유니아였다고 공식적으로 인정했다.

아직도 우리는 많은 여성들의 역사적 의미를 잘 알지 못한다. 그러나 여성 문제가 수그러들지 않는 것이 그 이유 때문만은 아니다. 지금도 여전히 여비서와 스튜어디스는 너무 많지만 여성 조종사와 최고경영자는 너무 적기 때문이다. 지금도 여전히 너무도 많은 지역에서 여성들이 억압당하고 학대받기 때문이다. 시공간 연속체의 왜곡에 대해 강의하는 여성 물리학 교수가 예외로, 제2의 성으로 취급받는 동안에는 결코 여성 문제는 끝나지 않을 것이다.

달 착륙 코드를 프로그래밍한 마거릿 해밀턴은 34년이나 지난 2003년에야 비로소 합당한 보상을 받았다. 그러나 그녀처럼 나중에라도 합당한 보상을 받는 여성의 숫자는 그리 많지 않다. 그들은 이미 몇십 년 전, 몇백 년 전, 몇천 년 전에 세상을 떠났기 때문이다. 그들이 다른 세상에서라도 다시 만나 뒤늦은 자신의 명성을 전해들을 수 있을까? 우리는 알지 못한다. 역사의 수많은 사건을 숨기고

의식 저 너머에 있는 모든 것을 가리는 베일의 장막을 우리가 꿰뚫어볼 수 없기 때문이다. 그리고 그런 것들은 우리가 생각하는 이상으로 많다. 어쩌면 달의 신 난나와 결혼했던 수메르의 여사제 엔헤두안나와 달 착륙을 감독했던 마거릿 해밀턴은 다른 차원에서 악수를 나눌지도 모르겠다. 그곳, 시공간 연속체가 더 이상 확장하지 않는 곳에서 말이다.

ㄱ

가가린, 유리 25, 495
간디, 인디라 483, 499
갈라 플라치디아 149, 150
갈릴레이, 갈릴레오 342
건륭제 421
게르마니쿠스 128, 129
고든, 루시 더프 426
공자 104~106, 109, 112, 401
구주, 올랭프 드 371~373, 376, 387, 397, 405,
    501
구텐베르크, 요하네스 279, 280, 302
그레고리우스 (나지안조스의) 136, 151
그레고리우스 (니사의) 151
그레고리우스 교황 218, 219
그룸바흐, 아르굴라 폰 305

ㄴ

나이팅게일, 플로렌스 448, 449
나폴레옹 보나파르트 377~381, 396
낙빈왕 166
네로 129~133
네루, 자왈할랄 483
네페르티티 40, 41
노벨, 알프레드 451
노자 105~108, 165
녹스, 존 318
누르바누 331, 332
니노 142, 146, 151, 504

ㄷ

다빈치, 레오나르도 277
다윈, 찰스 391
달기 50, 52
달베르, 잔느 310
당통, 조르주 375~377
당티에르, 마리 305~307, 318, 396, 397

대처, 마거릿 499
데스테, 이사벨라 277
데카르트, 르네 342
델라미란돌라, 피코 280
뒤낭, 앙리 448, 449
뒤샤틀레, 에밀리 351, 354, 355, 357
드구르네, 마리 르 자르 336, 337, 353
드기즈, 마리 317
드나바르, 마르그리트 306~309, 315
드라바르, 프랑수아 폴랭 338, 353
드랑부예, 마르키스 352
드레이크, 프랜시스 321, 322
드메디시스, 카트린 310, 311, 331
드프랑스, 르네 309
드프랑스, 마리 237, 276
드피상, 크리스틴 267 269~271, 276, 279,
    281, 282, 306, 497
등수 114
디도 87
디드로, 드니 351, 362
디오클레티아누스 134, 139, 148
디트리히, 마를레네 472
디포, 대니얼 353

ㄹ

라부아지에, 마리 392
라부아지에, 앙투안 392
라스카사스, 바르톨로메 데 290~293
락슈미바이 422
랑게, 헬레네 442
러브레이스, 에이다 493, 494, 504
레닌, 블라디미르 일리치 457, 458, 465, 467
레오 3세 192
레오 4세 191
로렌스, 토머스 에드워드 464
로베스피에르, 막시밀리앙 드 375~377
로즈, 세실 436

로크, 존 347, 350
로타르 2세 204
록사네 85
롤랑 부인 376
루소, 장 자크 351, 356, 358
루스벨트, 시어도어 451
루시 18
루이 14세 327, 348, 349
루이 15세 349, 350
루이 16세 368~371, 373
루이 7세 238~240
루터, 마르틴 302~305, 309, 315
룩셈부르크, 로자 443, 444, 458, 467
리비우스 93
리처드 1세 240
리펜슈탈, 레니 471
리프크네히트, 카를 458, 467
린드버그, 찰스 498
링컨, 에이브러햄 410

ㅁ

마담 제르멘 드 스텔 380, 382
마라, 장 폴 375, 376
마르첼라 145
마르코 폴로 251, 252
마르크스, 카를 394~397, 443, 484
마르텔, 카를 194
마리 앙투아네트 369, 374
마리아 막달레나 120
마리아 발레프스카 379
마리아 테레지아 363, 374
마리아(성모) 120, 146, 147, 246
마리아, 헨리에타 327
마에케나스 277
마오쩌둥 483, 484
마이트너, 리제 455
마크리나(소) 136, 137, 151
마틸다 234, 235, 239
마틸데 백작부인 216, 219
마하트마 간디 425, 483
만두하이 253, 254, 332
말린체 288, 292
맹강 110

머레이, 제임스 441
먼로, 제임스 406
메르켈, 앙겔라 499
메리 1세 317, 318, 321
메리 스튜어트 319
메리안, 마리아 지빌라 343
메테르니히 381~383
메토디오스 202
메흐메트 272
멜라니아 144, 151
모세 56
모트, 루크리셔 413
몬터규, 메리 399
몬테수마 287, 288
몽테뉴, 미셸 드 336, 353
몽테스키외, 샤를 드 351, 358, 362, 399, 400
무라사키 시키부 214, 215
무솔리니 476
무측천 166~170
무함마드 173~184, 207, 208, 333, 360
미리안 왕 142
밀, 존 스튜어트 397

ㅂ

바실리우스 136, 151
바턴, 클라라 448, 449
바트만, 사라 434, 435
반고 113
반소 113, 114
발데스 256
배비지, 찰스 493
버틀러, 주디스 503
버펄로 빌 411
베렌가리오(이브레아의) 204
베르나르, 드 클레르보 225, 226, 239
베른, 쥘 427, 428
베벨, 아우구스트 443
베이컨, 프랜시스 403
벤츠, 베르타 498
벨, 거트루드 462~464
보라, 카타리나 폰 303, 304
보르자, 루크레치아 300, 301
보부아르, 시몬 드 501, 502

보에몽 231, 232
보운, 해나 피크 407
보카치오, 조반니 280
볼리바르, 사이먼 406
볼켄슈타인, 오스발트 폰 237
볼테르 349~351, 355, 357~359, 362, 363, 392
부디카 131, 132
부카리 184, 185, 333
부토, 베나지르 499
불린, 앤 315, 316, 318
붓다 60~64, 118, 164, 165
브라간사, 카타리나 드 345, 346, 364
브라운, 릴리 404
브라헤, 소피 334
브라헤, 티코 334, 340
블라디미르 1세 201, 202
블라이, 넬리 427, 428, 439
블란디나 134
비스랜드, 엘리자베스 427, 428
비스마르크, 오토 폰 437
비첨, 토머스 441
비토리오 에마누엘레 2세 436
빅토리아 여왕 412, 421, 423
빌헬름 1세 436, 437, 458

ㅅ

사르곤 왕 29
사포 68, 69, 77
사피예 331, 332
샤를 7세 259~264
서태후 432
성 안토니우스 135
세네카 130, 131
세에라자드 187
셰익스피어, 윌리엄 322
소르카타니 250, 251
소크라테스 74, 77
소포클레스 76
손무 107
숄, 조피 474
숄, 한스 474
술레이만 330

슈타우펜베르크, 클라우스 폰 474
슈티네스, 클레레노레 498
스미스, 에설 440
스비아토슬라브 1세 200, 201
스탈린, 이오시프 475, 476, 478
스탠턴, 엘리자베스 캐디 413
스토, 해리엇 비처 409, 410, 415
스튜어트, 메리 317
스티븐 234, 235
스휘르만, 아나 마리아 판 337
시린 161
시트 알물크 209~213
싯다르타, 고타마 60~62

ㅇ

아그노디케 77
아그리피나 128, 129
아그리피나(소) 129, 130
아담 54~56, 152, 281, 333
아델하이트 204, 206
아렌트, 한나 471, 472, 499
아르미니우스 128
아르와 212, 213
아르테미시아 1세 70, 71
아리스토텔레스 82~85, 182, 223, 225, 276, 277, 281, 342, 502
아멘호테프 3세 39
아멘호테프 4세 39
아벨라르 223~226
아부 알 아바스 185
아브라함 56
아스마 211, 212
아스파시아 77
아우구스투스 100, 101, 117
아우구스티누스 144
아이샤 177~180, 184, 207
아퀴나스, 토마스 223, 281
아키노, 코라손 499
아키텐 공작 235
아타울푸스 149
안네케, 마틸데 프란치스카 397, 414
안녹산 171
안자 103, 104

안토니우스, 마르쿠스 97~99
알딘, 타키 334, 335
알라리크 149
알라시드, 하룬 187, 193, 196, 332
알라카이 베키 248, 249
알렉산데르 6세 300, 301
알렉산드로스 82~86, 95, 165, 171, 250, 272, 379
알렉시우스 1세 229~231
알리 179~181, 184, 207, 208
알마흐디 186
알만수르 186
알무카람 211
알아프가니, 자말 아드딘 424, 425, 429
알하킴 209, 210
암브로시우스 151
암스트롱, 닐 25, 495
애덤스, 애비게일 365
애덤스, 제인 456, 499
앤서니, 수전 브라우넬 413, 414
야쇼다라 61, 62
야콥스, 알레타 456
양견 166
에디브, 할리데 430, 431, 439
에르홀레벤, 도로테아 크리스티아네 353, 358
에어하트, 아멜리아 498
에우로페 64
엔헤두안나 29, 30, 505
엘레오노르 235~242,
엘로이즈 224, 225
엘리자베스 1세 316~322, 324, 332
엘저, 게오르크 474
엥겔스, 프리드리히 395, 443
여치 110, 111, 115
영락제 294~296
예수 117~125, 137, 146, 152
예카테리나 2세 361, 362
오도아케르 150
오디세우스 67, 68
오렐라나, 프란체스코 데 289
오토 2세 206
오토 대제 201, 205, 206
옥타비아 132

옥타비아누스 97~100
올가 199~202
외치 19, 23
우드헐, 빅토리아 414, 415
울스턴크래프트, 메리 372, 397, 414, 501
워싱턴, 조지 366
위클라프, 존 301
윌리엄 (오렌지공) 346
윌리엄 공작 (정복자 윌리엄) 233
윌슨, 다그마 485, 499
윌슨, 우드로 456, 459, 460, 465
유니아 143, 504
유니아스 143
유방 110, 111
유스티니아누스 1세 155~157, 160
유왕 51
유향 104
이고르 200
이레네 191~197
이브 54~56, 152, 255, 281, 333
이븐루시드(아베로에스) 182, 183
이븐시나(아비센나) 182
이사벨 여왕 282, 283, 285, 286, 292, 301, 315, 468
이요 163
이크나톤 39~41
임머바르, 클라라 454, 455, 473

ㅈ
잔다르크 259~264, 271, 282, 297, 326
적인걸 167, 168
정화 294, 295
제임스 2세 346
제퍼슨, 토머스 365
조피 453
주왕 50
주원장 295
주트너, 베르타 폰 450~453, 499
진시황 108, 109, 164
진양옥 400, 401

ㅊ
차라투스트라 53, 54

찰스 1세 327, 344, 345
찰스 2세 345, 346
척부인 110, 111
체트킨, 클라라 442~444, 458, 467
첼란, 파울 473
츠빙글리 309
치글러, 크리스티아나 마리아나 폰 353
치체겐 248
칭기즈칸 247~252, 254, 272, 295, 332

ㅋ

카디자 174, 175
카를 5세 292
카를 대제 194~196
카슨, 레이첼 496, 499
카시아 197, 227
카이사르 95~99, 101, 379
카이절링, 카롤리네 폰 359
카이주란 186, 187, 193, 332
카토, 마르쿠스 포르키우스 94
칸트 450
칼뱅, 장 306, 308, 309, 315
캐서린(아라곤의) 315, 316
캘러미티 제인 411
케네디, 재클린 485
케말, 무스타파 431, 466
케플러, 요하네스 340, 341
코르데, 샤를로트 375
코르비누스, 고틀리프 353
코르테스, 에르난 287, 288, 292
코페르니쿠스 278
콘스탄티누스 대제 137~142, 145, 147, 153, 273
콜럼버스, 크리스토퍼 285, 292, 293, 295
콤네나, 안나 228~232
콩도르세, 마르키 드 372, 373, 405
쿠니군데 267
쿠니츠, 마리아 340, 341
쿠빌라이 칸 250~253
쿠사누스, 니콜라우스 278
쿠툴룬 251, 252, 332
쿡, 제임스 367
퀴리, 마리 439, 440, 499

퀴리, 피에르 439
크라나흐, 루카스 304
크라머, 하인리히 297
크라수스 95
크롬웰, 올리버 345
크리소스토무스, 요하네스 135, 151
크산티페 74, 77
크세노폰 76
크세르크세스 왕 70, 71
클라우디우스 129, 130
클레오파트라 96~99
키릴로스 202
키플링, 러디어드 426
킹, 마틴 루터 412, 485
킹, 코레타 스콧 485

ㅌ

타고르, 라빈드라나트 425, 426, 459
터브먼, 해리엇 408, 412
테레사(아빌라의) 298, 299
테레시코바, 발렌티나 25, 495
테르툴리아누스 151
테오도라 152, 155~157, 160, 197, 245
테오도시우스 2세 145~148
테오파누 206
테오필로스 197
테클라 124~126, 143, 146, 151, 504
투탕카멘 41
튜링, 앨런 493
트루스, 소저너 413
트리어 주교 234
티예 39
티치아노 277

ㅍ

파리스 67
파울라 145
파울로스 123~126, 133, 143, 144, 151, 152, 333, 504
파티마 177, 208
파티마 알 피흐리 213
판티 킴푹 486
팽크허스트, 에멀라인 440~442

팽크허스트, 크리스타벨 442
페넬로페 67
페라라 공작 309
페르난도 283
페르난도 대공(아라곤의) 282
페르페투아 134
페인, 토머스 365
페트라르카 268, 280
페트로브나, 엘리자베타 351, 361
페트루스 126, 133
펠, 마거릿 407
펠리치타스 134
펠리페 317
포레트, 마르그리트 257, 258, 297, 308
포사 51, 52
포파이아 132
폰네테스하임, 아그리파 280
폰데어포겔바이데, 발터 237
폼페이우스 95, 96
표트르 대제 360~362
푸아비 여왕 28
풀베르 224
풀케리아 146, 147
퓰리처, 조지프 427
프라수타구스 131
프란츠 요제프 1세 451
프란츠 페르디난트 453
프랑수아 1세 307
프랑크, 안네 473
프로이트, 지그문트 503
프리드리히 대왕 358, 359, 362, 363
프리드리히 빌헬름 4세 383
프톨레마이오스 96
플라톤 74, 182
피핀 3세 194
필라투스, 폰티우스 119~121
필리포스 왕 81, 82

ㅎ
하버, 프리츠 454, 455, 473
하이데거, 마르틴 471
하인리히 4세 218, 219
하인리히 5세 234

하트셉수트 12, 38, 39
한 무제 112, 114
한니발 93
함무라비 30
합려 107
해밀턴, 마거릿 495, 504, 505
허친슨, 앤 327, 328
헤로도토스 36, 71
헤시오도스 77
헨리 2세 239~241
헨리 8세 315~317, 319, 321
헬레나 태후 140~143
헬레네 67
현종 170, 171
호노리우스 149
호메로스 66~69
호스로 173
호스로 2세 161
홉스, 토머스 346
후스, 얀 267, 268, 301, 303
휘렘 330~332
흐루쇼프, 니나 485
히미코 여왕 163, 164
히에로니무스 145
히틀러, 아돌프 468~476
히파르키아 77
히파티아 145
힐데가르트 폰 빙엔 225~227

옮긴이

장혜경은 연세대학교 독어독문학과를 졸업했으며, 같은 대학 대학원에서 박사 과정을 수료
했다. 독일 학술교류처 장학생으로 독일 하노버에서 공부했다. 전문 번역가로 활동 중이며
《감정을 읽는 시간》,《나는 이제 참지 않고 말하기로 했다》,《나무 수업》,《나는 왜 무기력을
되풀이하는가》,《우리는 어떻게 괴물이 되어가는가》 등 다수의 문학서와 인문교양서를 우
리말로 옮겼다.

처음 읽는 여성 세계사

초판 1쇄 발행 2018년 3월 21일
초판 8쇄 발행 2019년 7월 30일

지은이 | 케르스틴 뤼커, 우테 댄셸
옮긴이 | 장혜경
발행인 | 김형보
편집 | 최윤경, 박민지, 강태영, 이환희
마케팅 | 이연실, 김사룡
경영지원 | 최윤영

발행처 | 어크로스출판그룹(주)
출판신고 | 2018년 12월 20일 제 2018-000339호
주소 | 서울시 마포구 양화로10길 50 마이빌딩 3층
전화 | 070-5080-4037(편집) 070-8724-5877(영업) 팩스 | 02-6085-7676
e-mail | across@acrossbook.com

한국어판 출판권 ⓒ 도서출판 어크로스 2018

ISBN 979-11-6056-043-5 03900

이 도서의 국립중앙도서관 출판예정도서목록(CIP)은 서지정보유통지원시스템 홈페이지
(http://seoji.nl.go.kr)와 국가자료공동목록시스템(http://www.nl.go.kr/kolisnet)에서 이용
하실 수 있습니다.(CIP제어번호 : CIP2018008146)

만든 사람들
편집 | 최윤경
표지디자인 | 양진규
본문디자인 | 성인기획